AF558479

Robert Greene

# Die täglichen Gesetze des Erfolgs

366 Gedanken über Macht, Verführung, Strategie, Meisterschaft und die menschliche Natur

FBV

**Bibliografische Information der Deutschen Nationalbibliothek:**
Die Deutsche Nationalbibliothek verzeichnet diese Publikation in der Deutschen Nationalbibliografie. Detaillierte bibliografische Daten sind im Internet über http://dnb.d-nb.de abrufbar.

**Für Fragen und Anregungen:**
info@m-vg.de

5. Auflage 2025


Türkenstr. 89
80799 München
Tel.: 089 651285-0



Übersetzung: Dr. Gabriele Würdinger, Norbert Juraschitz, Helmut Dierlamm
Redaktion: Anne Büntig-Blietzsch
Korrektorat: Silvia Kinkel
Umschlaggestaltung: Catharina Aydemir
Foto Autor S. 463: © Susan Anderson
Satz: Zerosoft, Timisoara
Druck: GGP Media GmbH, Pößneck
Printed in Germany

ISBN Print 978-3-95972-565-1
ISBN E-Book (EPUB, Mobi) 978-3-98609-073-9

*Weitere Informationen zum Verlag finden Sie unter*

**www.finanzbuchverlag.de**

Beachten Sie auch unsere weiteren Verlage unter www.m-vg.de.

# Inhalt

*Zum Gedenken an Brutus, die tollste Katze, die je gelebt hat*

# Vorwort

Seit wir Menschen als Art existieren, ist unser schieres Überleben und unser Erfolg von unserem Realitätsbezug abhängig. Für unsere Vorfahren bedeutete das, dass sie eine große Sensibilität für ihre Umwelt entwickeln, auf jede Wetterveränderung reagieren, die Anwesenheit von Raubtieren erspüren und mögliche Nahrungsquellen entdecken mussten. Sie mussten immer hellwach und auf der Hut sein und ständig darüber nachdenken, was ihnen die Umwelt mitteilte.

Unter dem unmittelbaren Druck, dass jede Unaufmerksamkeit tödliche Folgen haben konnte, entwickelte sich das menschliche Gehirn zu einem Instrument, das dem Menschen nicht nur half, Gefahren zu erkennen, sondern auch langsam die Kontrolle über eine gefährliche Umwelt zu erringen. Als unsere Vorfahren begannen, auch in sich hineinzuschauen und sich ihren Wünschen und Fantasien hinzugeben, bestrafte sie die Realität unbarmherzig für ihre Irrtümer und Fehlentscheidungen.

Heute, viele 100.000 Jahre später, haben wir immer noch dasselbe Gehirn, das für die ursprünglichen Lebensbedingungen bestimmt war. Weil wir jedoch immer mehr Kontrolle über unsere Umwelt gewonnen haben und sich der materielle Druck enorm verringert hat, sind die Gefahren viel subtiler geworden. Sie begegnen uns nicht mehr in Gestalt von Leoparden, sondern in Gestalt von Menschen und ihrer psychologischen Tricks und in Gestalt der heiklen politischen und sozialen Spiele, die wir spielen müssen. Da die Gefahren nun weniger offensichtlich sind, reagiert unser Geist tendenziell weniger sensibel auf unsere Umwelt – was unser größtes Problem ist. Wir wenden uns nach innen und vertiefen uns in unsere Träume und Fantasien. Wir werden naiv.

Diese gefährliche Neigung wird zusätzlich dadurch verstärkt, dass unsere Kultur versucht, uns alle möglichen falschen Vorstellungen in den Kopf zu setzen. Dies führt dazu, dass wir die Welt und die menschliche Natur sehen, wie sie sein sollten, und nicht, wie sie wirklich sind. Wir handeln nach diesen falschen Vorstellungen, und genau wie in der Vergangenheit, werden wir für unsere Irrtümer letztlich durch die Realität und unsere Umwelt bestraft. Wir verlieren dabei vermutlich nicht das Leben, aber unser Berufsleben und unsere Beziehungen entwickeln sich in eine falsche Richtung. Wir machen andere Menschen für unsere Probleme verantwortlich, obwohl wir sie selbst durch unsere Naivität und unsere Fantasien verursacht haben, die wir uns zu eigen gemacht haben und die unbewusst unsere Handlungen bestimmen.

Einige der falschen Vorstellungen in unserer Kultur, die uns in die Irre führen können, sind folgende: In Bezug auf unsere Berufslaufbahn glauben wir zum Beispiel, es sei entscheidend für unseren künftigen Erfolg, wo wir zur Schule gegangen sind, wen wir kennen und mit wem wir Verbindungen haben. Wir glauben, wir müssten um jeden Preis vermeiden, Fehler zu machen, zu scheitern oder in Konflikte zu geraten und müssten möglichst schnell Geld verdienen, auf uns aufmerksam machen und an die Spitze kommen. Wir haben die Vorstellung, dass Arbeit Spaß machen sollte, dass Langeweile schlecht sei und dass wir Abkürzungen nehmen könnten, um wirklich gut zu werden. Wir glauben, Kreativität sei eine Gabe, mit der wir geboren werden. Wir sind der Ansicht, alle seien gleich und Hierarchien gehörten der Vergangenheit an.

In Bezug auf andere Menschen glauben wir, die meisten unserer Freunde und Kollegen würden uns mögen und uns nur das Beste wünschen. Wenn sich jemand schlecht verhält, aber Besserung gelobt, glauben wir ihm. Wir denken, dass Menschen, die voller Überzeugung und mit einer gewissen Empörung sprechen, bestimmt die Wahrheit sagen, und mächtige Menschen, einschließlich unserer Chefs, nie unsicher seien. Wir glauben nicht, dass sich hinter einem ausgesprochen netten und zuvorkommenden Verhalten ein finsteres und abartiges Wesen verbergen kann. Wir nehmen an, dass jemand, der fortschrittliche Ideen vertritt, einen entsprechend tugendhaften Charakter haben müsse, und dass Menschen immer dankbar seien, wenn wir ihnen einen Gefallen tun.

In Bezug auf uns selbst meinen wir, es sei wichtig, ehrlich zu sein und anderen zu sagen, was wir denken. Wir halten es für gut, uns von unserer besten Seite zu zeigen – unsere Intelligenz, unseren Fleiß und so weiter. Wenn uns etwas Schlimmes zustößt, empfinden wir uns als Opfer und in keiner Weise für das Übel verantwortlich. Wir sehen natürlich, dass manche Leute narzisstisch, aggressiv, neidisch, großspurig und manipulativ sind, aber wir halten sie für Ausnahmen, und meinen, wir selbst hätten keine dieser Eigenschaften.

Geprägt von solchen naiven Vorstellungen, treten wir meist als noch recht junge Menschen in die Arbeitswelt ein und die Realität verpasst uns einen Schlag ins Gesicht. Wir entdecken, dass manche Menschen ein schwaches Ego haben, oft hinterhältig sind und ganz anders, als es den Anschein hat. Wir werden von ihrer Gleichgültigkeit oder von plötzlichen Akten des Verrats überrascht. Wir selbst zu sein und einfach zu sagen, was wir denken, kann uns in alle möglichen Schwierigkeiten bringen. Letztlich wird uns bewusst, dass die Arbeitswelt voller taktischer Spiele ist, auf die uns niemand vorbereitet hat.

Manche unserer beruflichen Entscheidungen, die auf dem Wunsch nach Geld und Aufmerksamkeit beruhen, führen zu Ernüchterung und emotionalem Burnout und letztlich in die Sackgasse. Und wenn wir nicht ehrlich mit uns selbst sind und unsere eigenen Fehler und Schwächen übertünchen, entwickeln wir Verhaltensmuster, über die wir keine Kontrolle mehr haben. Mit den Jahren, wenn sich die Missverständnisse, Fehlleistungen und unrealistischen Entscheidungen häufen, kann es passieren, dass wir verbittert und verwirrt werden und Schaden nehmen.

Dieses Buch, *Die täglichen Gesetze des Erfolgs*, soll Ihnen dabei helfen, diese schädlichen Verhaltensmuster aufzulösen und Ihren Realitätsbezug wiederzufinden. Es nimmt die falschen Vorstellungen aufs Korn, denen wir ausgesetzt sind, und versucht, Ihnen die fest verwurzelten Eigenschaften der menschlichen Natur und die reale Funktionsweise unseres Gehirns nahezubringen. Es soll Sie in einen radikalen Realisten verwandeln, der Menschen und Ereignisse durch eine Klarheit schaffende Linse sieht und mit wachsender Sensibilität auf die Gefahren und Gelegenheiten in seinem sozialen Umfeld reagiert. Dieses Buch beruht auf 25 Jahren intensiver Forschungsarbeit über die Themen Macht, Überredung, Strategie, Meisterschaft und Natur des Menschen und ist eine konzentrierte Fassung aller Lehren, die in meinen Büchern enthalten sind.

Die Einträge in den ersten drei Monaten helfen Ihnen, all die externen Stimmen loszuwerden, die Ihnen sagen, welche Berufslaufbahn Sie einschlagen sollen. Stattdessen werden Sie mit Ihrer eigenen Stimme, mit dem, was Sie einzigartig macht, und mit Ihrer Bestimmung in Verbindung gebracht. Wenn diese Verbindung hergestellt ist, besitzen Sie einen Führer für alle künftigen Entscheidungen hinsichtlich Ihrer beruflichen Laufbahn. Durch die Lektüre erfahren Sie, dass es nicht auf Bildung oder Geld ankommt, sondern auf Ihre Hartnäckigkeit und die Intensität Ihrer Lernbegierde; dass Fehlschläge, Fehler und Konflikte oft die denkbar beste Ausbildung sind; und dass aus alledem wahre Kreativität und Meisterschaft entstehen.

In den folgenden drei Monaten lernen Sie das politisch-taktische Wesen der Arbeitswelt kennen und finden heraus, wie gefährlich es ist, den äußeren Schein für die Realität zu halten. Sie lernen, schädliche Typen zu erkennen, bevor diese Sie in ihren emotionalen Mahlstrom hineinziehen, und Sie erfahren, wie Sie die großen Manipulatoren da draußen überlisten können.

Im dritten Quartal sollen Sie lernen, wie wirkliche Überzeugungskraft und echter Einfluss funktionieren: nicht indem Sie zuerst an sich selbst denken und sagen, was Ihnen gerade durch den Kopf geht, sondern indem Sie sich in Ihr Gegenüber hineinversetzen und an dessen Eigeninteresse appellieren. Sie lernen außerdem, im Leben ein überlegener Stratege zu sein, also die Angelegenheiten, an die Sie aus tiefster Überzeugung glauben, wirksam zu fördern und Ihre Ziele zu verwirklichen.

In den letzten drei Monaten werden Sie mit den grundlegenden Motiven vertraut gemacht, die das menschliche Verhalten bestimmen – auch das Ihre. Sie werden darüber nachdenken, wer Sie sind, und erkennen, dass Sie wie wir alle ein fehlbares menschliches Wesen sind. Das kann nicht nur Ihr Mitgefühl und Ihre Akzeptanz anderen Menschen gegenüber vergrößern, sondern auch Ihre eigenen negativen Verhaltensmuster ändern. Durch die Einträge in diesem letzten Quartal sollen Sie außerdem lernen, sich mit Ihren tiefsten Ängsten wegen Ihrer Sterblichkeit auseinanderzusetzen, sich dadurch für das wirklich ehrfurchtgebietende Wesen des Lebens zu öffnen und jeden Moment zu begrüßen, der Ihnen noch bleibt, um seine Erhabenheit wahrzunehmen.

Die Einträge stammen aus fünf meiner bereits erschienenen Bücher und aus *The Law of the Sublime*, an dem ich gerade arbeite, sowie aus Interviews und Vorträgen, Blogeinträgen und Online-Essays, die ich im Lauf der Jahre gegeben, gehalten und geschrieben habe. Am Ende jedes Eintrags gebe ich entweder den Titel und das Kapitel des Buches oder eine andere Quelle an, aus dem der Eintrag stammt, damit Sie Ihre Gedanken zu bestimmten Themen vertiefen können. Jeder Monat hat einen Titel und ein Unterthema und beginnt mit einem kurzen Essay. Darin erläutere ich den Zusammenhang zwischen den Gedanken in meinen Büchern und meinen eigenen Erfahrungen, den Schwierigkeiten, die ich zu bewältigen hatte, und den Lehren, die ich aus ihnen gezogen habe.

Sie können dieses Buch selektiv lesen und nach Lust und Laune von einem Thema zum anderen springen, je nachdem welche Gedanken zum gegenwärtigen Moment Ihres Lebens passen. (Das Inhaltsverzeichnis kann Ihnen beim Auffinden der entsprechenden Stellen helfen, wenn Sie wollen.) Am besten jedoch lesen Sie *Die täglichen Gesetze des Erfolgs* ganz durch und fangen mit dem Datum an, an dem Sie es in die Hand bekommen haben. So können Sie sich in alle Themen vertiefen, sie gründlich verarbeiten und die lebenswichtige Gewohnheit entwickeln, die Welt zu sehen, wie sie ist. Dies geschieht am besten, indem Sie sich möglichst oft Notizen machen, in denen Sie die Einträge im Buch zu Ihren eigenen vergangenen und gegenwärtigen Erfahrungen in Bezug setzen. Noch besser ist es, wenn Sie einige der Ideen in die Tat umsetzen und über die daraus folgenden Erfahrungen in der realen Welt nachdenken.

Letztendlich sollten Sie *Die täglichen Gesetze des Erfolgs* als eine Art Bildungsroman betrachten. Der Bildungsroman ist ein literarisches Genre, das sich im 18. Jahrhundert entwickelt hat und bis heute besteht. Er erzählt eine Geschichte, in der ein, oft recht junger, Protagonist, voller naiver Vorstellungen ins Leben tritt. Der Autor schickt ihn auf eine Reise durch ein Land, in dem es von Schurken, Lügnern und Narren nur so wimmelt. Dabei verliert der Protagonist allmählich seine zahlreichen Illusionen, weil er von der realen Welt erzogen wird. Und am Ende sieht er ein, dass die Realität unendlich viel interessanter und reichhaltiger ist als all die unrealistischen Vorstellungen, die man ihm eingetrichtert hat, und geht erleuchtet, kampferprobt und weit klüger, als es seinem Alter entspräche, aus seinen Abenteuern hervor.

In *Die täglichen Gesetze des Erfolgs* sind Sie selbst der Protagonist und Sie werden ebenfalls auf eine Reise durch ein Land voller gefährlicher und schädlicher Typen geschickt. Das hilft Ihnen dabei, Ihre Illusionen zu verlieren, wappnet Sie für künftige Schlachten, damit Sie Trost und Vergnügen darin finden, die Menschen und die Welt in ihrem wahren Licht zu sehen.

Weisheit wird uns nicht geschenkt. Wir müssen sie entdecken, indem wir eine Reise durch die Wildnis machen, die kein anderer für uns machen kann [...] Die Leben, die Sie bewundern, die Haltungen, die Ihnen als edel erscheinen, sind nicht das Ergebnis häuslichen Unterrichts durch einen Vater oder durch Lehrer in der Schule. Sie haben einen ganz anderen Ursprung, nämlich die Reaktion auf alles, was in ihrer Umgebung böse oder gewöhnlich war. Sie stehen für einen Kampf und einen Sieg.

Marcel Proust

# Januar

## *Ihre Lebensaufgabe*

### DEN SAMEN FÜR MEISTERSCHAFT LEGEN

Wir alle werden einzigartig geboren. Diese Einzigartigkeit ist genetisch in unserer DNA codiert. Wir sind ein einmaliges Phänomen im Universum, unseren genauen genetischen Aufbau hat es nie zuvor gegeben und wird es nie wieder geben. Bei uns allen zeigt sich diese Einzigartigkeit erstmals in der Kindheit durch gewisse frühe Neigungen. Wir verfügen über *Kräfte*, die von einem tieferen Ort stammen, als das bewusste Wort ausdrücken kann. Sie bewirken, dass wir uns von bestimmten Erfahrungen angezogen und von anderen abgestoßen fühlen. Indem uns diese Kräfte hierhin und dorthin lenken, beeinflussen sie unsere geistige Entwicklung auf eine ganz bestimmte Weise. Bildlich gesprochen ist es wie folgt: Bei unserer Geburt wird ein Samen gelegt. Dieser Samen ist unsere Einzigartigkeit. Er will aufgehen, sich verwandeln und zu seinem vollen Potenzial erblühen. Er verfügt über eine natürliche, selbstbehauptende Energie, und Ihre Lebensaufgabe besteht darin, diesen Samen zum Blühen zu bringen, seine Einzigartigkeit durch Ihr Wirken auszudrücken. Sie haben ein Schicksal zu erfüllen. Je stärker Sie den Samen spüren und pflegen (als eine Kraft, eine Stimme oder in irgendeiner anderen Form), umso größer ist die Chance, dass Sie Ihre Lebensaufgabe erfüllen und es zur *Meisterschaft* bringen. Der Monat Januar ist gänzlich der Entdeckung und Entwicklung Ihrer Lebensaufgabe gewidmet, Ihres Lebenszwecks. Sie sind auf die Welt gekommen, um ihn zu erfüllen.

Schon in sehr jungen Jahren, als ich vielleicht acht war, wusste ich, dass ich Schriftsteller werden wollte. Ich empfand eine gewaltige Begeisterung für Bücher und Worte. In meiner Jugend dachte ich zunächst, ich würde Romanschriftsteller werden, aber nach meinem Universitätsabschluss musste ich meinen Lebensunterhalt verdienen und erkannte, dass dies als Romanschriftsteller sehr schwierig war. Und so kam ich allmählich zum Journalismus, mit dem ich immerhin meinen Lebensunterhalt verdienen konnte (ich lebte damals in New York). Eines Tages jedoch, ich hatte schon mehrere Jahre als Journalist und Redakteur gearbeitet, aß ich mit einem Mann zu Mittag, der gerade einen Artikel redigiert hatte, den ich für eine Zeitschrift geschrieben hatte. Nach dem dritten Martini gestand er mir endlich, warum er mich zum Essen eingeladen hatte. »Sie sollten ernsthaft einen Berufswechsel in Erwägung ziehen«, sagte er. »Sie sind nicht aus demselben Holz wie Schriftstellers geschnitzt. Sie arbeiten zu undiszipliniert. Ihr Stil ist zu exzentrisch. Ihre Gedanken sind dem durchschnittlichen Leser schlicht und einfach nicht vermittelbar. Studieren Sie Jura, Robert, oder Wirtschaftswissenschaften. Ersparen Sie sich die Qual.«

Zunächst waren diese Worte wie ein Schlag in den Magen für mich. Aber in den folgenden Monaten erkannte ich, dass ich einen Beruf ergriffen hatte, der nicht zu mir passte, und dass sich diese Unvereinbarkeit in meiner Arbeit niederschlug. Ich musste mit dem Journalismus aufhören. Diese Erkenntnis führte bei mir zu einer Wanderschaft. Ich reiste kreuz und quer durch Europa und ergriff alle erdenklichen Jobs. Ich arbeitete auf dem Bau in Griechenland, unterrichtete Englisch in Barcelona, war Rezeptionist in einem Hotel in Paris, Fremdenführer in Dublin und machte ein Praktikum bei einer englischen Firma, die Dokumentarfilme fürs Fernsehen herstellte. Auch versuchte ich, Romane und Theaterstücke zu schreiben. Schließlich kehrte ich zurück nach Los Angeles, wo ich geboren und aufgewachsen war. Dort arbeitete ich in einem Detektivbüro und machte andere seltsame Jobs. Schließlich ging ich zum Film, wo ich als Regieassistent, Rechercheur, Story-Entwickler und Drehbuchautor arbeitete. In diesen langen Wanderjahren brachte ich es auf etwa 60 verschiedene Jobs. Ab 1995 begannen sich meine Eltern (Gott segne sie) ernsthaft Sorgen um mich zu machen. Ich war inzwischen 36 Jahre alt, hatte allem Anschein nach die Orientierung verloren und schien mich für nichts entscheiden zu können. Damals hatte ich Momente großer Zweifel und sogar Depressionen, ich fühlte mich aber nicht verloren. Etwas in meinem Inneren trieb mich an und leitete mich.

Ich suchte und erkundete, ich lechzte nach Erfahrungen – und ich hörte nie mit dem Schreiben auf. In eben jenem Jahr, als mich ein weiterer Job nach Italien geführt hatte, lernte ich Joost Elffers kennen, der Bücher herausgab und produzierte. Während eines Spaziergangs auf den Kais von Venedig fragte er mich, ob ich irgendeine Idee für ein Buch hätte.

Plötzlich, wie aus heiterem Himmel, brach die Idee aus mir heraus. Ich erzählte Elffers, dass ich ständig Geschichtsbücher läse, und die Geschichten über Julius Caesar, die Borgias und Ludwig XIV. genau die Geschichten seien, die ich bei all meinen verschiedenen Jobs selbst erlebt hätte – nur weniger blutig. Menschen wollen Macht, und sie wollen verbergen, dass sie Macht wollen. Also spielen sie Spiele. Sie manipulieren und intrigieren im Verborgen und pflegen dabei die ganze Zeit eine nette, ja scheinheilige Fassade. Ich wollte diese Spiele aufdecken.

In meinem Inneren hatte etwas klick gemacht, als ich Elffers so spontan den Plan präsentierte, aus dem letztendlich mein erstes Buch, *Power – Die 48 Gesetze der Macht*, werden sollte. Ich spürte eine gewaltige Aufregung in mir. Es fühlte sich natürlich an und schicksalhaft. Elffers war auch sichtlich aufgeregt, was meine Aufregung sogar noch steigerte. Er sagte, ihm gefalle die Idee und er werde mir meinen Lebensunterhalt bezahlen, bis das Buch halb fertig sei. Dann werde er versuchen, es an einen Verleger zu verkaufen. Er selbst wollte die Produktion und die Gestaltung übernehmen. Als ich nach Los Angeles zurückkehrte und an *Power* zu arbeiten begann, wusste ich, dass dies die einzige Chance in meinem Leben war, der einzige Weg, um der ewigen Wanderschaft zu entkommen. Also brachte ich vollen Einsatz. Ich setzte jedes verfügbare Quäntchen Energie dafür ein, denn entweder würde das Buch ein Erfolg werden oder mein Leben wäre gescheitert. Also ließ ich all die Lehren, die ich gezogen hatte, in das Buch einfließen und meine ganze Erfahrung als Schriftsteller und all die Disziplin, die ich mir als Journalist angeeignet hatte, all die guten und schlechten Erfahrungen, die ich in meinen 60 verschiedenen Jobs gesammelt hatte, und all die furchtbaren Chefs, mit denen ich zu tun gehabt hatte. Tatsächlich war die innerliche Spannung beim Schreiben des Buches für die Leser und Leserinnen zu spüren, und so wurde das Buch, sehr zu meiner Überraschung und über meine kühnsten Träume hinaus, ein gewaltiger Erfolg.

Wenn ich nun, etwa 25 Jahre später, auf all dies zurückschaue, erkenne ich, dass das, was mich angetrieben und geleitet hat, das Gefühl war, dass ich eine Bestimmung, ein Schicksal, habe. Es war, als ob eine Stimme in mir flüsterte: »Gib nicht auf. Versuche es nur immer weiter.« Diese Stimme hatte ich schon als Kind gehört, und sie führte mich zu meiner Lebensaufgabe. Es dauerte viele Jahre, in denen ich viele Fehler machte und Hindernisse überwand, aber die Stimme sorgte dafür, dass ich weitermachte und seltsam hoffnungsvoll blieb.

Und jetzt, viele Bücher später, widme ich mich immer noch leidenschaftlich dieser Aufgabe. Wie jeder Mensch brauche ich immer noch das Gefühl einer Bestimmung, die mich jeden Tag leitet. Jedes Buch, das ich schreibe, muss mir das Gefühl vermitteln, dass es zu diesem Schicksal gehört, dass es geschrieben werden sollte. Dieses Gefühl einer Bestimmung, das ich mein ganzes Leben lang hatte und seit 25 Jahren so viel deutlicher spüre, hat mich meiner Ansicht nach durch alle schlimmen Augenblicke in meinem Leben geführt. Ich glaube, dies geschieht bei jedem Menschen, sobald er anfängt, es zu spüren, sobald er danach sucht.

Die eigentliche Lehre in diesem Zusammenhang besteht darin, dass ich lange gebraucht habe, um zu dieser Einsicht zu gelangen, und dass ich viele Umwege genommen habe. Sie kann einem also auch noch spät im Leben kommen, in den Dreißigern, den Vierzigern oder danach. Aber mein Leben hat sich für immer verändert, als ich meine Lebensaufgabe angenommen habe.

## 1. JANUAR

### *Entdecken Sie Ihre Berufung*

Jeder hat sein eigen Glück unter den Händen, wie der Künstler eine rohe Materie, die er zu einer Gestalt umbilden will. Aber es ist mit dieser Kunst wie mit allen; nur die Fähigkeit dazu wird uns angeboren, sie will gelernt und sorgfältig ausgeübt sein.

JOHANN WOLFGANG VON GOETHE

In Ihnen schlummert eine innere Kraft, die Sie zu Ihrer Lebensaufgabe hinführen möchte – zu dem, was Sie in diesem Leben vollbringen sollen. In Ihrer Kindheit war diese Kraft unmissverständlich. Sie wies Sie auf Aktivitäten und Themen hin, die Ihren natürlichen Neigungen entsprachen und die in Ihnen eine tiefe, ursprüngliche Neugierde weckten. In späteren Jahren, wenn Sie mehr auf Eltern und Freunde hören und die zermürbenden täglichen Sorgen zunehmen, ist diese Kraft mal stärker und mal schwächer zu spüren. Vielleicht liegt hierin die Ursache für Ihre Unzufriedenheit – eine fehlende Verbindung zu dem, was Sie wirklich sind und einzigartig macht. Der erste Schritt zur Meisterschaft ist immer nach innen gerichtet – Sie müssen erfahren, wer Sie wirklich sind und sich wieder mit dieser angeborenen Kraft verbinden. Wenn Sie diese klar erkennen, werden Sie die richtige Laufbahn einschlagen, und alles andere wird sich finden. Es ist nie zu spät, um diesen Prozess zu beginnen.

**Gesetz des Tages: Meisterschaft ist ein Prozess. Sein Ausgangspunkt besteht darin, dass Sie Ihre Berufung entdecken.**

*Mastery*, I: Discover Your Calling – The Life's Task

## 2. JANUAR

### *Knüpfen Sie an die fixe Idee Ihrer Kindheit an*

Als Marie Curie, die später als Physikerin das Radium entdecken sollte, vier Jahre alt war, kam sie ins Arbeitszimmer ihres Vaters und blieb wie gebannt vor einer Vitrine voller Laborgeräte für chemische und physikalische Experimente stehen. Von da an kam sie immer wieder in dieses Zimmer, starrte die Instrumente an und stellte sich die verschiedensten Experimente vor, die sie mit den Röhrchen und Messinstrumenten durchführen könnte. Jahre später, als sie zum ersten Mal ein wirkliches Labor betrat, fand sie sofort wieder Anschluss an die fixe Idee ihrer Kindheit. Sie hatte ihre Berufung gefunden.

**Gesetz des Tages: Sie waren aus gutem Grund als Kind von etwas Bestimmtem regelrecht besessen. Knüpfen Sie wieder daran an.**

*Mastery*, I: Discover Your Calling – The Life's Task

## 3. JANUAR

# *Die Stimme*

Authentische Selbstheit kann teilweise als die Fähigkeit definiert werden, diese Impulsstimmen in sich selbst zu hören, d.h. zu erkennen, was man wirklich will oder nicht will, wofür man geeignet und wofür man nicht geeignet ist.

ABRAHAM MASLOW

Seit meiner Jugend bin ich fasziniert von Wörtern. Ich erinnere mich, dass meine Lehrerin in der vierten Klasse das Wort *Zimmermann* an die Tafel schrieb und uns aufforderte, mit seinen Buchstaben so viele Wörter wie möglich zu bilden. »Zimmer«, »Mann«, »Reim«, »Name« und so weiter. Und ich dachte nur begeistert: »Wow! Soll das heißen, dass man einfach so Buchstaben nehmen und sie zu neuen Wörtern zusammensetzen kann?« Kindliche Sehnsüchte sind schwer in Worte zu fassen. Abraham Maslow nannte sie »innere Stimmen«. Er erkannte, dass Kinder schon ab einem sehr frühen Alter genau wissen, was sie mögen und was nicht. Das ist eine besonders menschliche und mächtige Eigenschaft. Auch Sie verspürten diese Antriebe. Sie verabscheuten manche Tätigkeiten und liebten andere. Sie mochten vielleicht wie ich Wörter und verabscheuten Mathematik. Sie waren von bestimmten Büchern begeistert und fanden andere langweilig. Diese frühen Neigungen zu erkennen, ist deshalb so wichtig, weil sie deutliche Hinweise auf eine Anziehungskraft geben, die nicht von den Wünschen anderer Menschen infiziert ist. Sie sind Ihnen nicht von Ihren Eltern beigebracht worden; ihre Beiträge sind oberflächlicher und vollziehen sich auf einer verbaleren und bewussteren Ebene. Die hier gemeinten Hinweise kommen aus einem tieferen Bereich und können nur Ihre eigenen sein, sie sind Abbilder Ihrer ureigenen Chemie.

**Gesetz des Tages: Tun Sie heute etwas, was Sie als Kind gern getan haben. Versuchen Sie, dadurch wieder Kontakt zu Ihren inneren Stimmen zu bekommen.**

Robert Greene im Gespräch mit Ryan Holiday
bei *Live Talks Los Angeles*, 11. Februar 2019

## 4. JANUAR

### *Es ist schon in Ihnen drin*

Früher oder später scheint uns etwas auf einen ganz bestimmten Weg zu rufen. Dieses »Etwas« kann uns als Signalruf aus der Kindheit in Erinnerung geblieben sein, wenn ein Drang oder eine Faszination wie eine Verkündigung aus dem Nichts einschlug: Dies muss ich tun, dies muss ich haben. Dies bin ich.

JAMES HILLMAN

Möglicherweise empfangen wir nach unserer Kindheit diese Signale aus unserem Innersten nicht mehr. Sie sind unter all dem, was wir hinzugelernt haben, vergraben. Dabei kann unsere Macht und unsere Zukunft davon abhängen, dass wir uns wieder auf diesen Kern besinnen und zu unserem Ursprung zurückkehren. Suchen Sie deshalb nach Anzeichen, die auf solche Neigungen in Ihren ersten Lebensjahren hindeuten. Hilfreich ist es dabei, auf unsere Reaktionen auf einfache Dinge zu achten; den Wunsch, eine Tätigkeit zu wiederholen, die uns noch nie langweilig wurde; ein Thema, das in ganz besonderem Maß unsere Neugier weckte; das Gefühl von Kontrolle bei bestimmten Tätigkeiten. Es ist alles schon in uns angelegt. Sie müssen nichts neu erschaffen, sondern brauchen nur auszugraben, was schon immer tief in Ihnen geruht hat. Wenn wir uns in einem beliebigen Lebensalter wieder auf unseren Kern besinnen, erwecken wir auch einen Teil unserer ursprünglichen Leidenschaft wieder zum Leben und finden einen Weg, der zu unserer Lebensaufgabe werden kann.

**Gesetz des Tages: Fragen Sie jemanden, der sich an Ihre Kindheit erinnern kann, nach Ihren damaligen Interessen. Entdecken Sie diese frühen Leidenschaften wieder.**

*Mastery*, I: Discover Your Calling – The Life's Task

## 5. JANUAR

### *Werden Sie sich bewusst, wovon Sie sich angezogen fühlen, und vertiefen Sie sich darin*

Der 1951 geborene Sprachwissenschaftler Daniel Everett wuchs im südkalifornischen Westernstädtchen Holtville nahe der mexikanischen Grenze auf. Schon seit seiner frühesten Kindheit fühlte er sich zur mexikanischen Kultur hingezogen, die ihn umgab. Alles daran faszinierte ihn: der Klang der Sprache der Wanderarbeiter, das Essen und die Umgangsformen, die sich so sehr von der Welt der Angloamerikaner unterschieden. Die mexikanische Sprache und Kultur hatte ihn fortan nicht mehr losgelassen, und er wurde zum Experten für die kulturelle Diversität in der Welt und deren Bedeutung für unsere Evolution.

**Gesetz des Tages: Wovon haben Sie sich schon immer angezogen gefühlt? Beschäftigen Sie sich heute intensiv damit.**

*Mastery*, I: Discover Your Calling – The Life's Task

## 6. JANUAR

### *Das Gesetz ist Veränderung*

Hinsichtlich Ihrer Karriere und deren unvermeidlichen Wendungen sollten Sie folgendermaßen denken: Sie sind an keine bestimmte Position gebunden; Sie sind keiner Laufbahn und keinem Unternehmen verpflichtet. Sie dienen einzig Ihrer Lebensaufgabe, die Sie voll zum Ausdruck bringen wollen. Es liegt an Ihnen, sie zu erkennen und zu steuern. Andere müssen Ihnen dabei weder helfen noch Sie beschützen. *Sie sind auf sich gestellt.* Änderungen sind unvermeidlich, gerade in bewegten Zeiten. Da Sie auf sich gestellt sind, müssen Sie die Veränderungen in Ihrem Beruf auch selbst im Auge behalten und Ihre Lebensaufgabe daran anpassen. Halten Sie nicht an alten Handlungsweisen fest, da Sie sonst Gefahr laufen, ins Hintertreffen zu geraten und dann dafür büßen zu müssen. Sie sind stets beweglich und anpassungsfähig. Wenn Ihnen Veränderungen aufgezwungen werden wie dem Boxer Freddie Roach, dürfen Sie nicht gleich überreagieren oder in Selbstmitleid verfallen. Roach fand den Weg zurück in den Ring, weil er begriff, dass er nicht das Boxen an sich liebte, sondern eher den Wettkampf und das strategische Denken. Mit dieser Denkweise gab er seinen Neigungen eine neue Orientierung *innerhalb* des Boxsports. Genau wie Roach wollen auch Sie nicht auf bereits erworbene Fähigkeiten und Erfahrungen verzichten, sondern neue Wege finden, um sie anwenden zu können. Ihr Blick ist auf die Zukunft gerichtet und nicht auf die Vergangenheit. Eine derartige schöpferische Neuorientierung führt uns häufig auf einen besseren Weg. Wir werden aus unserer Selbstzufriedenheit gerissen und müssen neu bestimmen, in welche Richtung wir gehen wollen.

**Gesetz des Tages: Passen Sie Ihre Neigungen an und vermeiden Sie es, starre Ziele oder Träume zu haben. Das Leben ist Veränderung.**

*Mastery, I*: Discover Your Calling – The Life's Task

## 7. JANUAR

## *Geld und Erfolg*

Vielen Menschen verschafft die Jagd nach Geld und Status viel Motivation und Konzentration. Sie sind der Meinung, dass die Suche nach einer Berufung nur Zeitverschwendung und eine angestaubte Vorstellung ist. Aber auf lange Sicht wird diese Ansicht zum unbrauchbarsten Ergebnis führen. Wir alle kennen die Auswirkungen der »Hyperintention«: Wenn wir *unbedingt* schlafen wollen und müssen, wird das höchstwahrscheinlich nicht funktionieren. Wenn wir auf einer Tagung einen *perfekten* Vortrag halten müssen, werden wir zu nervös und unsere Leistung leidet darunter. Wenn wir *um jeden Preis* Freunde oder einen Partner finden wollen, werden wir potenzielle Kandidaten wahrscheinlich eher abstoßen. Wenn wir uns stattdessen entspannen und uns auf andere Dinge konzentrieren, ist die Wahrscheinlichkeit größer, dass wir einschlafen, einen guten Vortrag halten oder anziehend auf andere wirken. Die schönsten Dinge im Leben geschehen nebenbei, ohne dass wir sie direkt beabsichtigen und erwarten. Wenn wir versuchen, schöne Augenblicke zu kreieren, enttäuschen sie uns meistens. Dasselbe gilt für die verbissene Suche nach Geld und Erfolg. Viele der erfolgreichsten, wohlhabendsten und berühmtesten Menschen fangen nicht mit einer Obsession für Geld und Status an. Ein hervorragendes Beispiel hierfür ist Steve Jobs, der in seinem vergleichsweise kurzen Leben ein stattliches Vermögen angehäuft hat. Materielle Besitztümer waren ihm relativ egal. Stattdessen konzentrierte er sich vor allem auf die Gestaltung der besten und originellsten Designs, und dadurch war ihm das Glück hold.

**Gesetz des Tages: Konzentrieren Sie sich darauf, immer ein starkes Gefühl für Ihre Bestimmung aufrechtzuerhalten. Der Erfolg kommt dann von selbst.**

*Die Gesetze der menschlichen Natur*, Gesetz 13:
Schreiten Sie zielorientiert voran – Das Gesetz der Ziellosigkeit

## 8. JANUAR

### *Besetzen Sie Ihre eigene Nische*

A. Vilayanur S. Ramachandran wuchs Ende der 1950er-Jahre im indischen Madras auf. Er wusste schon als Kind, dass er anders war. Oft wanderte er allein am Strand entlang, wo ihn die unglaubliche Vielfalt der angespülten Muschel- und Schneckenschalen faszinierte. Er sammelte und untersuchte sie eingehend. Bald schon widmete er sich besonders eigentümlichen Geschöpfen, wie der Schnecke *Xenophora*. Sie sammelt abgelegte Schalen anderer Tiere und heftet sie zur Tarnung und Vergrößerung der Auflagefläche an ihre eigene Schale – daher der deutsche Name Trägerschnecke. Er war diesem Wesen im Grunde nicht unähnlich; er empfand sich als eine Abweichung von der Norm. In der Natur spielen derartige Anomalien bisweilen eine wichtige Rolle für den Verlauf der Evolution. Sie ermöglichen das Besetzen neuer ökologischer Nischen und können die Chance zu überleben erhöhen. Im Lauf der Zeit übertrug er die Interessen seiner Jugendzeit auch auf andere Forschungsobjekte, wie beispielsweise anatomische Abnormitäten beim Menschen und seltsame Phänomene der Chemie. In den 1980er-Jahren arbeitete er als Professor für visuelle Wahrnehmung an der University of California in San Diego und stieß auf ein Phänomen, das perfekt zu seinem Interesse für Anomalien passte – die sogenannte Phantomempfindung. In diesen Fällen spüren Menschen nach der Amputation einer Gliedmaße diese weiterhin oder empfinden an der Stelle Schmerzen, an der sich dieser Körperteil ehemals befunden hat. Er führte verschiedene Experimente zu diesem Thema durch und gelangte nicht nur zu bahnbrechenden Erkenntnissen über das Gehirn, sondern entdeckte auch eine neue Möglichkeit, um die Schmerzen solcher Patienten zu lindern. Von nun an widmete er sich der Untersuchung anomaler neurologischer Störungen. Es war, als hätte sich seit den Tagen, als er Muscheln am Strand sammelte, ein Kreis geschlossen.

**Gesetz des Tages: Akzeptieren Sie Ihre Andersartigkeit und finden Sie heraus, warum Sie anders sind. Verschmelzen Sie beides miteinander und werden Sie zu einer Abweichung von der Norm.**

*Mastery*, I: Discover Your Calling – The Life's Task

## 9. JANUAR

### *Lassen Sie sich von Ihren Helden inspirieren*

Der in North Carolina aufgewachsene John Coltrane empfand sich als Kind als merkwürdig und irgendwie anders. Er war sehr viel ernster als seine Klassenkameraden, und er verspürte eine emotionale und geistige Sehnsucht, die er nicht ausdrücken konnte. Mehr zum Zeitvertreib gelangte er zur Musik, lernte Saxofon spielen und trat in die Band seiner Highschool ein. Einige Jahre später erlebte er einen Liveauftritt des legendären Jazz-Saxofonisten Charlie »Bird« Parker, dessen Töne Coltrane unmittelbar berührten. Aus Parkers Saxofon sprach etwas Urtümliches, Persönliches, eine Stimme aus dem tiefsten Inneren. Mit einem Mal erkannte Coltrane, wie er seine Einzigartigkeit ausdrücken und seinem emotionalen Verlangen eine Stimme verleihen konnte. Er übte auf seinem Saxophon mit solcher Hingabe, dass er innerhalb eines Jahrzehnts zum vielleicht größten Jazzmusiker seines Zeitalters wurde.

Entscheidend ist Folgendes: Um ein Gebiet wirklich meistern zu können, muss man das Thema lieben und sich stark mit ihm verbunden fühlen. Das Interesse muss über das Themengebiet hinausreichen und ans Religiöse grenzen. Coltrane fühlte sich nicht zur Musik berufen, sondern dazu, seinen starken Gefühlen Ausdruck zu verleihen.

**Gesetz des Tages: Gibt es Menschen, deren Arbeit Sie sehr beeindruckt? Analysieren Sie, warum das so ist, und orientieren Sie sich an Ihrem Vorbild.**

*Mastery*, I: Discover Your Calling – The Life's Task

## 10. JANUAR

### *Akzeptieren Sie Ihre Verrücktheit*

Die allermutigste Handlung ist immer noch, selbst zu denken.

COCO CHANEL

Was gibt es über Meister zu sagen? Dass sie einzigartig sind. Nie zuvor hat es einen Steve Jobs gegeben, einen Warren Buffett oder einen Albert Einstein. Sie waren einzigartig. Sie akzeptierten, was sie anders machte – auch wenn es mit einem gewissen Leiden verbunden war. Meine Bücher, insbesondere *Power: die 48 Gesetze der Macht*, sind vielleicht des Teufels, aber ich garantiere Ihnen, dass Sie nie etwas Ähnliches gelesen haben. Die Texte, die ich schreibe, die Einleitung, die Zitate am Rand, die exzentrische Textgestaltung, all das ist Ausdruck meiner Person und meiner Verrücktheit. Mein Verleger hatte Angst davor und wollte ein konventionelleres Buch. Doch ich sagte: »Nein. Ich weiß, dass ich noch nie etwas veröffentlicht habe, aber ich bleibe bei meinem Konzept.« Ich hielt an dem fest, was seltsam und verrückt an mir war.

**Gesetz des Tages: Halten Sie stets an dem fest, was Sie seltsam, verrückt, exzentrisch, anders macht. Es ist die Quelle Ihrer Macht.**

Podcast Interview, *Curious with Josh Peck*, 4. Dezember 2018

## 11. JANUAR

## *Wodurch fühlen Sie sich lebendiger?*

Manchmal zeigt sich die persönliche Neigung während einer bestimmten Tätigkeit. Man spürt, dass die eigene Energie dabei zunimmt. Als Kind war Martha Graham tief enttäuscht darüber, dass sie andere nicht dazu bringen konnte, sie wirklich zu verstehen. Worte schienen dazu nicht auszureichen. Dann erlebte sie eines Tages zum ersten Mal eine Tanzvorführung, bei der die Vortänzerin bestimmte Gefühle durch ihre Bewegungen zum Ausdruck brachte. Bald darauf nahm Martha Graham Tanzunterricht und begriff, was ihre Berufung war. Nur im Tanz fühlte sie sich lebendig und ausdrucksfähig. Jahre später erfand sie eine völlig neue Form des Tanzes und stieß damit in ihrer Kunstgattung eine Revolution an.

**Gesetz des Tages: Tun Sie heute etwas, was Sie als Höhepunkt Ihres Seins empfinden.**

*Mastery*, I: Discover Your Calling – The Life's Task

## 12. JANUAR

# *Das Hindernis ist der Weg*

Manchen Menschen werden während ihrer Kindheit nicht ihre Neigungen und künftigen Berufsmöglichkeiten offenbar, sondern sie werden schmerzhaft auf ihre Unzulänglichkeiten gestoßen. Was andere einfach oder machbar finden, fällt ihnen schwer. Die Vorstellung von einer Berufung liegt ihnen fern. In manchen Fällen verinnerlichen sie die Urteile und die Kritik der anderen und sehen nur noch ihre Mängel, was zu einer sich selbst erfüllenden Prophezeiung werden kann.

Kaum jemand erlebte dies so drastisch wie Temple Grandin. Im Jahr 1950 wurde bei ihr im Alter von drei Jahren Autismus diagnostiziert. Beim Sprechenlernen macht sie keine Fortschritte und es wurde befürchtet, dass sich an diesem Zustand nichts mehr ändern und sie ihr Leben in Anstalten verbringen würde. Ihre Mutter wollte aber nicht aufgeben und wagte noch einen letzten Versuch: Sie schickte Temple zu einem Sprachtherapeuten, der ihr – wie durch ein Wunder, wenn auch nur sehr langsam – doch noch das Sprechen beibrachte. Nun konnte sie eine ganz normale Schule besuchen. Sie entwickelte ein starkes Interesse für Tiere und für Autismus als solchen. Dies führte zu einer wissenschaftlichen Karriere. Dank ihrer außergewöhnlichen analytischen Fähigkeiten gelang es ihr, das Phänomen des Autismus aus einer anderen Sicht darzustellen und ihn auf eine bis dahin beispiellose Art zu erklären. Es gelang ihr, all die scheinbar unüberwindlichen Hindernisse zu meistern und den Weg zu einer Lebensaufgabe zu finden, die perfekt zu ihr passte.

Wenn Sie sich mit Ihren Schwächen auseinandersetzen, löst das kreative Reaktionen in Ihnen aus. Und wie bei Temple Grandin könnte es sich dabei um etwas handeln, das niemand je zuvor getan oder auch nur gedacht hat.

**Gesetz des Tages: Setzen Sie sich heute noch mit einer Ihrer Schwächen auseinander, mit einem der Hindernisse auf Ihrem Weg. Durchbrechen Sie es, steigen Sie darüber hinweg oder finden Sie einen Weg, es zu umgehen. Laufen Sie nicht vor ihm davon, denn es wurde für Sie geschaffen.**

*Mastery*, I: Discover Your Calling – The Life's Task

## 13. JANUAR

### *Meistern Sie die kleinen Dinge*

Wenn Sie mit Schwächen kämpfen, anstatt sich auf Stärken und Neigungen verlassen zu können, ist folgende Strategie sinnvoll: Ignorieren Sie Ihre Schwächen, und versuchen Sie nicht, wie die anderen zu sein. Achten Sie stattdessen auf die kleinen Dinge, die Sie gut können. Träumen Sie nicht und machen Sie keine großen Pläne für die Zukunft, sondern konzentrieren Sie sich darauf, diese einfachen, naheliegenden Fähigkeiten zu vervollkommnen. So entwickeln Sie Selbstvertrauen und können sich von dieser Basis aus in andere Gebiete vorwagen. Wenn Sie auf diese Weise Schritt für Schritt vorgehen, werden Sie auf Ihre Lebensaufgabe stoßen.

Ihre Lebensaufgabe offenbart sich nicht immer in Form einer großartigen oder vielversprechenden Neigung. Sie kann sich auch hinter Ihren Unzulänglichkeiten verbergen und Sie dazu bringen, sich auf die wenigen Dinge zu konzentrieren, die Sie gut beherrschen. Wenn Sie an diesen Fähigkeiten arbeiten, werden Sie den Wert der Disziplin erkennen und den Lohn für Ihr Durchhaltevermögen erhalten. Wie bei einer Lotosblüte werden Ihre Fähigkeiten von einer Mitte der Stärke und des Selbstvertrauens ausstrahlen. Beneiden Sie nicht diejenigen, die von Natur aus talentiert erscheinen. Allzu häufig ist dies ein Fluch, denn so lässt sich der Wert von Fleiß und Hingabe viel schwerer erkennen, wofür man später im Leben bezahlen muss.

Diese Strategie gilt auch für mögliche Rückschläge und Schwierigkeiten. Dann ist es am besten, sich an das Wenige zu halten, das wir wissen und gut beherrschen, um unser Selbstvertrauen neu aufzubauen.

**Gesetz des Tages: Wenn Sie an sich zweifeln, konzentrieren Sie sich auf das, was Sie gut können. Erweitern Sie dieses Potenzial dann von innen nach außen.**

*Mastery*, I: Discover Your Calling – The Life's Task

## 14. JANUAR

# *Vermeiden Sie den falschen Weg*

Im Zentrum deines Seins hast du die Antwort.
Du weißt, wer du bist, und du weißt, was du willst.

LAOTSE

Ein falscher Lebensweg ist für uns immer aus den falschen Gründen attraktiv – zum Beispiel Geld, Ruhm oder Aufmerksamkeit. Wenn wir Aufmerksamkeit suchen, dann liegt das oft an einer inneren Leere, die wir mit der fehlgeleiteten Sehnsucht nach allgemeiner Anerkennung zu füllen versuchen. Aber wenn das Gebiet, das wir wählen, nicht unseren innersten Neigungen entspricht, dann finden wir auch nicht die ersehnte Erfüllung. Auch unsere Arbeit leidet dann darunter und die Aufmerksamkeit, die wir möglicherweise zu Beginn bekommen haben, lässt nach. Das ist ein schmerzhafter Prozess.

Wenn unsere Entscheidung durch Geld und Bequemlichkeit bestimmt ist, dann geschieht das meist aus Angst und dem Bestreben, unsere Eltern zufriedenzustellen. Aus Sorge weisen sie uns vielleicht in eine finanziell einträgliche Richtung. Bisweilen spielen aber auch noch andere Beweggründe mit hinein – etwa Neid, weil wir mehr Freiheiten genießen als sie zu ihrer Zeit.

Ihre Strategie sollte aus den folgenden zwei Schritten bestehen: Erstens müssen Sie so früh wie möglich erkennen, dass Sie Ihren beruflichen Weg aus den falschen Gründen eingeschlagen haben – sonst könnte Ihr Selbstvertrauen Schaden nehmen. Zweitens müssen Sie sich aktiv gegen die Kräfte auflehnen, die Sie vom wahren Weg abgebracht haben. Das Bedürfnis nach Bestätigung und Aufmerksamkeit ist verachtenswert, denn es wird Sie nur in die Irre führen. Ärger und Wut sind angebrachte Empfindungen, wenn die Eltern Ihnen eine fremde Berufung aufzwingen wollen. Es ist völlig normal, den Weg zur eigenen Identität unabhängig von den Eltern zu verfolgen. Lassen Sie sich von Ihrem eigenen Widerspruchsgeist mit Energie und Zielstrebigkeit erfüllen.

**Gesetz des Tages: Wenn Sie auf dem falschen Weg sind, dann verlassen Sie ihn. Finden Sie die nötige Kraft dafür in Ihrem Widerspruchsgeist.**

*Mastery*, I: Discover Your Calling – The Life's Task

## 15. JANUAR

# *Folgen Sie dem Gefühl für Ihre Bestimmung*

Wie ein gut verbrachter Tag einen glücklichen Schlaf beschert, so beschert ein gut verbrachtes Leben einen glücklichen Tod.

LEONARDO DA VINCI

In der modernen Welt fehlt uns ein Gespür für den Sinn und Zweck unseres Lebens. Früher haben Religionen diese Lücke gefüllt, die den meisten aber heute fremd sind. Wir menschlichen Tiere sind deshalb einzigartig, weil wir uns unsere Welt selbst erschaffen. Wir reagieren nicht bloß auf Ereignisse, weil es uns von unserer Biologie so diktiert wird. Aber ohne ein Gespür für die Marschrichtung gehen wir doch leicht verloren. Dann wissen wir nicht, wie wir unsere Zeit füllen und strukturieren sollen. Und einen tieferen Sinn scheint unser Leben auch nicht zu haben. Womöglich spüren wir diese Leere überhaupt nicht, aber sie betrifft und befällt uns dennoch in vielfältiger Weise. Sind wir aber davon überzeugt, dass wir etwas erreichen sollen, dann ist das die beste Möglichkeit, dem Leben einen Zweck und eine Richtung zu geben. Diese Suche hat durchaus etwas Religiöses. Sie sollte aber nicht als etwas Egoistisches oder Unsoziales verkannt werden, denn sie stellt die Verbindung dar zu etwas Größerem als unserem eigenen, individuellen Leben. Die Evolution unserer Art beruhte auf der Entwicklung einer ungeheuren Vielzahl von Fähigkeiten und Denkweisen.

**Gesetz des Tages: Erinnern Sie sich an Momente, an denen Sie sich tief und persönlich mit einer Tätigkeit verbunden gefühlt haben. Denken Sie an die Freude, die Sie dabei verspürt haben. Solche Tätigkeiten weisen auf Ihre wahre Bestimmung hin.**

*Mastery*, I: Discover Your Calling – The Life's Task

## 16. JANUAR

### *Keine Berufung ist der anderen überlegen*

Bedenken Sie, dass Ihr gesellschaftlicher Beitrag viele Formen haben kann. Sie müssen weder ein Unternehmer noch eine weltberühmte Persönlichkeit werden. Sie können genauso gut als einzelne Person in einer Gruppe oder Organisation operieren, solange Sie einen entschiedenen Standpunkt vertreten, der Ihr eigener ist, und diesen dazu verwenden, um Ihren Einfluss sanft geltend zu machen. Ihr Weg kann auch mit körperlicher Arbeit und der Ausübung eines Handwerks verbunden sein – Sie sind stolz auf die überragende Qualität Ihrer Arbeit, die eine bestimmte persönliche Note trägt. Es kann auch darum gehen, sich auf bestmögliche Weise um die Familie zu kümmern. Treiben Sie die Kultivierung Ihrer Einzigartigkeit und der Originalität, die damit einhergeht, möglichst auf die Spitze. In einer Welt voller Menschen, die weitgehend austauschbar erscheinen, sind Sie unersetzbar. Sie sind einzigartig in Ihrer Kombination aus Fähigkeiten und Erfahrungen. Dies stellt wahre Freiheit und die größte Macht dar, die wir als Menschen besitzen können.

**Gesetz des Tages: Keine Berufung ist der anderen überlegen. Wichtig ist lediglich, dass Sie mit einem persönlichen Bedürfnis und einer persönlichen Neigung verbunden ist und dass Sie Ihre Energie in Verbesserungen investieren und sich darum bemühen, kontinuierlich aus der Erfahrung zu lernen.**

*Die Gesetze der menschlichen Natur*, Gesetz 13:
Schreiten Sie zielorientiert voran – Das Gesetz der Ziellosigkeit

## 17. JANUAR

### *Die wahre Quelle der Kreativität*

Als Erstes sollten Sie die übliche Vorstellung von Kreativität aufgeben und versuchen, sie aus einem anderen Blickwinkel zu sehen. Meist verbinden Menschen Kreativität mit einer bestimmten Art zu denken, also etwas, was nur den Verstand betrifft. Tatsächlich ist bei einer kreativen Aktivität aber immer der gesamte Mensch gefordert – Emotionen, Energie, Charakter *und* Verstand. Um eine Entdeckung zu machen, sich etwas auszudenken, das Publikum anzieht, oder ein bedeutsames Kunstwerk zu schaffen, muss man auf jeden Fall Zeit und Mühe investieren. Dies bedeutet oft mehrere Jahre des Experimentierens, mehrere Rückschläge und Misserfolge. Außerdem muss man hochkonzentriert bleiben. Sie müssen geduldig sein und daran glauben, dass das, was Sie tun, zu etwas Bedeutendem führt. Sie könnten ein brillanter Denker sein, vor Wissen und Ideen nur so strotzen, aber wenn Sie sich das falsche Thema oder das falsche Problem zum Lösen aussuchen, kann Ihnen unterwegs die Energie ausgehen und Sie könnten das Interesse verlieren. In diesem Fall wird Ihre intellektuelle Brillanz zu nichts führen.

**Gesetz des Tages: Suchen Sie sich eine Arbeit, die Sie emotional anspricht, dann werden Sie viele Ideen haben.**

*Mastery*, V: Awaken the Dimensional Mind – The Creative-Active

## 18. JANUAR

# *Hören Sie auf, so nett zu sein*

Jedermann ist gefolgt von einem Schatten, und je weniger dieser im bewussten Leben des Individuums verkörpert ist, umso schwärzer und dichter ist er.

C. G. JUNG

Sie zahlen einen höheren Preis für Ihre Freundlichkeit und Ihre Rücksichtnahme als dafür, bewusst Ihren Schatten zu zeigen. Um letzterem Pfad zu folgen, müssen Sie zum einen anfangen, Ihre eigene Meinung zu respektieren und nicht so viel auf das zu geben, was andere sagen – vor allem wenn es um Ihr Wissensgebiet geht, also den Bereich, in dem Sie sich auskennen. Vertrauen Sie Ihrem inneren Genie und Ihren eigenen Ideen. Zweitens sollten Sie sich im Alltag stärker durchsetzen und weniger Kompromisse eingehen. Tun Sie dies wohldosiert und bei günstigen Gelegenheiten. Drittens sollte es Sie weniger interessieren, was andere von Ihnen denken. Sie werden das als gewaltige Befreiung empfinden. Viertens sollten Sie erkennen, dass Sie manchmal Menschen angreifen und sogar verletzen müssen, die sich Ihnen in den Weg stellen, die abstoßende Werte haben oder die Sie ungerechtfertigt kritisieren. Nutzen Sie solche Augenblicke der offensichtlichen Ungerechtigkeit, um Ihren Schatten nach außen zu kehren und ihn stolz zu zeigen. Fünftens sollten Sie sich nicht scheuen, das trotzige, eigenwillige Kind zu spielen, das sich über die Dummheit und Scheinheiligkeit anderer lustig macht. Schließlich sollten Sie die Konventionen missachten, die andere so gewissenhaft befolgen.

**Gesetz des Tages: Denken Sie daran, dass Macht darin liegt, Ihre Einzigartigkeit zur Geltung zu bringen, auch wenn dies manche Menschen beleidigt. Befassen Sie sich heute mit Ihrer Schattenseite.**

*Die Gesetze der menschlichen Natur*, Gesetz 9: Konfrontieren Sie Ihre dunkle Seite – Das Gesetz der Repression

## 19. JANUAR

### *Hören Sie auf Ihre innere Autorität*

Sie sind nicht hier, um lediglich Ihren Impulsen nachzugeben und das zu konsumieren, was andere geschaffen haben. Sie müssen ebenfalls Ihren Beitrag leisten und Dinge erschaffen, um einem höheren Zweck zu dienen. Dafür müssen Sie das kultivieren, was einzigartig an Ihnen ist. Hören Sie auf, auf die Meinungen und Ansichten anderer zu hören, die Ihnen sagen, wer Sie sind und was Ihnen zu gefallen oder zu missfallen hat. Beurteilen Sie die Dinge und Menschen mit Ihren eigenen Augen. Hinterfragen Sie Ihre Gedanken und Gefühle. Lernen Sie sich gründlich kennen – Ihre individuellen Vorlieben und Neigungen, die Themen, die Sie besonders interessieren. Arbeiten Sie jeden Tag daran, die Fähigkeiten zu verbessern, die mit Ihrem einzigartigen Geist und Lebenszweck verwoben sind. Tragen Sie zur dringend benötigten kulturellen Vielfalt bei, indem Sie etwas erschaffen, das Ihre Einzigartigkeit widerspiegelt. Akzeptieren und schätzen Sie das, was Sie von anderen unterscheidet.

Wenn Sie sich manchmal bedrückt fühlen, liegt das daran, dass Sie diesem Kurs nicht folgen. Momente der Niedergeschlagenheit sind ein Aufruf, wieder auf die innere Autorität zu hören.

**Gesetz des Tages: Denken Sie darüber nach, wann Sie in Ihrem Leben Ihren eigenen Weg gegangen sind, und wann Sie getan haben, was andere wollten. Vergleichen Sie die Gefühle, die Sie dabei hatten.**

*Die Gesetze der menschlichen Natur*, Gesetz 15: Bringen Sie andere dazu, Ihnen folgen zu wollen – Das Gesetz der Unbeständigkeit

## 20. JANUAR

### *Betrachten Sie Meisterschaft als Rettung*

Nicht in deinem Stande, sondern in dir liegt das Armselige, über das du nicht Herr werden kannst! Welcher Mensch in der Welt, der ohne innern Beruf ein Handwerk, eine Kunst oder irgendeine Lebensart ergriffe, müßte nicht wie du seinen Zustand unerträglich finden?

JOHANN WOLFGANG VON GOETHE

Die Welt ist voller Probleme, und viele von ihnen sind selbst geschaffen. Um sie zu lösen, sind ungeheure Anstrengung und Kreativität notwendig. Wenn wir uns nur auf unsere genetische Ausstattung, Technik und Magie oder darauf verlassen, freundlich und natürlich zu sein, dann wird uns das nicht retten. Wir benötigen nicht nur die Energie, um praktische Probleme zu lösen, sondern auch neue, den veränderten Umständen angemessene Institutionen und Systeme. Wir müssen uns eine eigene Welt erschaffen oder wir werden an der Untätigkeit zugrunde gehen. Wir müssen zum Gedanken der Meisterschaft zurückfinden, der uns vor Millionen von Jahren als Art überhaupt erst definiert hat. Dabei geht es um unser eigenes Schicksal und nicht darum, die Natur oder andere Menschen zu beherrschen. Eine passiv-ironische Einstellung ist weder cool noch romantisch, sondern zerstörerisch und bemitleidenswert. Dabei kann jeder von uns ein Beispiel geben dafür, was man in der heutigen Welt Meisterliches bewirken kann. Jeder Einzelne kann zur wichtigsten Angelegenheit der Gegenwart beitragen – dem Überleben und Wohlergehen der menschlichen Gattung in einer Zeit des Stillstands. Bedenken Sie unbedingt Folgendes: Den Verstand und die Gehirnleistung erwirbt sich jeder selbst, entsprechend seiner Lebensleistung.

**Gesetz des Tages: Betrachten Sie Ihren Versuch, es zur Meisterschaft zu bringen, als etwas extrem Notwendiges und Positives.**

*Mastery*, I: Discover Your Calling – The Life's Task

## 21. JANUAR

### *Von anderen abhängig zu sein, ist ein Elend*

Unabhängigkeit ist ganz wichtig. Wenn Sie weniger auf andere Menschen und sogenannte Experten angewiesen sein wollen, müssen Sie die Palette Ihrer Fähigkeiten erweitern und Ihrem eigenen Urteilsvermögen vertrauen. Es ist nämlich so: Wir neigen dazu, die Fähigkeiten von anderen zu überschätzen und unsere eigenen zu unterschätzen. Das müssen wir dadurch ausgleichen, dass wir uns mehr auf uns selbst verlassen und weniger auf andere.

Unabhängigkeit bedeutet jedoch nicht, sich mit geringfügigen Aufgaben zu belasten. Unterscheiden Sie daher zwischen kleinen Dingen, die Sie am besten anderen überlassen, und größeren Problemen, die Ihre Aufmerksamkeit erfordern und mit denen Sie sich selbst befassen müssen.

**Gesetz des Tages: Es ist ganz einfach: Von anderen abhängig zu sein, ist ein Elend, sich auf sich selbst zu verlassen, bedeutet Macht.**

*The 33 Strategies of War*, Strategy 3: Amidst the Turmoil of Events, Do Not Lose Your Presence of Mind – The Counterbalance Strategy

## 22. JANUAR

### *Machen Sie sich Widerstände zunutze*

Alles Negative ist auch positiv. Die schlimmen Dinge, die mir passieren, wende ich irgendwie zum Guten.

50 CENT

Der Schlüssel zum Erfolg in jedwedem Bereich ist es, zunächst einmal Fähigkeiten in verschiedenen Bereichen zu entwickeln, um diese später auf eine einzigartige und kreative Weise miteinander kombinieren zu können. Dieser Prozess kann sehr zäh und schmerzhaft sein, weil Sie sich dabei Ihrer Grenzen und Defizite bewusst werden. Die meisten Menschen streben – bewusst oder unbewusst – danach, Eintönigkeit, Schmerz und jede Form von Missgeschick zu vermeiden. Sie suchen nach Situationen, in denen sie weniger mit Kritik konfrontiert sind und das Risiko eines Fehlschlags minimal ist. Sie müssen daher die Entscheidung treffen, sich in die entgegengesetzte Richtung zu bewegen. Akzeptieren Sie negative Erfahrungen, Einschränkungen und sogar Schmerz als probates Mittel, um Ihre Fähigkeiten zu verbessern und Ihren Lebenszweck zu erkennen.

**Gesetz des Tages: Akzeptieren Sie negative Erfahrungen. Wann sind Sie das letzte Mal gescheitert, waren verlegen oder wurden kritisiert? Was haben Sie damals getan? Was hat Sie die Erfahrung gelehrt?**

*Die Gesetze der menschlichen Natur*, Gesetz 13:
Schreiten Sie zielorientiert voran – Das Gesetz der Ziellosigkeit

## 23. JANUAR

### *Brechen Sie Ihre großen Ziele in Teilziele herunter*

Ihre langfristigen Ziele werden Ihnen große Klarheit und Entschlossenheit verleihen. Diese Ziele – ein Projekt oder ein Unternehmen – können relativ ehrgeizig sein, sodass Sie das Beste aus sich herausholen müssen. Das Problem dabei ist, dass Sie auch Ihre innere Unruhe schüren, immer wenn Sie auf den Berg von Aufgaben blicken, den Sie noch abarbeiten müssen, um ans Ziel zu gelangen.

Um diese Unruhe unter Kontrolle zu bringen, müssen Sie eine Rangliste aus kleineren Teilzielen erstellen. Fangen Sie bei Ihrem großen zukünftigen Endziel an und arbeiten Sie sich bis in die Gegenwart zurück. Je kleiner die Teilziele sind, umso leichter und schneller lassen sie sich erreichen. Diese kleinen Erfolge schaffen ein Gefühl der Befriedigung und des Fortschritts. Teilen Sie die Aufgaben in kleinere Häppchen auf – jeder Tag oder jede Woche muss Mikroziele haben. Diese werden Ihnen helfen, sich zu konzentrieren, und Sie vor Umwegen bewahren, die Ihre Energie verschwenden. Gleichzeitig müssen Sie sich Ihr großes Endziel immer wieder vor Augen führen, damit Sie sich nicht in Details verlieren. Kehren Sie daher in regelmäßigen Abständen zu Ihrer ursprünglichen Vision zurück und stellen Sie sich die enorme Befriedigung vor, die Sie erfüllen wird, wenn Sie Ihr Ziel erreicht haben werden. Diese Vorstellung wird Ihnen Klarheit bringen und Sie dazu ermuntern, weiterzumachen.

Halten Sie jedoch den Prozess flexibel. Werfen Sie von Zeit zu Zeit einen erneuten Blick auf Ihren Fortschritt und justieren Sie Ihre jeweiligen Ziele bei Bedarf nach, indem Sie kontinuierlich aus Ihrer Erfahrung lernen, sich anpassen und Ihr ursprüngliches Ziel verbessern.

**Gesetz des Tages: Denken Sie daran, dass Sie praktische Ergebnisse und Leistungen erzielen wollen und keine Liste unverwirklichter Träume und aufgegebener Projekte brauchen. Die Arbeit mit kleinen, in das Gesamtziel eingebetteten Teilzielen, wird Sie in eine solche Richtung lenken.**

*Die Gesetze der menschlichen Natur*, Gesetz 13: Schreiten Sie zielorientiert voran – Das Gesetz der Ziellosigkeit

## 24. JANUAR

### *Kombinieren Sie verschiedene Interessen*

Wenn Sie jung und beruflich gerade am Durchstarten sind, sollten Sie ein relativ weites Feld erkunden, das mit Ihren Neigungen in Zusammenhang steht. Wenn es Sie zum Beispiel zum Verfassen von Texten zieht, sollten Sie alle verschiedenen Formen des Schreibens ausprobieren, bis Sie genau das Genre finden, das zu Ihnen passt. Wenn Sie älter und erfahrener sind, sollten Sie die Fähigkeiten nutzen, die Sie bereits entwickelt haben, und einen Weg finden, diese stärker an Ihre wahre Berufung anzupassen. Denken Sie daran, dass Ihre Berufung eine Kombination aus verschiedenen Bereichen sein kann, die Sie faszinieren. Für Steve Jobs war es etwa die Schnittstelle von Technologie und Design.

**Gesetz des Tages: Denken Sie daran, dass sich Ihre Berufung über mehrere Bereiche erstrecken könnte, die Sie faszinieren. Halten Sie den Prozess offen – Ihre Erfahrung wird Ihnen den richtigen Weg weisen.**

*Die Gesetze der menschlichen Natur*, Gesetz 13:
Schreiten Sie zielorientiert voran – Das Gesetz der Ziellosigkeit

## 25. JANUAR

# *Ändern Sie sich langsam von innen heraus*

Wir Menschen sind in der Regel auf das fixiert, was wir mit eigenen Augen sehen können. Das ist der animalischste Teil unserer Natur. Wenn wir Veränderungen im Leben anderer Menschen wahrnehmen, sehen wir, dass jemand das Glück hatte, eine Person mit den nötigen Verbindungen und Finanzmitteln zu treffen. Wir sehen das Projekt, das Geld und Aufmerksamkeit bringt. Mit anderen Worten, wir sehen die sichtbaren Zeichen von Chancen und Erfolg, aber wir jagen einer Illusion hinterher. Tatsächlich werden solche dramatischen Veränderungen nämlich durch das verursacht, was sich im Inneren eines Menschen abspielt: die langsame Akkumulation von Wissen und Fertigkeiten, die langsame Verbesserung von Arbeitsgewohnheiten, die Fähigkeit, Kritik zu ertragen. Jede Veränderung im Schicksal eines Menschen ist lediglich die sichtbare Manifestation all dieser schon lange laufenden intensiven Vorbereitung. Weil wir den internen, unsichtbaren Aspekt fast gänzlich ignorieren, gelingt es uns nicht, auch bei uns selbst etwas Wesentliches zu ändern. Und so stoßen wir nach ein paar Jahren an unsere Grenzen. Wieder einmal sind wir frustriert, sehnen uns nach Veränderung, greifen nach etwas Schnellem und Oberflächlichem und bleiben für immer Gefangene dieser Muster, die sich in unserem Leben wiederholen.

Die Lösung besteht darin, die Perspektive umzukehren: Hören Sie auf, sich an das zu klammern, was die anderen sagen oder tun. Hören Sie damit auf, zwanghaft auf Geld, Verbindungen und den äußeren Schein der Dinge fixiert zu sein. Blicken Sie stattdessen nach innen, konzentrieren sich auf die kleineren, inneren Veränderungen, die die Grundlage für eine viel größere Veränderung Ihres Schicksals bilden. Das ist der Unterschied zwischen der Verfolgung einer Illusion und dem Eintauchen in die Realität. Und es ist die Realität, die Sie befreien und verwandeln wird.

**Gesetz des Tages: Woran würden Sie arbeiten, wenn niemand zuschaute und Geld kein Ziel wäre?**

TED Talk, »The Key to Transforming Yourself«, 23. Oktober 2013

## 26. JANUAR

# *Meiden Sie die Gegenkräfte der Meisterschaft*

Unsere innere Kraft kann abgeschwächt werden, bis wir sie nicht mehr wahrnehmen oder sogar an ihrer Existenz zweifeln, und zwar abhängig davon, wie weit wir uns einer anderen Kraft untergeordnet haben – dem sozialen Anpassungsdruck. Diese *Gegenkraft* kann sehr mächtig sein, denn wir wollen in eine Gruppe passen. Unbewusst kann uns unser Anderssein peinlich oder unangenehm sein. Oft wirken auch unsere Eltern als Gegenkraft, wenn sie uns auf einen einträglichen, bequemen Lebensweg führen wollen. Sind diese Gegenkräfte stark genug, dann können wir die Verbindung zu unserer Einzigartigkeit verlieren, zu dem, was uns ausmacht. Unsere Neigungen und Wünsche formen sich dann nach dem Vorbild anderer. Das kann auf einen sehr gefährlichen Weg führen. Am Ende wählen wir möglicherweise eine Laufbahn, die überhaupt nicht zu uns passt. Antrieb und Interesse gehen uns langsam verloren, und das ist unserer Arbeit anzumerken. Freude und Erfüllung beziehen wir nicht mehr aus unserer Arbeit. Da wir immer weniger in die Karriere investieren, achten wir nicht mehr auf Veränderungen in unserem Tätigkeitsfeld. Wir verlieren den Anschluss und müssen den Preis dafür bezahlen. Wenn wichtige Entscheidungen anstehen, wissen wir nicht weiter oder richten uns nach anderen, weil wir ohne innere Richtschnur die Orientierung verloren haben. Dann haben wir die Verbindung zu unserer angeborenen Bestimmung abgebrochen. Ein solches Schicksal müssen Sie um jeden Preis vermeiden.

**Gesetz des Tages: Den Prozess, sich Ihrer Lebensaufgabe bis zur Meisterschaft zu widmen, können Sie praktisch zu jedem Zeitpunkt Ihres Lebens beginnen. Die geheime Kraft in Ihrem Inneren ist immer da und einsatzbereit. Allerdings müssen Sie den Lärm anderer Kräfte zum Schweigen bringen.**

*Mastery*, I: Discover Your Calling – The Life's Task

## 27. JANUAR

### *Das wirkliche Geheimnis*

Die Sehnsucht nach einer magischen Abkürzung hat sich bis in die heutige Zeit erhalten, beispielsweise in einfachen Erfolgsformeln oder aus der Vorzeit überlieferten Geheimnissen. Letztendlich aber kreist diese ganze Suche doch um etwas, das nicht existiert. Allzu viele Menschen verlieren sich in diesen Fantasien und vergessen dabei die eine echte Kraft, die sie tatsächlich besitzen. Und anders als bei der Magie oder einfachen Patentrezepten können wir die praktischen Auswirkungen dieser Kraft im Lauf der Geschichte tatsächlich sehen – in den großen Entdeckungen und Erfindungen, in herrlichen Gebäuden und Kunstwerken, in unseren technischen Fertigkeiten und allen anderen Meisterleistungen des Geistes. Diese Kraft schafft für den, der über sie verfügt, eine Verbindung mit der Wirklichkeit der Welt, die ihn in ihren Lauf eingreifen lässt in einer Weise, wie es sich die Mystiker und Magier der alten Zeiten kaum hätten erträumen können. Über die Jahrhunderte haben die Menschen eine hohe Mauer um derartige Meisterschaft errichtet, sie haben sie Genialität genannt und für unerreichbar erachtet. Sie sei ein Privileg, ein angeborenes Talent, das vielleicht einfach auf einer günstigen Konstellation der Gestirne beruht und als solches ebenso unerreichbar ist wie Magie. Aber diese Mauer war nur eine Einbildung, denn dies ist das wirkliche Geheimnis: Das Gehirn, über das wir verfügen, ist das Ergebnis einer sechs Millionen Jahre währenden Entwicklung, und mehr als alles andere war diese dazu angelegt, uns zur Meisterschaft zu führen, zu der Kraft, die in jedem von uns schlummert.

**Gesetz des Tages: Arbeiten Sie daran, sich den Geist zu schaffen, den Sie sich wünschen. Entfesseln Sie den meisterlichen Geist in Ihrem Inneren, um Teil einer Avantgarde zu werden, die die erweiterten Grenzen menschlicher Willenskraft erprobt.**

*Mastery*: Introduction

## 28. JANUAR

# *Der Weg ist nicht geradlinig*

Wir beginnen, indem wir ein Arbeitsfeld oder eine Position auswählen, die im Groben unseren Neigungen entspricht. Von diesem Startpunkt aus haben wir Möglichkeiten zum Manövrieren und zum Erlernen wichtiger Fähigkeiten. Die ersten Ziele sollten nicht zu hoch und zu ehrgeizig sein – müssen wir doch zunächst unseren Lebensunterhalt bestreiten und Selbstvertrauen gewinnen. Wenn wir aber erst einmal auf dem Weg sind, entdecken wir vielleicht interessante Nebenwege, die uns locken, während uns andere Bereiche des Fachgebiets kalt lassen. Dann richten wir uns neu aus und wechseln möglicherweise auf ein benachbartes Feld, erfahren dabei mehr über uns selbst, bleiben im Expandieren aber unseren grundlegenden Fähigkeiten treu. Wir nehmen das, was wir für andere tun, und machen es uns zu eigen. Irgendwann werden wir auf ein Feld stoßen, eine Gelegenheit, eine Nische, die perfekt zu uns passt. Wir werden das sofort erkennen, weil es in uns dieses besondere, kindliche Erstaunen, diese Begeisterung auslösen wird. Es wird sich genau richtig anfühlen und alles wird sich von selbst ergeben. Wir werden schneller und umfassender lernen. Unsere Fähigkeiten werden irgendwann eine Stufe erreichen, auf der wir uns von der Gruppe, für die wir arbeiten, unabhängig machen können und allein unseren Weg gehen. In einer Welt, in der so vieles außerhalb unserer Kontrolle ist, wird uns das höchste Unabhängigkeit bringen. Wir werden unser Geschick selbst bestimmen und sind nicht mehr den Launen tyrannischer Vorgesetzter oder intrigierender Kollegen ausgesetzt.

**Gesetz des Tages: Betrachten Sie Ihre Karriere oder Berufslaufbahn nicht als eine gerade Linie, sondern eher als eine Reise mit Kurven und Umwegen.**

*Mastery*, I: Discover Your Calling – The Life's Task

## 29. JANUAR

# *Werden Sie, wer Sie sind*

Der griechische Dichter Pindar schrieb vor gut 2600 Jahren: »Werde, wer du bist, doch erkenn's erst.« Damit meint er Folgendes: Wir werden mit ganz bestimmten Vorgaben und Tendenzen geboren, die unser Schicksal bestimmen und das, was wir im Kern sind. Manche werden nie, wer sie sind. Sie vertrauen nicht mehr auf sich selbst, passen sich an die Vorlieben anderer an und tragen eine Maske, die ihr wahres Ich verbirgt.

**Gesetz des Tages: Wenn Sie sich erlauben zu lernen, wer Sie wirklich sind, indem Sie auf die Stimme und die Kraft in Ihrem Inneren hören, können Sie werden, was Ihnen das Schicksal bestimmt hat: ein Individuum, ein Meister.**

*Mastery*, I: Discover Your Calling – The Life's Task

## 30. JANUAR

### *Vertrauen Sie auf den Prozess*

Angenommen, wir lernen Klavier spielen, dann beginnen wir als Außenseiter. Die Klaviatur sieht zu Anfang ziemlich bedrohlich aus. Noch kennen wir nicht die Beziehungen zwischen den Tasten, den Akkorden, den Pedalen und allem anderen, das für das Entstehen von Musik von Bedeutung ist. Mag sein, dass wir uns in solchen Situationen für all das Neue begeistern können, das wir lernen, aber allzu schnell wird klar, wie viel Mühe es kosten wird. Die größte Gefahr besteht darin, sich nun Empfindungen wie Langeweile, Ungeduld, Unsicherheit und Angst zu gestatten, denn damit hören wir auf, zu beobachten und zu lernen. Der Prozess kommt dann zum Stillstand. Wenn wir diese Empfindungen aber im Zaum halten und der Zeit ihren Lauf lassen, setzt eine bemerkenswerte Entwicklung ein. Je länger wir andere beobachten und ihrem Beispiel folgen, desto mehr gewinnen wir an Klarheit, lernen die Regeln und erkennen, wie die Dinge funktionieren und zusammenwirken. Wenn wir weiter üben, fällt es uns immer leichter. Wir beherrschen die grundlegenden Fertigkeiten und können uns an neue und interessante Herausforderungen wagen. Wir erkennen Verbindungen, die uns bislang verborgen geblieben waren. Nach und nach gewinnen wir Zutrauen in unsere Fähigkeit, Probleme zu lösen oder Schwierigkeiten durch bloße Ausdauer zu überwinden. An einem gewissen Punkt werden wir vom Lernenden zum Praktizierenden. Nun folgen wir unseren eigenen Ideen und ziehen dabei wertvolle Rückschlüsse. Unser stetig anwachsendes Wissen wenden wir auf immer kreativere Weise an. Anstatt nur das Vorgehen anderer zu kopieren, bringen wir nun unseren eigenen Stil und unsere Persönlichkeit ins Spiel. Wenn wir diesem Prozess im Lauf der Jahre treu bleiben, wird ein weiterer Sprung erfolgen – der Sprung zur Meisterschaft. Die Klaviatur ist nun kein äußerer Fremdkörper mehr, denn wir haben sie verinnerlicht und zu einem Teil unseres Nervensystems und unserer Fingerspitzen gemacht. Die Regeln beherrschen wir inzwischen so gut, dass es an uns ist, sie zu brechen oder sie zu ändern.

**Gesetz des Tages: Vertrauen Sie auf den Prozess. Zeit ist die wichtigste Zutat von Meisterschaft. Nutzen Sie sie zu Ihrem Vorteil.**

*Mastery*: Introduction

## 31. JANUAR

### *Die Quelle aller Macht*

Versuchen Sie nicht, sich darum zu drücken, Ihre Berufung zu entdecken, und glauben Sie ja nicht, dass sie Ihnen von selbst zufällt. Obwohl sie sich bei einigen Menschen schon früh im Leben abzeichnet oder sich in einem Heureka-Moment schlagartig zeigt, erfordert sie von den meisten von uns eine kontinuierliche Introspektion und Anstrengung. Das Experimentieren mit den Fertigkeiten und Optionen, die mit Ihrer Persönlichkeit sowie Ihren Neigungen zusammenhängen, ist nicht nur der grundlegendste Schritt bei der Entwicklung eines höheren Lebenszwecks, es ist vielleicht insgesamt der wichtigste Schritt im Leben.

**Gesetz des Tages: Wenn Sie in Ihrem tiefsten Inneren wissen, wer Sie sind, wenn Sie Ihre Einzigartigkeit kennen, wird es Ihnen viel leichter fallen, alle anderen Stolperfallen der menschlichen Natur zu vermeiden.**

*Die Gesetze der menschlichen Natur*, Gesetz 13:
Schreiten Sie zielorientiert voran – Das Gesetz der Ziellosigkeit

# Februar

## *Die ideale Lehrzeit*

### SICH SELBST TRANSFORMIEREN

In der Geschichte der größten Meister von gestern und heute gibt es unvermeidlich eine Phase, in der all ihre künftigen Fähigkeiten wie bei der Puppe eines Schmetterlings noch in der Entwicklung sind. Dieser Teil ihres Lebens, eine weitgehend selbstbestimmte Ausbildung von etwa fünf bis zehn Jahren Dauer, erfährt wenig Beachtung, weil sie nicht durch große Erfolge oder Entdeckungen gekennzeichnet ist. Die späteren Meister unterscheiden sich in dieser Lehrzeit oft noch wenig von anderen Menschen. Unter der Oberfläche jedoch transformiert sich ihr Geist so, dass wir es nicht sehen können und dennoch alle Samen des künftigen Erfolgs gelegt werden. Eine genaue Untersuchung ihres Lebens fördert ein Muster zutage, das sich auf alle ihre verschiedenen Tätigkeitsbereiche erstreckt und eine Art Idealausbildung zur Meisterschaft vermuten lässt.

Sehen Sie sich selbst als jemanden, der in die Fußstapfen dieser Meister tritt. Sie sind auf einer Reise, auf der Sie Ihre eigene Zukunft gestalten. Es ist eine Zeit der Wahrheit und des Abenteuers, der Erkundung der Welt mit offenem Geist und Verstand. Tatsächlich werden Sie, wann immer Sie später in Ihrem Leben eine neue Fertigkeit erlernen oder sich beruflich verändern, immer wieder Verbindung zu diesem jugendlichen, abenteuerlustigen Teil Ihres Ichs aufnehmen. Sie suchen dann ständig nach Herausforderungen, zwingen sich, Ihre Komfortzone zu verlassen, und betrachten Schwierigkeiten als Maß Ihres Fortschritts. Diesen Geist müssen Sie annehmen, damit Sie Ihre Lehrzeit nicht als eine öde Einführung in die Arbeitswelt, sondern als eine Art Reise sehen, auf der Sie sich selbst verwandeln. Der Monat Februar wird Ihnen helfen, sich durch die ideale Lehrzeit zu transformieren.

Mit 20 hatte ich eine Erfahrung, aus der ich Lehren zog, die ich mein ganzes Leben lang beherzigte. Ich hatte gerade meinen Universitätsabschluss gemacht und beschlossen, eine Weile durch Europa zu reisen und die Sprachen zu üben, die ich in der Schule gelernt hatte. Ich brannte darauf, meine Künste (in Französisch, Deutsch, Spanisch und Italienisch) zu zeigen. Nachdem ich weit auf dem Kontinent herumgekommen war, landete ich schließlich in Paris. Ich verliebte mich in die Stadt und beschloss, eine Weile dort zu bleiben. Doch es gab ein Problem: Das Französisch, das ich mehrere Jahre an der Universität gelernt hatte, erwies sich als völlig ungeeignet. Die Pariser sprachen so schnell, dass ich kaum ein Wort verstand. Und wenn ich in meinem unbeholfenen Französisch etwas von mir gab, reagierten sie ziemlich unfreundlich.

In all den Jahren, da ich mich mit der Sprache befasst hatte, hatte ich die einfachen, aber grundlegenden Ausdrücke nicht gelernt, die man für die einfachen Dinge braucht, wenn man auf Reisen ist – etwa um in einem Restaurant Essen zu bestellen und so weiter. Wegen dieses Problems wurde ich ziemlich schüchtern und wollte am liebsten in meinem Hotelzimmer bleiben und ganz für mich sein. Dann jedoch traf ich einen wichtigen Entschluss. Ich war einsam und wollte wirklich in Paris bleiben, deshalb war es nötig, die Sprache auf einem hohen Niveau zu lernen. Also zwang ich mich, das Hotelzimmer zu verlassen und jeden Tag mehrere Stunden mit Parisern zu sprechen. Ich vermied es möglichst, Englisch zu sprechen oder mich mit anderen Amerikanern zu treffen. Jedes Mal, wenn ich mit Parisern zu tun hatte, hörte ich genau zu und achtete darauf, welche Wörter oder Redewendungen ich nicht verstand. Ich stellte Fragen. Ich machte mir Notizen. Ich nahm ihre Redewendungen, ihre Intonation und ihre Gesten tief in mich auf. Ich traf eine französische Frau, mit der ich ausgehen wollte, und musste mich deshalb noch mehr anstrengen, die Sprache zu meistern.

Schon bald zahlte sich meine harte Arbeit aus. Ich bekam einen Job an der Rezeption in einem Hotel und sprach jeden Tag flüssiger. Ich konnte mich mit ganz normalen Leuten unterhalten; ich lernte Pariser und Pariserinnen kennen und erweiterte meinen Bekanntenkreis. So erfuhr ich, dass die Pariser überhaupt nicht unfreundlich waren. Sie luden mich zu sich nach Hause ein, und ich bekam ein Gefühl dafür, wie es war, in dieser märchenhaften Stadt aufgewachsen zu sein.

Manchmal machte ich Fehler, und die anderen machten sich über mich lustig oder lachten mich aus. Aber ich beschloss, das nie persönlich zu nehmen. Ich begann sogar, mich über mich und meine eigenen Fehler lustig zu machen. Den Parisern gefiel mein selbstironischer Humor und dass ich mich anstrengte und ihre Sprache liebte. Nach eineinhalb Jahren in der Stadt beherrschte ich die Sprache richtig gut und hatte einige ausgesprochen denkwürdige Abenteuer erlebt.

Es war eine ungeheuer befriedigende Erfahrung. Und ich hatte einiges dabei gelernt, nämlich erstens, dass die Motivation der absolut wichtigste Schlüssel ist, wenn man etwas lernen will. In den zwei oder drei Jahren, die ich an der Universität Französisch gelernt hatte, war der Anreiz für mich nicht so hoch gewesen, dass ich es ordentlich gelernt hätte. Es kam nur darauf an, eine gute Note zu bekommen, aber mein Leben, mein Glück oder meine Arbeit hingen nicht davon ab. In Paris dagegen hieß es: schwimmen oder untergehen. Ich musste lernen. Ich musste einen Job finden und Menschen kennenlernen. Wegen dieses starken Antriebs nahm mein Geist Informationen viel schneller auf. Ich lernte in einem Monat mehr Französisch, als ich in zwei oder drei Jahren an der Universität gelernt hatte, weil ich es so aufregend fand.

Außerdem lernte ich, wie wichtig es war, sich in eine Sache zu vertiefen. Ich übte jeden Tag so viele Stunden, dass mir die Sprache in den Ohren klingelte, und träumte sogar auf Französisch, so stark war ich fokussiert. Und weil dem so war, lernte ich schnell.

Die allerwichtigste Lehre war jedoch, dass man auf dieser Welt nur durch Handeln lernt – durch Übung. Es passiert nicht, wenn man Bücher liest oder Kurse besucht. Man muss hinaus auf die Straße und mit anderen Menschen kommunizieren, Dinge probieren und aus seinen Fehlern lernen. Dabei darf man keine Angst haben, wegen seiner Fehler verspottet zu werden.

Diese Lektion hat sich bei allem, was ich seither in Angriff genommen habe, als nützlich erwiesen. Ich bekam das Vertrauen, dass ich mit diesem grundlegenden Muster alles meistern konnte. Als ich mein erstes Buch schrieb, stand ich unter großem Erfolgsdruck, konnte mich aber von meiner Pariser Erfahrung leiten lassen. Ich hatte gelernt, wie wichtig es ist, jeden Tag zu arbeiten und gleichzeitig diszipliniert und begeistert zu sein. Ich hatte gelernt, wie nützlich intensive Konzentration ist, und je mehr Bücher ich schrieb, umso leichter wurde es. Ich wandte dieselbe Methode auch bei Interviews an. Man lernt, indem man etwas tut, immer wieder, durch Übung und noch mehr Übung. Und irgendwann bekommt man Spaß daran – eine Freude am Prozess selbst und daran, etwas zu meistern. Und diese Freude und dieses Vergnügen bleiben einem das ganze Leben erhalten. Sie werden im Gehirn eingebettet.

Wenn Sie ein Buch schreiben wollen, schreiben Sie es. Wenn Sie ein Musiker sein wollen, machen Sie Musik. Wollen Sie ein Unternehmen gründen, na dann los, starten Sie es. Haben Sie keine Angst, Fehler zu machen oder zu scheitern; durch Fehler lernen Sie am meisten. Finden Sie jemanden, der ein meisterhafter Musiker oder Unternehmer ist und nehmen Sie Kontakt zu ihm auf. Lassen Sie sich von ihm ausbilden und erledigen Sie alle Aufgaben, die er Ihnen gibt. Vertiefen Sie sich in die Welt oder die Branche, in der Sie Meister werden wollen. Das ist besser als sämtliche Bücher, die Sie lesen, oder Kurse, die Sie besuchen könnten: Learning by Doing.

## 1. FEBRUAR

### *Unterwerfen Sie sich der Realität*

Heutzutage empfangen wir drei verschiedene oder sogar sich widersprechende Erziehungen: die des Hauses, die der Schule, die der Welt. Was man uns in der letzteren sagt, stürzt alle Vorstellungen der beiden ersten um.

BARON DE MONTESQUIEU

Nach Ihrer formellen Erziehung kommt die entscheidende Phase Ihrer Erziehung: eine praktische Erziehung, die man auch als Lehrzeit bezeichnet. Jedes Mal, wenn Sie den Beruf wechseln oder neue Fertigkeiten erwerben, treten sie wieder in diese Lebensphase ein. Das Ziel einer Lehrzeit ist nicht, Geld zu verdienen. Es geht auch nicht darum, berühmt zu werden oder irgendeinen bequemen Posten mit einem schönen Titel zu ergattern. Das Ziel einer Lehrzeit besteht darin, dass Sie sich buchstäblich verwandeln. Sie sind fast gänzlich ahnungslos, wenn Sie die Lehrzeit antreten. Das geht uns allen so. Sie haben noch nicht die notwendigen Fertigkeiten. Und Sie sind wahrscheinlich ein kleines bisschen ungeduldig. Aber am Ende haben Sie sich in jemanden verwandelt, der ausgebildet ist und einen guten Realitätsbezug hat, der versteht, was die Menschen bewegt, und die Regeln kennt, die in seiner Branche gelten. Sie sind geduldiger und haben ein solides Arbeitsethos entwickelt. Ich nenne das Realität. Das bedeutet: In Ihrem Fach werden seit 100 Jahren Regeln, Verfahren und Praktiken entwickelt und durch Überlieferung weitergegeben. Medizin wäre ein gutes Beispiel, doch es gilt für alle Fächer. Die Regeln und Verfahren sind die Realität, und Sie haben keine Verbindung zu ihr, wenn Sie in einem Fach neu sind. Ihr Ziel besteht buchstäblich darin, sich zu unterwerfen. Sie unterwerfen sich im wahrsten Sinne des Wortes der Realität Ihres Fachs. Sie erkennen, dass Sie von vorn anfangen, und Sie vertiefen sich so sehr in das Fach, dass am Ende *Sie* die neuen Regeln formulieren, wie es alle Meister tun.

**Gesetz des Tages: Lernen, wie man lernt, ist die wichtigste Fähigkeit, die man erwerben kann.**

Robert Greene, vollständige Rede über Meisterschaft vor der Oxford Union Society, 12. Dezember 2012

## 2. FEBRUAR

# *Was der Mentor braucht*

Im Jahr 2006 lernte ich den 19-jährigen Ryan Holiday kennen. Er war ein Fan meiner Bücher und bot an, mein Recherche-Assistent zu werden. Ich hatte zuvor großes Pech bei der Einstellung von Rechercheuren gehabt. Das Problem bestand darin, dass sie nicht verstanden, wie ich dachte. Bei Ryan dagegen wurde gleich zu Anfang klar, dass er verstand, wie ich denke, welche Art von Büchern ich mag und nach welchen Geschichten ich Ausschau halte. Schon lange, bevor wir uns trafen, hatte er Zeit investiert. Um meinen Denkprozess nachzuvollziehen, hatte er die Bücher gelesen, die ich in der Bibliografie zitiert hatte, um die von mir verwendeten Quellen zu finden. Er vollzog praktisch nach, wie meine Bücher entstanden waren. Er verstand, wonach ich suchte. Er machte sich die Arbeit, in Erfahrung zu bringen, was mir tatsächlich helfen würde. Er sparte mir Zeit. Dann hatte ich ein Problem mit meinem Internetauftritt. Ryan sagte, er könne ihn verbessern. Er half mir, eine Website zu gestalten. Er hatte die richtigen Fertigkeiten für das Internet. Ich selbst war damals Ende 40 und kannte mich nicht so gut mit dem Netz aus. Er nahm mir das Problem ab. Und weil er wusste, dass er Schriftsteller werden wollte, konnte ich ihm dabei helfen, seine Fähigkeiten als Rechercheur und Schriftsteller zu pflegen. Ich brachte ihm bei, wie man von Anfang bis Ende ein Buch herstellt. Ich zeigte ihm die Karteikartenmethode, die ich entwickelt hatte und beherrschte, und er benutzte sie am Ende selbst, um ein sehr erfolgreicher Schriftsteller zu werden.

Das Verhältnis zwischen Mentor und Lehrling ist für beide Parteien von Vorteil. Wenn Sie in der unterlegenen Position sind und sich von jemandem helfen lassen wollen, der mehr Macht hat, müssen Sie von sich selbst absehen und an seine Bedürfnisse denken. Ein Mentor hat Ihnen natürlich viel zu geben. Aber noch wichtiger ist: Sie haben ihm etwas zu geben.

**Gesetz des Tages: Finden Sie einen Meister, bei dem Sie in die Lehre gehen können, aber statt daran zu denken, wie viel er Ihnen geben kann, sollten Sie darüber nachdenken, wie Sie ihm bei seiner Arbeit helfen können.**

Podcast-Interview *Curious mit Josh Peck*, 4. Dezember 2018

## 3. FEBRUAR

# *Sie haben ein einziges Ziel*

Weisheit ist nicht das Ergebnis der Schulbildung, sondern des lebenslangen Versuchs, sie zu erwerben.

ALBERT EINSTEIN

Das Prinzip ist einfach und Sie müssen es in Ihrem Bewusstsein fest verankern: In der Lehrzeit geht es nicht um Geld, eine gute Position, einen Titel oder ein Abschlusszeugnis, sondern um die *Transformation* Ihres Geistes und Ihrer Persönlichkeit. Es ist die erste Transformation auf dem Weg zur Meisterschaft. Sie brauchen also Arbeitsstellen, an denen sich die besten Lernmöglichkeiten bieten. Praktisches Wissen ist dabei der Rohstoff, um den es geht und der Ihnen auf Jahrzehnte einen reichen Ertrag bringen wird – weit mehr als die armseligen Gehaltserhöhungen, die Ihnen in einer vermeintlich lukrativen Stellung mit wenig Lernmöglichkeiten winken. Folglich werden Ihnen Herausforderungen bevorstehen, die Sie stählen und Ihre Fähigkeiten vervollkommnen. Außerdem werden Sie eine objektive Rückkopplung über Ihre Leistungen und Fortschritte erhalten. Sie sollten deshalb kein Lehrverhältnis eingehen, das Ihnen leicht und bequem erscheint.

**Gesetz des Tages: Praktisches Wissen ist das höchste Gut. Beurteilen Sie daher alle Chancen nach einem einzigen Kriterium: Wie groß ist die Möglichkeit zu lernen?**

*Mastery*, II: Submit to Reality – The Ideal Apprenticeship

## 4. FEBRUAR

### *Bewerten Sie Lernen höher als alles andere*

Im späteren Leben ist man von einem dicken Monatslohn abhängig und dieser bestimmt, wohin man geht, wie man denkt und was man tut. Zuletzt holt einen die Zeit ein, die man nicht auf das Erlernen von Fähigkeiten verwendet hat, und man erlebt einen schmerzhaften Absturz. Stattdessen muss Ihnen das Lernen wichtiger sein als alles andere, dann werden Sie automatisch die richtigen Entscheidungen treffen. Sie werden sich für die Situation entscheiden, die Ihnen die besten Gelegenheiten zum Lernen und praktische Erfahrungen bietet, was besonders wichtig ist. Sie werden sich Mentoren suchen, die Sie inspirieren und unterrichten können. Ein schlecht bezahlter Job bringt den Zusatznutzen, dass Sie gleich noch lernen, mit wenig auszukommen – eine sehr nützliche Fähigkeit. Sie sollten eine unbezahlte Lehrstelle nicht von vornhinein ausschließen. Denn das Finden des perfekten Mentors ist nicht einfach, und das Angebot, unentgeltlich als Assistent für ihn zu arbeiten, zeugt von Weisheit. Im Überschwang der Freude über solch uneigennützigen Enthusiasmus wird ein solcher Mentor nicht selten mehr als die üblichen Geheimnisse des Gewerbes preisgeben. Wenn Sie also das Lernen über alles andere stellen, werden Sie optimale Bedingungen für Ihre kreative Entwicklung schaffen, und das Geld wird dann von selbst kommen.

**Gesetz des Tages: Holen Sie sich heute einen guten Rat von einem Meister Ihres Berufs oder einem Meister des Lebens.**

*Mastery*, II: Submit to Reality – The Ideal Apprenticeship

## 5. FEBRUAR

### *Akkumulieren Sie Fertigkeiten*

Das Wissen ist lang, das Leben ist kurz,
und wer nichts weiß, der lebt auch nicht.

BALTASAR GRACIÁN

Ihr Hauptziel in der Lehrzeit muss es sein, so viele praktische Fähigkeiten wie möglich zu erlernen und zu erwerben, insbesondere in Bereichen, die Sie persönlich begeistern und stimulieren. Wenn sich später im Leben Ihr beruflicher Werdegang ändert oder Ihre Fertigkeiten an Relevanz verlieren, werden Sie wissen, wie sie diese an die neuen Umstände anpassen und weitere lernen können. Meister zu werden, war früher ein mühseliger Prozess, weil die Informationen zum Erlernen der notwendigen Fertigkeiten nicht frei zur Verfügung standen. Wenn Sie sich für die Wissenschaften interessierten, mussten Sie der richtigen sozialen Klasse angehören, damit Sie eine Universität besuchen konnten. Nur dort konnte man eine wissenschaftliche Ausbildung absolvieren. Heute sind diese Informationsbarrieren dank des Internets gefallen. Sie müssen lediglich die Chancen, die das Internet bietet, auf überlegene Weise nutzen, um mittels diverser Online-Ressourcen Fähigkeiten zu erwerben.

**Gesetz des Tages: Fertigkeiten zu erwerben, ist der Schlüssel, um sich in einer turbulenten Arbeitswelt zu behaupten. Die Fähigkeit, diese Fertigkeiten später zu kombinieren, ist der beste Weg zur Meisterschaft.**

Robert Greene, »Five Key Elements for a New Model of Apprenticeship«, in *The New York Times*, 26. Februar 2013

## 6. FEBRUAR

### *Sehen Sie sich als Baumeister*

Was auch immer Ihr Tätigkeitsbereich ist, Sie müssen sich selbst ganz allgemein als Baumeister sehen, der mit echtem Material und Ideen arbeitet. Mit Ihrer Arbeit stellen Sie etwas Greifbares her, etwas, das Menschen auf direkte, konkrete Weise beeinflusst. Und um etwas gut zu bauen – sei es ein Haus, eine politische Organisation, ein Unternehmen oder einen Film –, müssen Sie den Herstellungsprozess verstehen und über die notwendigen Fähigkeiten verfügen. Sie lernen als Handwerker, den höchsten Standards zu genügen. Deshalb müssen Sie eine gründliche Lehre durchlaufen. Sie werden nichts Gutes auf dieser Welt erschaffen, wenn Sie sich nicht zuvor entwickelt und transformiert haben.

**Gesetz des Tages: Wie ein Baumeister sollten Sie höchste Standards für sich entwickeln und die Geduld für einen schrittweisen Prozess aufbringen.**

*Mastery*, II: Submit to Reality – The Ideal Apprenticeship

## 7. FEBRUAR

### *Die einzige Abkürzung zur Meisterschaft*

Nicht das macht frei, daß wir nichts über uns anerkennen wollen, sondern eben daß wir etwas verehren, das über uns ist. Denn indem wir es verehren, heben wir uns zu ihm hinauf und legen durch unsere Anerkennung an den Tag, daß wir selber das Höhere in uns tragen und wert sind, seinesgleichen zu sein.

JOHANN WOLFGANG VON GOETHE

Das Leben ist kurz und Ihre Zeit, um zu lernen und kreativ zu sein, begrenzt. Beim Versuch, sich Wissen und Erfahrungen aus verschiedenen Quellen anzueignen, ohne dabei eine Form der Anleitung in Anspruch zu nehmen, können Sie wertvolle Jahre verschwenden. Folgen Sie stattdessen dem Beispiel all der berühmten Meister aus der Vergangenheit, und suchen Sie sich einen guten Mentor. Die Beziehung zwischen einem Mentor und seinem Schüler ist die effizienteste und produktivste Form des Lernens. Ein guter Mentor wird Ihre Aufmerksamkeit in die richtige Richtung lenken und Sie herausfordern. Sein Wissen und seine Erfahrung werden sich auf Sie übertragen. Sie erhalten ein direktes und realistisches Feedback zu Ihrer Arbeit und können sich auf diese Weise schneller verbessern. Durch den intensiven Austausch eignen Sie sich die erfolgreiche Denkweise des Mentors an und können sie Ihrem eigenen Wesen anpassen. Suchen Sie sich den Mentor, der Ihren Bedürfnissen und Ihrer Lebensaufgabe am besten entspricht. Sobald Sie das Wissen des Mentors verinnerlicht haben, sollten Sie jedoch Ihren eigenen Weg weitergehen und aus dem Schatten des Mentors heraustreten. Es muss Ihr Ziel sein, das Können und die Genialität Ihres Meisters zu übertreffen.

**Gesetz des Tages: Den richtigen Mentor zu wählen, ist, als könnte man seine Eltern wählen. Eine falsche Wahl ist verhängnisvoll.**

*Mastery*, III: Absorb the Master's Power – The Mentor Dynamic

## 8. FEBRUAR

### *Der perfekte Mentor*

Irgendwann in den 1960er-Jahren stieß der Medizinstudent V. S. Ramachandran, der an einer Universität in Madras studierte, auf das Buch *Eye and Brain* von Richard Gregory. Das Buch des renommierten Neuropsychologen – sein Stil, die Anekdoten und die dain beschriebenen Experimente – faszinierte ihn. Angeregt durch die Lektüre begann er, seine eigenen optischen Experimente durchzuführen, woraufhin er bemerkte, dass ihm dieses Gebiet mehr lag als die Medizin. 1974 erhielt Ramachandran die Zulassung für ein Promotionsprogramm an der Universität von Cambridge, in dem es um visuelle Wahrnehmung ging. Ramachandran fühlte sich niedergeschlagen und allein in einem fremden Land. Dann kam eines Tages Richard Gregory, Professor an der Universität von Bristol, höchstpersönlich nach Cambridge, um eine Vorlesung zu halten. Ramanchandran war fasziniert von ihm. Gregorys Demonstrationen, bei denen er seine Ideen auf der Bühne vorführte, waren sehr anregend. Er hatte ein Gespür fürs Theatralische und viel Sinn für Humor. Genauso musste Wissenschaft sein, dachte Ramachandran und ging am Ende der Vorlesung direkt nach vorn, um sich ihm vorzustellen. Die beiden hatten auf Anhieb einen Draht zueinander. Ramachandran erzählte Gregory von einem optischen Experiment, über das er nachgedacht hatte, und der Professor war angetan davon. Er lud Ramachandran zu sich nach Bristol ein, um gemeinsam das Experiment durchzuführen. Ramachandran nahm das Angebot an, und in dem Moment, als er Gregorys Haus betrat, wusste er, dass er seinen Mentor gefunden hatte. Es war vollgestopft mit viktorianischen Geräten, Fossilien und Skeletten. Ramachandran fühlte sich wie in einem Sherlock-Holmes-Roman. Gregory war genau der Typ von Exzentriker, mit dem er sich identifizieren konnte. Zwischen Cambridge und Bristol entstand ein reger Austausch von Experimenten. Ramachandran hatte einen Mentor fürs Leben gefunden – einen, der ihn inspirierte und ihn führen konnte. Mit den Jahren übernahm er viel von Gregorys Stil, seiner Art zu mutmaßen und seinen experimentellen Methoden.

**Gesetz des Tages: Fragen Sie sich bei Ihrer Suche: Wessen Arbeit inspiriert mich? Wessen Stil finde ich spannend? Wem will ich in zehn Jahren ähnlich sein?**

*Mastery*, III: Absorb the Master's Power – The Mentor Dynamic

## 9. FEBRUAR

# *Definieren Sie Vergnügen neu*

Keine größere und keine kleinere Herrschaft kannst
du haben als über dich selbst.

LEONARDO DA VINCI

Beim Üben und Entwickeln einer Fähigkeit verändern Sie sich. Sie bekommen einen Einblick in Anlagen, über die Sie verfügen und die mit zunehmendem Fortschritt immer deutlicher zutage treten. Sie entwickeln sich auch in emotionaler Hinsicht, beispielsweise wird sich Ihr Lustempfinden wandeln. Was unmittelbar Befriedigung schafft, wird Ihnen wie eine Ablenkung vorkommen, wie leere Unterhaltung zum Zeitvertreib. Echtes Vergnügen werden Sie am Überwinden von Schwierigkeiten haben, am Vertrauen in Ihre Fähigkeiten und an deren leichter Beherrschung. Sie werden geduldiger werden, und Langeweile signalisiert Ihnen nun nicht mehr das Bedürfnis nach Ablenkung, sondern nach neuen Herausforderungen, die es zu meistern gilt.

**Gesetz des Tages: Betrachten Sie die Früchte von Disziplin und Können als den süßesten Genuss von allen.**

*Mastery*, II: Submit to Reality – The Ideal Apprenticeship

## 10. FEBRUAR

### *Lernen Sie aus allem*

Scharfblick und Urteil. Wer hiermit begabt ist, bemeistert sich der Dinge, nicht sie seiner. [...] Alles entdeckt, sieht, faßt und versteht er.

BALTASAR GRACIÁN

Jede Aufgabe, die Ihnen übertragen wird – und sei sie noch so untergeordnet –, gibt Ihnen die Möglichkeit, diese Arbeitsumgebung im Betriebszustand zu beobachten. Dabei ist kein Detail über die Beteiligten trivial. Alles, was Sie sehen und hören, sind Zeichen, die Sie entschlüsseln müssen. Mit der Zeit werden Sie Dinge erkennen, die Ihnen zunächst entgangen sind. So könnte sich jemand, den Sie anfangs für sehr einflussreich gehalten haben, später als Schaumschläger entpuppen. Allmählich lassen Sie sich nicht mehr vom Schein trügen. Und je mehr Sie über die Regeln und das Machtgefüge Ihrer neuen Umgebung wissen, desto besser werden Sie verstehen, warum sie existieren und welchen Einfluss sie auf die wichtigen Strömungen in Ihrem Arbeitsfeld haben. So gelangen Sie von der Beobachtung zur Analyse und schulen Ihr Urteilsvermögen – aber erst nach Monaten der aufmerksamen Beobachtung.

**Gesetz des Tages: Behandeln Sie alle Aufgaben, auch die niedrigsten, als Gelegenheit, zu beobachten und Informationen über Ihre Umgebung zu sammeln.**

*Mastery*, II: Submit to Reality – The Ideal Apprenticeship

## 11. FEBRUAR

# *Treten Sie in den Kreislauf beschleunigter Renditen ein*

Was wir immer wieder tun, fällt uns mit der Zeit leichter, nicht weil sich das Wesen der Tätigkeit verändert, sondern weil sich unsere Fähigkeit, sie zu verrichten, verbessert.

RALPH WALDO EMERSON

Jeder weiß, dass sich Tätigkeiten wie das Fahrradfahren leichter erlernen lassen, wenn man jemandem dabei zusieht, als wenn man eine mündliche Einweisung bekommt oder eine Anleitung liest. Je mehr wir selbst tun, desto leichter fällt uns das Lernen. Auch vornehmlich geistige Fähigkeiten wie das Programmieren von Computern oder das Sprechen einer Fremdsprache lernen sich am leichtesten durch Übung und Wiederholung. Eine fremde Sprache erlernen wir, indem wir sie so viel wie möglich sprechen – und nicht aus Büchern. Je mehr wir sprechen und üben, desto besser wird unser Sprachfluss. Verfolgt man diesen Weg lange genug, dann gelangt man in einen *sich beschleunigenden Kreislauf,* bei dem das Üben immer leichter und interessanter wird, wodurch man länger üben kann, was die Fähigkeiten steigert, was wiederum das Üben interessanter macht. Ihr Ziel muss es sein, diesen Kreislauf zu erreichen, und dazu müssen Sie einige Grundprinzipien über die Fähigkeiten selbst verstehen.

**Gesetz des Tages: Alles, was sich lohnt zu tun, hat eine Lernkurve. Wenn es schwierig wird, dann denken Sie an das Ziel: Sie wollen den Kreislauf beschleunigter Renditen erreichen.**

*Mastery*, II: Submit to Reality – The Ideal Apprenticeship

## 12. FEBRUAR

# *Learning by Doing*

Das Problem mit der formalen Bildung ist, dass sie uns eine passive Einstellung zum Lernen vermittelt. Wir lesen Bücher, machen Prüfungen oder schreiben vielleicht Aufsätze. Ein Großteil des Verfahrens besteht aus der Aufnahme von Informationen. In der realen Welt jedoch lernt man am besten, indem man etwas tut, indem man sich aktiv einer Aufgabe widmet. Der große Sushi-Meisterkoch Eiji Ichimura begann seine Laufbahn vor etwa 42 Jahren als Tellerwäscher in einem Restaurant. Er wollte ein Sushi-Koch werden, aber niemand erklärte ihm, wie man die Speisen zubereitete oder gab ihm direkte Anweisungen, denn die Zubereitung war ein streng gehütetes Geheimnis. Er musste es lernen, indem er sorgfältig zuschaute und dann dieselben Techniken wieder und wieder übte. Er übte in seiner Freizeit, insbesondere die komplizierten Bewegungen mit dem Messer. So bildete er sich durch endlose Arbeit selbst zum Meisterkoch aus.

**Gesetz des Tages: Das Gehirn ist darauf angelegt, durch ständige Wiederholung und praktische Betätigung zu lernen. Durch geduldiges Übung können Sie jede Fertigkeit erlernen. Suchen Sie sich eine Fertigkeit, die Sie beherrschen wollen, und beginnen Sie zu üben.**

Robert Greene, »Five Key Elements for a New Model of Apprenticeship«, in *The New York Times*, 26. Februar 2013

## 13. FEBRUAR

# *Wie man schnell und gründlich lernt*

Für Menschen, die an ihren Wahnvorstellungen festhalten, ist es schwierig oder gar unmöglich, überhaupt etwas Wertvolles zu lernen. Ein Volk, das mit der Notwendigkeit konfrontiert ist, sich selbst zu schaffen, muss alles prüfen und Wissen aufsaugen, wie die Wurzeln eines Baums Wasser aufsaugen.

JAMES BALDWIN

Wenn Sie in eine neue Umgebung kommen, müssen Sie zunächst einmal so viel wie möglich in sich aufnehmen und lernen. Dazu müssen Sie sich in ein kindliches Gefühl der Unterlegenheit zurückversetzen. Das heißt, Sie müssen annehmen, dass die anderen mehr wissen als Sie selbst und dass der Erfolg Ihrer Lehrzeit von ihnen abhängig ist. Lösen Sie sich von allen Vorurteilen über eine Umgebung oder ein Tätigkeitsfeld und tauchen Sie so tief wie möglich in die neue Kultur ein. Sie sind unendlich neugierig. Wenn Sie diese untergeordnete Haltung einnehmen, dann ist Ihr Geist aufnahmefähig und Ihre Lernbegierde geweckt. Dieser Zustand ist natürlich nur vorübergehend. Sie begeben sich in diese Abhängigkeit, damit Sie in fünf oder zehn Jahren genug lernen, um Ihre Unabhängigkeit zu erklären und vollends ins Erwachsenenalter einzutreten.

**Gesetz des Tages: Versetzen Sie sich zurück in eine kindliche Abhängigkeit. Handeln Sie heute so, als ob die Menschen, mit denen Sie zu tun haben, mehr wüssten als Sie.**

*Mastery*, II: Submit to Reality – The Ideal Apprenticeship

## 14. FEBRUAR

# *Gegen den Widerstand*

Wir Menschen schrecken naturgemäß vor allem zurück, das Schmerzen oder Schwierigkeiten verspricht. Diese natürliche Veranlagung bringen wir beim Einüben einer jeden Fähigkeit mit ein. Wenn wir einen Aspekt einer neuen Fähigkeit beherrschen – meist etwas, das uns leichter fällt –, dann ziehen wir es im Folgenden vor, genau diesen Aspekt immer weiter zu üben. Wenn wir aber unsere Schwächen meiden, wird sich unsere Fertigkeit einseitig ausbilden. Da wir beim Üben nicht unter Beobachtung stehen, werden wir allzu leicht unachtsam und widmen unserer Aufgabe nur einen Teil unserer Aufmerksamkeit. Außerdem sind unsere Übungen oft zu konventionell. Wir folgen gerne dem, was andere vor uns getan haben, und verlassen uns auf anerkannte Übungen. Das ist der Weg der Amateure. Um Meisterschaft zu erlangen, müssen Sie das sogenannte Training gegen den Widerstand absolvieren.

Das Prinzip ist ganz einfach: Verfolgen Sie beim Üben das Gegenteil Ihrer natürlichen Neigungen. Dazu müssen Sie erstens der Versuchung widerstehen, nett zu sich zu sein. Werden Sie Ihr schärfster Kritiker und betrachten Sie Ihr Werk mit den Augen anderer. Dann erkennen Sie seine Schwächen und die genauen Einzelheiten, in denen Sie nicht gut sind. Diesen geben Sie beim weiteren Üben den Vorrang. Sie werden eine Art verdrehter Lust empfinden, wenn Sie den damit verbundenen Schmerz überwinden. Zweitens müssen Sie der Verlockung widerstehen, in Ihrer Konzentration nachzulassen. Üben Sie sich darin, mit doppelter Aufmerksamkeit zu trainieren. Seien Sie beim Ersinnen Ihrer Übungen so kreativ wie möglich. Auf diese Weise werden Sie Ihre eigenen Maßstäbe setzen, die meist strenger sein werden als die der anderen. Das Resultat Ihres Übens wird bald sichtbar sein, und andere werden die scheinbare Leichtigkeit bewundern, mit der Sie zu Werk gehen.

**Gesetz des Tages: Denken Sie sich Übungen aus, mit denen Sie an Ihren Schwächen arbeiten. Setzen Sie sich willkürliche Fristen, um bestimmte Maßstäbe zu erfüllen, und treiben Sie sich immer wieder über die von Ihnen wahrgenommenen Grenzen hinaus.**

*Mastery*, II: Submit to Reality – The Ideal Apprenticeship

## 15. FEBRUAR

# *Konzentriertes Üben kann nicht misslingen*

Denn was wir durch Lernen zu tun fähig werden sollen, das lernen wir eben, indem wir es tun: durch Bauen werden wir Baumeister und durch Kithraspielen Kitharisten.

ARISTOTELES

Obwohl sich der Zeitaufwand, um die wichtigsten Fähigkeiten zu beherrschen und Sachkompetenz zu erlangen, je nach Fachgebiet und Talent unterscheiden sollte, ist man bei Untersuchungen immer wieder auf eine Dauer von 10.000 Stunden gekommen. So viel Zeit für konsequentes Üben ist offenbar erforderlich, um ein hohes Leistungsniveau zu erreichen. Das gilt gleichermaßen für Komponisten, Schachspieler, Schriftsteller, Sportler und andere Berufsgruppen. Diese Zahl hat beinahe etwas Magisches oder Mystisches. So viel mit Üben verbrachte Zeit scheint qualitative Veränderungen im Gehirn zu bewirken – ganz unabhängig von der Person und dem Tätigkeitsfeld. Nun sind wir in der Lage, große Informationsmengen effektiv zu ordnen und zu strukturieren. Mithilfe des stillen Wissens können wir jetzt kreativ werden und spielerisch mit diesem Wissen umgehen. Die Anzahl der Stunden mag zunächst einmal abschrecken – sie entspricht immerhin sieben bis zehn Jahren kontinuierlichen, konzentrierten Übens –, aber sagen wir es einmal so: Kontinuierliches, konzentriertes Üben führt zwangsläufig zu Resultaten.

**Gesetz des Tages: Investieren Sie heute in eine Stunde konzentriertes Üben – und morgen auch und übermorgen und überübermorgen.**

*Mastery*, II: Submit to Reality – The Ideal Apprenticeship

## 16. FEBRUAR

# *Wissen Sie Detailarbeit zu schätzen*

Aaron Rodgers, der Quarterback der Green Bay Packers, musste seine ersten drei Jahre bei dem Verein als Ersatzmann für Brett Favre, einen der Besten, verbringen. Deshalb hatte er kaum Gelegenheit, im Spiel zu zeigen, was er konnte, sondern musste sich fast ausschließlich auf Üben und Zusehen beschränken. Später sagte er: »Diese ersten drei Jahre waren entscheidend für meinen Erfolg.« Er lernte damals Geduld und Bescheidenheit. Und er trainierte jede mögliche Fertigkeit, die ein Quarterback brauchen kann: Hand-Augen-Koordination, Fingerbeweglichkeit, Beinarbeit, Wurftechnik. Er brachte sich bei, mit absoluter Achtsamkeit zuzuschauen und so viel zu lernen wie möglich. All das verbesserte nicht nur seine Fähigkeiten, sondern erregte auch die Aufmerksamkeit seiner Trainer. Sie waren von seiner Arbeitsethik und Lernfähigkeit sehr beeindruckt. In all den Jahren schaffte er es, seine Ungeduld zu beherrschen und sein Spiel zu verbessern. Das Wesentliche ist, dass er sich beibrachte, die Detailarbeit zu schätzen, und wenn man das erst einmal geschafft hat, hält einen nichts mehr auf.

**Gesetz des Tages: Meistern Sie die Details, und der Rest kommt wie von selbst.**

Robert Greene, »Five Key Elements for a New Model of Apprenticeship«, in *The New York Times*, 26. Februar 2013

## 17. FEBRUAR

### *Die traurige Wahrheit*

Es ist, als ob man einen riesigen Baum von enormem Umfang fällt. Man schafft es nicht mit einem Schlag seiner Axt. Aber wenn man beharrlich ist und nicht aufgibt, wird der Baum am Ende, ob er will oder nicht, plötzlich fallen.

DER ZEN-MEISTER HAKUIN EKAKU

Albert Einstein begann im Alter von 17 Jahren mit ernsthaften Gedankenexperimenten. Zehn Jahre später schuf er seine erste Arbeit zur Relativitätstheorie. Es lässt sich schwer bestimmen, wie viel Zeit er in diesen zehn Jahren mit dem Verfeinern seiner theoretischen Fähigkeiten verbrachte, aber drei Stunden täglich scheinen dafür nicht zu hoch gegriffen, die sich in zehn Jahren auf mehr als 10.000 Stunden summieren. Es gibt weder Abkürzungen in der Ausbildungsphase noch Wege, die außen herum führen. Das menschliche Gehirn verlangt naturgemäß nach einer solch langen Beschäftigung mit einem Tätigkeitsfeld, damit sich komplexe Fähigkeiten dauerhaft dort etablieren können und den Geist frei machen für wirklich kreative Aufgaben. Allein der Wunsch, Abkürzungen zu finden, rückt das Erreichen von Meisterschaft in weite Ferne.

**Gesetz des Tages: Die Lehrzeit lässt sich nicht umgehen. Befreien Sie sich von dem Wunsch, Abkürzungen zu finden.**

*Mastery*, II: Submit to Reality – The Ideal Apprenticeship

## 18. FEBRUAR

# *Zwei Arten von Fehlschlag*

Der Denker sieht in seinen eignen Handlungen Versuche und Fragen, irgendworüber Aufschluß zu erhalten: Erfolg und Mißerfolg sind ihm zuallererst *Antworten*.

FRIEDRICH NIETZSCHE, *DIE FRÖHLICHE WISSENSCHAFT*

Es gibt zwei Arten des Scheiterns: Die erste rührt daher, dass man seine Ideen gar nicht erprobt, entweder aus Angst oder weil man auf den perfekten Zeitpunkt wartet. Aus diesem Scheitern können Sie nichts lernen, Ihre Vorsicht wird Sie letztlich zerstören. Die zweite Art entspringt einer kühnen und wagemutigen Einstellung. Wenn Sie auf diese Weise scheitern, wird der Schaden an Ihrem Ruf mehr als wettgemacht von dem, was Sie dabei lernen. Wiederholtes Scheitern wird Ihren Geist abhärten und Ihnen verdeutlichen, wie es funktionieren wird. Es ist also im Grunde ein Fluch, wenn alles schon beim ersten Versuch klappt, denn das verleitet zu der Annahme, dass Sie dafür ein Händchen haben. Wenn Sie dann doch irgendwann einmal scheitern, wird Sie das so sehr durcheinanderbringen und entmutigen, dass nicht mehr daran zu denken ist, aus der Sache zu lernen. Während der Lernphase als Unternehmer sollten Sie sich auf alle Fälle so früh wie möglich an die Ausführung Ihrer Ideen wagen, sie der Öffentlichkeit vorstellen und ein klein wenig auf einen Misserfolg hoffen. Sie können davon nur profitieren.

**Gesetz des Tages: Seien Sie heute mutig und verwirklichen Sie eine Ihrer Ideen.**

*Mastery*, II: Submit to Reality – The Ideal Apprenticeship

## 19. FEBRUAR

# *Zeit ist kostbar*

Nach seinem Diplomabschluss am Züricher Polytechnikum im Jahr 1900 erkannte der 21-jährige Albert Einstein, dass seine Berufsaussichten recht dürftig waren. Aufgrund seiner Noten bestand keine Hoffnung, eine der begehrten Assistentenstellen zu ergattern. Er hatte sich an der Universität nicht besonders wohl gefühlt und war deshalb froh, sich nun selbstständig bestimmten physikalischen Fragen zu widmen, die ihn schon seit Jahren beschäftigten. Diese Lehrzeit in Eigenregie bestand aus Gedankenexperimenten und theoretischem Denken. Allerdings musste er auch irgendwie seinen Lebensunterhalt bestreiten. Er hatte das Angebot, als Ingenieur in der Dynamofabrik seines Vaters in Mailand zu arbeiten, aber dort würde ihm nicht genügend freie Zeit bleiben. Ein Freund wollte ihm eine gut bezahlte Stelle bei einer Versicherung besorgen, aber dort wäre sein Gehirn heillos unterfordert und er befürchtete, so die Lust am Denken zu verlieren. Etwa ein Jahr später erwähnte ein anderer Freund, am Schweizer Patentamt im Bern sei eine Stelle ausgeschrieben – am unteren Ende der Amtshierarchie. Besonders gut bezahlt war sie nicht, die tägliche Arbeitszeit war lang und die Bearbeitung der eingereichten Patentanträge keine besonders anspruchsvolle Tätigkeit, aber Einstein ließ sich die Gelegenheit nicht entgehen. Mehr erwartete er nicht. Er musste die eingereichten Anträge lediglich auf ihre Stichhaltigkeit überprüfen. Aber da auch wissenschaftliche Gesichtspunkte zu bedenken waren, interessierte ihn die Arbeit. Die Patentanträge waren wie kleine Rätsel oder Gedankenexperimente – er stellte sich vor, wie sich die eingereichten Ideen in funktionstüchtige Erfindungen umsetzen ließen. Dies schärfte sein Urteilsvermögen. Schon nach wenigen Monaten fiel ihm dieses Gedankenspiel so leicht, dass er die tägliche Arbeit in zwei bis drei Stunden erledigt hatte und sich seinen eigenen Gedankenexperimenten widmen konnte. Im Jahr 1905 veröffentlichte er seine erste Arbeit zur Relativitätstheorie. Sie war zum großen Teil am Schreibtisch im Patentamt entstanden.

**Gesetz des Tages: Die kritische Variable ist die Zeit. Streichen Sie heute einen Punkt aus Ihrem Terminplan, um mehr Zeit für Ihre Lebensaufgabe zu haben.**

*Mastery*, II: Submit to Reality – The Ideal Apprenticeship

## 20. FEBRUAR

### *Verstehen, wie das Gehirn funktioniert*

Sollten Sie annehmen, Sie könnten Schritte überspringen, sich Mühen ersparen, durch Beziehungen oder simple Patentrezepte Macht erlangen, dann arbeiten Sie gegen Ihre ursprünglichen Anlagen und natürlichen Fähigkeiten. Denn dann werden Sie zu einem Sklaven der Zeit – sie verstreicht und Sie werden schwächer, unfähiger und enden in einer Sackgasse. Sie werden abhängig von den Meinungen und Ängsten anderer. Statt dass Ihr Geist in der Realität verankert ist, verlieren Sie die Bindung zu ihr und bleiben in einem engen Gedankengehäuse gefangen. Der Mensch, der sich für sein Überleben auf seine volle Aufmerksamkeit verlassen konnte, wird dann zu einem Tier, das alles nur rastlos überfliegt, unfähig zum tiefen Denken ist und dennoch nicht seinen Instinkten vertraut.

Der Gipfel der Unvernunft ist der Glaube, man könne im Lauf unseres kurzen Lebens, dieser wenigen bewusst erlebten Jahrzehnte, die Verschaltung des Gehirns durch technische Kniffe und Wunschdenken entscheidend verändern und das Resultat einer sechs Millionen Jahre währenden Entwicklung überwinden. Das Arbeiten gegen den Schliff mag vorübergehend Ablenkung bringen, aber letztendlich wird die Zeit die Schwäche und Ungeduld schonungslos bloßlegen.

**Gesetz des Tages: Setzen Sie Ihr Vertrauen ins Lernen und nicht in die Technik.**

*Mastery*, Introduction: The Evolution of Mastery

## 21. FEBRUAR

# *Machen Sie sich unentbehrlich*

Mehr profitiert man von Abhängigkeit als von Höflichkeit; wer seinen Durst gestillt hat, kehrt der Quelle gleich den Rücken zu.

BALTASAR GRACIÁN

Viele der großen Condottieri der italienischen Renaissance erlitten das gleiche Schicksal wie der Schutzheilige von Siena und der Graf von Carmagnola: Sie gewannen eine Schlacht nach der anderen für ihre Auftraggeber, nur um dann verbannt, ins Gefängnis geworfen oder gar hingerichtet zu werden. Das war keine Undankbarkeit; es gab nur so viele andere Condottieri, die genauso fähig und tapfer waren wie sie. Sie waren ersetzbar und ihr Tod bedeutete keinen Verlust. Die Älteren unter ihnen waren selbst zu großer Macht gelangt und verlangten immer mehr Geld für ihre Dienste. Daher war es viel praktischer, sie sich vom Halse zu schaffen und einen jüngeren, billigeren Söldnerführer zu engagieren. Das ist das Schicksal – wenn auch hoffentlich weniger gewalttätig – all jener, die andere nicht von sich abhängig machen. Früher oder später taucht jemand auf, der den Job genauso gut erledigen kann wie sie – einer, der jünger, billiger und weniger bedrohlich ist. Sachzwänge regieren die Welt, und die Menschen müssen zumeist zum Handeln gezwungen werden. Wenn Sie sich selbst nicht unentbehrlich machen, wird man sich bei der nächstbesten Gelegenheit Ihrer entledigen.

**Gesetz des Tages: Streben Sie danach, der Einzige zu sein, der das tun kann, was Sie tun, und verknüpfen Sie Ihr Schicksal so stark mit dem Ihrer Auftraggeber, dass diese Sie unmöglich entbehren können.**

*The 48 Laws of Power,* Law 11:
Learn to Keep People Dependent on You

## 22. FEBRUAR

# *Absorbieren Sie gezielt Energie*

Sie fing ihr Leben aus einer sehr schwachen Position heraus an, als Waisenkind mit wenig oder gar keinen Ressourcen. Sie erkannte mit Anfang 20, dass es ihre Berufung war, Mode zu schöpfen und ihre eigene Modelinie zu gründen. Sie benötigte jedoch dringend Führung, vor allem hinsichtlich der geschäftlichen Belange. Sie suchte daher nach Menschen, die ihr helfen konnten, ihren Weg zu finden. Im Alter von 25 Jahren traf sie einen wohlhabenden älteren englischen Geschäftsmann namens Arthur »Boy« Chapel. Sie heftete sich mit großer Vehemenz an ihn. Er war in der Lage, ihr das Selbstbewusstsein zu vermitteln, eine berühmte Modeschöpferin zu werden. Er brachte ihr die Regeln des Geschäftslebens bei. Seine Kritik war teilweise hart, doch sie konnte sie akzeptieren, weil sie tiefen Respekt für ihn empfand. Er half ihr bei ihren ersten wichtigen Entscheidungen, ihr Unternehmen zu gründen. Durch ihn entwickelte sie ihren Lebenszweck, den sie ihr gesamtes Leben lang beibehielt. Ohne seinen Einfluss wäre ihr Pfad zu verwirrend und schwierig gewesen.

Später im Leben kehrte Coco Chanel immer wieder zu dieser Strategie zurück. Sie suchte sich andere Männer und Frauen, die Fähigkeiten hatten, die ihr fehlten oder die sie stärken musste – Zuvorkommenheit, Kenntnisse im Marketing, einen Riecher für kulturelle Trends –, und entwickelte Beziehungen, die es ihr ermöglichten, von ihnen zu lernen.

Finden Sie Menschen, die pragmatisch sind und nicht einfach nur charismatisch oder visionär. Ersuchen Sie sie um ihren praktischen Rat, übernehmen Sie ihre grundlegende Haltung, die Dinge durchzuziehen. Falls möglich, sollten Sie sich von einer Gruppe von Leuten aus verschiedenen Bereichen umgeben, als Freunde oder Partner, die eine ähnliche Energie haben. Sie werden sich gegenseitig dabei helfen, den Lebenszweck jedes Einzelnen zu erhöhen. Geben Sie sich nicht mit virtuellen Partnern oder Mentoren zufrieden.

**Gesetz des Tages: Machen Sie eine Liste von Menschen in Ihrem Leben, die mit einer Bestimmung leben. Setzen Sie die Priorität, mehr Zeit mit ihnen zu verbringen.**

*Die Gesetze der menschlichen Natur*, Gesetz 13:
Schreiten Sie zielorientiert voran – Das Gesetz der Ziellosigkeit

## 23. FEBRUAR

# *Nie genug Wissen*

Napoleon Bonaparte liebte als Kind Strategiespiele und Bücher, in denen es um aktive Führung ging. Als er die Militärakademie besuchte, war er nicht auf eine militärische Karriere fixiert und passte nicht in das System. Stattdessen war er besessen davon, möglichst viel über alle Aspekte der Kriegskunst zu lernen. Er verschlang massenweise Bücher und beeindruckte seine Vorgesetzten mit seinem Wissen. Schon in sehr jungen Jahren wurde ihm ungewöhnlich viel Verantwortung übertragen. Er lernte schnell, stets gelassen zu bleiben, die richtigen Lehren aus seinen Erfahrungen zu ziehen und Fehler zu verarbeiten. Als man ihm auf dem Schlachtfeld noch mehr Verantwortung übertrug, hatte er eine Lehrzeit hinter sich, die zwei- oder dreimal so intensiv gewesen war wie bei seinen Kameraden. Jung, ehrgeizig und voller Verachtung für Autoritäten, führte er als Befehlshaber die größte Revolution der Militärgeschichte herbei, indem er die Größe und den Aufbau der Armeen veränderte, als Erster raumgreifende Manöver auf dem Schlachtfeld einführte und so weiter. Am Ende dieser Entwicklung besaß er ein bemerkenswertes Gefühl für die Schlacht und den Gesamtverlauf eines Feldzugs. In seinem Fall ging dies als sein berüchtigter *coup d'oeil* in die Geschichte ein, seine Fähigkeit, eine Situation auf einen Blick zu beurteilen. Dies führte bei seinen Untergebenen und seinen Feinden zu der Vorstellung, dass er übernatürliche Kräfte besitze.

**Gesetz des Tages: Finden Sie das größte Vergnügen daran, sich Wissen und Informationen anzueignen. Davon können Sie nie genug kriegen.**

*powerseductionandwar.com*, 1. Oktober 2012

## 24. FEBRUAR

# *Übertreffen Sie Ihren Meister*

Armselig der Schüler, der seinen Meister nicht übertrifft.

LEONARDO DA VINCI

Es kann auch ein Fluch sein, bei jemandem zu lernen, der dermaßen kunstfertig und brillant ist wie der Pianist und Komponist Alberto Guerrero. Im verzweifelten Bestreben, all die großartigen Ideen des Mentors umzusetzen, wird das Selbstvertrauen des Schülers oft schwer beschädigt. Viele Schüler verschwinden im Schatten ihrer berühmten Lehrer und schaffen es nie selbst ins Rampenlicht. Da Glenn Gould aber besonders ehrgeizig war, fand er auch die einzig wahre Lösung für sein Dilemma. Er hörte sich alles an, was Guerrero über Musik zu sagen hatte, und experimentierte dann mit dessen Ideen, die er während des Spielens leicht veränderte, sodass sie seinen eigenen Vorstellungen besser entsprachen. So hatte er das Gefühl, eine eigene Ausdrucksform gefunden zu haben. Mit den Jahren betonte er die Unterschiede zwischen sich selbst und seinem Lehrer immer mehr. Aufgrund seiner unglaublichen Aufnahmefähigkeit hatte er während seiner Ausbildung die wichtigsten Ideen seines Mentors unbewusst verinnerlicht, aber es gelang ihm auch, diese Ideen seiner eigenen Persönlichkeit anzupassen. Auf diese Weise konnte er gleichzeitig lernen und jenen kreativen Geist entwickeln, der ihn später, nachdem er Guerrero verlassen hatte, so einzigartig machte.

**Gesetz des Tages: Hüten Sie sich davor, im Schatten eines berühmten Mentors stehen zu bleiben. Probieren Sie seine Ideen aus, aber wandeln Sie diese stets ab. Unterscheiden Sie sich von Ihrem Mentor. Ihr Ziel ist es, ihn zu übertreffen.**

*Mastery*, III: Absorb the Master's Power – The Mentor Dynamic

## 25. FEBRUAR

### *Erweitern Sie unablässig Ihren Horizont*

In der Lehrzeit wird Ihnen niemand wirklich helfen oder die Richtung weisen. Ganz im Gegenteil. Wenn Sie eine Ausbildung wünschen, wenn Sie etwas lernen wollen und Meisterschaft anstreben, dann müssen Sie es selbst in die Hand nehmen, und zwar mit großem Einsatz. Sie beginnen diese Phase normalerweise in der niedrigsten Position. Ihr Zugang zu Wissen und Menschen wird durch Ihren Status begrenzt. Wenn Sie nicht aufpassen, werden Sie diesen Status akzeptieren und auf ihn festgelegt werden, besonders wenn Sie aus einfachen Verhältnissen stammen. Sie müssen stattdessen gegen jede Form von Begrenzung ankämpfen und ständig darauf bedacht sein, Ihren Horizont zu erweitern. Als Lernender müssen Sie sich natürlich den realen Gegebenheiten fügen, aber das bedeutet nicht, dass Sie auf der Stelle verharren müssen. Bücher und Lesestoff, die über das Erforderliche hinausgehen, sind immer ein guter Anfang. Wenn Sie sich mit Gedanken und Meinungen aus der weiten Welt auseinandersetzen, werden Sie Hunger auf immer mehr Wissen entwickeln. Es wird dann immer schwieriger werden, still und zufrieden in der Ecke sitzen zu bleiben, und genau darum geht es. Jeder Mensch in Ihrem Tätigkeitsfeld, in Ihrem unmittelbaren Umkreis hat seine eigene Welt – die Geschichten und Ansichten dieser Leute werden Ihren Horizont auf natürliche Weise erweitern und Ihre sozialen Fähigkeiten schulen. Mischen Sie sich unter so viele verschiedene Menschen wie möglich. Diese Kreise werden sich ebenfalls allmählich weiten. Schulung von außerhalb, egal welcher Art, wird Ihre Entwicklung nur beschleunigen.

**Gesetz des Tages: Erweitern Sie unermüdlich Ihren Horizont. Wann immer Sie das Gefühl haben, dass Sie es sich in einem Kreis bequem machen, sollten Sie sich zwingen, aufzubrechen und neue Herausforderungen zu suchen.**

*Mastery*, II: Submit to Reality – The Ideal Apprenticeship

## 26. FEBRUAR

# *Verlassen Sie Ihre Komfortzone*

Die mühevolle Arbeit, die unsere Eigenliebe, unsere Leidenschaft, unser Nachahmungstrieb, unser abstrakter Verstand, unsere Gewohnheiten geleistet hatten, ist genau das, was die Kunst erst wieder beseitigen muss; denn gerade den umgekehrten Weg heißt sie uns ja gehen, den Weg der zu den Tiefen zurückführt, in denen das, was wirklich existiert hat, von uns ungekannt ruht.

MARCEL PROUST

Leonardo da Vinci kam bei seiner Atelierarbeit für Verrocchio an den Punkt, an dem er eigene Versuche anstellen musste, um seinen eigenen Stil zu entwickeln. Zu seiner Überraschung war sein Meister von seinem Einfallsreichtum begeistert, was Leonardo als Zeichen deutete, dass das Ende seiner Lehrzeit näher rückte. Viele Menschen warten zu lange, ehe sie diesen Schritt wagen – meist aus Angst. Häufig muss man sich zwingen, die Initiative zum Experimentieren zu ergreifen, *bevor man glaubt, bereit dafür zu sein.* Sie erproben Ihre Persönlichkeit, lassen Ihre Furcht hinter sich und gewinnen einen gewissen Abstand zu Ihrer Arbeit, indem Sie sie mit den Augen anderer betrachten. Das ist ein Vorgeschmack auf die nächste Phase, in der Ihre Werke unter ständiger Beobachtung stehen werden.

**Gesetz des Tages: Nehmen Sie etwas in Angriff, für das Sie sich noch nicht ganz bereit fühlen.**

*Mastery*, II: Submit to Reality – The Ideal Apprenticeship

## 27. FEBRUAR

# *Etablieren Sie Ihren eigenen Stil*

Um die Distanz zu Ihrem Vorgänger in der Öffentlichkeit zu verdeutlichen, brauchen Sie häufig eine Art Symbol. Ludwig XIV. schuf dies zum Beispiel, indem er das traditionelle Schloß der französischen Könige, den Louvre, aufgab und sich Versailles erbauen ließ. König Philipp II. von Spanien hatte es genauso gemacht: Als sein Machtzentrum ließ er gewissermaßen auf freiem Feld El Escorial errichten. Doch Ludwig trieb das Spiel noch weiter: Auch als König wollte er anders sein als sein Vater oder frühere Herrscher. Er trug deshalb weder Zepter noch Krone und setzte sich auf keinen Thron, sondern etablierte eine neue Form imposanter Autorität mit seinen eigenen Symbolen und Ritualen. Die Rituale seiner Vorfahren degradierte er zu lächerlichen Überbleibseln der Vergangenheit. Folgen Sie seinem Beispiel: Lassen Sie sich niemals auf den Pfaden Ihres Vorgängers blicken. Denn wenn Sie das tun, werden Sie ihn nie übertreffen. Daß Sie anders sind, müssen Sie physisch verdeutlichen, indem Sie Ihren eigenen Stil einführen, der Sie von ihm abhebt.

**Gesetz des Tages: Folgen Sie dem Beispiel Ihres Lehrmeisters, aber nicht seinem Weg. Zeigen Sie, dass Sie anders sind, und etablieren Sie Ihren eigenen Stil.**

*The 48 Laws of Power*, Law 41:
Avoid Stepping into a Great Man's Shoes

## 28. FEBRUAR

# *Den Meister trifft das Messer*

Man vergilt seinem Lehrer schlecht,
wenn man immer nur der Schüler bleibt.

FRIEDRICH NIETZSCHE

Auf Spanisch sagt man: *Al maestro cuchillada* – den Meister trifft das Messer. Dieser Ausdruck kommt aus der Fechtkunst und bezeichnet den Moment, in dem der junge, agile Schüler gut genug ist, um seinen Meister zu treffen. Er kann aber auch bezeichnend sein für das unausweichliche Schicksal, das die meisten Mentoren irgendwann einmal ereilt, wenn ihre Schützlinge sich gegen sie auflehnen. Das kommt einem Schwerthieb gleich.

Wir verehren in unserer Kultur Menschen, die rebellieren oder zumindest die Pose eines Rebellen einnehmen. Eine Rebellion ist jedoch nur sinn- und wirkungsvoll, wenn es einen handfesten und realen Standard gibt, gegen den man sich auflehnen kann. Der Mentor (oder die Vaterfigur) verkörpert einen solchen Standard. Wir müssen uns irgendwann von ihm lossagen, um eine eigene Identität aufzubauen. Die wichtigen und relevanten Aspekte seines Wissens nehmen wir in uns auf, und an den Stellen, die für unser Leben irrelevant sind, setzen wir das Messer an. Auf diese Weise entsteht eine Dynamik, die einem Generationenwechsel gleicht. Manchmal muss der Vater getötet werden, damit die Söhne und Töchter genügend Raum haben, um sich zu entfalten.

Auf jedem Fall werden Sie in Ihrem Leben mehrere Mentoren haben – sie sind wie Trittsteine auf Ihrem Weg zur Meisterschaft. Achten Sie darauf, in jeder Phase Ihres Lebens die richtigen Lehrer zu finden, holen Sie das aus ihnen heraus, was für Sie persönlich von Bedeutung ist, und setzen Sie dann Ihren Weg fort, ohne sich schuldig zu fühlen. Es ist sehr wahrscheinlich, dass auch Ihr Mentor seinen Weg so gemacht hat. Es ist der Lauf der Welt.

**Gesetz des Tages: Verinnerlichen Sie vom Wissen Ihres Mentors die wichtigen und relevanten Teile und setzen Sie an allem anderen das Messer an.**

*Mastery*, III: Absorb the Master's Power – The Mentor Dynamic

## 29. FEBRUAR

# *Agieren Sie wie ein Hacker*

Jedes Zeitalter bringt ein Ausbildungsmodell hervor, das zu dem vorherrschenden Produktionssystem passt. Derzeit leben wir im Computerzeitalter, und Computer beherrschen fast alle Bereiche des Wirtschaftslebens. Die Herangehensweise der Hacker ans Programmieren scheint das Modell zu sein, das am besten zu diesem neuen Zeitalter passt. Das Modell funktioniert für die Lehrzeit folgendermaßen: Sie möchten so viele Fähigkeiten wie möglich erlernen und halten sich an die von den Umständen vorgegebene Richtung, aber nur, wenn dabei eine Verbindung zu Ihren ureigenen Interessen besteht. Genau wie ein Hacker mögen Sie es, die Dinge selbst zu entdecken und höchste Qualität zu produzieren. Einem vorbestimmten Berufsweg gehen Sie nicht auf den Leim. Sie wissen zwar nicht, wohin das alles führen wird, aber Sie nutzen die frei verfügbaren Informationen und das Wissen über menschliche Fähigkeiten zu Ihrem maximalen Vorteil. Sie erkennen, welche Art von Arbeit zu Ihnen passt und was Sie unbedingt vermeiden wollen. Ihre Vorgehensweise lässt sich mit Trial and Error beschreiben.

Wenn Sie auf Wanderschaft bleiben, dann nicht aus Angst vor einer Verpflichtung, sondern weil Sie dadurch die Basis Ihrer Fähigkeiten und Möglichkeiten erweitern. Sollten Sie an einem bestimmten Punkt bereit sein, sich auf eine Sache fest einzulassen, dann werden sich Ideen und Gelegenheiten finden. Wenn das geschieht, werden sich all Ihre angesammelten Fähigkeiten als nützlich erweisen. Sie werden ein Meister darin sein, diese auf einzigartige Weise und passend zu Ihrer Persönlichkeit zu kombinieren.

**Gesetz des Tages: In diesem neuen Zeitalter landen Menschen, die in ihrer Jugend rigide einem einzigen Weg gefolgt sind, in ihren Vierzigern oft in einer beruflichen Sackgasse und langweilen sich fast zu Tode. Eine breit gefächerte Lehrzeit hat das gegenteilige Ergebnis – zunehmende Möglichkeiten.**

*Mastery*, II: Submit to Reality – The Ideal Apprenticeship

# März

## *Der Meister bei der Arbeit*

### DER ERWERB VON FERTIGKEITEN UND DAS ERREICHEN VON MEISTERSCHAFT

Wenn Sie nach Meisterhaftigkeit streben, bringen Sie Ihren Verstand näher an die Realität und das Leben selbst heran. Alles Lebendige ist in ständiger Veränderung und Bewegung begriffen. Wenn Sie ausruhen, weil Sie glauben, das angestrebte Niveau erreicht zu haben, beginnt für einen Teil Ihres Verstands eine Phase des Verfalls. Ihre Kreativität geht Ihnen verloren und andere spüren das. Die Kraft und Intelligenz Ihrer Kreativität muss ständig erneuert werden, sonst stirbt sie ab. Sie sollten Ihr ganzes Leben wie eine Art Lehrzeit behandeln, in der Ihr Lernvermögen ständig gefordert wird. Der Monat März wird Ihnen zeigen, wie Sie Ihre Fähigkeiten aktivieren und sich das notwendige Wissen für das Leben eines Meisters aneignen können.

Als ich vor mehreren Jahren mein fünftes Buch, *Perfekt!*, zu schreiben begann, passierte etwas sehr Seltsames und Aufregendes. Dieses Buch zu schreiben, war besonders schwierig und kompliziert. Zunächst einmal hatte ich meine üblichen Recherchen gemacht: mehrere Hundert Bücher gelesen, über die Lektüre Tausende von Karteikarten angelegt, sie in verschiedene Kapitel gegliedert und so weiter. Zusätzlich jedoch hatte ich eine Menge wissenschaftliche Bücher gelesen, was ich nie zuvor getan hatte – Bücher über die Beschaffenheit des menschlichen Gehirns, um dem Buch eine bessere wissenschaftliche Grundlage zu geben. Damit hatte ich mir beim Schreiben eine zusätzliche Schwierigkeit aufgeladen. Außerdem hatte ich auch sechs oder sieben zeitgenössische Meister ihres Fachs interviewt, damit das Buch aktueller wurde. Durch die Integration der wissenschaftlichen Erkenntnisse und der Interviews mit den Meistern war das Projekt zu einer besonderen Herausforderung geworden. Deshalb ging es während der ersten Kapitel mit dem Schreiben sehr langsam voran. Ich brauchte länger als üblich, bis ich in einen Flow kam.

Dann jedoch nahm ich Kapitel für Kapitel, Woche für Woche und Monat für Monat immer mehr Fahrt auf. Und beim fünften Kapitel geschah etwas Unerwartetes. Das fünfte Kapitel handelt vom kreativen Prozess selbst. Der Gedanke ist der, dass man, wenn man an einem Projekt genug gearbeitet und es gut genug vorbereitet hat, und wenn man all die Monate immer vertrauter mit dem Thema geworden ist, oft ein Stadium von Kreativität erreicht, in dem einem die Ideen wie aus dem Nichts zufliegen. Genau das passierte nun mir selbst. Als ich nach all den Recherchen und all der Vorbereitung das fünfte Kapitel erreichte, flogen mir die Ideen einfach zu – etwa, wenn ich duschte oder einen Spaziergang machte. Ich träumte sogar von dem Buch und hatte im Schlaf Ideen, die seinen Inhalt bestätigten.

Das alles war eine gewaltige Überraschung und Inspiration für mich. Und dann kam Kapitel sechs, in dem es um Meisterschaft selbst geht – das letzte Kapitel. Der Gedanke ist der, dass man, wenn der Prozess schon relativ weit fortgeschritten ist, ein sehr intuitives Verhältnis zum Thema bekommt. Es ist fast, als ob das Buch oder das Projekt in einem Leben würde. Man kann es mit einem Schachmeister vergleichen, der das Schachbrett in seinem Kopf, in seinem Körper spürt. Er spürt den nächsten Zug. Ich spürte, dass das Buch in mir lebte, und fühlte in den Fingerspitzen, was ich schreiben sollte. Wie aus dem Nichts kamen mir ganz intuitiv reihenweise Ideen. Das war eine unglaubliche Erfahrung und ein unglaubliches Gefühl: ein Gefühl großer Macht.

Ich behaupte nicht, dass ich etwas Besonderes bin, eine Art Genie oder ein besonders begabter oder talentierter Mensch. Wir glauben gewöhnlich, dass man als Meister geboren wird, es in der DNA hat und irgendwie so konstruiert ist. Ich aber wollte beweisen, dass Meisterschaft in Wirklichkeit das Ergebnis harter Arbeit und Disziplin war, dass man ein solches Niveau an Kreativität und Perfektion erreichen kann, wenn man etwas monate- oder jahrelang übt. Und das hatte sich beim Schreiben des Buches buchstäblich bestätigt. Und weil Meisterschaft das Ergebnis rückhaltloser Hingabe und hartnäckiger Vertiefung in ein Problem ist, ist sie eine beglückende Erfahrung, die fast jeder Mensch haben kann, wenn er sich nach dem von mir beschriebenen System richtet.

Dies bedeutet nicht, dass Sie etwas jahrelang studieren müssten, damit Ihnen unvermeidlich kreative Kräfte erwachsen. Sie brauchen eine gewisse Intensität im Fokus und eine Liebe zu der Arbeit selbst, die das Endprodukt lebendig macht. Und es hängt auch von den Jahren früherer Arbeit in meiner Lehrzeit ab, die ich durch das Schreiben von vier anderen Büchern absolviert hatte.

Es gibt keine Abkürzungen für den kreativen Prozess: Drogen und Alkohol sind eher ein Hindernis. Allein schon wegen der Ungeduld, die Sie dazu treibt, nach Abkürzungen zu suchen, sind sie für Meisterschaft ungeeignet. Aber wenn Sie dem Prozess vertrauen und ihn vorantreiben, so weit Sie können, werden Sie über die Ergebnisse erstaunt sein.

## 1. MÄRZ

# *Entwickeln Sie einen mehrdimensionalen Verstand*

Lernen erschöpft nie den Geist.

LEONARDO DA VINCI

Mit jeder Fähigkeit, die Sie erwerben und verinnerlichen, wird Ihr Verstand aktiver und versucht, sein Wissen stärker Ihren Neigungen entsprechend einzusetzen. Diese natürliche kreative Dynamik wird nicht durch Mangel an Talent, sondern durch Ihre Einstellung behindert. Wenn Sie nervös und unsicher sind, setzen Sie Ihr Wissen vorsichtig ein. Sie halten sich an das, was Sie gelernt haben, um zu einer Gruppe zu gehören. Aber Sie sollten sich genau in die entgegengesetzte Richtung entwickeln. Nach dem Abschluss Ihrer Lehrzeit sollten Sie immer mutiger werden. Geben Sie sich nicht mit Ihrem bereits vorhandenen Wissen zufrieden, sondern dehnen Sie es auf verwandte Gebiete aus und stellen Sie neue Zusammenhänge zwischen verschiedenen Konzepten her. Experimentieren Sie, und betrachten Sie Probleme aus vielen verschiedenen Blickwinkeln. Je flexibler Ihr Verstand wird, umso mehrdimensionaler wird er, sodass Sie immer mehr Aspekte der Wirklichkeit erkennen. Am Ende wenden Sie sich sogar von den Regeln ab, die Sie verinnerlicht haben und formulieren sie neu, damit Sie Ihrer Haltung besser entsprechen. Diese Originalität bringt Sie auf den Gipfel der Macht.

**Gesetz des Tages: Erweitern Sie Ihr Wissen auf benachbarte Gebiete. Suchen Sie sich eine zusätzliche Fertigkeit aus und fangen Sie an zu üben.**

*Mastery*, V: Awaken the Dimensional Mind – The Creative-Active

## 2. MÄRZ

# *Dringen Sie ins Innere vor*

Wenn man mich fragt, wie ich Meisterschaft definiere oder von welcher Wendung ich mich in meinem Leben – oder wenn ich ein Buch schreibe – leiten lasse, sage ich: »In das Innere der Sache vordringen.« Ich versuche immer, etwas von innen zu sehen. Von außen wirken die Dinge irgendwie tot, weil man nur die Oberfläche sieht. Wenn man ins Innere vordringt, sieht man das Herz schlagen, man versteht die Sache und geht der Realität auf den Grund. Wenn Sie zum Beispiel mit dem Schach- oder Klavierspielen beginnen, sind Sie noch draußen. Sie sehen nur das Äußere, die sichtbare Oberfläche der Dinge. Und Sie lernen die grundlegenden Regeln. Alles geht sehr langsam und ist sehr mühselig. Sie verstehen das Ganze nicht wirklich. Alles ist irgendwie verwirrend und verschwommen. Schließlich jedoch dringen Sie, wenn Sie am Ball bleiben, ins Innere vor und merken, wie die Sache zum Leben erwacht. Das Schachbrett oder das Klavier ist dann kein materielles Objekt mehr, es ist in Ihnen drin. Sie haben es verinnerlicht. Sie müssen nicht mehr an die Tasten denken; die Tasten sind in Ihrem Kopf. Das ist Meisterschaft.

Der Sport ist ein großartiges Beispiel dafür. Wir sagen über meisterhafte Football-Spieler: »Es ist, als hätten sie Augen im Hinterkopf.« Nein, die Augen sind im Kern des Spiels. Große Quarterbacks sagen, dass das Spiel mit jedem Jahr Erfahrung »langsamer zu werden scheint«. Aber sie sind in das Innere des Spiels vorgedrungen. Dasselbe könnte man auch von Wissenschaftlerinnen, Schriftstellern, Schauspielerinnen und so weiter sagen. Ein Meister kennt seine Sache von innen nach außen und nicht umgekehrt.

**Gesetz des Tages: Wenn Sie hart arbeiten, werden Sie es in den inneren Kreis des Wissens schaffen. Das Endziel der Meisterschaft ist, eine Sache von innen heraus zu verstehen.**

»Robert Greene: Mastery and Research«, *Finding Mastery: Conversations with Michael Gervais*, 25. Januar 2017

## 3. MÄRZ

### *Kultivieren Sie das Ethos des Handwerkers*

Allen großen Meistern, auch den zeitgenössischen, gelingt es, den Geist des Handwerkers zu bewahren. Sie sind nicht durch Geld, Ruhm oder lukrative Posten motiviert, sondern schaffen das perfekte Kunstwerk, entwerfen das beste Gebäude, entdecken ein neues wissenschaftliches Gesetz – sie meistern ihr Handwerk. Deshalb sind sie dem auf und ab ihrer Karriere weniger ausgeliefert. Auf die Arbeit kommt es an. Letztlich machen diese Meister besonders viel Geld und werden besonders berühmt, weil sie diesen Geist kultivieren. Steve Jobs personifizierte dieses Handwerkerethos. Er erbte seine Liebe zur Perfektion, das Bedürfnis, etwas genau richtig zu machen, von seinem Vater, der gern handwerklich arbeitete, und er übertrug diese Haltung auf die Produkte von Apple. Das ist das Ziel des Meisters: Etwas gut zu machen und stolz darauf zu sein.

**Gesetz des Tages: Bewahren Sie den Geist des Handwerkers. Vergessen Sie nie, dass die Arbeit das Einzige ist, worauf es ankommt.**

Robert Greene, »Five Key Elements for a New Model of Apprenticeship«, *The New York Times*, 26. February 2013

## 4. MÄRZ

### *Der kreative Prozess*

Der kreative Prozess ist schwer zu definieren. Wir erhalten keine Ausbildung darin, und er misslingt uns oft. Bei den Meistern vieler Jahrhunderte sind jedoch einige grundsätzliche Muster und Prinzipien zu erkennen, die breite Anwendung finden. Jeder kreative Prozess sollte mit einer ergebnisoffenen Phase beginnen. Man gibt sich Zeit zum Träumen, lässt die Gedanken schweifen und nimmt eine offene, nicht fokussierte Haltung ein. In dieser Phase verbinden Sie Ihr Projekt mit gewissen starken Emotionen, die wie von selbst wach werden, wenn Sie sich auf Ihre Ideen konzentrieren. Später können Sie Ihre Gedanken mit Leichtigkeit straffen und Ihr Projekt immer realistischer und rationaler gestalten. Gut ist es auch, wenn Sie in Ihrem Tätigkeitsbereich und anderen Bereichen über ein breites Wissen verfügen, damit Ihr Geist Material für Verknüpfungen und Assoziationen hat. Außerdem können Sie den Prozess nur dann aufrechterhalten, wenn Sie nicht in Trägheit verfallen und die erste Version schon für den Gipfelpunkt halten. Pflegen Sie die Unzufriedenheit mit Ihrer Arbeit und die Notwendigkeit, Ihre Ideen ständig zu verbessern, sowie ein Gefühl der Unsicherheit. Seien Sie sich nie ganz sicher, wohin Ihr Weg Sie als Nächstes führt. Dies ist ein Antrieb für Ihren kreativen Drang und hält ihn lebendig. Außerdem sollten Sie die Langsamkeit als Tugend betrachten. Wenn es um kreative Unternehmungen geht, ist die Zeit stets relativ. Gleichgültig, ob Ihr Projekt Monate oder Jahre dauert, Sie werden immer Ungeduld verspüren und es möglichst bald vollenden wollen. Der wichtigste Beitrag, den Sie zur Förderung Ihrer Kreativität leisten können, besteht darin, diese natürliche Ungeduld in Geduld zu verwandeln.

**Gesetz des Tages: Stellen Sie sich vor, dass Sie in vielen Jahren auf Ihre Arbeit zurückblicken. Von dieser Zukunft aus gesehen, werden die zusätzlichen Monate oder Jahre, die Sie dem Prozess gewidmet haben, überhaupt nicht qualvoll oder mühselig erscheinen. Die Zeit ist Ihr größter Verbündeter.**

*Mastery*, V: Awaken the Dimensional Mind – The Creative-Active

## 5. MÄRZ

## *Erweitern Sie Ihren Blickwinkel und denken Sie weit voraus*

In jedem Wettbewerb mit Gewinnern und Verlierern setzt sich unweigerlich der Teilnehmer mit der umfassendsten und globalsten Perspektive durch. Der Grund ist simpel: Er denkt über den unmittelbaren Augenblick hinaus und beherrscht durch eine sorgfältig durchdachte Strategie die gesamte Dynamik. Die meisten Menschen sitzen in der Gegenwart fest. Ihre Entscheidungen werden zu stark vom aktuellen Geschehen beeinflusst; sie werden zu schnell emotional und weisen einem Problem eine größere Bedeutung zu, als es eigentlich hat. Je besser Sie werden, umso globaler wird Ihre Perspektive. Sie sollten diesen Prozess beschleunigen, indem Sie Ihre Perspektive jetzt schon erweitern. Behalten Sie hierfür immer das übergeordnete Ziel Ihrer aktuellen Arbeit im Auge und prüfen Sie, wie es zu Ihren langfristigen Zielen passt. Bei keinem Problem sollten Sie die unvermeidlichen Zusammenhänge mit dem größeren Ganzen außer Acht lassen. Hat Ihre Arbeit nicht den gewünschten Erfolg, betrachten Sie sie aus allen möglichen Blickwinkeln, bis Sie die Quelle des Problems gefunden haben. Ihre Konkurrenten sollten Sie nicht nur beobachten, sondern auch ihre Schwächen aufdecken und analysieren. »Erweitern Sie Ihren Horizont und denken Sie möglichst weit voraus!« ist das passende Motto. Mit diesem Mentaltraining bahnen Sie sich den Weg zur Meisterschaft und setzen sich immer weiter von der Konkurrenz ab.

**Gesetz des Tages: Die Person mit der globaleren Perspektive gewinnt. Erweitern Sie Ihren Blick.**

*Mastery*, VI: Fuse the Intuitive with the Rational – Mastery

## 6. MÄRZ

# *Die Gabe des originellen Verstandes*

Wir alle besitzen eine angeborene schöpferische Kraft, die eingesetzt werden will. Es ist unser origineller Verstand, der dieses Potenzial hat. Er ist von Natur aus kreativ und sucht unablässig nach Zusammenhängen zwischen Dingen und Ideen. Er möchte neue Aspekte der Welt erforschen und entdecken und Neues erfinden. Diese kreative Kraft anzuwenden, ist unser größter Wunsch, und ihre Unterdrückung verursacht großes Leid. Ihre Entfaltung wird nicht durch einen Mangel an Talent verhindert, sondern durch unsere eigene träge Haltung. Wir fühlen uns zu wohl mit dem Wissen, das wir während unserer Lehrzeit angehäuft haben. Wir scheuen uns vor neuen Ideen und den damit verbundenen Anstrengungen.

Flexibles Denken ist immer mit einem Risiko verknüpft: Wir können scheitern und uns lächerlich machen. Lieber leben wir mit vertrauten Ideen und Denkgewohnheiten. Aber der Preis dafür ist hoch: Unser Verstand verkümmert aus Mangel an Herausforderungen und neuen Erlebnissen. Wir kommen an eine Grenze in unserem Fachgebiet und verlieren die Kontrolle über unser Schicksal, weil wir ersetzbar werden.

**Gesetz des Tages: Tun Sie, was Ihr Verstand tun will, nämlich neue Ideen erkunden, pflegen und willkommen heißen.**

*Mastery*, V: Awaken the Dimensional Mind – The Creative-Active

## 7. MÄRZ

# *Den Verstand in Bewegung halten*

Als wir Kinder waren, stand unser Verstand nie still. Wir waren offen für neue Erfahrungen und sogen so viele wie möglich in uns auf. Wir lernten schnell, weil die Welt um uns herum aufregend war. Waren wir frustriert oder verstört, so fanden wir irgendeine kreative Möglichkeit, um zu bekommen, was wir wollten, und vergaßen das Problem schnell wieder, wenn uns etwas Neues begegnete. Unser Verstand war immer in Bewegung, wir waren immer gespannt und neugierig.

Laut dem griechischen Denker Aristoteles ist Leben durch Bewegung definiert. Was sich nicht bewegt, ist tot. Was schnell und beweglich ist, hat mehr Möglichkeiten, mehr Leben. Wir alle haben zunächst einen beweglichen Verstand, aber mit zunehmendem Alter wird er immer unbeweglicher. Vielleicht wünschen Sie sich das Aussehen, die körperliche Fitness oder die einfachen Vergnügungen Ihrer Jugend zurück, aber was Sie wirklich brauchen, ist die geistige Beweglichkeit von damals. Immer, wenn Sie feststellen, dass sich Ihre Gedanken an einer bestimmten Sache oder Idee – einer Obsession oder einem Groll – festbeißen, sollten Sie sie zum Weitergehen zwingen. Lenken Sie sich durch etwas anderes ab. Suchen Sie wie ein Kind etwas Neues, in das Sie sich vertiefen können und das Ihrer konzentrierten Aufmerksamkeit würdig ist. Verschwenden Sie keine Zeit auf Dinge, die Sie nicht ändern oder beeinflussen können. Bleiben Sie einfach in Bewegung.

**Gesetz des Tages: Reagieren Sie auf den Augenblick. Halten Sie Ihren Verstand in Bewegung – von Gedanke zu Gedanke, von Aufgabe zu Aufgabe und von Thema zu Thema.**

*The 33 Strategies of War*, Strategy 2: Do Not Fight the Last War – The Guerrilla-War-of-the-Mind Strategy

## 8. MÄRZ

# *Bewahren Sie sich das Gefühl für das Wunderbare*

Wer die Fähigkeit, Schönheit zu sehen, behält, der altert nicht.

FRANZ KAFKA

Wenn wir nach einer strengen Lehrzeit zum ersten Mal unsere kreativen Muskeln spielen lassen, sind wir unweigerlich damit zufrieden, wie viel wir gelernt haben und wie weit wir gekommen sind. Natürlich halten wir bestimmte Ideen, die wir uns angeeignet oder entwickelt haben, für selbstverständlich. Wie hören allmählich auf, die Fragen zu stellen, die uns früher beschäftigt haben. Wir kennen ja die Antworten bereits. Wir fühlen uns überlegen. Unmerklich verengt sich unser Denken. Ohne dass wir es merken, schleicht sich Selbstgefälligkeit ein, und obwohl wir für unsere frühere Arbeit vielleicht öffentliche Anerkennung erhalten, ersticken wir unsere Kreativität und erlangen sie niemals wieder. Bekämpfen Sie diesen Abwärtstrend so gut Sie können, indem Sie den Wert aktiven Staunens weiterhin hochhalten. Vergessen Sie nie, wie wenig Sie in Wirklichkeit wissen und was für ein geheimnisvoller Ort die Erde immer noch ist.

**Gesetz des Tages: Die Wirklichkeit ist unendlich geheimnisvoll. Bewahren Sie die Ehrfurcht vor ihr. Vergessen Sie nie, wie viel Sie noch lernen können.**

*Mastery*, V: Awaken the Dimensional Mind – The Creative-Active

## 9. MÄRZ

# *Ungeduld ist Ihr Feind*

Geduld ist bitter, aber ihre Frucht ist süß.

ARISTOTELES

Nichts ist schädlicher für Ihre Kreativität als Ungeduld – die fast unvermeidliche Sehnsucht, den kreativen Prozess zu beschleunigen, etwas Ausdruck zu verleihen, Aufsehen zu erregen. Oft vernachlässigen Sie die Grundlagen und verfügen deshalb nicht über den richtigen Wortschatz. Was Sie dann fälschlicherweise für kreativ und einzigartig halten, ist höchstwahrscheinlich nur die Imitation eines fremden Stils oder belanglose Phrasendrescherei. Das Publikum jedoch lässt sich nur schwer zum Narren halten. Es spürt mangelnde wissenschaftliche Strenge, die Imitation oder das übertriebene Geltungsbedürfnis und wendet sich schnell wieder ab oder schenkt Ihnen nur flüchtige Aufmerksamkeit.

Am besten ist es, das Lernen zu lieben. Wer zehn Jahre lang die Techniken und Konventionen seines Fachgebietes lernt, erprobt, erforscht und schließlich meistert und an die eigenen Bedürfnisse anpasst, findet unvermeidlich seine eigene, authentische Stimme und bringt etwas Einzigartiges und Ausdrucksstarkes hervor.

**Gesetz des Tages: Denken Sie langfristig. Wenn Sie die Geduld haben, sich vom Prozess leiten lassen, finden Sie von Natur aus Ihren individuellen Ausdruck.**

*Mastery*, V: Awaken the Dimensional Mind – The Creative-Active

## 10. MÄRZ

# *Wissen ist Ihr Chef*

Der Unterschied zwischen einer extrem kreativen und einer weniger kreativen Person beruht nicht auf irgendeiner besonderen Stärke, sondern auf größerem Wissen (in Form praktischer Erfahrung) und der Motivation, es zu erwerben und einzusetzen. Diese Motivation besteht über lange Zeiträume und kann ein ganzes Leben prägen und inspirieren.

MARGARET A. BODEN

Um Ihr Ego auszuschalten, sollten Sie sich, was Ihr Wissen betrifft, einer gewissen Demut befleißigen. Der berühmte Wissenschaftler Michael Faraday beschrieb diese Haltung wie folgt: Die Wissenschaft macht permanent Fortschritte. Selbst die wichtigsten Theorien werden irgendwann einmal widerlegt oder modifiziert. Der menschliche Verstand ist einfach zu klein, um ein klares und perfektes Bild von der Wirklichkeit zu haben. Alle Gedanken und Theorien, die heute noch neu und originell, lebendig und wahr erscheinen, werden in einigen Jahrzehnten oder Jahrhunderten höchstwahrscheinlich widerlegt oder verspottet werden. (Wir lachen heute über die Menschen aus der Zeit vor dem 20. Jahrhundert, die nicht an die Evolution glaubten und meinten, die Erde sei nur 6000 Jahre alt. Aber stellen Sie sich vor, wie die Menschen der Zukunft wegen der naiven Vorstellungen, die wir im 21. Jahrhundert hegen, über uns lachen werden!) Wir sollten das nicht vergessen und uns nicht zu sehr in unsere eigenen Ideen verlieben oder zu fest an ihre Richtigkeit glauben.

**Gesetz des Tages: Wissen ist immer in der Entwicklung begriffen. Lassen Sie sich nicht von Ihrem Ego hereinlegen. Dem Wissen sind Sie immer unterlegen.**

*Mastery*, V: Awaken the Dimensional Mind – The Creative-Active

## 11. MÄRZ

### *Intensive Aufmerksamkeit*

Viele, die den Marcel Proust als jungen Mann kannten, hätten es für unmöglich gehalten, dass er je ein Meister seines Fachs werden könnte, weil er sehr viel wertvolle Zeit verschwendete. Er tat offenbar nichts anderes, als Bücher lesen, spazieren gehen, endlose Briefe schreiben, Feste feiern, in den Tag hinein schlafen und seichte Artikel über die bessere Gesellschaft schreiben. Aber unter dieser seichten Oberfläche verbarg sich eine ungeheuer intensive Aufmerksamkeit. Proust las die Bücher nicht nur, sondern nahm sie auseinander, analysierte sie schonungslos und zog aus ihnen wertvolle Schlüsse für sein eigenes Leben. Durch das viele Lesen eignete er sich die verschiedensten Stile an, die seinen eigenen Schreibstil bereicherten. Er war nicht einfach nur gesellig, sondern versuchte den innersten Kern der Menschen zu verstehen und ihre geheimen Beweggründe aufzudecken. Auch seine eigene Psyche analysierte er nicht nur, sondern drang so tief in die verschiedenen Bewusstseinsebenen vor, dass er Erkenntnisse über die Funktionsweise des Erinnerungsvermögens gewann, die viele Entdeckungen der Neurowissenschaft vorwegnahmen. Sogar den Tod seiner Mutter nutzte er, um die eigene Entwicklung voranzutreiben. Nach ihrem Ableben bewältigte er seine Traurigkeit, indem er ihre gemeinsame Gefühlswelt in einem Buch wieder zum Leben erweckte. Wie er es später beschrieb, waren seine Erfahrungen wie Samenkörner, und als er schließlich an seinem großen Roman *Auf der Suche nach der verlorenen Zeit* schrieb, ging es ihm wie einem Gärtner, der Pflanzen hegt und pflegt, die schon viele Jahre zuvor Wurzeln geschlagen haben.

**Gesetz des Tages: Nicht Ihre Studien werden Früchte tragen, sondern die Intensität Ihrer Aufmerksamkeit.**

*Mastery*, VI: Fuse the Intuitive with the Rational – Mastery

## 12. MÄRZ

### *Selbstvervollkommnung durch Scheitern*

Henry Ford hatte schon immer ein gutes Gespür für mechanische Dinge und Vorgänge gehabt. Wie die meisten großen Erfinder hatte auch er die Fähigkeit, sich die Teile eines Ganzen und ihr Zusammenwirken bildlich vorzustellen. Wenn er erklären sollte, wie etwas funktionierte, griff er unweigerlich nach einer Papierserviette und machte eine Skizze, statt die Zeit mit langen Erklärungen zu verschwenden. Dank dieser Art von Intelligenz lernte er, eine neue Maschine schnell und leicht zu bedienen. In Bezug auf die Massenproduktion seiner Erfindungen jedoch verfügte er nicht über das nötige Wissen und musste eine weitere Lehrzeit als Geschäftsmann und Unternehmer absolvieren. Zum Glück hatte er bei seiner Arbeit mit Maschinen praktische Intelligenz, Geduld und Problemlösungsfähigkeit erworben, die sich nun auf alle Gebiete anwenden ließen. Wenn eine Maschine nicht funktioniert, darf man es nicht persönlich nehmen oder den Mut verlieren. Es kann sich sogar als Segen erweisen. Fehlfunktionen decken im Allgemeinen Schwächen auf und bringen Möglichkeiten zur Verbesserung ans Licht. Man muss einfach nur so lange herumprobieren, bis es passt.

Dasselbe sollte auch für unternehmerische Projekte gelten. Fehler und Misserfolge sind ein guter Lehrmeister. Sie zeigen Ihnen, wo Ihre Schwächen liegen, was sie von anderen Menschen oft nicht erfahren, weil die mit ihrem Lob und ihrer Kritik oft eigene Ziele verfolgen. Dank Ihren Misserfolgen erkennen Sie auch die Mängel an Ihren Ideen, die nur bei deren Verwirklichung zutage treten. Und Sie lernen, was Ihr Publikum wirklich will, und wie sich das von Ihren Vorstellungen unterscheidet.

**Gesetz des Tages: Fehlfunktionen sind ein guter Lehrmeister. Sie wollen Ihnen etwas sagen. Hören Sie also zu.**

*Mastery*, II: Submit to Reality – The Ideal Apprenticeship

## 13. MÄRZ

# *Kreative Ausdauer*

Als ich ein Buchprojekt über Meisterschaft in Erwägung zog, erkannte ich, dass es eine ziemliche Herausforderung darstellte. Von früheren Büchern wusste ich noch, dass ich beim Schreiben gegen Ende des Buches oft so erschöpft war, dass die Qualität darunter litt. Ich glaube, viele Schriftsteller machen auf halber Strecke schlapp, weil sie mit der Komplexität ihres Materials und dessen schlechter Organisation nicht fertigwerden. Ich beschloss, die Sache wie einen Marathonlauf anzugehen und für eine so lange Strecke genug Ausdauer zu entwickeln. Also erweiterte ich mein tägliches Trainingspensum, indem ich Zeit und Entfernung ganz langsam erhöhte. Ich wusste, dass ich an einem bestimmten Punkt ein Plateau erreichen würde, an dem mich die Steigerungen nicht mehr zusätzlich ermüdeten. Auf diesem Plateau wollte ich für die gesamte Dauer des Projekts bleiben. In Sportarten wie etwa Langstreckenradfahren dient ein solches Training dazu, die Ausdauer zu steigern. Es ist besser, eine Zeit lang auf dem Plateau zu verweilen, als das Training weiter zu steigern. Ich wollte sehen, ob sich das in ein konstanteres Energieniveau bei meiner Arbeit übersetzen ließ. Tatsächlich war ich in den letzten Monaten, als ich wegen des nahenden Abgabetermins härter arbeitete, erheblich ruhiger, konnte besser mit dem Stress umgehen und besaß noch Energiereserven für die langen Arbeitsstunden. Ich kam zu dem Schluss, dass Geist und Körper so miteinander verknüpft sind, dass es unmöglich zu unterscheiden ist, welcher Faktor welche Wirkung auf uns hat. Wenn wir uns körperlich energiegeladen fühlen, beeinflusst das unsere Stimmung, was wiederum auf sehr direkte Art unsere Arbeit beeinflusst. Und wenn wir uns bei der Arbeit verwirrt oder desorganisiert fühlen, kann dies auch körperlich schreckliche Auswirkungen haben.

**Gesetz des Tages: Etwas Wertvolles zu schaffen, ist wie ein Marathonlauf, und dafür müssen Sie trainieren.**

*HuffPost*, 15. November 2012

## 14. MÄRZ

# *Vertiefen Sie sich in die Details*

Um einen völlig neuen, lebensnäheren und emotionaleren Malstil zu kreieren, studierte Leonardo da Vinci wie besessen Details. Er experimentierte viele Stunden lang mit dem Lichteinfall auf unterschiedlichen geometrischen Objekten, um herauszufinden, wie das Licht das Aussehen von Objekten veränderte. Er füllte Hunderte Seiten in seinen Notizbüchern mit Schattenwürfen in allen erdenklichen Abstufungen und Kombinationen. Dieselbe Aufmerksamkeit schenkte er dem Faltenwurf eines Gewandes, der Struktur von Haaren oder den vielen winzigen Veränderungen im Ausdruck eines menschlichen Gesichtes. Beim Betrachten seiner Werke sind uns diese Bemühungen nicht bewusst, aber wir spüren, dass seine Bilder so lebendig und realistisch sind, als hätte er die Wirklichkeit eingefangen.

Gehen Sie möglichst aufgeschlossen an ein Problem oder eine Idee heran. Lassen Sie sich in Ihrem Denken und bei der Entwicklung von Theorien von Ihrem Detailstudium leiten. Stellen Sie sich alles in der Natur und in der Welt als eine Art Hologramm vor: Der kleinste Teil sagt Essenzielles über das Ganze aus. Eine intensive Beschäftigung mit dem Detail wirkt der Verallgemeinerungstendenz des Verstandes entgegen und bringt Sie der Wirklichkeit näher.

**Gesetz des Tages: Enthüllen Sie das Geheimnis jeder Realität durch eine Enthüllung der Details.**

*Mastery*, V: Awaken the Dimensional Mind – The Creative-Active

## 15. MÄRZ

### *Erwecken Sie Ihr Werk zum Leben*

Leonardo da Vincis Bedürfnis, durch die Erkundung der Details zum Kern des Lebens vorzudringen, motivierte ihn zu gründlichen Forschungen über menschliche und tierische Anatomie. Er wollte die Innenansicht eines Menschen oder einer Katze zeichnen können. Er sezierte selbst Kadaver und durchsägte Knochen und Schädel, und er sah mit religiöser Inbrunst bei Autopsien zu, um die Struktur von Muskeln und Nerven so genau wie möglich kennenzulernen. Seine anatomischen Zeichnungen übertrafen alle anderen seiner Zeit an Realismus und Genauigkeit.

Sie sollten sich bei Ihrer eigenen Arbeit an der Leonardos orientieren. Die meisten Menschen haben nicht die Geduld, um sich mit den Feinheiten und Details zu beschäftigen, die eigentlich ein unverzichtbarer Teil ihrer Arbeit sein sollten. Sie haben es eilig, Effekte zu erzielen und Aufsehen zu erregen und denken in großen Pinselstrichen. Ihre mangelnde Aufmerksamkeit für das Detail schlägt sich unvermeidlich in ihrer Arbeit nieder: Es entsteht keine tiefe Verbindung zur Allgemeinheit, und das Ergebnis hat keine Substanz. Ein Meister muss erkennen, dass alles, was er herstellt, ein eigenes Leben und eine eigene Präsenz hat. Wenn Sie Ihre Arbeit als etwas Lebendiges betrachten, besteht Ihr Weg zur Meisterschaft darin, diese Details so universell zu studieren und in sich aufzunehmen, dass Sie die Lebensenergie spüren und sie mühelos in Ihrer Arbeit ausdrücken können.

**Gesetz des Tages: Betrachten Sie Ihre Arbeit als etwas Lebendiges. Ihre Aufgabe besteht darin, sie so zum Leben zu erwecken, dass andere es spüren können.**

*Mastery*, VI: Fuse the Intuitive with the Rational – Mastery

## 16. MÄRZ

### *Wechseln Sie die Perspektive*

Die Lehre ist einfach: Wahre Kreativität beruht auf der Offenheit und Anpassungsfähigkeit unseres Geistes. Wir sollten alles, was wir sehen oder erleben, aus verschiedenen Blickwinkeln betrachten, damit wir neben dem Offensichtlichen auch noch andere Möglichkeiten entdecken. Wir stellen uns für die Gegenstände in unserem Umfeld alternative Einsatzmöglichkeiten vor. Und wir halten nicht aus reiner Sturheit oder weil unser Ego von ihrer Richtigkeit überzeugt ist an unserer ursprünglichen Idee fest. Stattdessen arbeiten wir mit allem, was sich uns gerade bietet, erforschen verschiedene Möglichkeiten und Zufälle und machen sie uns zunutze. Auf diese Weise sehen wir in Federn fliegendes Material. Der Unterschied liegt also nicht in irgendeiner angeborenen kreativen Kraft des Verstandes, sondern darin, wie wir die Welt betrachten und wie gut wir das Gesehene neu einordnen können.

**Gesetz des Tages: Kreativität und Anpassungsfähigkeit sind untrennbar miteinander verbunden. Betrachten Sie Dinge aus allen erdenklichen Blickwinkeln.**

*Mastery*, V: Awaken the Dimensional Mind – The Creative-Active

## 17. MÄRZ

### *Diese Kräfte haben ihren Preis*

Ein bedeutsames Kunstwerk kann nur mit großer Disziplin, Selbstbeherrschung und emotionaler Stabilität hergestellt werden, und dieselben Kräfte sind auch bei einer bahnbrechenden Entdeckung oder Erfindung erforderlich. Sie müssen die Anforderungen Ihres Fachgebiets beherrschen. Drogen oder Wahnsinn zerstören diese Kräfte. Lassen Sie sich nicht von den romantischen Mythen und Klischees in die Irre leiten, die in unserer Kultur über Kreativität grassieren und uns vorgaukeln, dass es einen leichten Weg zu solchen Kräften gebe. Wer die außergewöhnlichen Werke von Meistern studiert, sollte nicht die vielen Jahre Ausbildung, die eintönigen Arbeitsabläufe, die Zweifel und die beharrliche Überwindung von Hindernissen vergessen, die sie auf sich genommen haben.

**Gesetz des Tages: Kreative Energie beruht auf den Anstrengungen des Meisters und auf sonst nichts. Fallen Sie nicht auf romantische Mythen herein.**

*Mastery*, V: Awaken the Dimensional Mind – The Creative-Active

## 18. MÄRZ

### *Die Macht von Sehnsucht und Entschlossenheit*

Als junger Mann arbeitete ich für einen Verlag in New York. Dort publizierten wir unter anderem auch Toni Morrisons ersten Roman. Diese Geschichte werde ich nie vergessen. Morrison war als Lektorin im selben Verlag wie ich angestellt. Sie arbeitete bis 18 oder 19 Uhr, dann fuhr sie mit dem Zug heim nach Connecticut. Sie hatte zwei Kinder und kochte für sie, wenn sie nach Hause kam. Gegen 23 Uhr brachte sie sie ins Bett, und dann schrieb sie. Auf diese Art entstand ihr erster Roman. So viel Energie und Entschlossenheit braucht man für ein Meisterwerk. Ich fand das immer übermenschlich. Ich weiß, dass ich es nie geschafft hätte, aber Sie wissen ja, was aus Morrison wurde. Und sie wurde es, weil sie es unbedingt wollte.

**Gesetz des Tages: Um ein meisterliches Niveau zu erreichen, ist extreme Hingabe notwendig. Sie müssen es wirklich wollen. Wofür würden Sie so viel Engagement und Hingabe aufbringen?**

Robert Greene im Gespräch bei *Live Talks Los Angeles*, 11. Februar 2019

## 19. MÄRZ

# *Die Dynamik der Abstumpfung*

Der vielleicht größte Feind der menschlichen Kreativität ist der natürliche Verfall, der mit der Zeit in jedem Bereich und Beruf einsetzt. In Wissenschaft und Wirtschaft wird eine gewisse Art des Denkens oder Handelns, die einmal Erfolg hatte, schnell zum Paradigma, zum etablierten Verfahren. Mit den Jahren vergessen die Menschen den ursprünglichen Grund für das Paradigma und folgen nur noch einer leblosen Methode. In der Kunst etabliert jemand einen neuen, dynamischen Stil, der genau den Zeitgeist trifft. Er kommt gut an, weil er anders ist. Aber dann wird er zu einer Mode, an die man sich anpasst, auch wenn die Anpassung zunächst noch rebellisch wirkt. Das kann sich zehn oder zwanzig Jahre hinziehen, aber irgendwann wird der Stil zum Klischee, ohne noch echte Emotionen zu wecken oder Bedürfnissen zu entsprechen. Nichts in der Kultur entgeht dieser Dynamik der Abstumpfung.

Doch das Problem stellt für kreative Menschen eine enorme Chance dar. Das Ganze funktioniert folgendermaßen: Sie wenden den Blick nach innen. Dort finden Sie etwas, das nur in Ihnen steckt, das Ihren Neigungen entspricht und das Sie ausdrücken wollen. Achten Sie darauf, dass es wirklich von Ihnen stammt und nicht nur eine Modeerscheinung ist. Es kann ein bestimmter Sound sein, der Ihnen in der Musik fehlt, eine Geschichte, die noch nie erzählt wurde, ein Buch, das in keine literarische Schublade passt. Lassen Sie die Idee, den Sound oder das Bild in sich Wurzeln schlagen. Sie müssen bewusst gegen Konventionen verstoßen, die Sie überholt finden und loswerden wollen, damit Sie eine neue Sprache oder eine neue Art zu handeln durchsetzen können.

**Gesetz des Tages: Die Menschen sehnen sich verzweifelt nach Neuem, das dem Zeitgeist auf eine originelle Art gerecht wird. Indem Sie etwas Neues schaffen, erzeugen Sie Ihr eigenes Publikum und erringen die ultimative kulturelle Machtposition.**

*Mastery*, V: Awaken the Dimensional Mind – The Creative-Active

## 20. MÄRZ

# *Das Gehirn des Meisters*

Wir können jetzt mit Gewissheit sagen, dass das Gehirn ein außerordentlich plastisches biologisches System ist, das sich in einem dynamischen Gleichgewicht mit der Außenwelt befindet. Selbst die grundlegenden Verbindungen werden in Reaktion auf neue sensorische Anforderungen ständig aktualisiert.

V. S. RAMACHANDRAN

Im Gehirn gibt es einen neurologischen Vorgang, den Sie kennen sollten. Wenn Sie mit etwas Neuem beginnen, wird in Ihrem Frontallappen (der wichtigsten Kommandozentrale des Gehirns) eine große Zahl Neuronen aktiv und unterstützt Ihren Lernprozess. Das Gehirn muss eine Menge neue Informationen verarbeiten und es würde zu Stress und Überlastung führen, wenn ein zu kleiner Teil des Gehirns an ihrer Verarbeitung beteiligt wäre. Der Frontallappen vergrößert sich sogar in dieser Anfangsphase, wenn wir uns hart genug auf die Aufgabe konzentrieren. Wird etwas oft genug wiederholt, wird es jedoch automatisiert, und die Nervenbahnen für die Fertigkeit werden an tieferliegende Teile des Gehirns delegiert. Die Neuronen im Frontallappen, die wir am Anfang des Lernprozesses gebraucht haben, werden nun frei, damit wir wieder etwas Neues lernen können und das Gehirnareal nimmt wieder seine normale Größe an. Letztlich wird ein ganzes neuronales Netz aufgebaut, um eine einzige Aufgabe zu bewältigen. Deshalb können wir zum Beispiel auch Jahre, nachdem wir es gelernt haben, immer noch Fahrrad fahren. Wenn man den Frontallappen von Personen scannt, die eine Tätigkeit durch Wiederholung gemeistert haben, ist er bemerkenswert inaktiv, wenn sie die Tätigkeit ausüben. Die gesamte Gehirnaktivität vollzieht sich nun in tieferliegenden Arealen und es ist viel weniger bewusste Kontrolle dafür erforderlich.

**Gesetz des Tages: Je mehr Fertigkeiten Sie lernen, umso reicher wird die Landschaft Ihres Gehirns. Es liegt an Ihnen!**

*Mastery*, II: Submit to Reality – The Ideal Apprenticeship

## 21. MÄRZ

### *Das Universalgenie*

Die Meisterschaft Johann Wolfgang von Goethes war nicht auf dieses oder jenes Gebiet beschränkt, sondern bestand darin, gestützt auf Jahrzehnte genauer Beobachtung und sorgfältigen Nachdenkens, viele Gebiete miteinander zu verbinden. Der Dichter entsprach dem Renaissance-Ideal des »Universalgenies«, eines Menschen, der mit allen Formen des Wissens so vertraut ist, dass sein Geist der Wirklichkeit der Natur sehr nahe kommt und Geheimnisse erkennt, die den meisten Menschen verborgen bleiben. Heute würden viele eine Person wie Goethe vermutlich als kurioses Relikt aus dem 18. Jahrhundert und sein Ideal vom alles vereinigenden Wissen als romantischen Traum betrachten. Aber das Gegenteil ist der Fall, und zwar aus einem einfachen Grund: Das menschliche Gehirn versucht stets Verbindungen und Assoziationen herzustellen, und es hat von Natur aus einen eigenen Willen. Dieser Weg wird vielleicht nicht immer geradlinig verlaufen, doch das Bedürfnis, Zusammenhänge zu sehen, ist so stark in unserer Natur verankert, dass es sich am Ende durchsetzen wird. Heutige Technologien ermöglichen es in einem beispiellosen Ausmaß, Verbindungen zwischen verschiedenen Gebieten und Ideen herzustellen. Und Sie sollten auf jede mögliche Weise danach streben, ein Teil dieses Universalisierungsprozesses zu sein. Dehnen Sie Ihr Wissen auf immer neue andere Bereiche aus und stoßen Sie immer weiter ins Unbekannte vor. Der dadurch gewonnene Reichtum an Ideen wird Ihre Belohnung sein.

**Gesetz des Tages: Dehnen Sie Ihr Wissen immer weiter aus und erschließen Sie immer breiter gefächerte Zusammenhänge.**

*Mastery*, VI: Fuse the Intuitive with the Rational – Mastery

## 22. MÄRZ

# *Über Meditation*

Das ganze Unglück der Menschen rührt allein daher, dass sie nicht ruhig in einem Zimmer zu bleiben vermögen.

BLAISE PASCAL

Bücher beginnen oft mit einer aufregenden Idee, die sich in der Energie der ersten Kapitel niederschlägt. Dann jedoch verliert sich der Autor irgendwie in seinem Material. Die Ordnung des Buches löst sich auf, dieselben Gedanken wiederholen sich und die letzten Kapitel haben nicht mehr dieselbe Energie wie die ersten. Es ist schwer für einen Autor, seine Begeisterung, seine Energie und seine Spritzigkeit Monate oder gar Jahre lang aufrechtzuerhalten, bis ein Buch fertig ist. Damit mir das nicht passiert, mache ich jeden Morgen eine 40-minütige Sitzmeditation (Zazen). Bei meiner Spielart der Meditation (Shikantaza) ist es das Ziel, den Geist zu leeren, eine besondere Konzentrationsfähigkeit (Joriki) zu entwickeln und einen besseren Zugang zu eher unbewussten, intuitiven Formen des Denkens zu bekommen. Durch die Meditationspraxis hat sich meine Konzentrationsfähigkeit beim Lesen und Schreiben erheblich verbessert. Die Störungen, die mich vor Jahren noch plagten, kann ich heute entweder größtenteils ignorieren, oder sie sind vergessen. Ich habe gelernt, die Fronarbeit des Übens geduldiger zu ertragen und besser mit kleinlicher Kritik umzugehen. Von Anfang an erkannte ich, dass mir die Meditation in mehrfacher Hinsicht half, und seither meditiere ich jeden Morgen. Wenn Sie auf Ihrem Weg zur Meisterschaft von innerer Unruhe geplagt sind oder feststellen, dass Ihnen kleine Dinge oft das Leben schwer machen oder Sie von der Arbeit ablenken, empfehle ich Ihnen, regelmäßig zu meditieren.

**Gesetz des Tages: Der Geist des Meisters muss in der Lage sein, sich lange Zeit auf ein einziges Anliegen zu konzentrieren. Entwickeln Sie diese Fähigkeit.**

*powerseductionandwar.com*, 4. September 2014

## 23. MÄRZ

# *Schenken Sie Ihrem Unbehagen Beachtung*

Der Komponist Richard Wagner hatte so hart an seiner Oper *Das Rheingold* gearbeitet, dass er völlig blockiert war. Mehr als frustriert machte er einen langen Waldspaziergang, legte sich schließlich hin und schlief ein. Im Schlaf hatte er das Gefühl, in einem schnell fließenden Gewässer zu versinken, und das Rauschen verwandelte sich in Akkorde. Er erwachte von der schrecklichen Angst zu ertrinken. Danach eilte er nach Hause und schrieb auf, was er im Traum gehört hatte: eine Melodie, die eindeutig den Klang rauschenden Wassers heraufbeschwor. Die Melodie wurde das Präludium der Oper und taucht als Leitmotiv immer wieder auf – es ist eines der erstaunlichsten Stücke, die je geschrieben wurden.

Ähnliche Geschichten gibt es so häufig, dass sie offenbar etwas mit der Fähigkeit des menschlichen Geistes zu tun haben, gewisse kreative Höchstleistungen zu erbringen. Der Mechanismus lässt sich folgendermaßen erklären: Blieben wir immer so begeistert wie zum Beginn eines Projekts und könnten das Gefühl halten, welches der zündende Funke war, dann würden wir nie den notwendigen Abstand gewinnen, um unser Werk objektiv zu betrachten und zu verbessern. Wir wären gezwungen, uns zu früh mit einer einfachen Lösung zufriedenzugeben. Das wachsende Unbehagen und die Anspannung, die dann auftreten, wenn man sich zu lange und intensiv ausschließlich einem Problem oder einer Idee widmet, führt automatisch zu einem Bruch. Wir erkennen, dass wir nicht mehr vorwärtskommen. In diesem Moment signalisiert uns der Verstand, so lange loszulassen, wie es nötig ist, und die meisten kreativen Menschen verhalten sich, bewusst oder unbewusst, entsprechend.

**Gesetz des Tages: Hören Sie mit der Arbeit auf, wenn Sie blockiert sind. Tun Sie etwas anderes. Das Gehirn wird Sie am Ende wieder zurückführen.**

*Mastery*, V: Awaken the Dimensional Mind – The Creative-Active

## 24. MÄRZ

# *Das Gehirn als Muskel*

Stellen Sie sich das Gehirn als einen Muskel vor, der sich mit der Zeit verhärtet, wenn man dem nicht bewusst entgegenwirkt. Die Verhärtung hat zwei Ursachen: Erstens neigen wir von Natur aus dazu, immer denselben Gedanken und Denkweisen zu frönen, weil uns das ein Gefühl der Sicherheit und Vertrautheit vermittelt; und es erspart auch eine Menge Anstrengung, immer bei denselben Methoden zu bleiben. Wir sind Gewohnheitstiere. Zweitens verkleinert unser Verstand, wenn wir hart an einem Problem arbeiten, wegen des damit verbundenen Stresses und der Anstrengung naturgemäß seinen Fokus. Dies hat zur Folge, dass wir in der Regel immer weniger alternative Möglichkeiten und Blickwinkel in Betracht ziehen, je länger wir an einer Sache arbeiten. Von dieser Verengung sind wir alle betroffen, und es ist das Beste, sich dies einzugestehen.

Das einzige Gegenmittel sind Strategien zur Lockerung des Geistes und das Zulassen anderer Gedanken. Dies ist nicht nur für den kreativen Prozess unverzichtbar, sondern hat auch eine ungemein heilsame Wirkung auf unsere Psyche. Wenn Sie Ihren Verstand und Ihre Sinne aus allen Richtungen stimulieren, hilft das, Ihre natürliche Kreativität freizusetzen und Ihre Originalität wiederzubeleben.

**Gesetz des Tages: Werden Sie nicht bequem. Gehen Sie Risiken ein. Verändern Sie sich. Versuchen Sie, etwas über einen Bereich zu lernen, über den Sie noch gar nichts wissen. Oder nehmen Sie einen Standpunkt ein, den Sie noch nie in Betracht gezogen haben.**

*Mastery*, V: Awaken the Dimensional Mind – The Creative-Active

## 25. MÄRZ

### *Pflegen Sie Ihre Negative Capability*

Der Dichter John Keats hat die Fähigkeit, Geheimnisse und Unsicherheiten zu ertragen, ja zu begrüßen, einmal als »*Negative Capability*« (negative Fähigkeit) bezeichnet. Alle Meister ihres Fachs besitzen diese Fähigkeit. Sie ist die Quelle ihrer kreativen Kraft. Dank ihrer können sie sich einem breiteren Spektrum von Ideen widmen und mit ihnen experimentieren, was wiederum ihr Werk gehaltvoller und erfindungsreicher macht. Mozart vertrat während seiner ganzen Karriere nie eine besondere Meinung über Musik, sondern nahm die Musikstile in seiner Umgebung in sich auf und baute sie in seine eigenen Kompositionen ein. Erst gegen Ende seines Lebens stieß er auch auf Johann Sebastian Bach, der eine ganz andere und in mancher Hinsicht komplexere Musik als seine eigene komponiert hatte. Die meisten Künstler hätten vermutlich abwehrend oder gar verächtlich auf etwas reagiert, das ihren eigenen kompositorischen Prinzipien widersprach. Mozart dagegen öffnete seinen Geist für die neuen Möglichkeiten, studierte fast ein Jahr Bachs Verwendung des Kontrapunkts und integrierte die Methode in seine eigene musikalische Sprache, was seiner Musik eine neue, überraschende Qualität verlieh. Die Pflege der *Negative Capability* mag manchen als dichterische Eitelkeit erscheinen, tatsächlich jedoch ist sie der wichtigste Faktor für den Erfolg eines kreativen Denkers. Das Bedürfnis nach Sicherheit ist die größte Krankheit, die der Verstand überwinden muss.

**Gesetz des Tages: Legen Sie die Gewohnheit ab, alles zu beurteilen, was Ihren Weg kreuzt. Erwägen oder übernehmen Sie vorübergehend bestimmte Ansichten, die Ihren eigenen völlig widersprechen, und beobachten Sie, wie sich das anfühlt. Brechen Sie unbedingt mit Ihren normalen Denkgewohnheiten und verzichten Sie auf das Gefühl, die Wahrheit schon zu kennen.**

*Mastery*, V: Awaken the Dimensional Mind – The Creative-Active

## 26. MÄRZ

# *Achten Sie auf negative Hinweise*

In der Geschichte »Silberpfeil« von Arthur Conan Doyle löst Sherlock Holmes einen Fall, indem er darauf achtet, was *nicht* passierte: Der Hund der Familie bellte nicht. Also musste der Mörder eine Person gewesen sein, die der Hund kannte. Die Geschichte zeigt, dass ein normaler Mensch gewöhnlich nicht auf das achtet, was wir hier als »negative Hinweise« bezeichnen: Das, was eigentlich hätte passieren sollen, aber nicht passiert ist. Wir sind normalerweise auf positive Hinweise fixiert und bemerken nur, was wir sehen und hören. Nur kreative Typen wie Holmes haben einen weiteren und genaueren Blickwinkel. Sie berücksichtigen auch fehlende Aspekte eines Ereignisses und können deren Abwesenheit genauso leicht visualisieren, wie wir die Anwesenheit einer Sache erkennen können.

Jahrhundertelang betrachteten Ärzte Krankheiten ausschließlich als etwas, das den Körper von außen angreift: schädliche Bakterien, ein kalter Luftzug, giftige Dämpfe und so weiter. Die Behandlung bestand darin, Medikamente zu finden, die gegen die negativen Auswirkungen dieser schädlichen Umweltfaktoren halfen. Dann, Anfang des 20. Jahrhunderts, kehrte der Biochemiker Frederick Gowland diese Betrachtungsweise um, als er die Auswirkungen von Skorbut untersuchte. Diese besondere Krankheit wurde, wie er vermutete, nicht durch einen Angreifer von außen verursacht, sondern dadurch, dass etwas im Körper fehlte – in diesem Fall ein Stoff, der später Vitamin C genannt wurde. Weil Gowland kreativ dachte, suchte er nicht nach dem, was da war, sondern nach dem, was fehlte. Dies führte zu seiner bahnbrechenden Arbeit über Vitamine, und hat unser Verständnis von Gesundheit grundlegend verändert.

**Gesetz des Tages: Die Fähigkeit, unseren Geist zu öffnen und unseren Blickwinkel zu ändern, ist eine Funktion unserer Vorstellungskraft. Lernen Sie, sich mehr Möglichkeiten vorzustellen, als Sie normalerweise in Betracht ziehen würden. Vermeiden Sie, sich auf das zu fixieren, was da ist. Überlegen Sie, was fehlen könnte.**

*Mastery*, V: Awaken the Dimensional Mind – The Creative-Active

## 27. MÄRZ

## *Die Macht von Gipfelerfahrungen*

In der Grenzerfahrung fühlt sich der Mensch mehr denn je als verantwortlicher, aktiver, schöpferischer Mittelpunkt seiner Aktivitäten und Wahrnehmungen. Er fühlt sich mehr als Initiator, mehr durch sich selbst bestimmt (nicht verursacht, vorbestimmt, hilflos, abhängig, passiv, schwach, herumkommandiert). Er fühlt sich als sein eigener Herr, voll verantwortlich, mit mehr »freiem Willen« als zu anderen Zeiten. Er ist Herr seines Schicksals.

ABRAHAM MASLOW

Die größten Hürden bei der Aufrechterhaltung eines hohen, konsistenten Lebenszwecks sind wohl die langfristig erforderliche Hingabe und die damit verbundenen Opfer. Sie müssen Augenblicke der Frustration, der Langeweile und des Scheiterns ertragen sowie die endlosen Versuchungen in unserer Kultur, die sofortige Lustbefriedigung versprechen. Die Vorteile sind oft nicht auf den ersten Blick zu erkennen. Und im Laufe der Jahre könnten Sie einen Burn-out erleiden. Um diese Eintönigkeit auszugleichen, brauchen Sie daher Flow-Momente, in denen Ihr Geist so intensiv in die Arbeit versunken ist, dass Ihr Ego in den Hintergrund tritt. Der Psychologe Abraham Maslow nannte dies »Gipfelerfahrungen« – wenn Sie sie einmal erlebt haben, verändert Sie das für immer. Sie werden einen inneren Drang verspüren, sie zu wiederholen. Die unmittelbareren Bedürfnisbefriedigungen, die die Welt zu bieten hat, werden im Vergleich dazu erblassen, und wenn Sie sich für Ihre Hingabe und Ihre Opfer belohnt fühlen, wird sich Ihr Lebenssinn weiter verstärken.

**Gesetz des Tages: Kommen Sie heute in einen Flow-Zustand. Befreien Sie sich von Zerstreuungen und billigen Vergnügen. Verlieren Sie sich in Ihrer Arbeit.**

*Die Gesetze der menschlichen Natur*, Gesetz 8: Verändern Sie Ihre Umstände, indem Sie Ihre Einstellung verändern – Das Gesetz der Selbstsabotage

## 28. MÄRZ

### *Gehen Sie über den Verstand hinaus*

Wenn sich ein Meister jahrelang in ein bestimmtes Gebiet vertieft, wird er mit der Zeit alle Aspekte seines Gegenstands verstehen. Er erreicht einen Punkt, an dem er alles verinnerlicht hat und nicht mehr die Einzelaspekte sieht, sondern ein intuitives Gefühl für das Ganze bekommt. Er sieht oder fühlt dann buchstäblich die Dynamik. In der Verhaltensforschung ist eine solche Meisterin Jane Goodall, die in Afrika Schimpansen in freier Wildbahn studierte, indem sie jahrelang mit ihnen zusammenlebte. Da sie ständig mit ihnen interagierte, kam sie irgendwann an den Punkt, dass sie wie ein Schimpanse dachte und Elemente im sozialen Leben dieser Menschenaffen sah, die andere Wissenschaftler nicht hatten ergründen können. Sie hatte nicht nur ein intuitives Gefühl dafür, wie sich einzelne Tiere verhielten, sondern auch wie sie als Gruppe funktionierten. Sie machte Entdeckungen über das Sozialleben der Schimpansen, die unser Verständnis dieser Spezies nachhaltig veränderten und die durchaus wissenschaftlich sind, auch wenn sie durch dieses hohe Niveau an Intuition gewonnen wurden.

**Gesetz des Tages: Mit der Zeit bekommt ein Meister ein intuitives Gespür für sein gesamtes Fachgebiet. Es ist ein spannendes Vergnügen, das Sie erwartet, wenn Sie die nötige Geduld aufbringen.**

*Mastery*, VI: Fuse the Intuitive with the Rational – Mastery

## 29. MÄRZ

# *Verbinden Sie das Intuitive mit dem Rationalen (1)*

Albert Einstein bezeichnete den intuitiven oder metaphorischen Geist als eine Gottesgabe. Er fügte hinzu, dass der rationale Geist ein treuer Diener sei. Es ist paradox, dass wir im modernen Leben angefangen haben, den Diener zu verehren und das Göttliche zu verachten.

BOB SAMPLES, THE METAPHORIC MIND

Wir alle haben Zugang zu einer höheren Form von Intelligenz, mit der wir mehr von der Welt wahrnehmen, Trends vorausahnen und schnell und genau auf jeden Umstand reagieren können. Diese Intelligenz wird gepflegt, wenn wir uns in ein Fachgebiet vertiefen und unseren Neigungen treu bleiben, egal wie unkonventionell unser Ansatz anderen erscheinen mag. Durch eine starke Vertiefung über viele Jahre bekommen wir ein intuitives Gespür für die komplizierten Bestandteile unseres Gebiets. Wenn wir diese Intuition mit rationalen Verfahren kombinieren, erweitern wir unser Bewusstsein bis an die Grenzen unseres Potenzials und sind in der Lage, in den geheimen Kern des Lebens hineinzusehen. Wir gewinnen dann Kräfte, die an die instinktive Kraft und Geschwindigkeit von Tieren heranreichen, aber mit der zusätzlichen Reichweite, die wir durch unser menschliches Bewusstsein gewinnen.

**Gesetz des Tages: Für diese Fähigkeit sind unsere Gehirne gemacht. Wenn wir unseren Neigungen strikt folgen, führt uns das automatisch zu dieser Art von Intelligenz.**

*Mastery*, VI: Fuse the Intuitive with the Rational – Mastery

## 30. MÄRZ

# *Verbinden Sie das Intuitive mit dem Rationalen (2)*

Der große Schachmeister Bobby Fischer sagte einmal, er könne über die verschiedenen Züge seiner Figuren auf dem Schachbrett hinausdenken. Nach einer Weile könne er »Kraftfelder« sehen, und das erlaube ihm, die gesamte Richtung des Spiels vorauszusehen. Der Pianist Glenn Gould wiederum musste sich nicht mehr auf die Noten oder Teile der Musik konzentrieren, die er spielte, sondern sah die gesamte Architektur des Stückes und konnte sie ausdrücken. Albert Einstein konnte nicht nur plötzlich die Lösung eines Problems sehen, sondern entwickelte eine ganz neue Art, das Universum in einem Bild zu betrachten, das er intuitiv visualisierte. In all diesen Beispielen beschreiben diese Meister verschiedener Fähigkeiten das Erlebnis, mehr zu sehen, als wir es normalerweise können.

Wir alle haben Zugang zu dieser höheren Form von Intelligenz, die es uns ermöglichen kann, mehr von der Welt wahrzunehmen, Trends vorwegzunehmen und auch unter schwierigen Umständen schnell und genau zu reagieren. Wenn Sie diese verschiedenen Schritte voller Energie absolvieren, können Sie darauf vertrauen, dass sich die intuitiven Kräfte im Lauf der Zeit einstellen. Durch die Fähigkeit, die gesamte Dynamik jeder Situation zu erkennen und vor allen anderen Probleme und Lösungen vorauszusehen, werden Sie große Macht erwerben.

**Gesetz des Tages: Wenn Sie auf dem richtigen Weg bleiben, werden Sie diese Kräfte der Meisterschaft erwerben.**

*Mastery*, VI: Fuse the Intuitive with the Rational – Mastery

## 31. MÄRZ

### *Verbinden Sie sich mit Ihrem Schicksal*

Redet nur nicht von Begabung, angeborenen Talenten! Es sind große Männer aller Art zu nennen, welche wenig begabt waren. Aber sie *bekamen* Größe, wurden Genies [...] [S]ie gaben sich Zeit dazu.

FRIEDRICH NIETZSCHE

Wie Sie inzwischen wissen sollten, ist Meisterschaft keine Frage der Genetik oder des Glücks, sondern sie ergibt sich daraus, dass Sie Ihren natürlichen Neigungen und der tiefen Sehnsucht folgen, die Ihren inneren Antrieb bilden. Diese innere Sehnsucht ist nicht durch Egoismus oder bloßen Machthunger motiviert – beides sind Antriebe, die der Meisterschaft im Weg stehen. Sie ist viel mehr der grundlegende Ausdruck von etwas Natürlichem, von etwas, das Sie seit Ihrer Geburt einzigartig macht. Wenn Sie Ihren Neigungen folgen und es zur Meisterschaft bringen, leisten Sie einen wichtigen Beitrag zur Gesellschaft, bereichern sie durch Entdeckungen und Einsichten und machen das Beste aus der Vielfalt in der Natur und in der menschlichen Gesellschaft.

Tatsächlich ist es der Gipfel des Egoismus, nur zu konsumieren, was andere schaffen, und sich selbst in das Schneckenhaus begrenzter Ziele und sofortiger Vergnügungen zurückzuziehen. Sich von seinen Neigungen zu entfremden, kann langfristig nur zu Leid und Enttäuschung führen und zu dem Gefühl, dass man etwas Einzigartiges verschwendet hat. Das Leid wird in Bitterkeit und Neid seinen Ausdruck finden, und Sie werden die wahre Quelle Ihrer Frustration nicht erkennen. Ihr wahres Selbst spricht nicht in Worten oder banalen Wendungen. Seine Stimme kommt tief aus Ihrem Inneren, aus den unteren Schichten Ihrer Psyche, einem Ort, der körperlich in Sie eingebettet ist. Dieses Selbst geht von Ihrer Einzigartigkeit aus, und es kommuniziert durch Gefühle und mächtige Sehnsüchte, die die Macht haben, über Sie hinauszugehen. Sie können letztlich nicht verstehen, warum Sie sich zu bestimmten Tätigkeiten oder Formen des Wissens hingezogen fühlen. Dies kann nicht wirklich verbalisiert oder erklärt werden. Es ist einfach eine Naturgegebenheit.

**Gesetz des Tages: Wenn Sie dieser Stimme folgen, verwirklichen Sie Ihr Potenzial und befriedigen die tiefe Sehnsucht, Ihre Einzigartigkeit zum Leben zu erwecken und auszudrücken. Diese Einzigartigkeit hat eine Bestimmung, und Ihre Lebensaufgabe besteht darin, sie zu verwirklichen.**

*Mastery*, VI: Fuse the Intuitive with the Rational – Mastery

# April

## *Der perfekte Höfling*

### DAS SPIEL DER MACHT

Das Spiel der Macht ist ein Spiel permanenter Doppelzüngigkeit, dessen Machtdynamik in der intriganten Welt des alten feudalen Hofes in ihrer reinsten Form existierte. In der gesamten Geschichte des Phänomens stand immer eine mächtige Person, ein König, eine Königin, ein Kaiser, ein Führer, im Zentrum des Hofes. Die Höflinge, die den Hofstaat bildeten, waren in einer heiklen Lage: Sie mussten ihrem Herrn dienen, aber wenn sie sich einzuschmeicheln versuchten und sich zu offensichtlich anbiederten, bemerkten dies die anderen Höflinge und gingen gegen sie vor. Dennoch repräsentierte der Hof angeblich den Höhepunkt an Zivilisation und Kultiviertheit. Das war das Dilemma der Höflinge: Sie mussten als Ausbund an Tugend erscheinen, aber zugleich ihre Gegner auf die denkbar subtilste Weise überlisten und ausbremsen. Das Leben bei Hofe war ein unendliches Spiel, das ständige Wachsamkeit und taktisches Denken erforderte. Es war ein zivilisierter Krieg.

Heute sind wir mit einem Paradox konfrontiert, das dem des Höflings seltsam ähnlich ist: Alles muss zivilisiert, anständig, demokratisch und fair erscheinen. Wenn wir jedoch zu streng nach diesen Regeln spielen, wenn wir sie zu wörtlich nehmen, werden wir von den Menschen, die nicht so dumm sind, zermalmt. Oder wie es der große Renaissance-Diplomat und Höfling Niccolo Machiavelli formulierte: »Ein Mensch, der immer nur das Gute möchte, wird zwangsläufig zugrunde gehen inmitten von so vielen Menschen, die nicht gut sind.« Der Hof sah sich selbst als den Gipfel der Kultiviertheit, aber unter der glitzernden Oberfläche brodelte ein Hexenkessel finsterer Emotionen: Gier, Neid, Lüsternheit,

Hass. Unsere heutige Welt sieht sich ebenfalls als Gipfelpunkt der Fairness, doch dieselben hässlichen Emotionen lauern immer noch in uns, wie sie es schon immer getan haben. Das Spiel ist dasselbe geblieben. Der Monat April wird Sie lehren, wie Sie das Machtspiel als perfekter Höfling spielen.

Wenn Sie nach Ihrer Ausbildung in die reale Welt eintreten, werden Sie regelrecht überrumpelt von all den Machtspielen, die sich dort abspielen. Es ist wie ein dreckiges kleines Geheimnis. Die Menschen reden zwar über ihr Sexualleben, aber niemand spricht über die Machtspiele, die überall auf der Welt permanent stattfinden. Zur Illustration will ich erzählen, wie ich selbst aus dem College kam und plötzlich mit dieser realen Welt konfrontiert wurde.

Nach meinem Abschluss in Klassischer Philologie (Altgriechisch und Latein) und Vergleichender Literaturwissenschaft hatte ich mich in Philosophie, Literatur und Sprachen vertieft. Deshalb hatte ich, als ich vorwiegend für Zeitschriften (mein erster Job war bei *Esquire)* zu arbeiten begann, keine Ahnung, wie die Dinge in der realen Welt funktionierten, und war sehr schockiert von all den Egos, den Unsicherheiten, den Spielchen und den politischen Winkelzügen, mit denen ich es zu tun bekam. Das alles verstörte und ängstigte mich. Ich weiß noch, dass mich, als ich 26 oder 27 war, ein bestimmter Job besonders betroffen machte.

Ich sage Ihnen nicht, welcher Job es war, denn Sie sollten nicht durch Googeln herausbekommen, über wen ich spreche. Im Wesentlichen ging es darum, dass ich Storys für eine Doku-Serie finden sollte und danach beurteilt wurde, wie viele gute Geschichten ich fand. Ich bin ein ausgesprochen kompetitiver Mensch und schnitt besser ab als alle anderen, die sich der Aufgabe widmeten. Ich fand mehr Storys, die am Ende produziert wurden, und ging davon aus, dass es genau darauf ankam. Wir versuchten, eine Sendung zu machen und dafür waren Arbeiten notwendig, und ich hatte mein Soll mehr als erfüllt.

Trotzdem stellte ich plötzlich fest, dass meine Vorgesetzte alles andere als zufrieden mit mir war. Irgendetwas machte ich falsch. Sie war unzufrieden, aber ich hatte keine Ahnung, warum.

Ich versuchte, mich in ihre Lage zu versetzen und dachte: »Was mache ich, das ihr Missfallen erregt? Ich arbeite doch eindeutig effektiv.« Irgendwann kam ich zu dem Schluss, dass ich sie vielleicht nicht genug an meiner Arbeit, meinen Gedanken, beteiligte. Vielleicht musste ich meine Ideen über sie lancieren, musste sie stärker beteiligen, damit sie sich stärker in meine Recherchen eingebunden fühlte.

Ich ging in ihr Büro und erzählte ihr, wo ich meine Ideen herhatte. Ich versuchte, mit ihr ins Gespräch zu kommen, weil ich dachte, das könnte etwas ändern. Aber es funktionierte nicht. Sie war immer noch eindeutig unzufrieden. Vielleicht mochte sie Männer wie mich einfach nicht. »Vielleicht bin ich nicht freundlich genug zu ihr«, dachte ich. »Vielleicht sollte ich netter sein. Vielleicht sollte ich nicht über die Arbeit reden, sondern einfach so mit ihr sprechen und nett sein.«

Okay, das war Strategie Nr. 2. Ich brachte sie zum Einsatz. Aber die Frau war immer noch extrem kühl. Ich dachte: »Okay, dann hasst sie mich eben. So ist das Leben. Du kannst nicht von allen geliebt werden. Das muss es sein. Ich mache einfach weiter meinen Job.« Aber eines Tages hatten wir ein Meeting, in dem wir unsere Ideen diskutierten. Ich war mit den Gedanken woanders, als sie mich plötzlich ansprach: »Robert, Sie haben ein Problem mit Ihrer Einstellung.«

»Wie bitte?«

»Sie hören den Leuten hier nicht zu.«

»Doch, ich höre zu.« Ich versuchte, mich zu wehren: »Ich bin produktiv. Ich arbeite hart. Und Sie wollen mich danach beurteilen, wie weit ich die Augen offen habe und wie ich den Leuten zuhöre?«

»Nein. Sie haben echt ein Problem«, sagte sie.

»Tut mir leid. Das finde ich nicht.«

Dennoch hackte sie in den nächsten paar Wochen ständig wegen meiner angeblichen Einstellung auf mir herum. Und nun entwickelte ich natürlich eine Einstellung. Ich begann, einen Groll gegen sie zu hegen. Kurz darauf kündigte ich, weil ich den Job nur noch hasste. Vermutlich war ich der Kündigung meiner Chefin nur eine Woche zuvorgekommen. Als ich zu Hause war, dachte ich mehrere Wochen lang wirklich intensiv über die Sache nach. Was war da passiert? Was hatte ich falsch gemacht? Ich meine, mochte sie mich einfach nicht, obwohl ich mich selbst durchaus liebenswert finde?

Schließlich kam ich nach eingehender Analyse und zehn Jahre, bevor ich ein Buch darüber schrieb, zu dem Schluss, dass ich ein Gesetz der Macht verletzt hatte, und zwar das 1. Gesetz: Überstrahlen Sie nie den Meister. Ich hatte mein neues Umfeld in der Annahme betreten, dass es darauf ankam, dass ich sehr gute Arbeit leistete und zeigte, wie begabt ich war. Aber genau damit hatte ich bei meiner Vorgesetzten die Furcht geweckt, dass ich besser sein könnte und es vielleicht auf ihren Job abgesehen hätte. Und ich hatte sie wirklich schlecht aussehen lassen, weil all die großartigen Ideen von mir kamen und nicht von ihr. Es war nicht wirklich ihre Schuld. Ich hatte das Gesetz Nr. 1 verletzt. Und wer dieses Gesetz missachtet, muss dafür leiden, weil er das Ego einer anderen Person verletzt und sie verunsichert. Das ist das Schlimmste, was man tun kann, und genau das war mir passiert.

Diese Erkenntnis wurde zu einem Wendepunkt in meinem Leben. »Das wird mir nie wieder passieren«, schwor ich mir. »Und ich werde nie wieder etwas persönlich nehmen und emotional reagieren.« Genau das war nämlich passiert. Ich hatte emotional auf die Kälte und Feindseligkeit meiner Chefin reagiert und meinerseits eine feindselige Haltung entwickelt. Nie wieder! Ich bin Schriftsteller. Ich werde die Jobs, die ich kriege, aus einer gewissen Distanz betrachten. Ich werde ein meisterhafter Beobachter des Machtspiels werden. Ich werde diese Leute beobachten, als wären sie Mäuse in einem Labor und ich der Wissenschaftler.

Dank dieser Überlegungen gelang es mir plötzlich, nicht nur die Machtspiele zu beobachten, die sich in den vielen Jobs, die ich machte, abspielten, sondern weil ich auf Abstand ging und die Welt sah, wie sie war, hatte ich plötzlich auch Macht. Ich war nicht mehr emotional verstrickt und konnte viel leichter mit den Dingen umgehen. Aus einer solchen Perspektive heraus entwickelte ich *Power – Die 48 Gesetze der Macht*. Darin kam ich zu dem Schluss, dass wir alle uns der Realität stellen müssen: Wir sind soziale Wesen, wir leben in einem Umfeld, wo alle Arten komplizierter Netzwerke existieren, und wir sind gewissermaßen dadurch definiert, wie wir mit diesem Umfeld, dieser Realität umgehen.

## 1. APRIL

# *Übertreffen Sie nie den Meister*

Sich vor dem Siege über Vorgesetzte hüten. Alles Übertreffen ist verhaßt, aber seinen Herrn zu übertreffen ist entweder ein dummer oder ein Schicksalsstreich.

BALTASAR GRACIÁN

Treiben Sie es mit Ihrem Bedürfnis, zu erfreuen und zu beindrucken, nicht zu weit, sonst bewirken Sie womöglich das Gegenteil und produzieren Angst und Unsicherheit. Niemand ist frei von Unsicherheiten. Wenn Sie sich zeigen und Ihre Talente vorführen, wecken Sie naturgemäß alle Arten von Ressentiments und Neid und andere Formen von Unsicherheit. Das ist zu erwarten. Sie können Ihr Leben nicht damit verbringen, sich über die unwichtigen Gefühle anderer Sorgen zu machen.

Bei den Personen in Ihrer unmittelbaren Umgebung ist allerdings ein anderer Ansatz von Nöten: Wenn es um Macht geht, ist es vermutlich der größtmögliche Fehler überhaupt, den Meister zu überstrahlen. Lassen Sie Ihren Meister genialer erscheinen, als er ist, und Sie werden zu höchster Macht gelangen. Wenn Sie bessere Ideen haben als Ihr Meister, schreiben Sie sie so öffentlich wie möglich ihm zu. Stellen Sie klar, dass Ihre Ratschläge nur ein Echo seiner Ratschläge sind. Wenn Sie gescheiter sind als Ihr Meister, spielen Sie ruhig den Hofnarren, aber achten Sie darauf, dass er im Vergleich zu Ihnen nicht kalt und griesgrämig erscheint. Wenn sie geselliger und großzügiger sind als er, achten Sie darauf, nicht die Wolke zu werden, die seinen Glanz vor anderen verbirgt. Er muss wirken wie die Sonne, um die alles kreist und die Macht und Genialität ausstrahlt – das Zentrum der Aufmerksamkeit.

**Gesetz des Tages: Sorgen Sie stets dafür, dass Ihre Vorgesetzten sich in ihrer Rolle wohlfühlen.**

*The 48 Laws of Power,* Law 1: Never Outshine the Master

## 2. APRIL

# *Sorgen Sie dafür, dass sich Ihre »Herren« ruhmreich und überlegen fühlen*

Wie alle Wissenschaftler in der Renaissance war Galileo Galilei von den Fürsten abhängig, die seine Forschungsarbeiten unterstützten. Gleichgültig, wie groß die Entdeckung war, seine Gönner bezahlten in der Regel nicht mit Geld, sondern mit Geschenken. Sein Leben war also von ständiger Unsicherheit und großer Abhängigkeit geprägt. Deshalb schlug er einen neuen Weg ein, als er 1610 die Jupitermonde entdeckte: Er machte aus der Entdeckung ein kosmisches Ereignis zu Ehren der Medicis. In der Folge ernannten sie ihn zum offiziellen Philosophen und Mathematiker ihres Hofes und zahlten ihm ein stattliches Gehalt.

Wissenschaftler bleiben von den Wechselfällen des höfischen Lebens und der Patronage nicht verschont. Auch sie müssen Herren dienen, die über die notwendigen Geldmittel verfügen. Und die Geldgeber können sich wegen der großen Geistesgaben ihrer Wissenschaftler unsicher fühlen und das Gefühl bekommen, nur als Geldgeber etwas zu taugen – eine hässliche, unedle Rolle. Der Förderer eines großen Werkes will das Gefühl haben, mehr zu sein als nur der Finanzier. Er will kreativ und mächtig wirken und wichtiger erscheinen als das Werk, das in seinem Namen geschaffen wird. Statt Unsicherheit sollten ihm seine Untergebenen Ruhm verschaffen. Galileo stellte die intellektuelle Autorität der Medici durch seine Entdeckung nicht infrage und tat auch sonst nichts, damit sie sich unterlegen fühlten. Indem er sie buchstäblich zu den Sternen erhob, verhalf er ihnen zu einem glänzenden Ruf unter den Höfen Italiens. Er überstrahlte seine Herren nicht, sondern sorgte dafür, dass diese alle anderen überstrahlten.

**Gesetz des Tages: Überstrahlen Sie niemals Ihre Vorgesetzten, sondern sorgen Sie dafür, dass sie hell erstrahlen.**

*The 48 Laws of Power*, Law 1: Never Outshine the Master

## 3. APRIL

# *Finden Sie heraus, wer die Strippen zieht*

Macht existiert stets in konzentrierter Form. In jeder Organisation ist es unvermeidlich, dass eine kleine Gruppe die Strippen zieht. Und oft sind es nicht die Titelträger. Nur ein Narr schlägt im Spiel der Macht ziellos um sich. Sie müssen herausfinden, wer die Operationen kontrolliert, wer der wirkliche Chef hinter den Kulissen ist. Wie Richelieu zu Beginn seines Aufstiegs an die Spitze der politischen Elite Frankreichs Anfang des 17. Jahrhunderts entdeckte, war es nicht König Ludwig XIII., der die Entscheidungen traf, sondern die Mutter des Königs. Also verband er sich mit ihr und katapultierte sich über die Ränge sämtlicher Höflinge hinweg an die Spitze. Es genügt, wenn sie einmal Öl finden, um sich Reichtum und Macht für ein ganzes Leben zu sichern.

**Gesetz des Tages: Wenn Sie nach Mächten suchen, die Ihren Aufstieg fördern können, suchen Sie nach denen, die wirklich das Geschehen kontrollieren. Sie sind manchmal erst auf den zweiten Blick zu erkennen. Wenn Sie sie gefunden haben, verbinden Sie sich mit ihnen.**

*The 48 Laws of Power*, Law 23: Concentrate Your Forces

## 4. APRIL

## *Loben und loben lassen*

Vergewissern Sie sich, wann es Ihren Zwecken dient, Anerkennung mit anderen zu teilen. Besonders wichtig ist es, nicht mit Anerkennung zu geizen, wenn Sie jemanden über sich haben. Richard Nixons historischer Besuch in der Volksrepublik China war ursprünglich seine Idee, aber ohne die geschickte Diplomatie Henry Kissingers hätte er vielleicht nie stattgefunden, und er wäre ohne Kissingers Fähigkeiten auch kein Erfolg geworden. Dennoch ließ Kissinger, als es um Anerkennung ging, geschickt Nixon den Löwenanteil einheimsen. Er wusste, dass die Wahrheit später ohnehin herauskommen würde und achtete darauf, seine aktuelle Position nicht zu gefährden, indem er sich zu sehr ins Rampenlicht stellte. Kissinger spielte das Spiel genau richtig: Er ließ sich für die Arbeit seiner Untergebenen loben und überließ die Anerkennung für seine eigenen Verdienste großzügig seinem Chef. So spielt man das Spiel.

**Gesetz des Tages: Lassen Sie sich für die Arbeit Ihrer Untergebenen loben. Und zollen Sie Ihren Vorgesetzten Anerkennung.**

*The 48 Laws of Power*, Law 7: Get Others to Do the Work for You, but Always Take the Credit

## 5. APRIL

### *Gestalten Sie sich zu einem Machtmenschen um*

Im Jahr 1832 brachte ein Verlag *Indiana,* den ersten großen Roman von Aurore Dupin Dudevants heraus. Das Buch erschien unter dem Pseudonym »George Sand,« und ganz Paris hielt den eindrucksvollen neuen Schriftsteller für einen Mann. Dudevant hatte manchmal Männerkleidung getragen, bevor sie George Sand kreierte. Und nun, als Persönlichkeit des öffentlichen Lebens, trieb sie das Image ins Extrem: Sie fügte ihrem Kleiderschrank lange Männermäntel, graue Hüte, schwere Stiefel und dandyhafte Krawatten hinzu, rauchte Zigarren und verhielt sich in Gesellschaft wie ein Mann. Das heißt, sie scheute sich nicht, das Gespräch zu dominieren oder frivole Wörter zu benutzen. Der seltsame, männlich/weibliche Schriftsteller faszinierte das Publikum. Wer Sand jedoch kannte, wusste, dass sie sich durch ihre männliche Persona vor den neugierigen Augen der Öffentlichkeit schützte. In der Welt genoss sie es, die Männerrolle ins Extrem zu treiben, in ihrem Privatleben aber blieb sie sie selbst. Sie erkannte außerdem, dass »George Sand« langweilig oder voraussehbar werden konnte. Deshalb nahm sie immer wieder dramatische Veränderungen an der Figur vor. Sie engagierte sich politisch, führte Demonstrationen an und löste Studentenrebellionen aus. Niemand außer ihr selbst setzte der von ihr geschaffenen Figur Grenzen. Noch lange nach ihrem Tod, und selbst als ihre Romane nur noch wenige Leser fanden, faszinierte und inspirierte die überlebensgroße Theatralik der von ihr geschaffenen Figur.

Sie müssen wissen: Der Charakter, als der Sie geboren sind, ist nicht unbedingt Ihr wahres Selbst. Über die ererbten Eigenschaften hinaus haben auch Ihre Eltern, Freunde und Kollegen Ihre Persönlichkeit mitgeprägt. Die prometheische Aufgabe der Mächtigen besteht darin, die Kontrolle über den Prozess zu übernehmen, und nicht mehr zuzulassen, dass andere ihnen Grenzen setzen und sie formen.

**Gesetz des Tages: Gestalten Sie sich zu einem Machtmenschen um. Sich selbst wie Ton zu formen, sollte eine Ihrer größten und angenehmsten Lebensaufgaben sein. Sie werden dadurch, im Wesentlichen, zu einem Künstler oder einer Künstlerin, der oder die sich selbst erschafft.**

*The 48 Laws of Power,* Law 25: Re-create Yourself

## 6. APRIL

### *Stellen Sie sich dümmer, als Sie sind*

Von der Dummheit Gebrauch zu machen verstehn. Der größte Weise spielt bisweilen diese Karte aus, und es gibt Gelegenheiten, wo das beste Wissen darin besteht, dass man nicht zu wissen scheine. Man soll nicht unwissend sein, wohl aber es zu sein affektieren.

BALTASAR GRACIÁN

Wenn Sie ehrgeizig sind, aber einen schlechten Platz in der Hierarchie haben, kann folgender Trick nützlich sein: Geben Sie sich weniger intelligent, als Sie sind. Ein bisschen den Narren zu spielen, ist eine perfekte Tarnung. Wenn Sie wie ein harmloser Idiot wirken, wird Ihnen niemand gefährlichen Ehrgeiz zutrauen. Sie werden vielleicht sogar befördert, weil sie so liebenswert und unterwürfig erscheinen. Intelligenz ist offenbar eine Eigenschaft, die man herunterspielen kann, aber warum sollte man sich damit begnügen? Geschmack und Raffinement sind auf der Skala der Eitelkeit ganz in der Nähe der Intelligenz angesiedelt. Vermitteln Sie Ihren Mitmenschen das Gefühl, sie seien kultivierter als Sie, dann sind sie nicht mehr so auf der Hut. Sich komplett naiv zu stellen, kann Wunder wirken.

**Gesetz des Tages: Vermitteln Sie Ihren Mitmenschen generell das Gefühl, dass sie klüger und kultivierter als Sie sind. Sie werden Sie dann gern um sich haben, weil Sie ihnen ein besseres Selbstwertgefühl vermitteln, und je länger Sie in ihrer Nähe sind, umso mehr Gelegenheit haben Sie, sie zu täuschen.**

*The 48 Laws of Power*, Law 21: Play a Sucker to Catch a Sucker – Seem Dumber Than Your Mark

## 7. APRIL

# *Werden Sie nicht zum Hofzyniker*

Wie das Wachs, von Natur hart und spröde, durch ein wenig Wärme so geschmeidig wird, daß es jede beliebige Gestalt annimmt, so kann man selbst törichte und feindselige Menschen durch etwas Höflichkeit und Freundlichkeit biegsam und gefällig machen. Sonach ist die Höflichkeit dem Menschen, was die Wärme dem Wachs.

ARTHUR SCHOPENHAUER

Bringen Sie Ihre Bewunderung für die gute Arbeit anderer zum Ausdruck. Wenn Sie Gleichgestellte und Untergebene kritisieren, wird ein Teil der Kritik auf Sie abfärben und auf all Ihren Wegen wie eine graue Wolke über Ihnen schweben. Die Menschen werden bei jedem zynischen Kommentar stöhnen und sich über Sie ärgern. Indem Sie bescheiden Ihre Bewunderung für die Verdienste anderer zum Ausdruck bringen, lenken Sie paradoxerweise die Aufmerksamkeit auf Ihre eigenen.

**Gesetz des Tages: Die Fähigkeit, Bewunderung und Erstaunen auszudrücken und es allem Anschein nach ehrlich zu meinen, ist ein seltenes und aussterbendes Talent, das aber immer noch sehr hoch im Kurs steht.**

*The 48 Laws of Power*, Law 24: Play the Perfect Courtier

## 8. APRIL

### *Beherrschen Sie Ihre emotionalen Reaktionen*

Ein Herrscher sollte keinen Krieg aus Ärger beginnen, so wenig wie ein Feldherr eine Schlacht aus Wut.

SUN TZU

Wütende Menschen wirken oft lächerlich, weil ihre Reaktion in keinem Verhältnis zu dem Anlass ihres Ärgers steht. Sie nehmen alles zu ernst, übertreiben den Schmerz oder die Beleidigung, die ihnen zugefügt wurde. Sie sind so empfindlich gegen Beleidigungen, dass es komisch wirkt, was sie alles persönlich nehmen. Noch komischer ist ihre Überzeugung, dass Wutausbrüche Macht bedeuten. Das Gegenteil ist der Fall: Jähzorn ist keine Stärke, er ist ein Zeichen von Hilflosigkeit. Die Betroffenen sind vielleicht kurzfristig von Ihren Anfällen eingeschüchtert, aber am Ende verlieren sie den Respekt vor Ihnen. Außerdem kann man eine Person mit so wenig Selbstbeherrschung leicht sabotieren.

**Gesetz des Tages: Wut und Emotionen zu zeigen, ist ein Zeichen von Schwäche: Wenn Sie nicht einmal sich selbst kontrollieren können, wie sollten Sie dann sonst etwas kontrollieren können?**

*The 48 Laws of Power*, Law 39: Stir Up Waters to Catch Fish

## 9. APRIL

# *Von Ihrem Ruf hängt sehr viel ab*

Im zwischenmenschlichen Kontakt ist für fast alle unsere Entscheidungen der äußere Schein verantwortlich, und Sie sollten sich nie dazu verleiten lassen, etwas anderes zu glauben. Ein einziger Ausrutscher, eine einzige ungeschickte oder plötzliche Veränderung Ihres Erscheinungsbilds kann sich als Katastrophe erweisen. Deshalb ist es von enormer Wichtigkeit, dass Sie Ihren Ruf selbst kreieren und kontrollieren. Der Ruf wird Sie im gefährlichen Spiel der Äußerlichkeiten schützen, er wird die forschenden Augen Ihrer Umgebung daran hindern, herauszufinden, wer Sie wirklich sind, und er wird Ihnen eine gewisse Kontrolle darüber verschaffen, wie die Welt Sie beurteilt – eine sehr nützliche Position.

Ein guter Ruf hat etwas Magisches: Er wirkt wie ein Zauberstab, der Ihre Stärke verdoppelt. Er kann auch bewirken, dass Menschen vor Ihnen die Flucht ergreifen. Ob exakt die gleiche Tat genial oder verbrecherisch wirkt, kann ausschließlich vom Ruf einer Person abhängen. Deshalb ist der Ruf ein Schatz der sorgfältig gesammelt und gehütet werden muss. Insbesondere, wenn Sie erstmals einen Ruf erwerben, müssen Sie ihn mit aller Macht schützen und damit rechnen, dass er angegriffen wird. Ist er gefestigt, lassen Sie sich von verleumderischen Bemerkungen Ihrer Feinde nicht reizen oder in die Defensive treiben, denn das sind Anzeichen von Unsicherheit, nicht etwa von Vertrauen in den eigenen guten Ruf. Geben Sie sich keine Blöße und wirken Sie niemals verzweifelt, wenn Sie sich verteidigen.

**Gesetz des Tages: Der Ruf ist die Grundlage der Macht. Mit dem richtigen Ruf kann jeder einschüchtern und gewinnen. Wenn er jedoch beschädigt wird, sind Sie verwundbar und werden von allen Seiten angegriffen. Lassen Sie niemals zu, dass andere Ihren Ruf bestimmen.**

*The 48 Laws of Power*, Law 5: So Much Depends on Reputation – Guard It with Your Life

## 10. APRIL

### *Sagen Sie stets weniger als nötig*

Unbotmäßige Worte eines Untertanen wurzeln oft
tiefer als die Erinnerung an böse Taten.

SIR WALTER RALEIGH

Je mehr Sie versuchen, Menschen durch Worte zu beeindrucken, um so gewöhnlicher erscheinen Sie und umso weniger Kontrolle scheinen Sie zu haben. Dagegen wird selbst die banalste Aussage dann noch originell wirken, wenn Sie sie vage, unklar und rätselhaft klingen lassen. Mächtige Menschen beeindrucken und schüchtern ein, indem sie wenig sagen. Je mehr Sie sagen, umso wahrscheinlicher ist es, dass Sie etwas Dummes sagen.

**Gesetz des Tages: Wenn Sie weniger sagen als notwendig, erwecken Sie den Anschein von Bedeutung und Macht. Außerdem ist das Risiko, dass Sie etwas Dummes oder gar Gefährliches äußern, umso geringer, je weniger Sie sagen.**

*The 48 Laws of Power*, Law 4: Always Say Less Than Necessary

## 11. APRIL

### *Appellieren Sie an das Eigeninteresse*

Unter allen Mitteln, sein Glück zu machen, ist das kürzeste und beste das: die Leute klar erkennen zu lassen, daß es in ihrem Interesse liegt, euch Gutes zu erweisen.

JEAN DE LA BRUYÈRE

Wenn Sie nach Macht streben, werden Sie ständig mächtigere Personen um Hilfe bitten müssen. Die Kunst, richtig um Hilfe zu bitten, ist davon abhängig, wie gut Sie den Menschen verstehen, mit dem Sie es zu tun haben, und dass Sie Ihre Bedürfnisse nicht mit seinen verwechseln. Die meisten Menschen haben damit keinen Erfolg, weil sie völlig in ihren eigenen Wünschen und Bedürfnissen gefangen sind. Sie gehen davon aus, dass der Mensch, den sie um Hilfe bitten, ein selbstloses Interesse daran hat, ihnen zu helfen. Sie reden, als wären ihre Interessen wichtig für den Angesprochenen – dem sie vermutlich herzlich egal sind. Manchmal beziehen sie sich auf größere Dinge: ein wichtiges Anliegen oder starke Gefühle wie Liebe oder Dankbarkeit. Sie konzentrieren sich auf das große Ganze, wenn schlichte alltägliche Angelegenheiten viel wirkungsvoller wären. Dabei erkennen sie nicht, dass selbst der mächtigste Mensch in seinen eigenen Angelegenheiten gefangen ist und er sie, wenn sie nicht an seine eigenen Interessen appellieren, lediglich als verzweifelt oder, bestenfalls, als Zeitverschwendung wahrnimmt.

**Gesetz des Tages: Wenn Sie jemanden um etwas bitten, sollten Sie in Ihrer Bitte etwas aufzeigen, das ihm nützt, und es übermäßig stark betonen. Er wird mit Begeisterung reagieren, wenn er erkennt, dass bei Ihrem Anliegen auch für ihn etwas herausspringt.**

*The 48 Laws of Power*, Law 13: When Asking for Help, Appeal to People's Self-Interest, Never to Their Mercy or Gratitude

## 12. APRIL

# *Nutzen Sie Ihre Feinde*

Männer sind eher bereit, eine Verletzung zu vergelten als eine Wohltat, denn Dankbarkeit ist eine Last und Rache ein Vergnügen.

TACITUS

Im Jahr 1971, während des Vietnamkriegs, war Kissinger Ziel eines erfolglosen Entführungsversuchs, an dem unter anderem die Brüder Berrigan, zwei bekannte pazifistische Priester, vier weitere katholische Priester und vier Nonnen beteiligt waren. Nach der Tat arrangierte Kissinger, ohne den Secret Service oder das Justizministerium zu informieren, ein privates Treffen mit dreien der mutmaßlichen Entführer. Er erklärte ihnen, dass er bis Mitte 1972 die meisten amerikanischen Soldaten aus Vietnam abgezogen haben wollte, und nahm sie völlig für sich ein. Sie schenkten ihm ein paar Anstecker mit dem Spruch »Kidnap Kissinger« und einer der mutmaßlichen Entführer blieb noch jahrelang mit ihm befreundet und besuchte ihn mehrmals. Dies war kein einmaliges Ereignis: Kissinger hatte es sich zur Gewohnheit gemacht, mit Menschen zu arbeiten, die nicht mit ihm übereinstimmten. Laut Aussage von Kollegen kam er mit seinen Feinden besser klar als mit seinen Freunden. Begraben Sie, wann immer es möglich ist, das Kriegsbeil mit einem Feind und machen Sie es sich zur Aufgabe, ihn für Ihre Sache einzusetzen.

**Gesetz des Tages: Wie Lincoln richtig bemerkte: Einen Feind vernichtet man am besten, indem man ihn als Freund gewinnt.**

*The 48 Laws of Power*, Law 2: Never Put Too Much Trust in Friends

## 13. APRIL

### *Besser angegriffen als ignoriert*

Heller zu leuchten als seine Umgebung, ist eine Fähigkeit, mit der niemand geboren wird. Sie müssen lernen, die Aufmerksamkeit auf sich zu ziehen »so sicher, wie ein Magnet Eisen anzieht«. Zu Beginn Ihrer Karriere müssen Sie Ihren Namen mit einem Image oder einer Eigenschaft verbinden, die Sie von anderen unterscheidet. Diese Eigenschaft kann eine bestimmte Kleidung oder eine persönliche Marotte sein, die die Leute lustig finden und über die geredet wird. Wenn das Image etabliert ist, haben Sie einen Auftritt, einen Ort, an dem Ihr Stern am Himmel steht. Es ist ein häufiger Fehler, zu glauben, dass dieser Auftritt nicht umstritten sein sollte und es irgendwie schlecht sei, wenn man angegriffen wird. Nichts ist weiter von der Wahrheit entfernt. Damit Sie keine Eintagsfliege werden, die schnell von anderen in den Schatten gestellt wird, dürfen Sie nicht zwischen verschiedenen Arten von Aufmerksamkeit unterscheiden. Letztlich wirkt sich jede Art zu Ihren Gunsten aus. Die Gesellschaft sehnt sich nach überlebensgroßen Figuren, nach Menschen, die aus der allgemeinen Mittelmäßigkeit herausstechen. Haben Sie deshalb niemals Angst vor den Eigenschaften, die Sie von anderen unterscheiden, und erregen Sie Aufmerksamkeit. Lösen Sie bewusst Kontroversen, ja Skandale aus. Es ist besser, angegriffen als ignoriert zu werden. Dieses Gesetz gilt in allen Berufen, und alle Berufstätigen sollten wenigstens ein bisschen Showtalent haben.

**Gesetz des Tages: Machen Sie keinen Unterschied zwischen verschiedenen Arten von Aufmerksamkeit: Jede Art von Bekanntheit ist ein Machtzuwachs. Besser man wird verleumdet und angegriffen, als wenn man ignoriert wird.**

*The 48 Laws of Power*, Law 6: Court Attention at All Cost

## 14. APRIL

### *Betrachten Sie die Welt als einen riesigen, stark vernetzten Palast*

Die Welt ist gefährlich und überall sind Feinde, alle müssen sich selbst schützen. Eine Festung scheint da am sichersten zu sein. Aber in Isolation sind Sie noch mehr Gefahren ausgesetzt – Sie sind von wertvollen Informationen abgeschnitten, fallen auf und werden zu einem leichten Ziel. Weil Macht von Menschen ausgeübt wird, nimmt sie durch den Kontakt mit anderen Menschen unweigerlich zu. Statt also eine Festungsmentalität zu entwickeln, betrachten Sie die Welt wie folgt: Sie ist wie ein großer Palast von Versailles, in dem alle Räume miteinander kommunizieren. Sie müssen flexibel sein, sich verschiedenen Kreisen anschließen und sie wieder verlassen können und mit den unterschiedlichsten Personen kommunizieren. Diese Art von Mobilität und sozialem Kontakt schützt Sie vor Verschwörern, weil diese nichts vor Ihnen geheim halten können, und vor Feinden, weil sie Sie nicht von Ihren Verbündeten isolieren können. Immer in Bewegung, sind Sie in allen Räumen des Palasts zu Hause und verweilen niemals lange am selben Ort. Kein Jäger kann eine Kreatur, die sich so schnell bewegt, ins Visier nehmen.

**Gesetz des Tages: Weil Menschen soziale Wesen sind, beruht Macht auf sozialer Interaktion und Zirkulation. Wenn Sie mächtig werden wollen, platzieren Sie sich im Zentrum der Ereignisse, werden Sie zugänglicher, vertiefen Sie den Kontakt mit alten Verbündeten und suchen Sie neue. Zwingen Sie sich dazu, immer wieder neue Kreise zu erschließen.**

*The 48 Laws of Power*, Law 18: Do Not Build Fortresses to Protect Yourself – Isolation Is Dangerous

## 15. APRIL

# *Gewinnen Sie eine ergebene Anhängerschar*

Eine große Schar von Anhängern eröffnet vielfältige Möglichkeiten der Täuschung. Nicht nur, dass Ihre Anhänger Sie verehren, sie werden Sie auch gegen Ihre Feinde verteidigen und freiwillig neue Anhänger für Ihre neugeschaffene Sekte werben. Mit dieser Art von Macht steigen Sie in ein neues Reich auf: Sie müssen nicht mehr kämpfen oder betrügen, um Ihren Willen durchzusetzen. Sie werden bewundert und können nichts mehr falsch machen. Sie halten es vielleicht für eine gigantische Aufgabe, eine solche Anhängerschaft zu gewinnen, tatsächlich jedoch ist es recht einfach. Als Menschen haben wir das verzweifelte Bedürfnis, an (irgend-)etwas zu glauben. Und das macht uns ungeheuer gutgläubig: Wir können einfach die Zweifel oder die Leere nicht ertragen, die auftreten, wenn wir keinen Glauben haben. Wenn man uns mit einem neuen Anliegen, einem neuen Elixier, der Möglichkeit, schnell reich zu werden, dem neuesten technologischen Trend oder einer neuen künstlerischen Bewegung lockt, schnappen wir zu wie ein Fisch nach dem Haken.

**Gesetz des Tages: Die Menschen haben ein überwältigendes Bedürfnis, etwas zu glauben. Werden Sie das Zentrum dieses Begehrens, indem Sie ihnen ein neues Anliegen oder einen neuen Glauben anbieten. In Abwesenheit einer organisierten Religion und großer Anliegen werden Sie durch ein Glaubenssystem ungeahnte Macht erringen.**

*The 48 Laws of Power*, Law 27: Play on People's Need to Believe to Create a Cultlike following

## 16. APRIL

# *Gehen Sie keine Verpflichtungen ein*

Ich wäre lieber ein Bettler und ledig als eine Königin und verheiratet.

QUEEN ELIZABETH I.

Nur ein Narr beeilt sich stets, Stellung zu beziehen. Verpflichten Sie sich keiner Partei oder Sache außer Ihrer eigenen. Indem Sie Ihre Unabhängigkeit wahren, werden Sie zum Herr anderer Menschen: Spielen Sie sie gegeneinander aus und werben Sie sie als Anhänger. Wenn Sie zulassen, dass jemand das Gefühl bekommt, er könne in irgendeiner Weise über Sie verfügen, verlieren Sie jede Macht über ihn. Wenn Sie keine positiven Gefühle zeigen, wird man nur noch heftiger um Sie werben. Halten Sie Abstand und gewinnen Sie die Macht, die aus der Aufmerksamkeit und der unbefriedigten Sehnsucht anderer zu schöpfen ist.

**Gesetz des Tages: Spielen Sie die jungfräuliche Königin: Wecken Sie Hoffnung, ohne sie je zu erfüllen.**

*The 48 Laws of Power*, Law 20: Do Not Commit to Anyone

## 17. APRIL

# *Stehen Sie über den Dingen*

Er sieht mehr Muth darin, sich nicht einzulassen, als zu siegen: und wenn auch etwa ein allezeit bereitwilliger Narr da ist; so bittet er zu entschuldigen, daß er nicht Lust hat, der andre zu seyn.

BALTASAR GRACIÁN

Lassen Sie sich nicht in kleinliche Kämpfe und Streitereien hineinziehen. Allerdings können Sie sich auch nicht völlig heraushalten, denn das wäre eine unnötige Beleidigung. Um das Spiel richtig zu spielen, sollten Sie so tun, als würden Sie sich für die Probleme anderer Menschen interessieren, und manchmal sogar zum Schein Partei ergreifen. Während Sie jedoch dem Anschein nach Unterstützung leisten, sollten Sie die notwendige innere Energie und den gesunden Menschenverstand aufbringen, um sich nicht emotional zu engagieren. Auch wenn man noch so sehr versucht, Sie auf eine Seite zu ziehen, sorgen Sie dafür, dass Ihr Interesse für die Angelegenheiten und kleinen Streitigkeiten anderer stets oberflächlich bleibt. Machen Sie anderen Geschenke, hören Sie ihnen mit teilnahmsvollem Ausdruck zu, lassen Sie sogar gelegentlich Ihren Charme spielen, aber halten Sie innerlich sowohl die freundlichen Könige als auch die perfiden Tyrannen auf Abstand. Wenn Sie sich nicht verpflichten und auf diese Weise Ihre Autonomie bewahren, behalten Sie die Initiative: Sie entscheiden selbst über Ihre Schachzüge und müssen nicht defensiv auf die Pressionen und Verlockungen Ihres Umfelds reagieren.

**Gesetz des Tages: Versuchen Sie stets innerlich Ihre Unabhängigkeit zu wahren, und vermeiden Sie Verstrickungen, die Sie nicht selbst gewählt haben.**

*The 48 Laws of Power*, Law 20: Do Not Commit to Anyone

## 18. APRIL

### *Scheuchen Sie die Schlangen auf*

Sie können entweder abwarten und die Warnsignale deuten, oder Sie können versuchen, Ihre Feinde aktiv zu enttarnen. In der Bibel hat David den Verdacht, dass sein Schwiegervater König Saul heimlich seinen Tod wünscht. Wie kann er seinen Verdacht überprüfen? Er vertraut sich seinem engen Freund Jonathan, Sauls Sohn, an. Jonathan will ihm nicht glauben, also schlägt er ihm einen Test vor. David ist zu einem Fest bei Hof eingeladen und geht nicht hin. Jonathan besucht das Fest und überbringt Davids angemessene, aber nicht unbedingt zwingende Entschuldigung. Saul wird darüber tatsächlich so zornig, dass er schreit: »Bringt ihn sofort zu mir, er hat sein Leben verwirkt!« Davids Test war erfolgreich, weil er zwei Möglichkeiten zuließ. Seine Entschuldigung konnte auf zweierlei Weise verstanden werden: Wäre Saul ihm wohlgesonnen gewesen, hätte er die Abwesenheit seines Schwiegersohns schlimmstenfalls als egoistisch empfunden, aber da er ihn heimlich hasste, interpretierte er sie als Affront, und sie löste seinen Wutausbruch aus.

Folgen Sie Davids Beispiel und sagen oder tun Sie etwas, das unterschiedlich verstanden werden kann, etwas das oberflächlich gesehen höflich ist, aber auch eine gewisse Kälte Ihrerseits signalisiert oder gar als versteckte Beleidigung gewertet werden kann. Ein Freund wird sich vielleicht wundern, aber er lässt Ihnen die Sache durchgehen. Ein heimlicher Feind jedoch wird wütend reagieren. Sobald jemand eine starke Emotion zeigt, wissen Sie, dass bei ihm etwas unter der Oberfläche kocht.

**Gesetz des Tages: Ein chinesisches Sprichwort lautet, schlage das Gras, um die Schlangen aufzuscheuchen.**

*The 33 Strategies of War*, Strategy 1:
Declare War on Your Enemies – The Polarity Strategy

## 19. APRIL

# *Schmeicheln Sie nach Maß*

Höflinge müssen die Aufmerksamkeit des Chefs auf sich lenken und irgendwie seine Gunst gewinnen. Der unmittelbarste Weg sind Schmeicheleien; Chefs haben stets ein großes Ego und hungern danach, ihr aufgeblähtes Selbstbild bestätigt zu sehen. Schmeicheleien können Wunder wirken, sind aber mit einem gewissen Risiko verbunden. Wenn sie zu offensichtlich sind, macht der Schmeichler einen verzweifelten Eindruck, und seine Strategie ist zu leicht zu durchschauen. Die klügsten Höflinge wissen, wie sie ihre Schmeicheleien auf die besonderen Unsicherheiten des Chefs zuschneiden und sie weniger direkt formulieren können. Sie konzentrieren sich auf schmeichelhafte Eigenschaften des Chefs, denen bis dahin noch niemand Aufmerksamkeit geschenkt hat, obwohl sie dringend der Bestätigung bedürfen. Wenn alle die Geschäftstüchtigkeit des Chefs, nicht jedoch seine kulturelle Raffinesse loben, machen Sie letztere zum Thema. Die Ideen und Werte des Chefs zu spiegeln, ohne sich seiner Worte zu bedienen, kann eine sehr effektive Methode indirekter Schmeichelei sein.

**Gesetz des Tages: Offene Schmeicheleien können effektiv sein, aber sie haben ihre Grenzen. Sind sie zu direkt und offensichtlich, dann machen Sie auf andere Höflinge einen schlechten Eindruck. Diskrete, auf die Unsicherheiten Ihres Ziels zugeschnittene Schmeicheleien sind sehr viel effektiver.**

*Die Gesetze der menschlichen Natur*, Gesetz 14: Widersetzen Sie sich dem Abwärtssog der Gruppe – Das Gesetz der Konformität

## 20. APRIL

# *Seien Sie auf Ihre eigene Art königlich*

Bei allen großen Betrügern ist ein Vorgang bemerkenswert, dem sie ihre Macht verdanken. Im eigentlichen Akte des Betrugs, unter all den Vorbereitungen, dem Schauerlichen in Stimme, Ausdruck, Gebärden, inmitten der wirkungsvollen Szenerie überkommt sie der *Glaube an sich selbst*: dieser ist es, der dann so wundergleich und bezwingend zu den Umgebenden spricht.

FRIEDRICH NIETZSCHE

Wie Sie sich benehmen, ist oft entscheidend dafür, wie Sie behandelt werden: Langfristig verlieren andere die Achtung vor Ihnen, wenn Sie gewöhnlich oder vulgär auftreten. Ein König respektiert sich selbst und inspiriert dieselbe Haltung bei anderen. Es bleibt Ihnen überlassen, Ihren Wert festzusetzen. Sie bekommen genauso viel, wie Sie fordern. Fordern Sie weniger, bekommen Sie weniger. Fordern Sie mehr, dann signalisieren Sie, dass Sie eine königliche Summe wert sind. Selbst wer nicht zahlt, respektiert Sie für Ihr Selbstvertrauen, und dieser Respekt wird sich am Ende auf Arten auszahlen, die Sie sich nicht vorstellen können.

**Gesetz des Tages: Handeln Sie königlich und im Vertrauen auf Ihre Macht, dann erwecken Sie den Eindruck, dass Sie dazu bestimmt sind, eine Krone zu tragen.**

*The 48 Laws of Power*, Law 34: Be Royal in Your Own Fashion: Act Like a King to Be Treated Like One

## 21. APRIL

### *Seien Sie gnadenlos zu Ihren Feinden*

Die Reste von Feinden können ebenso wie eine Krankheit oder ein Feuer wieder aufleben. Deshalb muß man sie komplett auslöschen … Man sollte nie einen Feind ignorieren, weil man ihn geschwächt weiß. Er wird unweigerlich wieder gefährlich werden, wie der Funke im Heuschober.

KAUTILYA, INDISCHER PHILOSOPH, 3. JAHRHUNDERT V. CHR.

»Den Feind zerschmettern« ist ein wichtiger strategischer Grundsatz Sun Tzus, des Autors von *Die Kunst des Krieges* aus dem 4. Jahrhundert v. Chr. Die Begründung ist einfach: Ihre Feinde wünschen Ihnen Böses. Nichts wäre ihnen lieber, als Sie zu vernichten. Wenn Sie den Kampf aus Mitleid oder aus Hoffnung auf Versöhnung schon auf halber Strecke oder auch erst nach drei Vierteln der Strecke einstellen, macht das Ihre Feinde nur noch entschlossener und erbitterter, und eines Tages rächen sie sich. Es kann sein, dass sie Ihnen zunächst durchaus freundlich begegnen, aber das liegt nur daran, dass Sie sie besiegt haben, und ihnen gar nichts anderes übrig bleibt, als auf einen günstigeren Zeitpunkt zu warten.

Die Lösung: Keine Gnade! Vernichten Sie Ihre Feinde genauso radikal, wie diese Sie vernichten würden. Der einzige Friede und die einzige Sicherheit, die Sie von ihnen erwarten können, ist ihr Verschwinden. Natürlich geht es dabei nicht um Mord, sondern um Verbannung. Ausreichend geschwächt und für immer von Ihrem Hof verbannt, werden Ihre Feinde harmlos. Wenn Sie freilich nicht verbannt werden können, sollten Sie Ihrer gespielten Freundlichkeit nicht trauen und sich darüber klar sein, dass sie gegen Sie intrigieren.

**Gesetz des Tages: Beurteilen Sie Ihre Feinde sorgfältig und analysieren Sie ihre alten Verhaltensmuster. Manchmal ist es am besten, sie zu Verbündeten zu machen und dadurch zu neutralisieren. Bei anderen jedoch ist der einzige Weg, gnadenlos zu sein und sie total zu vernichten.**

*The 48 Laws of Power*, Law 15: Crush Your Enemy Totally – Learn to Keep People Dependent on You

## 22. APRIL

### *Säen Sie Zweifel*

Man wird mit seinem schlechten Gewissen leichter fertig als mit seinem schlechten Rufe.

FRIEDRICH NIETZSCHE

Der Zweifel ist eine mächtige Waffe: Sobald er durch heimtückische Gerüchte in die Welt gesetzt ist, stecken Ihre Gegner in einem schrecklichen Dilemma. Einerseits können sie die Gerüchte dementieren und sogar beweisen, dass Sie sie verleumdet haben. Aber ein Rest von Verdacht wird bleiben: Warum verteidigen sie sich so verzweifelt? Vielleicht ist an den Gerüchten doch etwas dran? Wenn sie andererseits gar nicht reagieren und Sie ignorieren, sind die (unwiderlegten) Zweifel sogar noch stärker. Richtig eingesetzt, kann das Streuen von Gerüchten Ihre Rivalen so verunsichern und in Wut versetzen, dass sie zahlreiche Fehler machen, wenn sie sich verteidigen. Gerüchte sind die perfekte Waffe gegen Personen, die selbst keinen Ruf haben, auf dessen Grundlage sie arbeiten können.

**Gesetz des Tages: Vernichten Sie Ihre Rivalen durch Gerüchte.**

*The 48 Laws of Power*, Law 5: So Much Depends on Reputation – Guard It with Your Life

## 23. APRIL

### *Fürchten Sie die Macht der Ansteckung*

Die Unglücklichen unter uns, die ein Opfer von Umständen wurden, über die sie keine Kontrolle hatten, verdienen alle Hilfe und alles Mitgefühl, das wir ihnen geben können. Andere jedoch wurden nicht in Elend und Unglück geboren, sondern bringen es durch ihre zerstörerischen Taten und ihre ungute Wirkung auf andere selbst über sich. Es wäre wunderbar, wenn wir ihnen wieder auf die Beine helfen und ihre Verhaltensmuster ändern könnten. In der Regel jedoch sind wir es, die ihre Verhaltensmuster übernehmen und uns verändern. Man kann am Elend eines anderen Menschen sterben: Emotionale Zustände sind ansteckend wie Krankheiten. Sie können das Gefühl haben, einem Ertrinkenden zu helfen, aber in Wirklichkeit bereiten Sie Ihren eigenen Untergang vor. Ansteckende Personen sind an dem Unglück zu erkennen, das sie auf sich ziehen, sowie an ihrer turbulenten Vergangenheit, ihrer langen Geschichte zerbrochener Beziehungen, ihrer unsteten Berufslaufbahn und an der schieren Kraft ihrer Persönlichkeit, die Sie mitreißt und dafür sorgt, dass Sie den Verstand verlieren. Lernen Sie, auf diese warnenden Zeichen zu achten, lernen Sie, die Unzufriedenheit in den Augen einer ansteckenden Person zu sehen. Vor allem jedoch: Haben Sie kein Mitleid. Verstricken Sie sich nicht in Hilfsversuche. Die ansteckende Person bleibt unverändert, aber Sie werden aus der Bahn geworfen.

**Gesetz des Tages: Menschen bringen manchmal Unglück über sich; sie werden auch über Sie Unglück bringen. Schließen Sie sich lieber den Zufriedenen und Glücklichen an.**

*The 48 Laws of Power*, Law 10: Infection –
Avoid the Unhappy and Unlucky

## 24. APRIL

# *Hüten Sie sich vor dem falschen Bündnis*

Ohne Verbündete kommt niemand weit. Der Trick besteht freilich darin, falsche und richtige Verbündete unterscheiden zu können. Ein falsches Bündnis entsteht durch ein unmittelbares emotionales Bedürfnis. Es erfordert, dass Sie etwas Wesentliches von sich aufgeben, und hindert Sie daran, weiterhin Ihre eigenen Entscheidungen zu treffen. Ein gutes Bündnis entsteht durch miteinander vereinbare Eigeninteressen, wobei jede Seite das gibt, was die andere allein nicht kriegen kann. Es erfordert nicht, dass Sie Ihre Identität mit der einer Gruppe verschmelzen oder auf die emotionalen Bedürfnisse aller anderen Rücksicht nehmen. Es wahrt Ihre Autonomie.

**Gesetz des Tages: Pflegen Sie echte Verbündete. Finden Sie Personen mit kompatiblen Eigeninteressen und schließen Sie ein Bündnis mit ihnen.**

*The 33 Strategies of War*, Strategy 27: Seem to Work for the Interests of Others while Furthering Your Own – The Alliance Strategy

## 25. APRIL

# *Treten Sie mutig in Aktion*

Nie bei Skrupeln über Unvorsichtigkeit zum Werke schreiten.

BALTASAR GRACIÁN

Die meisten von uns sind ängstlich. Wir wollen Spannungen und Konflikte vermeiden und von allen geliebt werden. Womöglich ziehen wir mutiges Handeln zwar in Erwägung, tun es aber kaum tatsächlich. Gerne tarnen wir unsere Furchtsamkeit als Fürsorge für andere, die wir nicht verletzen oder beleidigen wollen, in Wirklichkeit jedoch ist sie das genaue Gegenteil: Wir sind völlig selbstbezogen und sorgen uns nur um uns selbst und darüber, wie andere uns wahrnehmen. Mut dagegen ist nach außen gerichtet, und mutige Menschen fühlen sich oft wohler, weil sie weniger unsicher und verklemmt sind. Wir bewundern die Mutigen und sind gern in ihrer Nähe, weil ihr Selbstvertrauen ansteckend wirkt und uns aus unserer Innerlichkeit und Reflexion herauszieht.

Aber nur wenige Menschen werden mutig geboren. Sie müssen Ihren Mut üben und entwickeln. Sie finden oft Verwendung für ihn. Der beste Ort, um damit anzufangen, ist die oft so heikle Welt der Verhandlungen – besonders Verhandlungen, in denen Sie Ihren Preis nennen sollen. Wie oft erniedrigen wir uns, indem wir zu wenig verlangen. Sie müssen wissen: Mut ist nicht angeboren, aber Furchtsamkeit auch nicht. Sie ist eine erlernte Gewohnheit, motiviert durch das Bedürfnis, Konflikte zu vermeiden. Wenn Sie von Furchtsamkeit ergriffen werden, reißen Sie sie mit der Wurzel aus. Ihre Ängste vor den Folgen mutigen Handelns stehen in keinem Verhältnis zur Realität, und die Folgen der Furchtsamkeit sind tatsächlich schlimmer. Sie mindert Ihren Wert und führt zu einem Teufelskreis von Zweifel und Katastrophe.

**Gesetz des Tages: Furchtsamkeit ist gefährlich. Besser ist es, Sie treten mutig in Aktion. Fehler, die durch Kühnheit begangen werden, sind leicht durch mehr Kühnheit zu korrigieren.**

*The 48 Laws of Power,* Law 28: Enter Action with Boldness

## 26. APRIL

# *Lassen Sie Ihre Erfolge mühelos aussehen*

Eine Zeile [zu dichten] dauert Stunden vielleicht;
Doch wirkt sie nicht wie ein Geistesblitz,
Hat unser Tun und Trachten gar nichts erreicht.

»ADAMS FLUCH«, WILLIAM BUTLER YEATS

In dem 1528 veröffentlichten *Buch vom Hofmann* beschreibt Baldassare Castiglione die höchst ausgefeilten und streng kodifizierten Benimmregeln des perfekten Höflings. Dabei müsse, erläutert Castiglione, der Betreffende die entsprechenden Gesten mit »*sprezzatura*«, wie er es nennt, ausführen, also mit der Fähigkeit, selbst schwierige Abläufe leicht aussehen zu lassen. Er ermahnt den Höfling, »eine gewisse Lässigkeit an den Tag zu legen, welche die Kunstfertigkeit verbirgt und was immer man sagt oder tut ungekünstelt und mühelos erscheinen lässt«. Wir bewundern alle das Vollbringen eines außergewöhnlichen Kunststücks, aber wenn es ganz natürlich und elegant geschieht, verzehnfacht sich unsere Bewunderung geradezu. »Hingegen beweist es, wenn man sich mit dem, was man tut, abplagt und es geradezu erzwingen will, einen äußersten Mangel an Anmut und lässt alles, so kostbar es auch sein mag, minderwertig wirken.«

Die Vorstellung der *sprezzatura* stammte zum großen Teil aus der Welt der Kunst. Alle großen Künstler der Renaissance hielten ihre Arbeit sorgfältig geheim. Erst das vollendete Kunstwerk durfte in der Öffentlichkeit präsentiert werden. Michelangelo verbot sogar den Päpsten, sein Werk im Entstehen zu betrachten. Ein Maler der Renaissance achtete stets sorgsam darauf, dass seine Ateliers vor Mäzenen ebenso wie vor der Öffentlichkeit verschlossen blieben, nicht aus Angst vor Nachahmern, sondern weil es die magische Wirkung der Gemälde beeinträchtigen würde, sowie deren wohlüberlegte Atmosphäre der Leichtigkeit und natürlichen Schönheit, wenn das Publikum das Entstehen der Werke zu Gesicht bekäme.

**Gesetz des Tages: Ihre Handlungen müssen natürlich und mühelos ausgeführt aussehen. Wenn Sie handeln, tun Sie so, als wären Sie zu noch größeren Leistungen imstande. Widerstehen Sie der Versuchung zu zeigen, wie sehr Sie sich anstrengen – das wirft nur Fragen auf.**

*The 48 Laws of Power*, Law 30:
Make Your Accomplishments Seem Effortless

## 27. APRIL

# *Verschmähen Sie den geschenkten Gaul*

Der Mächtige vergisst niemals, dass alles, was es umsonst gibt, unweigerlich einen Haken hat. Freunde, die einem Gefälligkeiten ohne Bezahlung anbieten, werden später etwas weit Wertvolleres verlangen als das Geld, das Sie ihnen gegeben hätten. Der Handel birgt versteckte Fallgruben, sowohl materielle als auch psychologische. Wenn etwas einen Wert hat, lohnt es sich auch, dafür zu bezahlen. Indem Sie Ihre Schuld begleichen, bleiben Sie von Dankbarkeit, Schuldgefühlen und Täuschung verschont. Oft ist es auch ratsam, den vollen Preis zu bezahlen – gute Arbeit hat eben ihren Preis.

**Gesetz des Tages: Lernen Sie zu zahlen und gut zu zahlen.**

*The 48 Laws of Power*, Law 40: Despise the Free Lunch

## 28. APRIL

# *Ignorieren ist die schönste Rache*

Keine Rache thut es dem Vergessen gleich, durch welches sie [Ihre Gegner] im Staube ihres Nichts begraben werden.

BALTASAR GRACIÁN

Die Versuchung ist groß, die eigenen Fehler wiedergutzumachen, doch manchmal ist es ratsamer, die Sache einfach auf sich beruhen zu lassen. Als die *New York Times* im Jahr 1971 die Pentagon Papers, einen Stapel Regierungsdokumente über die US-amerikanische Einmischung in Indochina, veröffentlichte, ging Henry Kissinger geradezu an die Decke. Er schäumte vor Wut darüber, dass die Nixon-Administration durch so eine undichte Stelle in Gefahr geriet, und arbeitete Empfehlungen aus, die am Ende zur Bildung einer Gruppe namens »Plumbers« (Klempner) führte, um solche Lecks zu beheben. Es war die gleiche Gruppe, die später in die Büroräume der Demokraten im Watergate-Komplex einbrach und damit eine Kette von Ereignissen bis zum Sturz Nixons auslöste.

Eigentlich war die Veröffentlichung der Pentagon Papers gar keine ernste Gefahr für die Regierung, aber durch Kissingers Reaktion wurde eine große Sache daraus. Mit dem Versuch, ein Problem zu lösen, schuf er ein anderes: eine panische Angst um die Sicherheit, die sich letztlich als weit zerstörerischer für die Regierung erwies. Hätte er die Pentagon Papers ignoriert, wäre der Skandal, den sie ausgelöst hätten, irgendwann in Vergessenheit geraten.

Ungewollt die Aufmerksamkeit auf ein Problem zu lenken, indem Sie öffentlich bekannt geben, wie sehr eine Sache Sie beunruhigt, macht das Ganze eher noch schlimmer. Stattdessen ist es häufig viel klüger, die Angelegenheit im Stil eines Aristokraten mit Verachtung zu strafen: sich gar nicht erst herabzulassen, die Existenz eines Problems einzugestehen.

**Gesetz des Tages: Je angestrengter wir versuchen, unsere Fehler zu beheben, desto schlimmer machen wir sie häufig.**

*The 48 Laws of Power*, Law 36: Disdain Things You Cannot Have – Ignoring Them Is the Best Revenge

## 29. APRIL

### *Umgeben Sie sich mit einer Aura der Unberechenbarkeit*

Menschen versuchen stets, die Motive hinter Ihren Handlungen zu erkennen und Ihre Berechenbarkeit gegen Sie zu nutzen. Greifen Sie einfach zu einer völlig unerklärlichen Maßnahme, und schon bringen Sie die anderen in die Defensive. Weil sie Ihr Vorgehen nicht begreifen, sind sie verunsichert, und in dieser Verfassung, können Sie sie ohne Weiteres einschüchtern. Pablo Picasso hat einmal gesagt: »Die beste Berechnung ist gar keine Berechnung. Wenn man erst einmal ein bestimmtes Maß an Anerkennung erlangt hat, gehen andere im Allgemeinen davon aus, dass man das, was man tut, aus einem vernünftigen Grund tut. Also wäre es wirklich närrisch, die eigenen Schritte zu gründlich im Voraus zu planen. Besser ist es, man verhält sich launisch.«

Menschen sind Gewohnheitstiere mit einem unersättlichen Bedürfnis, in den Handlungen anderer vertraute Muster zu erkennen. Wenn Sie berechenbar sind, verleiht das diesen Leuten eine gewisse Kontrolle. Drehen Sie den Spieß um und handeln Sie bewusst unberechenbar. Ein Verhalten, das augenscheinlich inkonsequent oder unsinnig ist, wird sie aus der Ruhe bringen. Ihre Verhaltensmuster tagtäglich zu ändern, wird gewissen Staub um Sie aufwirbeln und Interesse wecken. Die Leute werden über Sie reden, Ihnen womöglich Motive und Erklärungsversuche zuschreiben, die mit der Wahrheit nicht das Geringste zu tun haben, aber Sie ständig in ihren Köpfen präsent sein lässt.

**Gesetz des Tages: Je launischer Sie auftreten, desto mehr Respekt werden Sie am Ende erfahren. Lediglich beschränkte Untergebene handeln absolut berechenbar. Enthüllen Sie strategisch Ihre menschliche Seite.**

*The 48 Laws of Power,* Law 17: Keep Others in Suspended Terror – Cultivate an Air of Unpredictability

## 30. APRIL

# *Wirken Sie niemals allzu vollkommen*

Seine Geschicklichkeit verbergen zu können,
ist ein Zeichen großer Geschicklichkeit.

FRANÇOIS DE LA ROCHEFOUCAULD

Sir Walter Raleigh zählte zu den brillantesten Köpfen am Hof der Königin Elisabeth von England. Er hatte das Talent zum Wissenschaftler, schrieb Gedichte, die noch heute als die schönsten Kompositionen seiner Zeit gewürdigt werden, war ein bewährter Anführer, ein findiger Unternehmer, ein großer Schiffskapitän und obendrein auch ein gutaussehender, charmanter Höfling, der sich zu einem der Lieblinge der Königin hochgearbeitet hatte. Wo immer er hinging, stellten sich ihm jedoch stets Menschen in den Weg. Am Ende fiel er auf furchtbare Weise in Ungnade, kam ins Gefängnis und wurde geköpft.

Raleigh begriff überhaupt nicht, wie es kam, dass die anderen Höflinge ihn so erbittert bekämpften. Er erkannte nicht, dass er sich nicht nur keine Mühe gegeben hatte, seine herausragenden Fähigkeiten und Vorzüge zu verbergen, sondern er hatte sie ihnen allen unter die Nase gerieben, seine Vielseitigkeit zur Schau gestellt und gemeint, sie werde die Menschen beeindrucken und ihm Freundschaften bescheren. In Wirklichkeit machte er sich damit heimliche Feinde, Menschen, die sich ihm unterlegen fühlten und alles in ihrer Macht stehende unternahmen, um ihn in dem Moment zu vernichten, in dem er stolperte oder auch nur den leisesten Fehler beging. Am Ende war der offizielle Grund für die Hinrichtung zwar Hochverrat, doch dem Neid ist jedes Mittel recht, um seine zerstörerische Kraft zu kaschieren.

**Gesetz des Tages: Besser als andere zu wirken, ist immer riskant, am allergefährlichsten ist es jedoch, den Eindruck zu erwecken, überhaupt keine Fehler oder Schwächen zu haben. Neid schafft stillschweigende Feinde. Entschärfen Sie ihn, indem Sie gelegentlich Ihre Tugenden verbergen.**

*The 48 Laws of Power*, Law 46: Never Appear Too Perfect

# Mai

## *Die vorgeblichen Spielverweigerer im Machtspiel*

### TOXISCHE TYPEN UND VERBORGENE MACHT-STRATEGIEN ERKENNEN

Macht ist ein soziales Spiel. Um es zu erlernen und zu meistern, müssen Sie die Fähigkeit entwickeln, andere Menschen zu studieren und zu verstehen. Baltasar Gracián, ein berühmter Denker und Höfling des 17. Jahrhunderts, schrieb: »Die Menschen verschwenden Zeit damit, die Eigenschaften von Tieren oder Pflanzen zu studieren; wie viel wichtiger wäre es doch, die von Menschen zu untersuchen, mit denen wir leben oder sterben müssen!« Um meisterhaft zu spielen, müssen Sie auch ein guter Psychologe sein. Sie müssen Motive erkennen und die Staubwolken durchdringen, mit denen andere ihre Handlungen tarnen. Manche Menschen glauben etwa, sie können sich aus diesem Spiel heraushalten, indem sie Verhaltensweisen an den Tag legen, die nichts mit Macht zu tun haben. Vor solchen Menschen müssen Sie sich in Acht nehmen, denn oft vertreten sie zwar nach außen diese Ansicht, zählen in Wirklichkeit aber zu den fähigsten Teilnehmern am Spiel um die Macht. Ich nenne sie »vorgebliche Spielverweigerer«. Sie verwenden Strategien, mit denen sie schlau die wahre Natur ihrer Manipulationen maskieren. Der Monat Mai wird Sie lehren, vorgebliche Spielverweigerer und andere toxische Typen zu erkennen, um die Sie lieber einen Bogen machen.

Ich habe einmal nachgezählt und kam auf 60 verschiedene Jobs, die ich hatte, bis ich *Die 48 Gesetze der Macht* schrieb.

Ich habe vieles ausprobiert und bin im Lauf der Zeit den unterschiedlichsten Typen machthungriger Menschen begegnet – vermutlich jeder Art von Manipulator, die da draußen existiert. Ich habe ihre Manöver beobachtet und erkannt, wie sie denken.

Dann begann ich in Hollywood als Assistent für verschiedene Filmregisseure zu arbeiten. Dort wurde ich Zeuge, wie Schauspieler und Produzenten mit einigen besonders krassen, machiavellistischen Taktiken behandelt wurden. Und ich dachte, »Wow, das erinnert mich an Cesare Borgia in der Renaissance. Das erinnert mich daran, was Napoleon getan hat. Das erinnert mich an dieses Zitat von Gracián.«

So gewann ich diesen reichen Erfahrungsschatz. Ich wusste damals noch nicht, wozu er gut sein würde.

Als ich 36 war – ich hatte inzwischen einen Job in Italien angenommen –, fragte mich mein Kollege Joost Elffers, Book-Packager und Designer, aus dem Nichts heraus, ob ich eine Idee für ein Buch hätte. Ich fand das Ganze interessant und machte mehrere Entwürfe. Einer davon sollte zu *Die 48 Gesetze der Macht* werden.

Ich erzählte Joost, dass sich nach meiner Erfahrung Macht nicht verändert habe. Wir leben in einer politisch sehr korrekten Welt, in der Filmregisseure und Produzenten sich als die nettesten, liberalsten und progressivsten Menschen der Welt geben. Doch hinter verschlossenen Türen verwandeln sie sich in tobende Manipulatoren, die alles dafür tun, um zu bekommen, was sie wollen.

Macht ist zeitlos. Heute werden Menschen nicht mehr für ihre Fehler enthauptet, aber stattdessen kurzerhand entlassen. Gesetz 1 in *Die 48 Gesetze der Macht* lautet: »Stelle nie den Meister in den Schatten.« Vor langer Zeit stellte Nicolas Fouquet Louis XIV. in den Schatten und landete für den Rest seines Lebens im Gefängnis. Heute wird man ohne ersichtlichen Grund gefeuert. Es hat sich nur die Art der Bestrafung geändert. Das Spiel ist dasselbe geblieben.

Es gibt auf dieser Welt drei Typen von Menschen, die in diesem Spiel mitmischen. Da sind die, wie ich sie nenne, Leugner, Menschen, die die Realität verleugnen. In ihren Augen ist es so, als stamme der Mensch von Engeln ab, nicht von Primaten. Ihrer Meinung nach ist das, worüber ich spreche, schlichtweg zynisch. Sie behaupten, diese Gesetze existieren nicht wirklich. Es könne schon sein, dass diese krassen Taktiken angewendet werden, aber nur von den widerwärtigsten, unmoralischsten Menschen, die es gibt.

Unter diesen Leugnern finden sich zwei verschiedene Untertypen. Es gibt solche, denen es zutiefst zuwider ist, politisches Taktieren als Aspekt der menschlichen Natur zu betrachten. Sie vermeiden es, in Bereichen zu arbeiten, wo dies erforderlich ist. Nach und nach werden sie ausgegrenzt, weil sie das Spiel nicht verstehen wollen, fügen sich aber bereitwillig ihrem Schicksal. Sie werden nie einen Posten mit großer Verantwortung übernehmen, der dieses Spiel um Macht beinhaltet, doch das ist okay für sie.

Zum anderen Leugnertyp gehören die sogenannten passiven Aggressoren. Sie würden bewusst nie zugeben, dass sie manipulieren, doch unbewusst spielen sie alle möglichen Spiele. In einigen meiner Bücher beschreibe ich die vielen verschiedenen Ausprägungen dieser gerissenen passiv-aggressiven Krieger.

Neben den Leugnern gibt es einen zweiten Typ, der die machiavellistische Seite unserer menschlichen Natur liebt und voll auslebt. Diese Menschen sind Meister der Manipulation, Trickbetrüger und unverhohlene Aggressoren. Sie haben kein Problem damit, diese Facette des Spiels auszuspielen. In Wirklichkeit lieben sie sie sogar. Normalerweise finden sich in jedem Büro oder jeder Gruppe ein oder zwei Vertreter dieses Typs. Sie können es ziemlich weit bringen, geraten aber irgendwann im Leben ins Taumeln, da sie zu machiavellistisch sind. Sie verstehen nicht, dass dieses Spiel eine zweite Seite hat, die Empathie, Zusammenarbeit sowie die Verführung anderer Menschen zur Kooperation beinhaltet. Weil sie viel zu sehr an ihren Egos hängen, erkennen sie die Grenzen dieses Spiels nicht, gehen zu weit und erfahren letzten Endes einen Machtverlust. Sie stoßen unweigerlich auf eine unüberwindbare Grenze.

Den dritten Typ bezeichne ich als den radikalen Realisten. Diesen Typ beschreibe ich in meinen Büchern folgendermaßen. Der Wunsch nach Macht ist Teil unserer menschlichen Natur. Er ist seit Millionen von Jahren Teil unserer evolutionären Entwicklung. Es ist zwecklos, unsere Natur zu verleugnen. Wir sollten sie nicht leugnen, sondern akzeptieren, dass sie das Produkt unserer Evolution ist.

Es ist nichts falsch an der Tatsache, dass Menschen auf dieser Welt politische Spiele spielen. Es ist nichts falsch daran, dass es Verführer und Trickbetrüger gibt. Dies ist die menschliche Komödie seit Beginn der Geschichtsschreibung. Es ist schlicht die Realität, die Welt, so wie sie ist. Lassen Sie uns nicht dagegen ankämpfen.

Unsere Natur zu akzeptieren, bedeutet nicht, dass wir sie lieben und in die Welt hinaus gehen, um all diese fiesen Spielchen zu spielen. Es geht darum, zu verstehen, dass es sie gibt. Wenn wir gelegentlich nach den Gesetzen des Spiels handeln, egal ob in der Offensive oder der Defensive, ist das in einem gewissen Rahmen in Ordnung. Meist ist es so, dass die Menschen diese Gesetze auf uns anwenden und es von Vorteil ist, zu verstehen, was sie vorhaben, anstatt in einer Traumwelt zu leben, in der alle Menschen Engel sind.

Wenn wir die Gesetze der Macht verstehen und begreifen, was andere Menschen im Schilde führen, können sie uns nicht so leicht schaden. Wir lernen, schon im Vorfeld toxische Narzissten, Aggressoren und passive Aggressoren zu erkennen, bevor wir emotional zu tief in ihre Dramen verstrickt sind. Mit dieser Einstellung und diesem Wissen sind wir gewappnet, um im Spiel des Lebens in den Kampf zu ziehen. Anstatt uns von den Manipulatoren blenden zu lassen, haben wir die Ruhe, Macht und Freiheit, die mit dem Wissen um die Gesetze einhergeht.

## 1. MAI

## *Jeder spielt mit*

Höfe sind ohne Frage Orte des Anstands und der guten Erziehung; wäre das anders, wären sie Orte des Gemetzels und der Verzweiflung. Jene, die sich jetzt anlächeln und umarmen, würden sich gegenseitig beleidigen und niederstechen, wenn ihre Manieren dem nicht entgegenstünden.

LORD CHESTERFIELD

Die vorgeblichen Spielverweigerer können Sie daran erkennen, wie sie mit ihren moralischen Qualitäten angeben, mit ihrer Pietät, mit ihrem exzellenten Gerechtigkeitssinn. Da es uns jedoch alle nach Macht dürstet und unser ganzes Verhalten darauf ausgerichtet ist, sie zu erlangen, streuen die Spielverweigerer uns bloß Sand in die Augen und lenken uns mit der Aura moralischer Überlegenheit von ihren eigenen Machtspielen ab. Wenn Sie sie genau beobachten, werden Sie bemerken, dass sie in Wirklichkeit oft Meister der indirekten Manipulation sind, selbst wenn sie diese unbewusst anwenden. Und sie nehmen es ausgesprochen übel, wenn man die von ihnen angewandten Taktiken öffentlich macht.

**Gesetz des Tages: Die Welt ist ein riesiger, intriganter Hof, und wir alle sitzen in der Falle. Keiner kann sich aus diesem Spiel heraushalten, jeder spielt mit.**

*The 48 Laws of Power*: Preface

## 2. MAI

### *Legen Sie sich mit den toxischen Typen an*

Aggressive, missgünstige und manipulative Menschen stellen sich üblicherweise nicht als solche vor. Sie haben gelernt, einen guten ersten Eindruck zu hinterlassen, uns zu schmeicheln und andere Tricks anzuwenden, um uns für sich zu gewinnen. Wenn sie uns dann mit ihrem gemeinen Verhalten überraschen, fühlen wir uns hintergangen, wütend und hilflos. Sie erzeugen ständig Druck und wissen, dass uns ihre Anwesenheit geistig beschäftigt, wodurch es uns doppelt schwerfällt, logisch oder strategisch zu denken. Die beste Verteidigung gegen diese Typen ist es, sie schon im Vorfeld zu erkennen. Entweder können Sie daraufhin einen großen Bogen um sie machen oder ihre Manipulationen rechtzeitig durchschauen, sodass Sie nicht überrascht werden und besser in der Lage sind, Ihr emotionales Gleichgewicht zu wahren. Sie müssen lernen, sie richtig einzuschätzen und die eklatanten Schwächen und Unsicherheiten hinter ihrem vordergründigen Tun zu erkennen. Fallen Sie nicht mehr auf ihr lautes, aggressives Auftreten herein und neutralisieren Sie so den Einschüchterungseffekt, von dem diese Typen abhängig sind. Nehmen Sie ihre Lügengeschichten und Ausreden für ihr egoistisches Verhalten nicht mehr ernst. Ihre Gelassenheit wird sie rasend machen und oft dazu führen, dass sie die Fassung verlieren oder Fehler machen.

**Gesetz des Tages: Sehen Sie Begegnungen mit toxischen Menschen als Chance, Ihre Selbstbeherrschung zu perfektionieren. Wenn Sie es schaffen, auch nur einen von ihnen zu durchschauen, wird das Ihr Selbstbewusstsein stärken, weil Sie wissen, dass Sie selbst dem Schlimmsten beikommen können, das die menschliche Natur zu bieten hat.**

*Die Gesetze der menschlichen Natur*, Einleitung

## 3. MAI

### *Beurteilen Sie Ihr Gegenüber nach seinem Verhalten, nicht nach seinen Worten*

Charakter ist Schicksal.

HERAKLIT

Gewöhnen Sie sich an, den Worten anderer weniger Aufmerksamkeit zu schenken und sich stattdessen mehr auf ihr Handeln zu konzentrieren. Je öfter Sie von dieser eher intuitiven Art, Menschen zu studieren, Gebrauch machen, umso mehr verfeinern Sie sie. Darüber hinaus sollten Sie auch andere, bewusstere Arten der Beobachtung anwenden. Schenken Sie beispielweise den Handlungen und Entscheidungen anderer Menschen besonders viel Beachtung, um die dahinterliegenden Motive, bei denen es oft um Macht geht, zu entschlüsseln. Menschen reden viel über ihre Motive und Absichten, da sie es gewohnt sind, alles in schöne Worte zu verpacken. Ihre Handlungen sagen jedoch meistens sehr viel mehr über ihren wahren Charakter und ihre unterschwelligen Motive aus. Gibt sich jemand harmlos, verhält sich dann aber bei verschiedenen Gelegenheiten eher aggressiv, sollten Sie dieser Aggressivität mehr Bedeutung beimessen als dem vorgeschobenen Auftreten der betreffenden Person. Achten Sie ganz besonders darauf, wie jemand in Stresssituationen reagiert: Geht es wirklich zur Sache, dann fällt die zur Schau gestellte Maske oft sehr schnell.

Seien Sie auf Ihrer Suche nach aussagekräftigen Hinweisen besonders sensibel gegenüber auffälligen Verhaltensformen: ein angsteinflößender Gesichtsausdruck, übertriebene Freundlichkeit oder wenn jemand ständig Witze reißt. Sie werden merken, dass solche markanten Verhaltensweisen oft als Masken dienen, um das genaue Gegenteil zu verdecken. Die anderen sollen von der Wahrheit abgelenkt werden. Viele Menschen geben sich bedrohlich, weil sie im Grunde genommen unsicher sind, andere tun überfreundlich, sind aber in Wirklichkeit aggressiv und ehrgeizig, und wieder andere spielen unablässig den Spaßvogel, verbergen damit aber nur ihre Boshaftigkeit. Sie sollten jedem verräterischen Zeichen Beachtung schenken – sollte es auch noch so klein sein.

**Gesetz des Tages: Machen Sie sich nach und nach ein Bild von einem Menschen und geben Sie nicht der natürlichen Versuchung nach, sofort ein Urteil zu fällen. Im Laufe der Zeit werden Sie das Wesen einer Person immer besser verstehen. Es wird sich immer klarer abzeichnen, wer diese Person wirklich ist.**

*Mastery*, IV: See People as They Are – Social Intelligence

## 4. MAI

# *Vordergründige Naivität*

Nicht der ist dumm, der Dummheit affektirt.

BALTASAR GRACIÁN

Vorgebliche Spielverweigerer können sich mit der Aura der Naivität umgeben, um sich vor dem Vorwurf zu schützen, sie wollten Macht erlangen. Seien Sie wachsam, denn der Anschein von Naivität kann eine sehr wirkungsvolle Täuschungstaktik sein. Selbst echte Naivität ist nicht frei von den Fallstricken der Macht. Kinder sind in vielerlei Hinsicht naiv, aber sie handeln oft aus dem elementaren Bedürfnis heraus, über die Menschen um sie herum Kontrolle zu erlangen. Kinder leiden sehr darunter, sich in der Welt der Erwachsenen machtlos zu fühlen. Deshalb nutzen sie alle ihnen zur Verfügung stehenden Mittel, um das zu ändern. Wirklich unschuldige Menschen können dennoch um Macht kämpfen. Oft beherrschen sie dieses Spiel oft erschreckend gut, weil sie dabei von keinerlei Bedenken abgehalten werden.

**Gesetz des Tages: Die Menschen, die ihre Unschuld zur Schau stellen, sind die am wenigsten Unschuldigen von allen.**

*The 48 Laws of Power*: Preface

## 5. MAI

### *Seien Sie vorsichtig, wen Sie angreifen*

Im 5. Jahrhundert v. Chr. musste Ch'ung-erh, der Fürst von Ch'in (im heutigen China), ins Exil gehen. Dort führte er ein bescheidenes, manchmal armes Leben und wartete auf die Zeit, da er heimkehren und sein Leben als Fürst wiederaufnehmen können würde. Einmal reiste er durch den Staat Cheng, dessen Herrscher ihn ziemlich grob behandelte, weil er nicht wusste, mit wem er es zu tun hatte. Jahre später, als sich die Umstände grundlegend geändert hatten, konnte der Fürst endlich nach Hause zurückkehren. Er hatte nicht vergessen, wer in den Jahren, die er in Armut verbracht hatte, freundlich zu ihm gewesen war und wer überheblich. Am allerwenigsten hatte er vergessen, wie ihn der Herrscher von Cheng behandelt hatte. Bei der erstbesten Gelegenheit stellte er ein großes Heer auf und marschierte in Cheng ein, eroberte acht Städte, zerschlug das Reich und schickte den Herrscher selbst ins Exil.

Gehen Sie niemals davon aus, dass die Person, mit der Sie es zu tun haben, schwächer oder weniger wichtig ist als Sie. Ein Mensch, der heute bedeutungs- und mittellos ist, kann morgen an der Macht sein. Wir vergessen viel in unserem Leben, doch kaum je eine Beleidigung.

**Gesetz des Tages: Unterdrücken Sie stets den Impuls, jemanden zu kränken, auch wenn der andere schwach wirkt. Das bisschen Befriedigung lohnt nicht die Gefahr, dass er eines Tages in die Position gelangt, Sie zu verletzen.**

*The 48 Laws of Power*, Law 19: Know Who You're Dealing with – Do Not Offend the Wrong Person

## 6. MAI

### *Durchschauen Sie die Fassade*

Die Scheinfront ist eine der ältesten Kriegslisten: Man machte den Feind glauben, schwächer zu sein, als man tatsächlich war. Ein Heerführer täuschte beispielsweise einen Rückzug vor, stellte aber in Wirklichkeit eine Falle, indem er den Feind in einen Hinterhalt lockte. Das war eine der bevorzugten Taktiken des chinesischen Militärstrategen Sunzi. Der Anschein von Schwäche bringt häufig die aggressive Seite eines Menschen hervor, was ihn Strategie und Vorsicht vergessen lässt, um stattdessen einen emotionalen, gewaltsamen Angriff zu starten. Als sich Napoleons Heer vor der Schlacht von Austerlitz in der Unterzahl und einer strategisch schwächeren Position befand, zeigte sich der General absichtlich panisch und unentschlossen. Die feindlichen Truppen gaben daraufhin ihre starke Position auf, griffen ihn an und rannten in eine Falle. Es war Napoleons größter Sieg. Schon im alten China galt die Regel, dass vorgebliche Spielverweigerer der Welt das Gegenteil von dem vorspiegeln, was sie in Wahrheit vorhaben.

**Gesetz des Tages: Verwechseln Sie niemals den äußeren Anschein mit der Realität.**

*The* 33 *Strategies of War*, Strategy 23: Weave a Seamless Blend of Fact and Fiction – Misperception Strategies

## 7. MAI

# *Die Strategie subtiler Überlegenheit*

Ein Freund, Kollege oder Angestellter kommt dauernd zu spät, hat aber stets eine praktische Ausrede parat, die logisch klingt und von einer Entschuldigung begleitet wird, die aufrichtig wirkt. Oder Personen vergessen Besprechungen, wichtige Termine und Abgabefristen, wofür sie auch immer hieb- und stichfeste Ausreden auf Lager haben. Wenn dieses Verhalten sich oft genug wiederholt, wird Ihre Gereiztheit zunehmen, aber wenn Sie versuchen, sie zur Rede zu stellen, werden sie den Spieß wahrscheinlich umdrehen und Sie als unsympathischen Spießer hinstellen. Es sei nicht ihre Schuld, behaupten sie – sie hätten einfach den Kopf voll, sie würden unter Druck gesetzt, sie seien temperamentvolle Künstler, die sich nicht mit zu vielen verwirrenden Details beschäftigen könnten, sie seien überfordert. Sie machen Ihnen vielleicht sogar den Vorwurf, zu ihrem Stress beizutragen.

Sie müssen verstehen, dass die Wurzel von alldem das Bedürfnis dieser Aggressoren ist, Ihnen und sich selbst ihre eigene Überlegenheit vor Augen zu führen. Wenn sie Ihnen direkt ins Gesicht sagen würden, dass sie sich Ihnen überlegen fühlen, würde das Hohn und Spott hervorrufen. Deshalb wollen sie es Ihnen auf subtile Weise vermitteln, während sie gleichzeitig in der Lage wären, zu es leugnen. Sie in die unterlegene Position zu bringen, ist eine Form der Kontrolle, da die Aggressoren so die Beziehung definieren. Achten Sie daher mehr auf die Muster als auf die Entschuldigungen. Es tut ihnen nämlich nicht aufrichtig leid.

**Gesetz des Tages: Wenn dies ein chronisches Problem ist, dürfen Sie nicht wütend werden oder offen Gereiztheit zeigen, denn passive Aggressoren ziehen Befriedigung daraus, wenn Sie sich provozieren lassen. Stattdessen sollten Sie ruhig bleiben und ihr Verhalten subtil spiegeln. Richten Sie Ihre Aufmerksamkeit auf ihr Handeln und machen Sie ihnen nach Möglichkeit ein schlechtes Gewissen.**

*Die Gesetze der menschlichen Natur*, Gesetz 16: Erkennen Sie die Feindseligkeit hinter der freundlichen Fassade – Das Gesetz der Aggression

## 8. MAI

### *Schauen Sie in die Vergangenheit der anderen*

Die deutlichsten Hinweise auf den Charakter einer Person gewinnen Sie beim Blick auf deren Handlungen in der Vergangenheit. Jemand kann noch so sehr behaupten, dass er seine Lektion gelernt und sich im Laufe der Jahre verändert hat – Sie werden feststellen, dass er Handlungen und Entscheidungen im Laufe seines Lebens kontinuierlich wiederholt. Diese Entscheidungen offenbaren den wahren Charakter einer Person. Achten Sie auf alle auffälligen Verhaltensweisen: Zieht sich eine Person zurück, wenn der Stress zu groß wird? Gibt es wichtige Arbeitsprojekte, die nicht abgeschlossen wurden? Wird die Person aggressiv, wenn sie unter Druck steht oder – umgekehrt – zeigt sie sich der Situation gewachsen, wenn man ihr Verantwortung überträgt? Behalten Sie diese Fragen im Kopf, wenn Sie einen Blick in die Vergangenheit der Person werfen. Erkennen Sie rückblickend Verhaltensmuster. Achten Sie auch genau auf das, was die Person in der Gegenwart tut. Sehen Sie ihre Handlungen nicht als isolierte Einzelfälle, sondern als Teile eines zwanghaften Musters. Wenn Sie das Muster ignorieren, ist es Ihre eigene Schuld.

**Gesetz des Tages: Wenn Sie sich die Personen aussuchen, mit denen Sie arbeiten und verkehren, dürfen Sie sich nicht von ihrem Ruf einnehmen oder von dem oberflächlichen Bild blenden lassen, das sie zu projizieren versuchen. Üben Sie sich vielmehr darin, tief in sie hineinzuschauen und ihren Charakter zu erkennen.**

*Die Gesetze der menschlichen Natur*, Gesetz 4: Bestimmen Sie die Charakterstärke der Menschen – Das Gesetz des Zwangsverhaltens

## 9. MAI

# *Erkennen Sie, was hinter dem Gefühlsausbruch steckt*

Hat eine Person einen Wutausbruch vor Ihnen (der gemessen an Ihrem Verhalten unangemessen erscheint), sollten Sie sich ins Gedächtnis rufen, dass er sich nicht gegen Sie als Person richtet – seien Sie nicht so eitel. Die Gründe für den Gefühlsausbruch sind vielschichtiger und haben eine lange Vorgeschichte. Es sind ihm Tausende Verletzungen vorausgegangen und es ist die Mühe nicht wert, seine Hintergründe zu verstehen. Anstatt ihn persönlich zu nehmen, sollten Sie den Ausbruch als getarnten Schachzug im Machtspiel deuten: Zur Schau gestellte Wut und verletzte Gefühle sind ein Versuch, Sie zu kontrollieren oder zu bestrafen. Dieser Perspektivwechsel verschafft Ihnen mehr Klarheit und Energie im Spiel um Macht.

**Gesetz des Tages: Nutzen Sie den Kontrollverlust Ihres Gegenübers zu Ihrem Vorteil. Anstatt zu überreagieren oder sich in seine Gefühle verstricken zu lassen, behalten Sie einen kühlen Kopf, während Ihr Gegenüber seinen verliert.**

*The 48 Laws of Power*, Law 3: Conceal Your Intentions

## 10. MAI

# *Gehen Sie nicht dick aufgetragener Überzeugungsarbeit auf den Leim*

Menschen sind von Natur aus leichtgläubig. Wir wollen an bestimmte Dinge glauben, beispielsweise daran, dass uns etwas geschenkt wird, wir durch einen kleinen Trick unsere Gesundheit oder Jugend wiedererlangen, ja vielleicht sogar den Tod überlisten können oder dass die meisten Menschen in ihrem tiefsten Inneren gut und vertrauenswürdig sind. Täuscher und Manipulatoren nutzen diese Überzeugungen schamlos aus. Für die Zukunft unserer Spezies wäre es sehr vorteilhaft, wenn wir nicht so leichtgläubig wären. Doch die menschliche Natur lässt sich nun einmal nicht ändern. Was wir tun können, ist, eindeutige Hinweise auf einen Täuschungsversuch erkennen zu lernen und skeptisch zu bleiben, während wir die Indizien prüfen.

Das eindeutigste und häufigste Zeichen zeigt sich darin, dass der Blender eine besonders lebhafte Fassade hat. Wenn er viel lächelt, extrem freundlich erscheint und vielleicht sogar unterhaltsam ist, lassen wir uns leicht in seinen Bann ziehen und geben unseren Widerstand gegen seinen Einfluss auf. In ähnlicher Weise gilt: Wenn jemand versucht, etwas zu verschleiern, wird er sich besonders energisch, rechtschaffen und gesprächig zeigen. Er nutzt den Überzeugungsfehler (*conviction bias*): Wenn man etwas leugnet oder mit voller Überzeugung behauptet und sich dabei als Opfer inszeniert, fällt es anderen schwer, dies anzuzweifeln. Wir neigen dazu, vehement vorgetragene Äußerungen für wahr zu halten.

**Gesetz des Tages: Wenn jemand übertrieben energisch versucht, seine Ideen zu vertreten oder sich zu verteidigen, sollten Sie argwöhnisch werden und Ihre Antennen ausfahren.**

*Die Gesetze der menschlichen Natur*, Gesetz 3: Durchschauen Sie die Masken der Menschen – Das Gesetz des Rollenspiels

## 11. MAI

### *Erkennen Sie das Muster*

Das Problem für alle, die mit dem Unternehmer, Regisseur und Filmproduzenten Howard Hughes zusammenarbeiteten, war, dass er ein öffentliches Bild von sich konstruiert hatte, das seine krassen charakterlichen Schwächen verdeckte. Dem irrationalen Kontrollfreak gelang es, sich als unbeugsamen Individualisten und uramerikanischen Haudegen zu inszenieren. Am schädlichsten war seine Fähigkeit, sich als erfolgreicher Geschäftsmann darzustellen, der ein milliardenschweres Imperium leitete. In Wirklichkeit hatte er von seinem Vater ein sehr profitables Werkzeugunternehmen geerbt. Im Laufe der Jahre waren die einzigen Bereiche seines Imperiums, die nennenswerte Profite einbrachten, das Werkzeugunternehmen und die Verteidigungs- und Luftfahrtfirma Hughes Aircraft, ein Tochterunternehmen von Hughes Tools Company. Die vielen anderen Unternehmen, denen er vorstand – seine spätere Flugzeugabteilung, seine Filmproduktionen, seine Hotels und Immobilien in Las Vegas –, verloren Unsummen, die glücklicherweise durch die beiden anderen Firmen gedeckt werden konnten. Hughes war in Wahrheit ein miserabler Geschäftsmann. Das Muster des wiederholten Scheiterns war für jeden offensichtlich.

Aber das ist der blinde Fleck in der menschlichen Natur: Wir sind schlecht darin, den Charakter der Menschen zu beurteilen, mit denen wir es zu tun haben. Ihr öffentlicher Eindruck, der Ruf, der ihnen vorauseilt, ziehen uns allzu leicht in ihren Bann. Wir lassen uns von Äußerlichkeiten blenden. Wenn Menschen sich, so wie Hughes, mit einem faszinierenden Mythos umgeben, wollen wir daran glauben. Statt den Charakter einer Person einzuschätzen – etwa ihre Fähigkeit, mit anderen zu kooperieren, ihren Worten Taten folgen zu lassen, sich Widrigkeiten zu stellen –, ziehen wir es vor, mit Menschen zu arbeiten oder Leute einzustellen, die einen beeindruckenden Lebenslauf vorweisen sowie intelligent und charmant wirken. Doch selbst etwas so Positives wie Intelligenz ist wertlos, wenn die Person einen schwachen oder zweifelhaften Charakter hat. Aufgrund dieses blinden Flecks leiden wir unter zaghaften Führungskräften, pedantischen Chefs oder intriganten Kompagnons. Das ist die Wurzel endloser Tragödien in der Menschheitsgeschichte – und ein Muster im Verhalten unserer Spezies.

**Gesetz des Tages: Ignorieren Sie die Fassade, die Menschen um sich aufbauen, und den Mythos, der sie umgibt. Achten Sie ganz genau auf Zeichen, die auf ihren wahren Charakter schließen lassen. Dieser lässt sich unter anderem an ihren Verhaltensmustern in der Vergangenheit ablesen, an der Qualität ihrer Entscheidungen, an ihrer Art, Probleme zu lösen, Befugnisse zu delegieren und mit anderen zusammenzuarbeiten.**

*Die Gesetze der menschlichen Natur*, Gesetz 4: Bestimmen Sie die Charakterstärke der Menschen – Das Gesetz des Zwangsverhaltens

## 12. MAI

# *Hüten Sie sich vor der noblen Geste*

Diese Welt ist nicht heil, sie steckt voller Widersprüche. Die Menschen reden von Moralprinzipien und handeln nach Machtprinzipien. Es ist eine Welt, in der wir uns immer auf der Seite der Moral befinden, nicht jedoch unsere Feinde.

DIE STUNDE DER RADIKALEN, SAUL D. ALINSKY

Eine der effektivsten Vernebelungstaktiken ist die noble Geste. Sie wird besonders gerne vom vorgeblichen Spielverweigerer eingesetzt. Der Kunsthändler Joseph Duveen stand einst vor einem entsetzlichen Problem. Die Millionäre, die so viel Geld für seine Gemälde bezahlt hatten, hatten keinen Platz mehr an ihren Wänden, und da die Erbschaftssteuer immer stärker anstieg, schien es unwahrscheinlich, dass sie noch weiter kaufen würden. Die Lösung war die National Gallery of Art in Washington, D. C., die Duveen 1937 ins Leben rief, indem er Andrew Mellon überredete, seine Kunstsammlung dafür zu stiften. Die National Gallery war die perfekte Fassade für Duveen: Mit einer großen Geste sparten seine Kunden Steuern, bekamen an den Wänden Platz für Neuerwerbungen und reduzierten die Zahl der auf dem Markt angebotenen Gemälde, sodass der Aufwärtstrend bei den Preisen stabil blieb. Zudem konnten sich die Spender noch den Anschein öffentlicher Wohltäter geben.

**Gesetz des Tages: Die Menschen wollen glauben, dass noble Gesten echt sind, weil ihnen das ein gutes Gefühl gibt. Wie trügerisch solche Gesten sein können, merken sie nur selten.**

*The 48 Laws of Power*, Law 3: Conceal Your Intentions

## 13. MAI

# *Erkennen Sie Narzissten, bevor Sie auf sie hereinfallen*

Sie können stark narzisstisch veranlagte Menschen an den folgenden Verhaltensmustern erkennen: Wenn sie beleidigt oder provoziert werden, haben sie keine Verteidigung parat und können nicht aus sich selbst schöpfen, um sich zu beruhigen oder sich ihres Selbstwerts zu vergewissern. Sie reagieren normalerweise mit großer Wut, sinnen nach Rache und fühlen sich ungerecht behandelt. Das ist der einzige Weg, den sie kennen, um dem nagenden Gefühl der Unsicherheit zu begegnen. In solchen Schlachten werden sie sich als verletztes Opfer inszenieren, andere verwirren und sogar Mitleid erregen. Sie sind reizbar und überempfindlich. Sie nehmen fast alles persönlich. Sie können ziemlich paranoid werden und überall Feinde wittern. Sie wirken ungeduldig oder gelangweilt, wenn man sich mit ihnen über etwas unterhält, das sie nicht direkt betrifft. Sie lenken das Gespräch mit einer Geschichte oder Anekdote umgehend wieder auf sich selbst, um von der dahinterstehenden Unsicherheit abzulenken. Sie können von Neid zerfressen sein, wenn sie sehen, wie eine andere Person die Aufmerksamkeit erhält, die ihrer Meinung nach eigentlich ihnen zusteht. Sie stellen oft ein extremes Selbstbewusstsein zur Schau, das einerseits Aufmerksamkeit auf sich zieht und andererseits ihre große innere Leere und ihr fragmentiertes Selbstverständnis kaschiert.

Sollte dieses Selbstbewusstsein aber jemals auf die Probe gestellt werden, haben diese Narzissten nicht viel vorzuweisen.

Zu anderen Menschen in ihrem Leben haben Narzissten eine ungewöhnliche Beziehung, die nur schwer nachvollziehbar ist. Sie neigen dazu, andere als Erweiterungen ihrer selbst zu sehen – ein Phänomen, das in der Psychologie unter dem Konzept des *Selbstobjekts* bekannt ist. Andere Menschen dienen in erster Linie dazu, ihnen Aufmerksamkeit zu schenken und sie zu validieren. Sie wollen sie kontrollieren, wie sie ihre eigenen Arme oder Beine kontrollieren. In einer Beziehung werden sie ihren Partner langsam dazu bringen, den Kontakt zu seinen Freunden abzubrechen. Denn ein Narzisst muss im Mittelpunkt stehen und darf keine Konkurrenz haben.

**Gesetz des Tages: Letzten Endes muss sich immer alles um die Narzissten drehen. Sobald wir jemanden als Narzissten identifiziert haben, ist es daher am besten, ihm aus dem Weg zu gehen, um nicht in seine endlosen Dramen verwickelt zu werden. Am besten gelingt Ihnen das, wenn Sie die Warnsignale erkennen.**

*Die Gesetze der menschlichen Natur*, Gesetz 2: Verwandeln Sie Selbstliebe in Empathie – Das Gesetz des Narzissmus

## 14. MAI

# *Der grandiose Anführer*

Der Trick der grandiosen Anführer ist es, den Fokus auf ihren kulturellen Geschmack zu richten, nicht auf die tatsächliche Schicht, aus der sie kommen. Sie fliegen vielleicht erste Klasse und tragen die teuersten Anzüge, aber sie wirken dem entgegen, indem sie den Eindruck erwecken, als hätten sie dieselben kulinarischen Vorlieben wie die breite Masse und als würden sie genauso ins Kino gehen wie alle anderen. Sie wollen den Snobismus der kulturellen Elite um jeden Preis vermeiden. Sie geben sich womöglich die größte Mühe, die Eliten zu verspotten, obwohl sie vermutlich von elitären Experten abhängen, die sie beraten. Sie geben sich wie das einfache Volk – nur eben mit sehr viel mehr Geld und Macht. Die Öffentlichkeit kann sich jetzt trotz der offensichtlichen Gegensätze mit ihnen identifizieren. Doch diese Form der Grandiosität geht weit darüber hinaus, mehr Aufmerksamkeit zu erlangen. Diese Anführer bekommen durch diese Identifikation mit den Massen ein deutlich größeres Format. Sie sind nicht einfach nur ein Mann oder eine Frau, sondern sie verkörpern eine gesamte Nation oder Interessengruppe. Dieser Person zu folgen heißt, mit der Gruppe an sich loyal zu sein. Wenn man es wagt, sie zu kritisieren, stellt man den Anführer bloß und verrät das Ziel. Selbst in der prosaischen Geschäftswelt finden wir eine solche beinahe religiöse Identifikation.

Wenn Sie solche Widersprüchlichkeiten und primitiven Formen der populären Assoziation entdecken, sollten Sie Abstand nehmen und analysieren, was da gerade geschieht. Sie werden den pseudo-mystischen, äußerst irrationalen und sehr gefährlichen Trick entlarven, mit dem sich der grandiose Anführer nun das Recht nimmt, im Namen des Gemeinwohls zu tun und zu lassen, was er will.

**Gesetz des Tages: Eine simple Tatsache über den grandiosen Anführer ist, dass er von der Aufmerksamkeit anderer abhängt. Füttern Sie nicht sein Ego, indem Sie ihm geben, wonach er verlangt.**

*Die Gesetze der menschlichen Natur*, Gesetz 11:
Loten Sie Ihre Grenzen aus – Das Gesetz der Grandiosität

## 15. MAI

### *Das machiavellistische Geschenk*

Das Wesen des Betrugs ist die Ablenkung. Wenn Sie die Menschen ablenken, die Sie betrügen wollen, gewinnen Sie Raum und Zeit für Aktionen, die jene nicht bemerken. Eine großzügige, freundliche oder ehrliche Geste ist häufig die stärkste Form der Ablenkung, weil sie den Menschen ihr Misstrauen nimmt. Sie macht sie gewissermaßen zu Kindern, die gierig jede Zuwendung annehmen. Im alten China nannte man das »geben, bevor man nimmt« – die Gabe macht es dem anderen schwer, das Nehmen zu erkennen. Spielverweigerer wissen, dass sie ein Kniff mit großem praktischen Nutzen ist. Am besten eignet sich vielleicht Großzügigkeit, denn wenige Menschen können einem Geschenk widerstehen, selbst wenn es von ihrem schlimmsten Feind kommt. Deshalb ist es oft der perfekte Weg, andere zu entwaffnen. Ein Geschenk lockt das Kind in uns hervor, das sofort seine Schutzschilde fallen lässt. Geschenke stehen im Zentrum all der komplizierten Gefühle, die Kinder gegenüber ihren Eltern hegen – etwas geschenkt zu bekommen, interpretieren wir als Zeichen der Liebe und Zuwendung. Dieses emotionale Element verschwindet niemals. Wer ein wertvolles Geschenk bekommt, ist plötzlich wieder verwundbar wie ein Kind, vor allem, wenn der Schenkende eine Autoritätsperson ist. Der Beschenkte muss sich einfach öffnen, sein innerer Widerstand wird kleiner. Seien Sie besonders vorsichtig, wenn das Geschenk aus heiterem Himmel kommt und etwas Außergewöhnliches ist – ein Geschenk, das Ihnen noch nie zuvor gemacht wurde. Dann will der Schenkende höchstwahrscheinlich den Boden lockern, um seine Saat zu säen.

**Gesetz des Tages: Obwohl wir die Handlungen anderer oft in einem sehr zynischen Licht betrachten, erkennen wir selten das machiavellistische Element bei einem Geschenk, hinter dem sich oft tieferliegende Motive verbergen.**

*The 48 Laws of Power*, Law 12: Use Selective Honesty and Generosity to Disarm Your Victim

## 16. MAI

### *Der vorgebliche Traditionalist*

Wer einem Staat eine neue Verfassung geben will und dabei möchte, dass sie gut aufgenommen und zur Zufriedenheit eines jeden erhalten wird, muss wenigstens den Schein der alten Formen beibehalten, damit das Volk glaubt, es hätte sich nichts geändert, auch wenn die neuen Einrichtungen mit den früheren nicht das Geringste gemein haben.

NICCOLÒ MACHIAVELLI

Das Florenz der Renaissance war seit Jahrhunderten eine Republik, und wer über seine Traditionen spottete, machte sich sofort verdächtig. Deshalb stellte sich Cosimo von Medici als glühender Verehrer der Republik dar, während er in Wirklichkeit daran arbeitete, die Stadt der Kontrolle durch seine reiche Familie zu unterwerfen. Der Form nach wahrten die Medici den Anschein einer Republik, tatsächlich war sie jedoch machtlos. Im Stillen vollzogen die Medici einen radikalen Wandel, während sie selbst als Wahrer der Tradition auftraten.

**Gesetz des Tages: Lassen Sie sich nicht von überzeugten Traditionalisten täuschen. Achten Sie darauf, wie unkonventionell sie in Wirklichkeit sind.**

*The 48 Laws of Power*, Law 45: Preach the Need for Change, but Never Reform Too Much at Once

## 17. MAI

### *Die Entschlüsselung des Schattens*

Im Laufe Ihres Lebens werden Sie auf Menschen stoßen, die positive Merkmale haben, welche sie von anderen absetzen und die eine Quelle ihrer Kraft zu sein scheinen, wie etwa ein ungewöhnliches Selbstbewusstsein, eine außergewöhnliche Freundlichkeit und Umgänglichkeit, ein großartiger moralischer Anstand und die Aura eines Heiligen, Zähigkeit und Männlichkeit, ein beeindruckender Intellekt. Wenn Sie genau hinsehen, werden Sie vielleicht eine leichte Übertreibung dieser Merkmale erkennen, als würden die Leute schauspielern oder ein kleines bisschen zu dick auftragen.

Als jemand, der die Natur seiner Mitmenschen eingehend analysiert, müssen Sie die Realität sehen: Dieses Merkmal basiert normalerweise auf dem entgegengesetzten Merkmal, um von diesem abzulenken und es vor der Öffentlichkeit zu verbergen. Dies geschieht auf zwei Arten: Früh im Leben bemerken manche Menschen eine Weichheit, Verletzlichkeit oder Unsicherheit, die sich als peinlich oder unangenehm erweisen könnte. Sie entwickeln daher unbewusst das entgegengesetzte Merkmal, eine Resilienz oder Zähigkeit, die wie eine Schutzschicht auf der Oberfläche liegt. Das zweite Szenario ist eine Person, die eine Eigenschaft hat, die ihrer Meinung nach antisozial sein könnte, zum Beispiel ein zu großer Ehrgeiz oder ein Hang zur Selbstsucht. Also entwickelt sie die entgegengesetzte Eigenschaft, also etwas sehr Prosoziales. In beiden Fällen verbessern und perfektionieren die Menschen im Laufe der Jahre dieses öffentliche Image. Die unterschwellige Schwäche oder das antisoziale Merkmal ist das zugrundeliegende, zentrale Motiv ihres Schattens – etwas, das verwehrt und unterdrückt wird. Aber wie es die Gesetze der menschlichen Natur vorgeben, gilt: Je tiefer die Repression, umso größer die Flatterhaftigkeit des Schattens.

**Gesetz des Tages: Seien Sie besonders bei Menschen auf der Hut, die solche Merkmale zeigen. Es ist sehr leicht, sich vom Erscheinungsbild und dem ersten Eindruck blenden zu lassen. Achten Sie darauf, ob sich im Laufe der Zeit Anzeichen für das Auftreten des Gegenteils bemerkbar machen.**

*Die Gesetze der menschlichen Natur*, Gesetz 9:
Konfrontieren Sie Ihre dunkle Seite – Das Gesetz der Repression

## 18. MAI

### *Schauen Sie hinter die Maske*

Bedenken Sie, dass Menschen generell versuchen, sich nach außen von ihrer besten Seite zu präsentieren. Das bedeutet, dass sie eventuelle antagonistische Gefühle verbergen, etwa ihr Streben nach Macht oder Überlegenheit, ihre Versuche des Einschmeichelns und ihre Unsicherheit. Sie werden die Sprache benutzen, um ihre Gefühle zu verbergen und Sie von der Realität abzulenken, indem sie die Fixierung auf Wörter ausnutzen, der wir Menschen normalerweise unterliegen. Sie werden auch eine bestimmte Mimik zeigen, die leicht aufzusetzen ist und nach außen freundlich wirkt. Ihre Aufgabe ist es, über diese Ablenkungen hinwegzusehen und sich jene Zeichen bewusst zu machen, die unabsichtlich durchsickern und etwas über die wahre Emotion hinter der Maske aussagen.

**Gesetz des Tages: Trainieren Sie Ihre Fähigkeit, der nach außen präsentierten Seite von Menschen keine Beachtung zu schenken.**

*Die Gesetze der menschlichen Natur*, Gesetz 3: Durchschauen Sie die Masken der Menschen – Das Gesetz des Rollenspiels

## 19. MAI

### *Die Forderung nach Gleichheit*

Eine weitere Strategie derer, die angeblich das Spiel der Macht nicht mitspielen, besteht darin, in allen Lebensbereichen Gleichheit zu fordern. Alle müssen unabhängig von ihrem Status und ihrer Stärke gleich behandelt werden. Doch wenn man – jeden Anschein von Macht vermeidend – versucht, alle gleich und fair zu behandeln, sieht man sich unweigerlich vor das Problem gestellt, dass manche Menschen bestimmte Aufgaben besser erledigen als andere. Alle gleich zu behandeln, bedeutet, die Unterschiede zwischen ihnen zu ignorieren, die weniger Begabten emporkommen zu lassen und die Fähigeren zu unterdrücken.

**Gesetz des Tages: Menschen, die generell Gleichheit fordern, spielen in Wirklichkeit eine weitere Machtstrategie aus, da nun sie bestimmen, wie die Belohnung der anderen auszusehen hat. Beurteilen und belohnen Sie die Menschen nach der Qualität ihrer Arbeit.**

*The 48 Laws of Power*: Preface

## 20. MAI

### *Der vermeintlich Ambitionslose*

Als Iwan der Schreckliche starb, war Boris Godunow klar, dass nur er in der Lage war, Russland zu führen. Doch wenn er diese Position zu eifrig angestrebt hätte, hätte er Neid erregt und die Bojaren gegen sich aufgebracht, also lehnte er nicht nur einmal, sondern mehrmals die Krone ab. Er brachte die anderen dazu, darauf zu insistieren, dass er den Thron bestieg. George Washington bediente sich mit großem Erfolg derselben Strategie: Mühsam musste man ihn überreden, zunächst Oberbefehlshaber über die Kontinentalarmee zu bleiben und später dann die Präsidentschaft zu übernehmen. In beiden Fällen steigerte er seine Beliebtheit nur noch. Die Menschen sind nicht neidisch auf die Macht, die sie selbst einer Person verleihen, wenn diese sie anscheinend gar nicht haben will.

**Gesetz des Tages: Hüten Sie sich vor Menschen, die vorgeben, keine Ambitionen zu haben.**

*The 48 Laws of Power*, Law 46: Never Appear Too Perfect

## 21. MAI

### *Der aggressive Charmeur*

Damals herrschten Gewalt und Waffen; heute ist jedoch überall die Schläue des Fuchses verbreitet, sodass treue oder tugendhafte Männer kaum noch zu finden sind.

ELISABETH I.

Agressive Charmeure sind erstaunlich nett und entgegenkommend, wenn Sie ihnen zum ersten Mal begegnen, was so weit führt, dass Sie sie ziemlich schnell in Ihr Leben lassen. Sie lächeln viel, sind gut gelaunt und immer hilfsbereit. An einem gewissen Punkt erwidern Sie vielleicht den Gefallen, indem Sie sie einstellen oder ihnen auf andere Weise beruflich weiterhelfen. Aber im Laufe der Zeit zeigen sich Risse in der Fassade. Vielleicht machen sie aus heiterem Himmel eine kritische Bemerkung, oder Sie erfahren durch Freunde, dass sie hinter Ihrem Rücken über Sie lästern. Dann geschieht etwas Hässliches – ein Wutausbruch, ein Akt der Sabotage oder des Verrats –, das in völligem Gegensatz zu der netten, charmanten Person steht, die Sie anfangs kennen gelernt haben.

Die Wahrheit ist, dass diese Typen schon früh im Leben feststellen, dass sie zu Aggression und Neid neigen, die schwer kontrollierbar sind. Sie wollen Macht. Sie merken aber schnell, dass ihnen solche Neigungen das Leben schwer machen werden. Sie kultivieren daher im Laufe der Zeit eine genau gegenteilige Fassade – ihre Nettigkeit hat dabei aber beinahe einen aggressiven Unterton. Durch diesen Kunstgriff sind sie in der Lage, soziale Macht zu erlangen, aber insgeheim hassen sie es, diese Rolle spielen und so rücksichtsvoll sein zu müssen. Sie können diese Fassade nicht ständig aufrechterhalten. Unter Stress oder einfach durch die Anstrengung ausgelaugt, werden sie irgendwann wütend und verletzen Sie. Das gelingt ihnen ziemlich gut, weil sie Sie und Ihre Schwächen mittlerweile gut kennen. Für die Konsequenzen werden sie natürlich Sie verantwortlich machen.

**Gesetz des Tages: Ihre beste Verteidigungsstrategie ist es, sich vor Menschen in Acht zu nehmen, die zu schnell charmant sind und Freundschaft schließen wollen, die also auf Anhieb zu freundlich und entgegenkommend sind. Eine solche extreme Freundlichkeit ist niemals natürlich.**

*Die Gesetze der menschlichen Natur*, Gesetz 9:
Konfrontieren Sie Ihre dunkle Seite – Das Gesetz der Repression

## 22. MAI

### *Bestimmen Sie die Charakterstärke der Menschen*

Bedenken Sie: Ein schwacher Charakter kann alle anderen guten Qualitäten neutralisieren, die eine Person besitzt. Hochintelligente, aber charakterschwache Menschen können gute Ideen haben und ihre Arbeit gut erledigen, aber sie werden unter Druck die Nerven verlieren, empfindlich auf Kritik reagieren, zuerst an ihre eigene Agenda denken, oder sie treiben mit ihrer Arroganz und ihren anderen unangenehmen Eigenschaften andere dazu, das Handtuch zu werfen, wodurch sie dem allgemeinen Umfeld schaden. Sie werden einen hohen Preis zahlen, wenn Sie mit einer solchen Person zusammenarbeiten oder sie einstellen. Jemand, der weniger charmant und intelligent, dafür aber charakterstark ist, wird sich auf lange Sicht als verlässlicher und produktiver erweisen. Menschen von wahrer Stärke sind eine echte Rarität, und wenn Sie sie finden, sollten Sie so reagieren, als hätten Sie einen Schatz gefunden.

**Gesetz des Tages: Um zu beurteilen, ob jemand einen starken oder schwachen Charakter hat, sollten Sie darauf achten, wie die betreffende Person auf Druck reagiert und mit Verantwortung umgeht. Betrachten Sie ihre Muster: Was hat sie tatsächlich abgeschlossen oder erreicht?**

*Die Gesetze der menschlichen Natur*, Gesetz 4: Bestimmen Sie die Charakterstärke der Menschen – Das Gesetz des Zwangsverhaltens

## 23. MAI

# *Trauen Sie nicht immer Ihren Augen*

Die CBS-Nachrichtenreporterin Lesley Stahl hatte 1984 den Präsidentschaftswahlkampf begleitet, und als der Wahltag näher rückte, beschlich sie ein ungutes Gefühl. Der Grund dafür war weniger, dass Ronald Reagan sich auf Emotionen und Stimmungen fokussiert hatte, statt auf harte Fakten. Es lag eher daran, dass die Medien ihm eine Art Freifahrtschein ausgestellt hatten. Er und seine Wahlkampfmannschaft, glaubte sie, spielten mit der Presse wie auf einer Klaviatur. Lesley Stahl beschloss deshalb, einen Nachrichtenbeitrag zusammenzustellen, der der Öffentlichkeit zeigen sollte, wie sich Reagan des Fernsehens bediente, um die negativen Auswirkungen seiner Politik zu verschleiern.

Ein hochrangiger Mitarbeiter des Weißen Hauses rief sie noch am Abend der Erstausstrahlung an. »Ein großartiger Beitrag«, sagte er. »Was?«, fragte die verblüffte Stahl. »Ein großartiger Beitrag«, wiederholte er. »Haben Sie eigentlich zugehört, was ich kommentiert habe?«, wollte sie wissen. »Lesley, wenn Sie viereinhalb Minuten lang tolle Bilder von Ronald Reagan zeigen, hört niemand zu, was Sie sagen. Ist Ihnen nicht klar, dass die Bilder Ihre Botschaft kaputtmachen, weil sie ihr widersprechen? Die Öffentlichkeit sieht nur die Bilder, sie blendet Ihre Botschaft aus. Die Leute haben noch nicht einmal gehört, was Sie gesagt haben. Aus unserer Sicht waren das kostenlose viereinhalb Minuten Werbung für Ronald Reagans Wiederwahl.« Die meisten der Mitarbeiter, die für Reagans Öffentlichkeitsarbeit sorgten, kamen aus dem Bereich Marketing. Sie wussten, wie wichtig es ist, eine knackige und pointierte Story visuell blendend aufgearbeitet rüberzubringen. Jeden Morgen besprachen sie, wie die Schlagzeile des Tages lauten sollte, wie man sie visuell umsetzen könnte und damit den Präsidenten vor den Fernsehkameras ins beste Licht rücken würde. Sie achteten auf alle Details, beispielsweise den Hintergrund im Oval Office und den Bildausschnitt, in dem der Präsident mit anderen Staatsmännern gezeigt wurde. Sie ließen ihn immer in Bewegung ablichten, um seinen selbstsicheren, zuversichtlichen Gang zum Ausdruck zu bringen. Die Bilder vermittelten die Botschaft viel besser als alle Worte. Ein Mitarbeiter Reagans sagte damals: »Wem wird man glauben, den Fakten oder den eigenen Augen?«

**Gesetz des Tages: Spielverweigerer sind Meister darin, mit visuellen Effekten von ihren Manipulationen abzulenken. Schützen Sie sich, indem Sie dem Inhalt und den Fakten mehr Aufmerksamkeit schenken als der Form ihrer Botschaft.**

*The Art of Seduction*: Soft Seduction – How to Sell Anything to the Masses

## 24. MAI

# *Leichtes Geld*

»Diese Gier, etwas umsonst zu bekommen, ist vielen Menschen, die es mit mir und anderen Betrügern zu tun hatten, sehr teuer zu stehen gekommen … Wenn die Menschen erst einmal begreifen – aber ich bezweifle, dass sie das werden –, dass sie nichts umsonst haben können, wird die Kriminalität schwinden, und wir werden alle in größerer Harmonie leben.«

JOSEPH WEIL

Ein Gratisangebot als Köder auszulegen, gehört zum Standardrepertoire der Trickbetrüger. Niemand beherrschte diese Kunst besser als der erfolgreichste Trickbetrüger unserer Zeit: Joseph Weil, auch als »The Yellow Kid« bekannt. Yellow Kid erkannte schon früh, dass es die Gier seiner Mitmenschen war, die seine Schwindeleien überhaupt erst ermöglichte. Im Lauf der Jahre entwickelte Weil zahlreiche Methoden, um Menschen mit der Aussicht auf schnelles Geld zu verführen. So verteilte er beispielsweise »kostenlosen« Grundbesitz – wer konnte solch einem Angebot widerstehen? –, und dann erfuhren die dusseligen Opfer, dass sie 25 Dollar bezahlen mussten, um den Kauf registrieren zu lassen. Da das Land umsonst war, schien sich die hohe Gebühr zu lohnen, und Yellow Kid verdiente mit diesen Scheinregistrierungen Tausende Dollar. Als Gegenleistung bekamen seine Opfer nichts als eine gefälschte Urkunde. Bei anderen Gelegenheiten erzählte er leichtgläubigen Trotteln von einem abgekarteten Pferderennen oder einer Aktie, die innerhalb weniger Wochen um 200 Prozent steigen würde. Während er seine Geschichte abspulte, konnte er sehen, wie die Augen seiner Opfer bei der Aussicht auf so ein verlockendes Angebot immer größer wurden. Lassen Sie sich nicht von Versprechen auf leicht verdientes Geld ködern – oder in den Worten von Yellow Kid: Gier zahlt sich nicht aus.

**Gesetz des Tages: Nehmen Sie sich in Acht, wenn Sie jemand mit einem Gratisangebot ködern will. Schnellen Reichtum zu versprechen, ist eine beliebte Masche. Die Lotterie ist eigentlich eine Steuer auf Bildungslücken in Mathematik, denn Abkürzung zur Macht gibt es nicht.**

*The 48 Laws of Power*, Law 40: Despise the Free Lunch

## 25. MAI

# *Der Drama-Magnet*

In allen Dingen ist der Irrtum der, zu glauben, man könne eine Tat tun, eine Haltung annehmen einmal und dann so weiter.

CESARE PAVESE

Der Drama-Magnet zieht andere mit seiner quirligen, interessanten Präsenz an. Er hat ungewöhnlich viel Energie und erzählt viele unterhaltsame Anekdoten. Seine Mimik ist lebhaft und er ist sehr wortgewandt. Es ist unterhaltsam, sich in seiner Nähe aufzuhalten – bis das Drama unschön wird. Als Kind hat er gelernt, dass er nur dann Liebe und Aufmerksamkeit bekommt, wenn er seine Eltern in seine Sorgen und Probleme verstrickt. Diese mussten groß genug sein, damit sie langfristig emotional beschäftigt waren. Das Verhalten wurde zu einer Gewohnheit und zu einer Strategie, um sich lebendig zu fühlen und anerkannt zu werden. Die meisten Menschen scheuen sich vor Konfrontationen jeglicher Art, doch der Drama-Magnet scheint in solchen Situationen regelrecht aufzublühen. Sobald Sie ihn besser kennen, erfahren Sie mehr über die Streitereien und Kämpfe in seinem Leben, aber er schafft es immer, sich als Opfer zu inszenieren. Sie müssen erkennen, dass es sein größtes Bedürfnis ist, Sie an den Haken zu bekommen. Dabei ist ihm jedes Mittel recht. Er wird Sie so sehr in sein Drama verwickeln, dass Sie ein schlechtes Gewissen bekommen, wenn Sie auf Distanz gehen.

**Gesetz des Tages: Am besten ist es, wenn Sie diesen Typus möglichst früh erkennen – bevor Sie sich zu sehr verstricken lassen und heruntergezogen werden. Suchen Sie in seiner Vergangenheit nach Hinweisen für dieses Muster und ergreifen Sie die Flucht, wenn Sie vermuten, dass Sie es mit einer solchen Person zu tun haben.**

*Die Gesetze der menschlichen Natur*, Gesetz 4: Bestimmen Sie die Charakterstärke der Menschen – Das Gesetz des Zwangsverhaltens

## 26. MAI

### *Die List der Aufrichtigkeit*

Ein Trick, vor dem man sich hüten sollte, stammt von François de La Rochefoucauld: »Aufrichtigkeit findet sich nur bei sehr wenigen Menschen. Sie ist daher oft die klügste List – man gibt sich aufrichtig, um die Vertraulichkeiten und Geheimnisse des anderen hervorzulocken.«

**Gesetz des Tages: Clevere Spielverweigerer geben vor, Ihnen ihr Herz auszuschütten, da sie wissen, dass damit die Wahrscheinlichkeit steigt, dass Sie ihnen Ihre eigenen Geheimnisse anvertrauen. Die Spielverweigerer legen ein falsches Geständnis ab, in der Hoffnung, dass Sie ein echtes machen.**

*The 48 Laws of Power*, Law 14: Pose as a Friend, Work as a Spy

## 27. MAI

# *Erkenne ihre wahren Motive*

Weiß man welches für jeden der wirksame Anstoß sei; so ist es, als hätte man den Schlüssel zu seinem Willen.

BALTASAR GRACIÁN

Aus machiavellistischer Perspektive sind nur wenige Ereignisse im Leben das, was sie scheinen. Macht hängt von der äußeren Erscheinung und der Manipulation des für die Öffentlichkeit sichtbaren Bildes ab – davon, gut zu wirken, während man alles Nötige für den eigenen Machtgewinn und -erhalt tut. Manchmal ist es leicht, die Vernebelungstaktik einer Person zu erkennen und ihre Motive und Absichten zu entlarven. Doch in der Regel ist es ziemlich kompliziert – und wir fragen uns: Was geht da in Wirklichkeit gerade vor sich? Die neuen Medien machen es noch leichter, Nebelkerzen zu werfen und für Verwirrung zu sorgen. Es werden Storys und Gerüchte in die Welt gesetzt, doch ihre Quelle zurückzuverfolgen, ist nahezu unmöglich. Bevor die Menschen den Wahrheitsgehalt von Story A infrage stellen, werden sie schon von irgendetwas anderem, Story B oder C, abgelenkt. In der Zwischenzeit hat Story A schon unbemerkt in den Köpfen der Leute Wurzeln geschlagen. Alles wird von einer Schicht aus Unsicherheit und Zweifel bedeckt, die das Spiel mit versteckten Andeutungen befeuert.

Um schwer fassbare Ereignisse einordnen zu können, wende ich manchmal eine Strategie an, die im Lateinischen als *Cui bono?* bezeichnet wird. Cicero war der Erste, der sie in diesem Zusammenhang anwendete. Wörtlich übersetzt lautet sie: »Wem nützt es?« Wenn Sie die Motive verstehen wollen, die sich hinter einer undurchschaubaren Aktion verbergen, sollten Sie herausfinden, wer am Ende davon profitiert, und das Ganze von hinten her aufdröseln. Eigennutz beherrscht die Welt.

**Gesetz des Tages: Lassen Sie sich nicht vom äußeren Erscheinungsbild, von Ereignissen oder den Worten und Taten anderer täuschen. Fragen Sie sich immer:** *Cui bono?*

*powerseductionandwar.com*, 23. November 2007

## 28. MAI

### *Die tatsächliche Wahrheit*

Die große Mehrheit der Menschen begnügt sich mit dem äußeren Schein, als ob er die Wirklichkeit sei.

NICCOLÒ MACHIAVELLI

Machiavelli nennt dieses Konzept die »effektive Wahrheit« und es ist meiner Ansicht nach eines seiner brillantesten. Es funktioniert so: Um ihr Handeln zu rechtfertigen und ihm einen moralisch vertretbaren oder achtbaren Anschein zu geben, machen Menschen fast alles. Eines liegt klar auf der Hand: Die einzige Möglichkeit, um Menschen beurteilen zu können, ist, den ganzen Schrott beiseitezuschieben und uns ihre Taten und die Folgen dieser Taten anzuschauen. Sie sind es, die tatsächlich die Wahrheit über einen Menschen sagen. Nehmen wir beispielsweise den Papst. Er wird nicht müde, über Armut, Moral und Frieden zu predigen, doch zugleich ist er das Oberhaupt der einflussreichsten Organisation der Welt (zu Machiavellis Zeiten). Im Grunde zielt sein Handeln darauf ab, seine Macht auszubauen. Die tatsächliche Wahrheit ist, dass der Papst ein Vollblutpolitiker ist, dessen Entscheidungen sich zwangsläufig darum drehen, die Stellung der katholischen Kirche als Weltmacht aufrecht zu erhalten. Das religiöse Geschwätz ist Zeichen seiner politischen Schläue und nichts weiter als ein Ablenkungsmanöver.

**Gesetz des Tages: Beurteilen Sie Menschen nach den Folgen ihres Handelns und ihrer Schachzüge und nicht nach den Geschichten, die sie Ihnen erzählen.**

*powerseductionandwar.com*, 28. Juli 2006

## 29. MAI

### *Nicht persönlich nehmen*

Viele Menschen haben große Probleme damit, ihre Gefühle aus der Arbeitswelt und anderen Machtbereichen herauszuhalten. Sie nehmen alles persönlich. Auch ich hatte damit zu kämpfen, egal ob ich in einem Büro, in Hollywood oder als Journalist arbeitete. So wie viele andere Menschen bin ich ein bisschen naiv. Und weil niemand einen auf diese Situationen vorbereitet, wird man dann meist emotional und nimmt das, was andere sagen oder tun, persönlich. Sobald man sich diesen Gefühlen hingibt, ist man erledigt. Sie müssen dazu in der Lage sein, das Leben zu betrachten wie die Züge in einem Schachspiel.

Es gibt dieses großartige Sprichwort von Marcus Aurelius, das sinngemäß lautet: Wenn du in einem Boxring stehst und dein Gegner dich ins Gesicht schlägt, brauchst du dich nicht über Unfairness oder Grausamkeit beklagen. Nein, das ist Teil des Spiels.

Ich möchte, dass Sie das Leben so sehen: Wenn jemand fies zu Ihnen ist, behalten Sie Ihre Gefühle unter Kontrolle. Sie reagieren nicht. Sie regen sich nicht auf. Betrachten Sie es als Schachspiel. Die anderen versetzen Ihre Figuren. Hören Sie nicht auf die Worte der Leute, sie sagen alles Mögliche. Schauen Sie auf ihre Schachzüge. Schauen Sie auf ihre Manöver. Schauen Sie sich an, was sie früher getan haben. Ihre Taten, nicht ihre Worte geben darüber Auskunft, wer sie sind. Diese Art der Selbstkontrolle ist äußerst befreiend und ermächtigend.

**Gesetz des Tages: Sie werden sich befreit fühlen und Ihr emotionales Gleichgewicht halten, wenn Sie Menschen nach ihren Taten beurteilen und diese nicht persönlich nehmen.**

»Robert Greene: Mastery and Research«, *Finding Mastery: Conversations with Micheal Gervais*, 25. Januar 2017

## 30. MAI

# *Jeder will mehr Macht*

Lord Acton äußerte einst den berühmten Satz, dass absolute Macht absolut korrumpiere. Er wird sehr oft zitiert. Doch Malcolm X behauptete das Gegenteil, nämlich, dass Macht zwar korrumpiere, aber absolut keine Macht zu haben, absolut korrumpiere. In *Die 48 Gesetze der Macht* stelle ich die Behauptung auf, dass das Gefühl der Machtlosigkeit – über Menschen oder Geschehnisse im Allgemeinen – unerträglich für uns ist. Es macht uns hilflos und unglücklich. Keiner will weniger Macht, jeder will mehr.

**Gesetz des Tages: Im Zweifelsfall gehen Sie davon aus, dass der Grund für die Taten und Worte anderer der ist, dass sie mehr Macht wollen, nicht weniger.**

»Robert Greene: *The 48 Laws of Power*«,
*Between the lines with Barry Kibrick*, 15. Mai 2015

## 31. MAI

# *Mach dir klar, mit wem du es zu tun hast*

Glaube fest, keine Menschen sind so nichtsbedeutend und unbeträchtlich, die es nicht zu einer oder der andern Zeit, in einer oder der andern Sache, in ihrer Gewalt hätten, dir nützlich zu seyn. Das werden sie aber gewiß nicht seyn, wenn du vormals Verachtung gegen sie geäußert hast.

LORD CHESTERFIELD

Menschen richtig einzuschätzen und herauszufinden, mit wem man es zu tun hat, gehört beim Machtgewinn und -erhalt zu den wichtigsten Fähigkeiten. Ohne sie sind Sie blind: Sie werden nicht nur die falschen Menschen verletzen, sondern sich auch die falschen Menschen zum Ziel Ihrer Aktionen wählen, und Sie werden glauben, dass Sie Leuten schmeicheln, wenn Sie sie in Wirklichkeit beleidigen. Loten Sie erst die Zielperson oder den möglichen Gegner aus, bevor Sie den ersten Schritt machen. Sonst verschwenden Sie Zeit und begehen Fehler. Studieren Sie die Schwächen der anderen, die Schwachstellen ihrer Panzerung, was sie stolz und was sie unsicher macht. Erforschen Sie alle Winkel und Ecken ihrer Persönlichkeit, ehe Sie entscheiden, ob Sie sich überhaupt mit ihnen abgeben.

Noch zwei Warnungen: Verlassen Sie sich erstens nie auf Ihre Instinkte, wenn Sie Gegner abschätzen und ausloten. Es wäre fatal, sich auf so ungenaue Indikatoren zu stützen. Nichts kann das Sammeln konkreter Informationen ersetzen. Studieren Sie Ihren Gegner und spionieren Sie ihn aus, egal, wie lange das dauert. Auf lange Sicht wird sich das auszahlen. Zweitens, vertrauen Sie niemals der äußeren Erscheinung. Wer das Herz einer Schlange hat, wird sich nach außen freundlich geben, um es zu verbergen. Wer sich äußerlich als Großmaul gibt, ist in Wahrheit oft ein Feigling.

**Gesetz des Tages: Welchen Vorteil sollte es haben, von anderen Menschen nichts zu wissen? Lernen Sie, die Löwen von den Lämmern zu unterscheiden. Ansonsten werden Sie es teuer bezahlen.**

*The 48 Laws of Power*, Law 19: Know Who You're Dealing With – Do Not Offend the Wrong Person

# Juni

## *Die göttliche Fertigkeit*

### DIE KUNST DER INDIREKTHEIT UND MANIPULATION BEHERRSCHEN

In griechischen Mythen, im altindischen Nationalepos Mahabharata und im Gilamesch-Epos ist es ein göttliches Privileg, sich der Kunst der Täuschung zu bedienen. Ein Held, Odysseus beispielsweise, wurde nach seiner Fähigkeit beurteilt, es mit der Raffinesse der Götter aufnehmen zu können, ihnen etwas von ihrer göttlichen Macht zu stehlen, indem er ihnen, was seinen Verstand und seine List anbelangte, in nichts nachstand. Die Täuschung ist eine hochentwickelte Errungenschaft der Zivilisation und die wirksamste Waffe im Spiel um Macht. Täuschung und Verstellung sollten nicht als schändlich oder unmoralisch betrachtet werden. Menschliche Interaktion erfordert auf vielen Ebenen Täuschung. In gewisser Hinsicht ist es gerade unsere Fähigkeit, zu lügen und zu betrügen, die uns von den Tieren unterscheidet. Nach außen hin müssen Sie so tun, als hielten Sie sich an die spitzfindigen Regeln des Anstands, doch in Ihrem Inneren lernen Sie schnell, diskret zu sein und sich an Napoleons Rat zu halten: Halte deine eiserne Faust in einem Samthandschuh. Wer die Kunst der Täuschung und Indirektheit beherrscht und es lernt, zu verführen, zu bestricken und zu täuschen, wer seine Gegner subtil überlisten kann, wird an die Spitze der Macht kommen. Im Monat Juni werden Sie lernen, wie sich Menschen Ihrem Willen unterwerfen, ohne, dass sie es merken. Denn wenn sie es nicht bemerken, werden sie es Ihnen weder übelnehmen noch sich dagegen wehren.

Als ich vor einigen Jahren die *33 Gesetze der Strategie* schrieb, kaufte ich mir einen Billardtisch, um mich ein wenig von der geistigen Schinderei abzulenken. Nach einem arbeitsreichen Tag wollte ich mich ganz dem Billardspiel widmen und mich nur auf das grüne Tuch, den Queue und die Vollen und Halben fokussieren. Wie sich herausstellen sollte, war Billard perfekt, um sich abzulenken. Mir wurde klar, dass es dabei einzig und allein um Winkel(-züge) ging. Zum einen gibt es einfache Winkel – man muss den Spielball seitlich anspielen, wenn man keinen geraden Stoß vorhat. Oftmals ist das nicht so einfach, wie es scheint. Dann gibt es die Winkel, die man nimmt, wenn man den Objektball durch einen Bandenstoß treffen will, das ist an sich ein völlig anderes Spiel. Noch komplexer wird es beim Doppelbänder, einem Spielzug über zwei Banden.

Dann gibt es da noch die Kombinationsstöße und die noch komplizierteren indirekten Kombinationsstöße, wenn man eine Volle anspielt, die von einer Halben abgelenkt wird, um eine Volle zu versenken.

Schließlich gibt es die psychologischen Aspekte abstrakter Winkelzüge: mit den Gedanken seines Gegners zu spielen, ihn führen zu lassen, aber durch die Anordnung der verbliebenen Kugeln auf dem Tisch in die Ecke zu drängen; ihn durch verschiedene Tricks in ausweglose Positionen zu bringen; oder den gesamten Tisch zu betrachten und zu wissen, wie man das Spiel in kürzester Zeit für sich entscheidet. In anderen Worten: Die Spielzüge sind vielschichtig und werden immer subtiler und kunstvoller, je weiter man die Leiter nach oben klettert und sein Spiel verbessert. Ich bin kein Anfänger mehr, aber sicherlich auch kein Meister des Spiels, noch nicht.

Um ein guter Spieler zu sein, müssen Sie sich enorm fokussieren können – sowohl beim Billardspiel als auch im Leben. Trottel und Anfänger begnügen sich mit dem Motto: Nur eine Kugel pro Spielzug. Sie freuen sich wie verrückt, wenn sie durch einen geschickten Zug eine Kugel versenken – haben aber keinen Plan, was sie als Nächstes vorhaben. Sie können keine drei Spielzüge vorausdenken.

Dann gibt es die Leute, die schon etwas weiter sind und den Eindruck machen, zu wissen, wie man geschickt vorgeht. Sie können ein paar Züge hintereinander spielen. Während meiner Zeit in Hollywood habe ich für solche Menschen gearbeitet. Sie ließen andere die Arbeit tun und strichen die ganze Anerkennung ein. Ich kannte einen Regisseur, der stets dieses Spiel spielte: Er engagierte junge, eifrige, unerfahrene Leute, die auf der Basis seiner selbstgeschriebenen Drehbücher Regie führen sollten. Und es kam jedes Mal so, wie es kommen musste: Nach kurzer Zeit scheiterten die jungen Leute und der Regisseur musste einspringen, um die Situation zu retten – und das war von vornherein sein Ziel. Er fädelte es so ein, dass er nicht als der überambitionierte, gierige Typ galt, der nichts aus der Hand gab und bei all seinen Projekten selbst Regie führen wollte. Basketballtrainer Pat Riley verfolgte eine ähnliche Strategie, um ins Traineramt zurückzukehren.

Doch diese Typen überblicken weder den ganzen Tisch, noch denken sie das Spiel zu Ende. Sie beherrschen ein paar Winkelzüge, aber nicht die ausgefeilten. Sie bringen es nie weit. Sie bringen die Menschen gegen sich auf. Sie spielen das Spiel auf niedrigem, höchstens mittlerem Niveau.

Vor einigen Jahren bat mich ein Bekannter, ein Unternehmer in der Medienbranche, um Hilfe. Ein hochrangiger Angestellter hatte peinliche Informationen über ihn an andere Mitarbeiter durchsickern lassen. Mit diesem Winkelzug wollte der Mitarbeiter seinen Chef auf sich aufmerksam machen und warnen, dass er noch zu mehr imstande war. Aus Angst, entlassen zu werden, gab er seinem Chef einen Schuss vor den Bug.

Ich riet meinem Bekannten, sich über die Absichten des illoyalen Mitarbeiters klar zu werden und keine negative Reaktion erkennen zu lassen. Er sollte weiterhin freundlich wirken, so, als ob nichts vorgefallen wäre. Dieses Verhalten sollte als Fassade und Ablenkung dienen. Der Angestellte würde sich darauf konzentrieren und herausfinden müssen, was es zu bedeuten hat: War der Boss schüchtern? Oder gleichgültig? Wollte der Chef ihn wieder für sich gewinnen? War er eingeschüchtert? Dies sollte meinem Bekannten Zeit verschaffen.

Als wir die Situation näher untersuchten, erkannten wir besser, was vor sich ging, und es zeigte sich eine Lösung auf. Zunächst feuerte mein Bekannter zwei andere Angestellte. Sie waren Verbündete des illoyalen Mitarbeiters und machten offensichtlich Ärger. Einen dritten Angestellten versetzte mein Bekannter in ein anderes, weit entferntes Büro. Als Grund gab er die mangelhaften Leistungen der Mitarbeiter an. Die Maßnahmen waren also nicht direkt mit dem illoyalen Mitarbeiter in Verbindung zu bringen. Wir verfolgten damit zwei Ziele: Zum einen wollten wir unsere Zielperson isolieren und es ihr schwerer machen, ein Komplott zu schmieden und wieder etwas anzuzetteln. Zum anderen sollte der Unruhestifter eine indirekte Warnung erhalten, sich nicht noch einmal mit dem Chef anzulegen.

Die nächsten Züge meines Bekannten ließen sich nicht leicht vorhersehen. Sie erforderten die volle Aufmerksamkeit des Störenfrieds und machten ihn handlungsunfähig. Als wir uns seine möglichen Reaktionen ausmalten, wie er die Situation vielleicht nach und nach eskalieren lassen könnte, weil er sich bedroht fühlte, arbeiteten wir einen ausgefeilten Winkelzug aus, um auf möglichst viele Szenarien vorbereitet zu sein. Wir entwarfen sogar einen Plan, ihn mattzusetzen, sollte er mit seinen Informationen an die Öffentlichkeit gehen.

Iceberg Slim ist einer meiner Lieblingsautoren. Für Iceberg besteht die Menschheit aus Gaunern und Trotteln. Jeder ist entweder das eine oder das andere. Der Trottel kennt keine Winkelzüge. Er hat keinen Sinn für die Kunst der Indirektheit und kann nur einen Spielzug nach dem anderen machen. Der Gauner hat stets Winkelzüge im Sinn, lernt sie anzuwenden und wird ein Meister des Spiels.

## 1. JUNI

### *Tragen Sie die richtige Maske*

Die Kunst der Täuschung beherrschen Sie nur, wenn Sie sich ein Stück weit von sich selbst distanzieren können. Dafür müssen Sie viele Menschen zugleich sein können und die Maske tragen, die der Tag und der Augenblick erfordern. Wenn Sie mit einer solchen Flexibilität an die äußere Erscheinung eines Menschen – einschließlich Ihrer eigenen – herangehen, verlieren Sie einen guten Teil der inneren Schwere, die die Menschen nach unten drückt. Machen Sie Ihr Gesicht so geschmeidig wie das eines Schauspielers, arbeiten Sie daran, Ihre Absichten vor anderen zu verbergen, und üben Sie, andere Menschen in Fallen zu locken.

**Gesetz des Tages: Mit dem eigenen Erscheinungsbild zu spielen und die Kunst der Täuschung zu beherrschen, zählt zu den ästhetischen Vergnügen des Lebens. Beide Fähigkeiten sind entscheidende Faktoren auf dem Weg zur Macht.**

*The 48 Laws of Power*: Preface

## 2. JUNI

## *Machen Sie sich rar für mehr Respekt*

»Wenn ich mich oft im Theater sehen lasse, werden die Leute immer weniger Notiz von mir nehmen.«

NAPOLEON

In der heutigen Welt, die aufgrund der Masse von Bildern geradezu in einer Flut von Präsenz untergeht, ist das Spiel mit dem Zurückziehen noch wirkungsvoller. Wir wissen kaum noch, wann ein Rückzug angebracht ist, und nichts scheint mehr privat. Daher flößen uns Menschen, die aus freien Stücken verschwinden können, Ehrfurcht ein.

In der Wirtschaftswissenschaft gibt es das Gesetz der künstlichen Knappheit: Ein zu großes Angebot bewirkt, dass die Preise in den Keller gehen. Wenn Sie hingegen etwas vom Markt zurückziehen, steigern Sie auf der Stelle dessen Wert. Im 17. Jahrhundert wollten die herrschenden Schichten in Holland durchsetzen, dass man die Tulpe nicht einfach nur als schöne Blume betrachtete, sondern als ein Statussymbol. Indem sie dafür sorgten, dass die Tulpe selten, ja, fast unerreichbar war, lösten sie das aus, was später als »Tulpenmanie« bezeichnet wurde. Eine einzelne Tulpe war damals mehr wert als ihr Gewicht in Gold. Wenden Sie das Gesetz der künstlichen Knappheit auf Ihr eigenes Metier an. Machen Sie das, was Sie der Welt zu bieten haben, selten und schwer zu finden, und Sie werden seinen Wert auf der Stelle steigern.

**Gesetz des Tages: Je mehr man von Ihnen sieht und hört, desto alltäglicher werden Sie. Wenn Sie in einer Gruppe fest etabliert sind, wird bei Ihrer zeitweiligen Abwesenheit mehr über Sie gesprochen und es wird Ihnen mehr Bewunderung entgegengebracht. Lernen Sie, wann es klug ist, zu gehen. Steigern Sie Ihren Wert durch Seltenheit.**

*The 48 Laws of Power*, Law 16: Use Absence to Increase Respect and Honor

## 3. JUNI

### *Kontrollieren Sie Ihr Image*

Wer in der alten Hauptstadt der Welt [Rom] sein Glück zu machen berufen ist, der muß ein Chamäleon sein, dessen Haut in allen Farben seiner Umgebung zu schillern vermag, er muss ein Proteus sein, der alle Gestalten anzunehmen weiß.

GIOVANNI CASANOVA

Ihre Mitmenschen neigen dazu, Sie nach Ihrem Erscheinungsbild und Ihrem Auftreten zu beurteilen. Glauben Sie nicht, es reiche aus, einfach nur Sie selbst zu sein. Man wird Ihnen schnell alle möglichen Eigenschaften andichten, die nur das widerspiegeln, was man in Ihnen sehen möchte. Mit Ihrer wahren Persönlichkeit hat das kaum etwas zu tun, was für Sie selbst sehr verwirrend sein kann. Es führt zu Unsicherheiten und erfordert unnötig viel Aufmerksamkeit. Wenn Sie sich die Vorurteile zu sehr zu Herzen nehmen, kann das zulasten Ihrer Arbeit gehen. Verteidigen können Sie sich nur, indem Sie den Spieß umdrehen und Ihre Erscheinung bewusst gestalten. Schaffen Sie sich ein Image, das zu Ihnen passt, und beeinflussen Sie so die Meinung der anderen. Manchmal ist es sinnvoll, zurückhaltend zu sein und ein Geheimnis aus der eigenen Person zu machen – so rückt man mehr ins Bewusstsein seiner Mitmenschen. In anderen Situationen kann es dann wiederum besser sein, sich ganz direkt zu zeigen. Ganz allgemein sollten Sie sich aber nie auf ein Image festlegen oder anderen Menschen ermöglichen, Sie komplett zu durchschauen. Sie sollten der Öffentlichkeit immer einen Schritt voraus sein.

**Gesetz des Tages: Umhüllen Sie sich mit der Aura des Geheimnisvollen, damit andere Menschen nicht auf die Idee kommen, Sie komplett durchschauen zu können.**

*Mastery*, IV: See People as They Are – Social Intelligence

## 4. JUNI

## *Machen Sie es sich zunutze, dass Menschen dem äußeren Schein trauen*

Der Anschein und die Absicht ziehen die Menschen unweigerlich in ihren Bann, wenn sie kunstvoll eingesetzt werden – selbst wenn die Leute spüren, dass sich hinter dem offenen Anschein eine andere Absicht verbirgt.

YAGŪ MUNENORI

Die Täuschungsstrategie basiert auf einem simplen Wesenszug des Menschen: Instinktiv vertrauen wir immer der äußeren Erscheinung. Wir können nicht ständig anzweifeln, ob das, was wir sehen und hören, der Realität entspricht. Es erschöpft und erschreckt uns, ständig überlegen zu müssen, ob hinter den Erscheinungen etwas anderes steckt. Das macht es ziemlich leicht, die eigenen Absichten zu verbergen. Präsentieren Sie den Menschen ein Objekt, das Sie scheinbar haben wollen, ein Ziel, das Sie scheinbar erreichen wollen, und sie werden es glauben. Wenn sich ihre Augen erst einmal an den Köder geheftet haben, werden sie nicht merken, was Sie in Wirklichkeit vorhaben.

**Gesetz des Tages: Verbergen Sie Ihre Absichten unter dem Deckmantel eines sorgfältig konstruierten äußeren Erscheinungsbilds.**

*The 48 Laws of Power*, Law 3: Conceal Your Intentions

## 5. JUNI

# *Erzeugen Sie dramatische Effekte*

Als Franklin Delano Roosevelt 1932 zum Präsidenten gewählt wurde, steckten die USA mitten in einer schweren Wirtschaftskrise. Banken brachen in erschreckender Zahl zusammen, doch unmittelbar nach dem Wahlsieg zog sich Roosevelt zurück. Er äußerte sich nicht zu seinen Plänen, auch nicht dazu, wen er in sein Kabinett berufen wollte. Er weigerte sich sogar, den amtierenden Präsidenten Herbert Hoover zu treffen, um die Übergabe der Amtsgeschäfte zu besprechen. Zum Zeitpunkt seiner Amtseinführung machte sich Angst im Land breit, doch für seine Amtsantrittsrede wechselte Roosevelt den Gang. Er hielt eine überzeugende Rede, in der er klarmachte, dass er das Land in eine völlig neue Richtung führen wollte und mit den Zögerlichkeiten seiner Vorgänger Schluss machen würde. Von da an legte er seine Reden und politischen Entscheidungen – Kabinettsberufungen, mutige Gesetzesvorlagen – in einem unglaublichen Tempo vor. Die Periode nach der Amtseinführung wurde als die »Hundert Tage« berühmt. Dass sich die Stimmung im Land so grundlegend änderte, beruhte großteils darauf, dass Roosevelt kluges Timing mit dramatischen Gegensätzen zu verbinden wusste. Er hielt sein Publikum in Spannung, und dann überraschte er es mit einer Reihe von mutigen Maßnahmen, deren Durchschlagskraft noch dadurch zu wachsen schien, dass sie aus dem Nirgendwo kamen.

**Gesetz des Tages: Setzen Sie ein theatralisches Timing ein, um andere zu überraschen und zu unterhalten. Lernen Sie, wie Roosevelt Ereignisse zu orchestrieren. Legen Sie niemals all Ihre Karten auf einmal offen, sondern decken Sie sie nach und nach so auf, dass sich der dramatische Effekt steigert.**

*The 48 Laws of Power*, Law 25: Re-create Yourself

## 6. JUNI

### *Spielen Sie Ihre Rolle gut*

Beim Method-Acting lernen Sie, die richtigen Emotionen auf Knopfdruck abzurufen. Sie sind traurig, wenn es Ihre Rolle verlangt, weil Sie sich an Erlebnisse in Ihrer Vergangenheit erinnern, die solche Emotionen hervorgerufen haben, oder weil Sie sich solche Erlebnisse vorstellen. Der springende Punkt ist, dass Sie die Kontrolle haben. Im echten Leben ist es nicht möglich, sich selbst in einem solchen Maße zu trainieren, aber wenn Sie gar keine Kontrolle haben, wenn Sie immer impulsiv auf das reagieren, was Ihnen im Augenblick widerfährt, werden Sie auf subtile Weise mangelnde Selbstbeherrschung und damit Schwäche signalisieren.

Lernen Sie daher, sich bewusst in die richtige emotionale Stimmung zu versetzen, indem Sie sich vorstellen, wie und warum Sie das Gefühl verspüren sollten, das zu der Gelegenheit oder dem Auftritt passt, vor dem Sie gerade stehen. Leben Sie dieses Gefühl in dem Augenblick voll aus, damit Ihr Gesicht und Ihr Körper es auf natürliche Weise widerspiegeln. Genauso wichtig ist es, sich darauf zu trainieren, in einem günstigen Augenblick zu einem neutraleren Ausdruck zurückzukehren, damit Sie es mit Ihrer Dramatisierung nicht übertreiben. Sie müssen sich Folgendes vor Augen führen: Das Wort Persönlichkeit stammt vom lateinischen Wort *persona* ab, das »Maske« bedeutet. In der Öffentlichkeit tragen wir alle Masken, und zwar aus gutem Grund. Wenn wir offen zeigen würden, wer wir sind, und immer unsere ehrliche Meinung sagen würden, würden wir nahezu jeden vor den Kopf stoßen und Eigenschaften offenbaren, die besser verborgen bleiben sollten. Mit einer Persona, dem gekonnten Rollenspiel, schützen wir uns vor Menschen, die uns allzu kritisch betrachten und damit verunsichern könnten.

**Gesetz des Tages: Wir alle sind Schauspieler auf der Bühne des Lebens und je besser Sie Ihre Rolle spielen und eine passende Maske tragen, desto mehr Macht werden Sie anhäufen.**

*Die Gesetze der menschlichen Natur*, Gesetz 3: Durchschauen Sie die Masken der Menschen – Das Gesetz des Rollenspiels

## 7. JUNI

# *Bestreiten Sie niemals die Intelligenz Ihrer Mitmenschen*

Das einzige Mittel, beliebt zu seyn, ist, daß man sich mit der Haut des einfältigsten der Thiere bekleide.

BALTASAR GRACIÁN

Der Eindruck, dass ein anderer intelligenter ist als wir, ist uns nahezu unerträglich. Normalerweise versuchen wir das auf verschiedene Weise zu rechtfertigen: »Er hat sein Wissen nur aus Büchern, ich aber kenne das wirkliche Leben.« – »Ihre Eltern konnten ihr eine gute Ausbildung bezahlen. Wenn meine Eltern auch so viel Geld gehabt hätten, wäre ich ebenfalls so privilegiert gewesen …« – »Der ist gar nicht so klug, wie er glaubt.« Und nicht zuletzt: »Auf ihrem Gebiet kennt sie sich ja vielleicht besser aus als ich, aber darüber hinaus ist sie alles andere als klug. Jenseits der Physik war sogar Einstein ein Blödmann.« Da die Intelligenz für die Eitelkeit der Menschen eine so große Rolle spielt, ist es entscheidend, die Verstandeskraft eines anderen nie unbeabsichtigt infrage zu stellen oder gar zu beleidigen. Das ist ein unverzeihlicher Fehler. Wenn Sie diese Regel jedoch streng befolgen, eröffnen sich Ihnen unzählige Möglichkeiten der Täuschung. Wenn Sie anderen nämlich das Gefühl geben, Ihnen geistig überlegen zu sein, setzen Sie deren Misstrauen matt.

**Gesetz des Tages: Geben Sie anderen Menschen unterschwellig zu verstehen, dass sie intelligenter sind als Sie oder dass Sie sogar ein bisschen schwachsinnig sind, und Sie können sie nach Strich und Faden einwickeln.**

*The 48 Laws of Power*, Law 21: Play a Sucker to Catch a Sucker – Seem Dumber Than Your Mark

## 8. JUNI

### *Lenken Sie sie von Ihrem wahren Ziel ab*

Während des Spanischen Erbfolgekriegs wollte der Herzog von Marlborough, der englische Feldherr, 1711 eine entscheidende französische Festung zerstören, weil sie eine lebenswichtige Passage nach Frankreich hinein schützte. Doch wenn er das getan hätte, wäre den Franzosen klargeworden, was er vorhatte – nämlich diesen Weg zu nehmen. Stattdessen nahm er deshalb die Festung ein und besetzte sie mit einigen seiner Truppen, sodass es so aussah, als benötigte er sie für eigene Zwecke. Die Franzosen griffen die Festung an, und der Herzog ließ sie sie wieder einnehmen. Nachdem die Franzosen sie zurückgewonnen hatten, zerstörten sie sie jedoch, weil sie glaubten, der Herzog würde sie aus irgendeinem wichtigen Grund benötigen. Die zerstörte Festung machte den Weg frei, und Marlboroughs Truppen konnten nach Frankreich einmarschieren.

Bedienen Sie sich dieser Taktik auf folgende Weise: Verbergen Sie Ihre Absichten nicht, indem Sie sich verschlossen geben (das macht die anderen nur misstrauisch), sondern indem Sie dauernd von Ihren Absichten und Zielen erzählen – allerdings nicht den wahren. Damit schlagen Sie drei Fliegen mit einer Klappe: Sie wirken freundlich, offen und vertrauenswürdig; Sie verbergen Ihre Absichten; und Sie schicken Ihre Rivalen auf die zeitraubende Jagd nach dem falschen Köder.

**Gesetz des Tages: Erwecken Sie den Anschein, etwas haben zu wollen, das Sie in Wirklichkeit gar nicht interessiert. Ihre Feinde werden die richtige Spur verlieren und in ihren Berechnungen zahllose Fehler machen.**

*The 48 Laws of Power*, Law 3: Conceal Your Intentions

## 9. JUNI

# *Geben Sie Menschen das Gefühl, Ihnen überlegen zu sein*

Manche Menschen stufen einen Appell an ihren Eigennutz als schmutzig und schändlich ein. Sie wollen lieber Wohltätigkeit, Gerechtigkeit und Gnade walten lassen, damit sie sich Ihnen überlegen fühlen können. Wenn Sie solche Menschen um Hilfe bitten, müssen Sie dabei ihre Macht und Position hervorheben. Die Wohltäter sind stark genug, um von Ihnen nichts anderes zu benötigen als die Möglichkeit, sich überlegen zu fühlen. Das ist der Wein, der sie berauscht. Sie reißen sich darum, Ihr Projekt zu unterstützen und Sie wichtigen Leuten vorzustellen – vorausgesetzt natürlich, dass all dies vor den Augen der Öffentlichkeit geschieht und einem guten Zweck dient (je mehr Öffentlichkeit, desto besser). Nicht jeder kann also durch reinen Eigennutz motiviert werden. Manche fühlen sich davon abgestoßen, weil sie sich nicht den Anschein geben wollen, mit so etwas behaftet zu sein. Diese Menschen brauchen Gelegenheiten, ihr gutes Herz herauszustellen. Seien Sie nicht schüchtern und geben Sie ihnen diese Gelegenheit. Sie nutzen sie nicht aus, wenn Sie sie um Hilfe bitten – es ist ihnen tatsächlich ein Vergnügen, zu geben und dabei gesehen zu werden.

**Gesetz des Tages: Finden Sie heraus, was die Menschen antreibt. Wenn sie vor Gier strotzen, appellieren Sie an ihre Gier. Wenn sie gerne als wohltätig und großmütig gesehen werden, dann appellieren Sie an ihre Wohltätigkeit.**

*The 48 Laws of Power*, Law 13: When Asking for Help, Appeal to People's Self-Interest, Never to Their Mercy or Gratitude

## 10. JUNI

### *Stecken Sie die Gruppe mit produktiven Emotionen an*

Stecken Sie die Gruppe mit einem Gefühl der Entschlossenheit an, das Sie verkörpern. Sie werden durch Rückschläge nicht aus dem Konzept gebracht; Sie schreiten voran und arbeiten an den Problemen; Sie sind beharrlich. Die Gruppe spürt das, und es ist den Einzelnen peinlich, wenn sie hysterisch werden und angesichts der kleinsten negativen Wendung in Panik geraten. Sie können versuchen, die Gruppe mit Selbstbewusstsein zu infizieren, aber achten Sie darauf, dass dies nicht in Überheblichkeit abgleitet. Ihr Selbstbewusstsein und das der Gruppe rühren größtenteils von einer guten Erfolgsbilanz her. Ändern Sie regelmäßig die Routinen, überraschen Sie die Gruppe mit etwas Neuem und Herausforderndem. Das hält sie wach und reißt sie aus der Bequemlichkeit, in die jede erfolgreiche Gruppe irgendwann verfällt. Am wichtigsten ist jedoch, dass Sie keine Angst zeigen und generell neuen Ideen gegenüber aufgeschlossen sein sollten. Dies hat die größte therapeutische Wirkung. Die Mitglieder trauen sich mehr zu, was wiederum zu einer offeneren, kreativeren Denkweise führt.

**Gesetz des Tages: In einer Gruppenumgebung sind Menschen von Natur aus emotionaler und reagieren empfindlicher auf die Stimmungen der anderen. Sie müssen die menschliche Natur nutzen und in etwas Positives verwandeln, indem Sie der Gruppe die richtigen Emotionen einimpfen. Menschen nehmen vor allem die Stimmungen und Einstellungen ihres Anführers auf.**

*Die Gesetze der menschlichen Natur*, Gesetz 14: Widersetzen Sie sich dem Abwärtssog der Gruppe – Das Gesetz der Konformität

## 11. JUNI

## *Erschlagen Sie den Hirten*

Sobald der Baum fällt, laufen die Affen auseinander.

CHINESISCHES SPRICHWORT

In jeder Gruppe lassen sich Probleme meistens auf eine einzige Quelle zurückführen – auf die Unglücklichen, die ewig Unzufriedenen, die Zwietracht säen und die Gruppe mit ihrem Missmut infizieren. Ehe Sie bemerken, was da geschieht, hat sich die Unzufriedenheit schon ausgebreitet. Handeln Sie, bevor es unmöglich wird, die verschiedenen Stränge des Verdrusses voneinander zu unterscheiden oder den Ausgangspunkt zu erkennen. Zunächst machen Sie die Störenfriede aus, sie sind an ihrem arroganten oder nörglerischen Wesen zu erkennen. Versuchen Sie nicht, sie zu bekehren oder zu beschwichtigen – das würde die Sache nur verschlimmern. Greifen Sie sie auch nicht an,weder offen noch versteckt, denn sie sind von Natur aus giftig und würden insgeheim weiter an Ihrer Vernichtung arbeiten. Machen Sie stattdessen Folgendes: Verbannen Sie sie, ehe es zu spät ist. Separieren Sie sie von der Gruppe, bevor sie zum Zentrum des Sturms werden. Lassen Sie ihnen keine Zeit, um Ängste zu schüren und Unzufriedenheit zu säen. Gewähren Sie ihnen keinen Handlungsspielraum. Lassen Sie einen von ihnen büßen, damit der Rest in Frieden weiterleben kann.

**Gesetz des Tages: Wenn der Anführer verschwunden ist, fehlt das Zentrum der Schwerkraft. Es gibt dann nichts mehr, um das man kreisen kann, und deshalb zerfällt alles. Vernichten Sie die Quelle des Problems und die Schafe zerstreuen sich.**

*The 48 Laws of Power*, Law 42: Strike the Shepherd and the Sheep Will Scatter

## 12. JUNI

# *Ergeben Sie sich zum Schein*

Wenn Sie der Schwächere sind, kämpfen Sie nie um der Ehre willen. Ergeben Sie sich lieber. Das gibt Ihnen Zeit, um sich zu erholen, den Sieger zu ärgern und zu warten, bis er Schwäche zeigt. Geben Sie ihm nicht die Befriedigung, Sie im Kampf besiegt zu haben, sondern kapitulieren Sie vorher. Indem Sie ihm auch die andere Wange hinhalten, machen Sie ihn wütend und unsicher. Verwandeln Sie die Kapitulation auf diese Weise in ein Machtinstrument.

Merken Sie sich: Menschen, die viel Aufhebens um ihre Autorität machen, können Sie mit der Kapitulationstaktik leicht hintergehen. Ihre scheinbare Unterwerfung gibt ihnen das Gefühl, wichtig zu sein. Voller Zufriedenheit, dass Sie ihnen Respekt zollen, werden sie zum einfachen Ziel für einen späteren Gegenangriff.

**Gesetz des Tages: Wenn Sie vorübergehend geschwächt sind, ist die Kapitulationstaktik das perfekte Mittel, um irgendwann wieder nach oben zu kommen: Sie verbirgt Ihre Ambitionen und lehrt Sie Geduld und Selbstbeherrschung – entscheidende Faktoren bei diesem Spiel.**

*The 48 Laws of Power*, Law 22: Use the Surrender Tactic – Transform Weakness into Power

## 13. JUNI

# *Führen Sie von der Spitze aus*

Hannibal war aufgrund seiner bewundernswerten Auffassung von Kampfgeist der größte Heerführer der Antike … Seine Männer waren nicht besser als die römischen Soldaten. Sie waren nicht so gut ausgerüstet und nur halb so viele an der Zahl. Doch war er immer der Eroberer. Er verstand, wie wichtig Kampfgeist war. Er genoss das absolute Vertrauen seiner Leute.

COLONEL CHARLES ARDANT DU PICQ

Moral ist ansteckend, und Sie als der Anführer geben den Ton an. Wenn Sie von Ihrer Truppe erwarten, Opfer zu bringen, zu denen Sie selbst nicht bereit sind (und alles von Ihren Mitarbeitern erledigen lassen), wird sie träge und missgünstig werden. Sind Sie aber zu freundlich und zeigen sich zu besorgt um ihr Wohlergehen, werden Sie damit erreichen, dass sich ihre Truppe zurücklehnt und zu einer Horde verwöhnter Kinder wird, die sofort jammern, wenn sie ein bisschen Druck bekommen oder mehr arbeiten sollen. Am besten, Sie gehen mit gutem Beispiel voran, finden den richtigen Ton und halten die Moral hoch. Wenn Ihre Leute sehen, dass Sie mit Hingabe bei der Sache sind, werden sie Ihre Tatkraft und Selbsthingabe verinnerlichen. Hier und da eine kleine Kritik wird sie noch mehr anspornen, Ihnen zu gefallen und Ihren hohen Ansprüchen gerecht zu werden. Anstatt Ihre Truppe mühsam hinter sich herziehen zu müssen, wird sie Ihnen nachjagen.

**Gesetz des Tages: Bei der Eroberung der Welt sind Menschen – eine hingebungsvolle Armee aus Anhängern – wertvoller als Geld. Sie werden Dinge für Sie machen, die Sie sich mit Geld nicht kaufen können.**

33 *Strategies of War,* Strategy 7: Transform Your War into a Crusade – Morale Strategies

## 14. JUNI

# *Schrecken Sie andere durch Ihre bedrohliche Präsenz ab*

Wenn Ihre Gegner nicht willens sind, gegen Sie zu kämpfen, so liegt das daran, dass sie glauben, das sei gegen ihre Interessen, oder dass Sie sie dazu verleitet haben, das zu denken.

SUNZI

Wir alle müssen uns einfügen, Winkelzüge machen, nett und entgegenkommend wirken. Meist funktioniert das gut, doch in schwierigen oder gefährlichen Situationen ist es von Nachteil, als netter Mensch zu gelten: Es bedeutet, dass Sie sich herumschubsen, entmutigen und behindern lassen. Wenn Sie sich in der Vergangenheit nie gewehrt haben, wird keine Ihrer Drohgebärden glaubwürdig sein.

Es ist allerdings von großem Vorteil, wenn Sie andere wissen lassen, dass Sie, wenn nötig, Ihre Nettigkeit beiseitelassen und richtig schwierig und gemein werden können. Es reicht aus, dies ein paar Mal deutlich und brutal zu demonstrieren. Sobald die Menschen Sie als einen Kämpfer betrachten, werden sie Ihnen stets ein wenig furchtsam gegenübertreten. Laut Machiavelli ist es nützlicher, gefürchtet als geliebt zu sein. Manchmal ist Ungewissheit besser als eine offene Drohung: Wenn Ihre Gegner nie sicher sein können, was es sie kosten wird, sich auf einen Kampf mit Ihnen einzulassen, werden sie es nicht herausfinden wollen.

**Gesetz des Tages: Gewinnen Sie den Ruf, ein bisschen verrückt zu sein und dass es sich nicht lohnt, sich mit Ihnen anzulegen. Unterstreichen Sie die Glaubwürdigkeit Ihres Rufs durch ein paar beeindruckende – beeindruckend brutale – Taten.**

*The 33 Strategies of War*, Strategy 10: Create a Threatening Presence – Deterrence Strategies

## 15. JUNI

### *Die Kunst der Anwesenheit und Abwesenheit*

Abwesenheit vernichtet kleine Zuneigungen und entfacht große Leidenschaften, genau wie der Wind eine Kerze verlöschen lässt und der Sturm ein Feuer entfacht.

FRANÇOIS DE LA ROCHEFOUCAULD

Führungskräfte müssen lernen, ihre An- und Abwesenheit im Gleichgewicht zu halten. Im Allgemeinen ist es am besten, sich tendenziell in Abwesenheit zu üben, um Spannung und Dramatik erzeugen, wenn Sie dann vor der Gruppe erscheinen. Wenn Sie es richtig machen, werden die Menschen in den Augenblicken, in denen Sie nicht verfügbar sind, an Sie denken.

Heutzutage haben die Menschen diese Kunst verlernt: Sie sind zu präsent und jovial, veröffentlichen jede Kleinigkeit in den sozialen Medien. Damit kann man sich vielleicht mit ihnen identifizieren, aber gleichzeitig wirken sie damit wie jeder andere, und es ist unmöglich, Autorität auszustrahlen, wenn man nur über eine gewöhnliche Ausstrahlung verfügt.

Bedenken Sie, dass auch ständiges Reden eine Art von Überpräsenz ist, die Schwäche signalisiert. Schweigen ist eine Form der Abwesenheit und des Rückzugs, die Aufmerksamkeit auf sich zieht. Es drückt Selbstbeherrschung und Macht aus. Wenn Sie dann reden, hat dies eine größere Wirkung. In ähnlicher Weise sollten Sie einen Fehler, den Sie machen, nicht allzu ausführlich erklären und entschuldigen. Sie stellen einfach klar, dass Sie jede Verantwortung akzeptieren und jedes Scheitern auf sich nehmen, setzen einen Haken dahinter und machen weiter. Ihre Reue sollte relativ ruhig ausfallen. Ihre folgenden Handlungen werden zeigen, dass Sie Ihre Lektion gelernt haben. Vermeiden Sie es, sich zu rechtfertigen und in die Defensive zu gehen, wenn man Sie angreift. Sie stehen über solchen Dingen.

**Gesetz des Tages: Wenn Sie zu präsent und jovial sind, immer verfügbar und sichtbar sind, erscheinen Sie zu banal. Sie geben den Menschen keinen Raum, um Sie zu idealisieren. Aber wenn Sie zu distanziert sind, können sich die Menschen nicht mit Ihnen identifizieren.**

*Die Gesetze der menschlichen Natur*, Gesetz 15: Bringen Sie andere dazu, Ihnen folgen zu wollen – Das Gesetz der Unbeständigkeit

## 16. JUNI

### *Lassen Sie andere mit den Karten spielen, die Sie austeilen*

Mit Begriffen wie »Freiheit«, »Optionen« und »Wahl« assoziieren wir normalerweise ein Spektrum von Möglichkeiten, das weit über das hinausgeht, was die Realität für uns bereithält. Bei näherer Betrachtung tendieren unsere Wahlmöglichkeiten dazu – auf dem Markt, bei Wahlen, im Berufsleben –, rasch an erhebliche Grenzen zu stoßen: Oft können wir nur zwischen A und B entscheiden, wobei der Rest des Alphabets ausgeblendet bleibt. Doch solange auch nur ein Hauch von Wahlfreiheit bleibt, kümmern wir uns kaum um die fehlenden Optionen. Wir »wählen« lieber und reden uns dabei ein, das Spiel sei fair und wir hätten unsere Freiheit. Wir denken lieber nicht darüber nach, wie weit oder tief unsere Wahlfreiheit eigentlich reicht. Diese mangelnde Bereitschaft, das tatsächliche Spektrum von Wahlmöglichkeiten auszuloten, rührt daher, dass zu viel Freiheit uns Angst macht. Die »unendlichen Möglichkeiten« klingen zwar äußerst vielversprechend, eine sehr große Zahl von Möglichkeiten würde uns in Wirklichkeit jedoch lähmen und uns den Blick für die richtige Wahl vernebeln. Dass die Optionen begrenzt ist, kommt uns also gelegen.

Den Schlauen und Gerissenen eröffnet das zahlreiche Gelegenheiten für Täuschungsmanöver. Denn Menschen, die sich zwischen Alternativen entscheiden können, wollen kaum glauben, dass sie manipuliert oder getäuscht werden. Sie merken einfach nicht, dass Sie ihnen zwar eine kleine Menge freien Willens zugestehen, aber im Austausch dafür ihnen in viel machtvollerem Umfang Ihren eigenen Willen aufzwingen. Es sollte also immer Teil Ihrer Täuschungsstrategie sein, Ihrem Opfer ein kleines Auswahlspektrum zu lassen.

**Gesetz des Tages: Es gibt das Sprichwort: Wenn du den Vogel dazu bringst, freiwillig in den Käfig zu klettern, wird er umso schöner singen. Geben Sie anderen Menschen Wahlmöglichkeiten, die – egal wofür sie sich entscheiden – zu Ihren Gunsten sind. Bringen Sie sie dazu, sich für das kleinere Übel zu entscheiden, wobei beide Optionen in Ihrem Sinne sind.**

*The 48 Laws of Power*, Law 31: Control the Options – Get Others to Play with the Cards You Deal

## 17. JUNI

### *Die Verführungskraft des Visuellen*

Der Pöbel hält sich immer an den Schein.

NICCOLÒ MACHIAVELLI

Als der Trickbetrüger »Yellow Kid« Weil einen Rundbrief entwickelte, mit dem er falsche Aktien unters Volk bringen wollte, nannte er ihn »Red Letter Newsletter« und ließ ihn trotz der erheblichen Mehrkosten in Rot drucken. Die Farbe vermittelte das Gefühl der Dringlichkeit, der Macht und des Glücks. Weil sah in solchen Details Schlüsselfaktoren seiner Täuschungsmanöver – genau wie Marketing und Werbung heute. Wenn beispielsweise im Namen eines Produkts, das Sie verkaufen wollen, der Begriff »Gold« vorkommt, dann drucken Sie ihn auch in Gold. Die Menschen werden eher auf die Farbe als auf den Begriff reagieren, da das Auge dominiert.

**Gesetz des Tages: Vernachlässigen Sie nie die Art und Weise, wie Sie Dinge optisch gestalten. Faktoren wie etwa die Farbe sind von enormer symbolischer Resonanz.**

*The 48 Laws of Power*, Law 37: Create Compelling Spectacles

## 18. JUNI

### *Verändern Sie nie zu viel auf einmal*

Man muß sich nämlich darüber im klaren sein, daß es kein schwierigeres Wagnis, keinen zweifelhafteren Erfolg und keinen gefährlicheren Versuch gibt, als sich zum Leiter eines Staates aufzuwerfen und eine neue Ordnung einzuführen.

NICCOLÒ MACHIAVELLI

Die menschliche Psyche kennt viele Widersprüche. Selbst wenn Menschen die Notwendigkeit des Wandels einsehen und wissen, wie wichtig es für Institutionen und Individuen ist, dass es ab und an zu Neuerungen kommt, sind sie doch über Veränderungen irritiert und verärgert, die sie persönlich betreffen. Sie verstehen, dass der Wandel nottut und Neues sie vor Langeweile bewahrt, doch tief in ihrem Inneren klammern sie sich an die Vergangenheit. Sie streben nach allgemeinen oder oberflächlichen Veränderungen, aber ein Wechsel, der ihre Gewohnheiten und Routinen im Kern trifft, verwirrt sie zutiefst. Bislang haben alle Revolutionen später machtvolle Gegenreaktionen heraufbeschworen, denn auf lange Sicht ist die von ihnen erzeugte Leere für das Tier im Menschen zu beängstigend, das unbewusst solche Leere mit Tod und Chaos assoziiert. Die Aussicht auf Wandel und Erneuerung verführt die Menschen dazu, sich der Revolution anzuschließen, doch wenn ihr Enthusiasmus verblasst – was mit Sicherheit geschieht –, bleibt ein Gefühl der Leere. Sie sehnen sich dann nach Vergangenem und finden einen Weg, sich wieder darin zu verkriechen. Viel leichter und unblutiger ist es, eine List anzuwenden: Predigen Sie Wandel, so viel Sie wollen, und setzen Sie Ihre Reformen auch um, aber geben Sie ihnen den vertrauten Anstrich früherer Ereignisse und Traditionen.

**Gesetz des Tages: Sind Sie in eine neue Machtposition gelangt oder wollen sich eine Machtbasis verschaffen, dann machen Sie viel Getue darum, dass Sie die bewährten Mittel und die eingefahrenen Wege respektieren. Wenn Veränderungen notwendig sind, verkaufen Sie sie als kleine Verbesserungen des Bewährten.**

*The 48 Laws of Power*, Law 45: Preach the Need for Change, but Never Reform Too Much at Once

## 19. JUNI

# *Lassen Sie die anderen zu Ihnen kommen*

Filippo Brunelleschi, der große Renaissance-Künstler und -Baumeister, ließ zur Demonstration seiner eigenen Macht andere zu sich kommen, mit großem Erfolg. Einer seiner wichtigsten Aufträge bestand darin, dem Dom Santa Maria del Fiore in Florenz die berühmte Kuppel aufzusetzen. Als die Stadtväter jedoch noch einen zweiten Mann anheuerten, Lorenzo Ghiberti, der mit Brunelleschi zusammenarbeiten sollte, missfiel das dem großen Künstler. Er wusste, dass Ghiberti den Auftrag nur seinen guten Verbindungen zu verdanken hatte und nichts leisten, aber die Hälfte des Ruhms einstreichen würde. Als die Bauarbeiten an einem kritischen Punkt angelangt waren, bekam Brunelleschi plötzlich eine rätselhafte Krankheit. Er musste die Arbeit niederlegen, wies die Stadtväter aber darauf hin, daß Ghiberti das Werk sicherlich auch allein vollenden könnte. Bald stellte sich jedoch heraus, daß Ghiberti nichts zuwege brachte, und die Stadtväter kamen zu Brunelleschi, um ihn zu beschwören. Er ignorierte sie und bestand darauf, dass Ghiberti das Projekt beenden solle. Schließlich bemerkten die Stadtväter, was Brunelleschis Problem war, und feuerten Ghiberti. Wundersamerweise erholte sich Brunelleschi innerhalb weniger Tage. Er mußte keinen Wutanfall inszenieren oder sich zum Narren machen, sondern praktizierte einfach die Kunst, die anderen auf sich zukommen zu lassen.

**Gesetz des Tages: Wenn Sie bei einer Gelegenheit darauf bestehen, dass es eine Frage der Ehre sei, dass die anderen zu Ihnen kommen, und Sie damit Erfolg haben, dann werden die anderen dies auch weiterhin tun, selbst wenn Sie es gar nicht mehr darauf anlegen.**

*The 48 Laws of Power*, Law 8: Make Other People Come to You – Use Bait if Necessary

## 20. JUNI

### *Zeigen Sie etwas Schwäche*

Lernen Sie, Ihre Schwächen in Stärke umzuwandeln. Das Spiel ist subtil: Wenn Sie sich übertrieben in Ihren Schwächen suhlen, wird zu offensichtlich, dass Sie die Mitleidsmasche reiten, oder Sie geben, was noch viel schlimmer ist, nur noch ein Bild des Jammers ab. Nein, am besten richten Sie es so ein, dass die anderen gelegentlich einen Blick auf die sanfte, fragile Seite Ihres Charakters erhaschen, und auch nur dann, wenn Sie sie bereits eine gewisse Zeit kennen. Dieser flüchtige Einblick lässt Sie menschlicher erscheinen, zerstreut möglichen Argwohn und bereitet einer tieferen Zuneigung den Boden. Geben Sie sich normalerweise selbstbeherrscht und stark, öffnen Sie sich dann und wann für einen Moment, indem Sie Ihrer Schwäche nachgeben, und lassen Sie die anderen das mitbekommen.

**Gesetz des Tages: Bringen Sie Ihre Schwächen ins Spiel ein, statt gegen sie anzukämpfen oder sie zu unterdrücken.**

*The Art of Seduction*: Disarm Through Strategic Weakness and Vulnerability

## 21. JUNI

# *Der bedächtige Griff nach der Macht*

Ehrgeiz kann kriechen, aber auch hoch fliegen.

EDMUND BURKE

Alfred Hitchcock hatte bei fast jedem Filmprojekt dieselben Kämpfe auszufechten, wenn er Produzenten, Schauspielern und dem restlichen Team nach und nach die Kontrolle über den Film entzog. Seine Gefechte mit den Drehbuchautoren waren nur ein kleiner Schauplatz eines größeren Krieges. Hitchcock wollte immer, dass das Skript seine Visionen exakt widerspiegelte, doch wenn er den Drehbuchautor zu sehr in die Mangel nahm, erntete er nichts als Feindseligkeit und mittelmäßige Arbeit. Deswegen ging Hitchcock bedächtig vor, indem er zunächst damit begann, dem Autor Raum zu geben, seine Anmerkungen grob einzuarbeiten, um ihn danach um Berichtigungen zu bitten, die das Drehbuch nach seinem Geschmack formten. Hitchcocks Kontrolle über das Drehbuch wurde erst allmählich ersichtlich. Mittlerweile aber lag das Projekt dem Drehbuchautor so sehr am Herzen, dass er sich trotz seines Frustes bemühte, zu Hitchcocks Zufriedenheit zu arbeiten. Hitchcock war ein sehr geduldiger Mensch, der seine Winkelzüge nach und nach ausspielte, sodass Produzent, Drehbuchautor und Filmstars seiner allumfassenden Dominanz erst gewahr wurden, als der Film fertig war.

Um die Kontrolle über ein Projekt zu erlangen, müssen Sie die Zeit zu Ihrer Verbündeten machen. Wenn Sie von Beginn an uneingeschränkte Machtansprüche erheben, untergraben Sie die Tatkraft der anderen und erzeugen Neid und Argwohn. Beginnen Sie daher damit, die Illusion zu nähren, alle arbeiteten am gemeinsamen Erfolg. Dann erst beginnen Sie langsam, ihn sich unter den Nagel zu reißen. Sollten Sie während dieses Prozesses andere wütend machen, seien Sie unbesorgt. Dies ist nur ein Zeichen dafür, dass sie emotional involviert und daher manipulierbar sind.

**Gesetz des Tages: Unverhüllte Manipulation und Griffe nach Macht sind gefährlich, da sie Neid, Misstrauen und Argwohn erzeugen. Die beste Lösung besteht oft darin, sich bedächtig zu bewegen.**

*The 33 Strategies of War*, Strategy 29: Take Small Bites – The Fait Accompli Strategy

## 22. JUNI

### *Kontrollieren Sie, was Sie offenbaren*

Bewege niemals deine Lippen und Zähne, ehe die Untergebenen dies tun. Je länger ich still bleibe, desto eher werden andere ihre Lippen und Zähne bewegen. Und wenn sie ihre Lippen und Zähne bewegen, kann ich verstehen, was ihre wahren Absichten sind … Wenn der Herrscher nicht von Geheimnis umgeben ist, finden die Minister Gelegenheit, sich immer mehr herauszunehmen.

HAN FEI-TZU

Macht ist in vieler Hinsicht ein Spiel mit der äußeren Erscheinung, und wenn Sie weniger sagen als nötig, wirken Sie unvermeidlich größer und mächtiger, als Sie sind. Ihr Schweigen wirkt auf die anderen beunruhigend. Menschen sind wie Maschinen, die nach Interpretationen und Erklärungen verlangen – sie müssen wissen, was Sie denken. Wenn Sie sorgfältig abwägen, was Sie preisgeben, können andere Ihre Absichten oder Ihre Ansichten nicht durchschauen. Mit kurzen Antworten und Schweigen treiben Sie sie in die Defensive. Das führt dazu, dass sie bereitwillig die Rolle annehmen und die Stille nervös mit allen möglichen Kommentaren füllen, die Ihnen ihre Schwächen und wertvolle Informationen über sie enthüllen. Nach einer Unterredung mit Ihnen fühlen sie sich, als hätte man sie ausgeraubt, und sie werden nach Hause gehen und über jedes einzelne Wort von Ihnen nachdenken. Diese vermehrte Aufmerksamkeit, die Ihren knappen Kommentaren zuteilwird, verstärkt Ihre Macht.

**Gesetz des Tages: Mächtige Menschen beeindrucken andere und schüchtern sie ein, indem sie wenig sagen.**

*The 48 Laws of Power*, Law 4: Always Say Less Than Necessary

## 23. JUNI

# *Appellieren Sie an ihre hohe Selbstmeinung*

Der wahre Geist der Konversation besteht eher darin, die Klugheit der anderen zum Vorschein zu bringen und weniger sich selbst in Szene zu setzen.

JEAN DE LA BRUYÈRE

Wenn Sie wollen, dass jemand etwas für Sie erledigt, sollten Sie es tunlichst unterlassen, die Person daran zu erinnern, was Sie selbst schon alles für sie getan haben, um Gefühle der Dankbarkeit auszulösen. Dankbarkeit ist selten, weil sie uns an unsere Hilflosigkeit erinnert, an unsere Abhängigkeit von anderen. Wir fühlen uns aber gerne unabhängig. Erinnern Sie die Person stattdessen an die guten Dinge, die sie in der Vergangenheit für Sie getan hat. Das bestätigt ihre Selbstmeinung: »Ja, ich bin großzügig.« Und sobald sie sich daran erinnert, will sie dieses Bild weiterhin erfüllen und eine weitere gute Tat begehen. Einen ähnlichen Effekt können Sie erzeugen, indem Sie unverhofft Ihren Feinden vergeben und eine Annäherung einleiten. In der emotionalen Verwirrung, die dieser Schritt erzeugt, werden sie sich gezwungen fühlen, diese hohe Meinung zu bestätigen, die Sie gezeigt haben, und werden zusätzlich motiviert sein, sich selbst als würdig zu erweisen.

**Gesetz des Tages: Geben Sie Ihrer Zielperson einen Grund, ihre positive Selbstmeinung zu bestätigen.**

*Die Gesetze der menschlichen Natur*, Gesetz 7: Weichen Sie den Widerstand der Menschen auf, indem Sie ihre Selbstmeinung bestätigen – Das Gesetz der Abwehrhaltung

## 24. JUNI

### *Dämonische Sprache*

Die meisten Menschen bedienen sich der symbolischen Sprache, das heißt, ihre Worte stehen für konkrete Dinge in der realen Welt oder für Gefühle, Gedanken und Überzeugungen, die sie wirklich haben. (Der Begriff »symbolisch« rührt von einem griechischen Ausdruck her, der »zusammenfügen« bedeutet – in diesem Fall ein Wort und etwas Reales.) Für die Kunst der Indirektheit bedienen Sie sich des Gegenteils: der diabolischen Sprache. Ihre Worte stehen hierbei nicht für etwas Reales, ihr Klang und die Gefühle, die sie provozieren, sind wichtiger als das, was angeblich damit gemeint ist. (Der Begriff »diabolisch« bedeutet »entzweien, auseinanderwerfen« – in diesem Fall die Worte und die Realität.) Je mehr Sie die Menschen dazu bringen, sich auf den süßen Klang Ihrer Worte und die dadurch hervorgerufenen Illusionen und Fantasien zu konzentrieren, desto stärker untergraben Sie ihren Kontakt zur Realität. Sie entführen sie in die Wolken, wo es schwer ist, wahr von falsch und real von irreal zu unterscheiden.

**Gesetz des Tages: Halten Sie Ihre Worte vage und mehrdeutig, so dass sich die anderen nie ganz sicher sein können, was Sie meinen. Wenn Sie sie mit dämonischer, diabolischer Sprache einlullen, wird es ihnen nicht gelingen, auf Ihre Manöver zu achten oder die möglichen Konsequenzen Ihrer Manipulationen zu bedenken.**

*The Art of Seduction*: Use the Demonic Power of Words to Sow Confusion

## 25. JUNI

## *Umgeben Sie sich mit einer Aura des Geheimnisvollen*

Bei allem lasse man etwas Geheimnisvolles durchblicken und errege, durch seine Verschlossenheit selbst, Ehrfurcht.

BALTASAR GRACIÁN

Graf Victor Lustig, der Aristokrat unter den Schwindlern, trieb das Spiel der Manipulation bis zur Perfektion. Dauernd tat er Dinge, die ungewöhnlich waren oder keinen Sinn zu ergeben schienen. Er pflegte beispielsweise vor dem besten Hotel am Platze in einer Limousine mit einem japanischen Chauffeur vorzufahren. Niemand hatte je einen japanischen Chauffeur gesehen, also wirkte das exotisch und merkwürdig. Lustig kleidete sich sehr erlesen, fügte aber immer eine Kleinigkeit hinzu – einen Orden, eine Blume, ein Armband –, die nicht ganz stimmig war, jedenfalls in konventioneller Hinsicht. Das wurde nicht als geschmacklos gewertet, sondern als faszinierend und merkwürdig. In den Hotels empfing er stündlich Telegramme. Sein japanischer Chauffeur brachte ihm eines nach dem anderen, und Lustig öffnete sie mit äußerster Nonchalance. (Natürlich waren sie nicht echt, es stand kein Wort auf dem Papier.) Im Hotelrestaurant saß er allein am Tisch, las in einem dicken, bedeutsam wirkenden Buch, lächelte andere an und blieb doch für sich. Selbstverständlich platzten binnen weniger Tage alle im Hotel vor Neugier ob dieses seltsamen Mannes. Dank dieser Aufmerksamkeit war es für Lustig ein Leichtes, seine Opfer anzulocken. Sie buhlten um sein Vertrauen und seine Gesellschaft. Jeder wollte mit diesem geheimnisvollen Aristokraten gesehen werden, und angesichts dieses verwirrenden Rätsels merkten sie nicht einmal, dass sie bis aufs Hemd ausgezogen wurden.

**Gesetz des Tages: Die Menschen lieben Rätsel und Geheimnisse, also geben Sie ihnen, was sie wollen.**

*The 48 Laws of Power*, Law 6: Court Attention at All Cost

## ≈ 26. JUNI ≈

# *Seien Sie nie gewöhnlich*

Niemand ist so mutig, dass er nicht durch etwas
Unerwartetes beunruhigt würde.

JULIUS CAESAR

Das Unkonventionelle ist generell der Bereich der jungen Leute, die sich angesichts von Konventionen nicht wohl fühlen und denen es großen Spaß macht, sie zu missachten. Wenn wir älter werden, brauchen wir jedoch mehr Bequemlichkeit und Vorhersehbarkeit und laufen Gefahr, unsere Vorliebe für Unorthodoxes zu verlieren. Auf diese Weise verlor Napoleon als Stratege an Boden: Er begann, sich mehr auf die Truppenstärke und die waffenmäßige Überlegenheit zu verlassen, als auf originelle Strategien und unberechenbare Manöver. Mit dem Alter verlor er seinen Sinn für die Kriegskunst. Sie müssen den psychischen Alterungsprozess noch stärker bekämpfen als den körperlichen. Ein Geist voller Kriegslisten, Tricks und flexibler Manöver wird Sie jung halten. Sorgen Sie dafür, dass sich die Räder immer weiterdrehen und den Boden auflockern, sodass sich nichts setzen und zum Konventionellen verklumpen kann.

**Gesetz des Tages: Brechen Sie gezielt mit Gewohnheiten, die Sie im Lauf der Zeit entwickelt haben. Handeln Sie konträr zu Ihrer früheren Vorgehensweise. Führen Sie gewissermaßen einen unkonventionellen Krieg gegen Ihr eigenes Denken.**

*The 33 Strategies of War*, Strategy 24: Take the Line of Least
Expectation – The Ordinary-Extraordinary Strategy

## 27. JUNI

## *Spielen Sie mit den Träumen der Menschen*

Der verhassteste Mensch auf der Welt ist der, der immer die Wahrheit sagt, der niemals fabuliert ... Ich habe es immer interessanter und gewinnbringender gefunden, schöne Geschichten zu erzählen, als die Wahrheit zu sagen.

JOSEPH WEIL, GENANNT »THE YELLOW KID«

Die Wahrheit ist oft hässlich und unangenehm. Berufen Sie sich nie auf die Realität, sonst handeln Sie sich Ärger ein, denn Desillusionierung schmerzt. Um Macht zu erlangen, müssen Sie für Ihre Umgebung ein Quell der Freude sein – und Freude entsteht, wenn Sie die Fantasie der Menschen beflügeln. Versprechen Sie nie den allmählichen Aufschwung durch harte Arbeit, sondern lieber die Sterne, die große und plötzliche Veränderung, den Topf voll Gold.

**Gesetz des Tages: Das Leben ist hart. Menschen, die Träume heraufbeschwören und romantische Gefühle wecken können, sind deshalb wie Oasen in einer Wüste. Alle scharen sich um sie. Sie können viel Macht gewinnen, wenn Sie sich die Fantasie der Massen zunutze machen.**

*The 48 Laws of Power*, Law 32: Play to People's Fantasies

## 28. JUNI

### *Bestätigen Sie Ihre Autorität*

Ihre Autorität wird mit jeder Handlung, die Vertrauen und Respekt hervorruft, wachsen. Das gibt Ihnen den Luxus, lange genug an der Macht zu bleiben, um große Projekte zu verwirklichen. Doch mit zunehmendem Alter kann die Autorität, die Sie geschaffen haben, starr und langweilig werden. Sie werden die Vaterfigur, die sich allmählich in einen Tyrannen verwandelt, weil Sie so lange das Machtmonopol hatten – ganz gleich wie sehr die Menschen Sie in der Vergangenheit verehrt haben. Es wird unweigerlich eine neue Generation aufkommen, die sich von Ihrem Charme und Ihrer Aura unbeeindruckt zeigt. Sie sieht Sie als Relikt vergangener Zeiten. Sie haben mit zunehmendem Alter auch die Tendenz, ein wenig intolerant und despotisch zu werden, weil Sie einfach von den Menschen erwarten, dass sie Ihnen folgen. Ohne sich dessen bewusst zu sein, fangen Sie an, eine Anspruchshaltung zu entwickeln, und die Menschen bemerken das. Außerdem will die Öffentlichkeit etwas Neues, frische Gesichter.

Der erste Schritt, um diese Gefahr zu vermeiden, ist, eine gewisse Sensibilität zu bewahren, die Stimmungen hinter den Äußerungen wahrzunehmen und die Wirkung, die Sie auf Newcomer und junge Leute haben, richtig einzuschätzen. Der Verlust dieser Empathie sollte Ihre größte Sorge sein, weil Sie irgendwann anfangen werden, sich in Ihren guten Ruf einzulullen. Der zweite Schritt ist es, nach neuen Märkten und Zielgruppen zu suchen, was Sie dazu zwingen wird, sich anzupassen. Erweitern Sie, falls möglich, Ihren Einflussbereich. Ohne sich selbst zu blamieren und zu versuchen, eine jüngere Klientel anzusprechen, die Sie nicht wirklich verstehen, sollten Sie Ihren Stil im Lauf der Jahre ein wenig verändern. Dies war das Erfolgsgeheimnis von Künstlern wie Pablo Picasso, Alfred Hitchcock oder Coco Chanel.

**Gesetz der Tages: Flexibilität und Anpassungsfähigkeit wird Ihnen einen Hauch von Göttlichkeit und Unsterblichkeit verleihen – Ihr Geist bleibt aktiv und offen und Ihre Autorität wird bestätigt.**

*Die Gesetze der menschlichen Natur*, Gesetz 15: Bringen Sie andere dazu, Ihnen folgen zu wollen – Das Gesetz der Unbeständigkeit

## 29. JUNI

# *Spiegeln Sie die Werte der anderen wider*

Gebt das Heilige nicht den Hunden, und werft eure Perlen nicht den Schweinen vor, denn sie könnten sie mit ihren Füßen zertreten und sich umwenden und euch zerreißen.

JESUS CHRISTUS IN MATTHÄUS 7,6

Kluge und weise Menschen lernen früh, ein konventionelles Verhalten zur Schau zu stellen und konventionelle Ideen im Munde zu führen, ohne davon überzeugt zu sein. Sie ziehen Macht daraus, in der Masse aufzugehen, denn so können sie in Ruhe die Gedanken verfolgen, die ihnen genehm sind und die sie nur denen gegenüber zum Ausdruck bringen, die sie hören sollen – ohne dass sie unter Isolation oder Verfolgung leiden müssen. Die logische Ausweitung dieser Taktik ist die unschätzbare Fähigkeit, allen Menschen immer als das zu erscheinen, was sie sehen wollen. Wenn Sie sich in Gesellschaft begeben, dann lassen Sie Ihre eigenen Vorstellungen und Werte hinter sich, setzen Sie die Maske auf, die der Gruppe, in die Sie sich begeben, am angemessensten ist. Die Menschen schlucken den Köder, denn es gibt ihnen ein gutes Gefühl, anzunehmen, dass Sie ihre Vorstellungen teilen. Sie werden Sie nicht als Heuchler entlarven, wenn Sie bedacht zu Werke gehen. Wie könnten sie Sie der Scheinheiligkeit anklagen, wenn Sie einfach nicht klar zu erkennen geben, wofür Sie stehen? Sie können Ihnen auch nicht vorwerfen, dass es Ihnen an Werten mangelt. Denn selbstverständlich haben Sie Werte – genau die, die Sie mit ihnen teilen, solange Sie in ihrer Gesellschaft sind.

**Gesetz des Tages: Sich völlig frei auszudrücken, ist eine soziale Unmöglichkeit. Verbergen Sie daher Ihre Gedanken, und erzählen Sie den Unsicheren und Empfindlichen, was sie hören wollen.**

*The 48 Laws of Power*, Law 38: Think as You Like but Behave Like Others

## 30. JUNI

### *Spielen Sie den reuigen Gauner*

Wenn Sie bereits als Betrüger bekannt sind, wird keine Vernebelungstaktik, kein Köder und auch kein anderes Ablenkungsmanöver Ihre Absichten wirkungsvoll verbergen. Je älter Sie werden und je mehr Erfolg Sie haben, desto schwieriger wird es für Sie, Ihre Listen zu verschleiern. Jeder weiß, dass Sie mit Täuschungen arbeiten. Wenn Sie stur weiter den Naiven spielen, laufen Sie Gefahr, als der übelste Heuchler dazustehen, und Ihr Aktionsradius wird erheblich eingeschränkt. In diesem Fall ist es besser, alles zuzugeben und als der ehrliche Gauner oder, besser noch, als der reuige Gauner zu erscheinen. Dann werden Sie nicht nur für Ihre Offenheit bewundert, sondern können auch – und das ist besonders großartig und merkwürdig – Ihre Tricks fortsetzen.

Als P. T. Barnum, der König der Schwindler im 19. Jahrhundert, älter wurde, akzeptierte er seinen Ruf als großer Täuscher. Einmal organisierte er in New Jersey eine Büffeljagd, inklusive Indianern und ein paar herangeschafften Büffeln. Er hatte die Jagd als echt angekündigt. Als sich herausstellte, dass sie komplett inszeniert war, reagierte das Publikum nicht etwa verärgert und verlangte sein Geld zurück, sondern war sehr amüsiert. Es wusste, dass Barnum immer zu Tricks griff. Das war das Geheimnis seines Erfolgs – deshalb liebte man ihn. Barnum hörte auf, seine Täuschungen zu verschleiern, und beschrieb sie sogar in seiner Autobiografie. Wie Kierkegaard schrieb: »Die Welt will betrogen sein.«

**Gesetz des Tages: Wenn Sie Ihre Listen nicht mehr verbergen können, dann enthüllen Sie sie.**

*The 48 Laws of Power*, Law 3: Conceal Your Intentions

# Juli

## *Verführerische Charaktere*

### IN HERZ UND VERSTAND EINDRINGEN

Die meisten von uns haben schon einmal erlebt, wie viel Macht man über einen Menschen hat, der sich in einen verliebt hat. Egal ob unsere Taten, Gesten oder Worte, alles wirkt auf diese andere Person positiv. Wir wissen vielleicht gar nicht genau, was wir richtig gemacht haben, aber dieses Gefühl der Macht ist ein schleichendes Gift. Es gibt uns Selbstvertrauen, und das lässt uns nur noch verführerischer erscheinen. Ähnliches können wir auch im sozialen oder beruflichen Umfeld erleben: Wenn wir zufällig in gehobener Stimmung sind, gehen die anderen eher auf uns zu, sie fühlen sich zu uns hingezogen. Solche Momente der Macht sind flüchtig, doch sie graben sich sehr intensiv in unser Gedächtnis ein. Wir wollen sie wieder erleben. Niemand fühlt sich gerne unbeholfen oder unfähig, andere Menschen zu erreichen. Der Sirenengesang der Verführung ist unwiderstehlich, weil Macht unwiderstehlich ist, und in der modernen Welt bringt einem nichts mehr Macht als die Fähigkeit, zu verführen. Die Unterdrückung des Wunsches, andere zu verführen, ist eine Art von überspannter Reaktion, die nur enthüllt, wie fasziniert man im Innersten davon. Das macht das Verlangen nur noch stärker. Und eines Tages bricht es an die Oberfläche durch.

Um sich der Macht der Verführung zu bedienen, müssen Sie weder Ihren Charakter noch Ihr körperliches Erscheinungsbild von Grund auf erneuern. Verführer spielen mit Psychologie, nicht mit Schönheit, und jeder kann ein Meister des Spiels werden. Der Monat Juli wird Sie mit den Waffen des Charmes ausrüsten, sodass die Menschen in Ihrer Umgebung nach und nach ihren inneren Widerstand aufgeben, ohne zu wissen, wie oder warum das passiert ist: Das ist die Kunst der Kriegsführung in Zeiten der Empfindsamkeit.

Ich will Sie von der Vorstellung abbringen, dass Verführung etwas ist, das Männer mit Frauen oder Frauen mit Männern machen. Sie ist etwas, von dem unsere Kultur durchsetzt ist. Sie ist in der Werbung. Sie ist im Marketing. Sie ist im Internet. Sie ist in der Politik.

Sie ist immer ein bisschen anders. Natürlich ist sexuelle Verführung nicht exakt dasselbe wie die politische Verführung der amerikanischen Öffentlichkeit oder die Verführung von Followern durch einen Influencer. Doch die Dynamik, der Zauber, das Entzücken und der Prozess sind ähnlich.

Ich vergleiche es gerne mit einem Film, der einen in seinen Bann zieht. Er zieht Sie in die Geschichte hinein und hat Einfluss auf Ihre Gefühle. Er gibt Ihnen eine Auszeit von Ihrem Leben, Ihrer banalen Arbeitsroutine und entführt Sie auf eine zauberhafte Reise. Am Ende des Films sind Sie so bewegt, dass Sie weinen, lachen oder was auch immer. Es ist eine Art von Verführung. Regisseur, Drehbuchautor, Schauspieler und Schauspielerinnen sind in Ihre Psyche vorgedrungen. Menschen lechzen nach dieser Art von Verführung in ihrem Leben. Sie wollen Zauber. Sie wollen Drama. Sie wollen Vergnügen. Sie wollen ausbrechen und ein Abenteuer erleben.

Es ist ein Verlangen, das tief in unserer Kindheit verwurzelt ist. Verführung meint, das Kind in einem Menschen zu erreichen. Was hat Ihnen als Kind die größte Freude bereitet? Es war, von Ihrer Mutter oder Ihrem Vater hochgehoben zu werden, durch die Luft gewirbelt zu werden und sich dabei zu drehen und zu winden. Es war das Gefühl, mitgenommen zu werden und die Kontrolle an jemand anderen abzugeben – das hat Sie zum Lachen gebracht und Ihnen diese unglaubliche Freude bereitet. Das Gleiche passiert, wenn Sie einen Film sehen: Er nimmt Sie auf eine Reise mit, und Sie wissen nicht genau, wohin er sie führt oder was passieren wird.

Menschen können davon nicht genug in Ihrem Leben kriegen. Es ist eine wundersame Macht, die Sie haben könnten.

Am Anfang steht der Wunsch, ein Verführer zu sein. Vielleicht sind Sie versucht, zu denken: Oh, ich will gar kein Verführer sein, Verführung interessiert mich nicht. Doch, das sind Sie. Denken Sie an die Mauern, hinter denen sich die anderen normalerweise verschanzen – Sie können nicht zu Ihren Kindern, zu Ihrem Ehepartner, Ihren Angestellten oder Arbeitskollegen vordringen. Sie sind unerreichbar für Sie. Und das frustriert Sie. Nun denken Sie an eine Episode in Ihrem Leben, als Sie das Gefühl hatten, Macht über eine andere Person zu haben, als Sie sie in Ihren Bann gezogen haben und Ihre Worte aufregend und interessant für sie waren. Ihr Hin und Her sorgt für elektrische Spannung. Es ist erstaunlich. Es ist mächtig. Sie wollen mehr davon. Sie wollen verführen können. Sie wollen die Mauer durchbrechen, mit der Menschen ihr Herz und ihren Verstand umgeben.

Das ist der erste Schritt: Sie wollen Verführung in Ihrem Leben.

Der nächste Schritt ist: Sie haben eine falsche Vorstellung von Verführung, so wie die meisten Menschen. Es geht nicht darum, eine eiskalte, berechnende Strategie auszutüfteln. Das Ganze muss natürlich wirken. Wenn Sie während des Verführungsprozesses mit zu viel Kalkül ans Werk gehen, – so werde ich vorgehen: erst Schritt A, dann B, dann C – ist das nicht verführerisch. Menschen wittern Ihre Gefühlskälte. Wir spüren, dass sich der andere zu sehr bemüht, dass er *Die 24 Gesetze der Verführung* gelesen hat und nur die 24 Gesetze anwendet. Das funktioniert nicht.

Sie müssen Ihre natürlichen Qualitäten hervorheben. Und ich behaupte, dass jeder über natürliche Qualitäten verfügt, die ihn oder sie verführerisch machen. Sie haben sie in sich. Sie schlummern in Ihnen und wollen hervorkommen. Diese Qualitäten sind es, die Sie zu einem interessanten und guten Verführer machen.

Es geht um diese Qualitäten und darum, die Lebenseinstellung eines Verführers anzunehmen: Alles ist ein Spiel, eine Bühne. Im Wissen, dass die Moralisten – die griesgrämigen, unterdrückten Typen, die sich wegen der Verderbtheit der Verführer das Maul zerreißen – sie insgeheim um ihre Macht beneiden, scheren sich Verführer nicht um die Meinung anderer Menschen. Moralische Urteile sind nicht ihre Sache – nichts könnte weniger verführerisch sein.

Alles ist geschmeidig, im Fluss, wie das Leben selbst. Verführung ist eine Form der Täuschung, doch Menschen lassen sich gern irreleiten, sie sehnen sich danach, verführt zu werden.

Schütteln Sie alle moralischen Anwandlungen ab, eignen Sie sich die spielerische Philosophie des Verführers an, dann wird Ihnen der Rest des Prozesses ganz leicht und selbstverständlich erscheinen.

## 1. JULI

## *Betrachten Sie die Welt durch die Augen eines Verführers*

Um sich der Macht der Verführung zu bedienen, müssen Sie wie gesagt weder Ihren Charakter von Grund auf verändern noch Ihr körperliches Erscheinungsbild verbessern. Verführer spielen mit Psychologie, und nicht mit Schönheit. Jeder kann es darin zum Meister zu bringen. Man muss nur die Welt mit anderen Augen sehen – mit denen des Verführers. Der Verführer betrachtet das gesamte Leben als Theater – und jeden Menschen als einen Schauspieler. Die meisten von uns haben das Gefühl, dass die ihnen zugewiesene Rolle sie einengt. Das macht sie unglücklich. Verführer hingegen können vielerlei Gestalt annehmen und zahllose Rollen spielen. Sie haben Freude am Schauspiel und lassen sich dabei nicht von ihrer eigenen Identität bremsen, auch nicht von dem Bedürfnis, sie selbst oder ganz natürlich sein zu wollen. Diese Freiheit, diese Geschmeidigkeit des Körpers und des Geistes macht sie so attraktiv. Was uns im wirklichen Leben fehlt, ist nicht mehr Realität, sondern mehr Illusion, Fantasie und Spiel. Die Kleidung der Verführer, ihre Worte und Taten und die Orte, zu denen sie entführen, sind alle ein bisschen exaltiert – nicht zu theatralisch, aber doch mit dem köstlichen Hauch des Surrealen, als würden zwei Menschen ein Stück Fiktion ausleben oder Charaktere eines Films sein.

**Gesetz des Tages: Verführung ist eine Art von Theater im echten Leben – Illusion und Realität treffen zusammen.**

*The Art of Seduction*: Preface

## 2. JULI

# *Zögern Sie die Befriedigung hinaus*

Die Befriedigung geschickt hinauszuzögern, ist die ultimative Verführungskunst – während des Wartens wird das Opfer zum Sklaven. Kokette Frauen sind die Großmeisterinnen des Spiels. Sie orchestrieren ein Hin und Her zwischen Hoffnung und Frustration. Ihr Köder ist das Versprechen der Belohnung – die Aussicht auf körperliche Freuden, Glück oder Ruhm. All diese Dinge sind schwer zu fassen, doch gerade das lässt ihre Opfer nur noch mehr hinter ihnen her sein.

Kokette scheinen völlig sich selbst zu genügen: Sie brauchen Sie nicht, scheinen sie zu sagen. Ihr Narzissmus erweist sich als teuflisch anziehend. Sie wollen sie erobern, aber sie haben alle Karten in der Hand. Die Strategie der Koketten ist es, niemals Befriedigung zu bieten. Imitieren Sie die heißkalten Wechselbäder der Koketten, und der Verführte wird an Ihren Fersen hängen. Sie müssen den Grundmechanismus von Liebe und Leidenschaft durchschauen: Je offensichtlicher Sie hinter einer Person her sind, desto eher werden Sie sie verjagen. Viel Aufmerksamkeit kann eine Weile lang interessant sein, doch irgendwann führt sie zu Übersättigung und letztlich zu dem Gefühl, eingeengt und bedroht zu werden. Das Zuviel signalisiert nämlich Schwäche und Bedürftigkeit – beides sind wenig verführerische Qualitäten. Kokette jedoch haben ein gutes Gespür für diese Dynamik: Sie sind Meister des selektiven Rückzugs, der gelegentlichen kalten Schulter. Sie machen sich von Zeit zu Zeit rar, um ihre Opfer aus dem Gleichgewicht zu bringen, zu überraschen und anzustacheln. Ihr Rückzug gibt ihnen etwas Geheimnisvolles, und in unserer Fantasie werden sie übermächtig. (Eine zu große Vertrautheit hingegen untergräbt unser Fantasiebild.) Eine zeitweise Distanziertheit verstärkt unser emotionales Engagement. Statt uns zu erzürnen, verunsichert sie uns: Mag diese kokette Person uns vielleicht gar nicht? Sind wir für sie uninteressant geworden? Steht erst einmal unsere Eitelkeit auf dem Spiel, tun wir für die kokette Person alles, nur um uns zu beweisen, dass wir noch immer begehrenswert sind.

**Gesetz des Tages: Die entscheidende Qualität koketten Verhaltens ist nicht das Reizen und Necken, sondern das darauf folgende Sich-entziehen. Das ist der Schlüssel zur versklavenden Leidenschaft.**

*The Art of Seduction*: The Coquette

## 3. JULI

### *Richten Sie Ihren Blick nach außen*

Verführer sind nie ichbezogen. Ihr Blick ist stets nach außen gerichtet, nicht nach innen. Dafür gibt es mehrere gute Gründe: Zum einen ist es ein Zeichen von Unsicherheit, sich mit sich selbst zu beschäftigen. Es ist das Gegenteil von Verführung. Jeder von uns fühlt sich ab und zu unsicher, doch Verführer schaffen es, das zu ignorieren. Ihre Therapie gegen Selbstzweifel besteht darin, in der Welt aufzugehen. Das verleiht ihnen die heitere Gelassenheit, wegen der wir uns in ihrer Gesellschaft so wohl fühlen. Zweitens schlüpft der Verführer in die Haut des anderen. Sich in eine andere Person hineinzuversetzen, hilft dem Verführer, wertvolle Informationen zu sammeln – herauszufinden, wie diese andere Person tickt, was sie dazu bringen könnte, ihre Fähigkeit zum logischen Denken zu verlieren und in die Falle zu gehen. Ausgestattet mit solchen Informationen, kann der Verführer ihr seine ungeteilte, individualisierte Aufmerksamkeit widmen – ein seltenes Gut in einer Welt, in der uns die meisten Menschen nur durch die Brille ihrer eigenen Vorurteile betrachten.

**Gesetz des Tages: Ihr erster Schachzug, wenn Sie jemanden treffen, besteht darin, in seine Haut zu schlüpfen, um die Welt durch seine Augen zu betrachten.**

*The Art of Seduction*: Preface

## 4. JULI

# *Die empathische Einstellung*

Die größte Gefahr liegt in der allgemeinen Annahme, dass Sie Ihre Mitmenschen wirklich verstehen und sie schnell beurteilen können. Stattdessen müssen Sie mit der Annahme anfangen, dass Sie nichts wissen und bestimmte Prägungen haben, die zu falschen Einschätzungen führen. Jede Person, die Sie treffen, ist wie ein unentdecktes Land mit einer ganz eigenen psychologischen Beschaffenheit, die Sie sorgfältig erkunden müssen. Dieser aufgeschlossene, neugierige Geist ähnelt der Schaffenskraft – er ist bereit, mehr Möglichkeiten und Optionen in Betracht zu ziehen. Die Entwicklung Ihrer Empathie wird auch Ihre kreativen Fähigkeiten stärken. Am besten beginnen Sie damit, Ihre Einstellung in Ihren täglichen Gesprächen zu verändern. Widerstehen Sie dem üblichen Drang, zu reden und Ihre Meinung zu äußern, und versuchen Sie stattdessen, mehr über die Ansichten Ihres Gegenübers zu erfahren. Begegnen Sie ihm mit größter Neugier. Unterbinden Sie Ihre ständigen inneren Monologe, so gut es geht. Richten Sie Ihre volle Aufmerksamkeit auf Ihren Gesprächspartner. Wichtig ist, dass Sie aufmerksam zuhören, damit Sie in der Lage sind, im weiteren Verlauf der Konversation das zu spiegeln, was der andere gesagt hat oder durch Andeutungen hat anklingen lassen. Dies wird eine enorm reizvolle Wirkung haben.

**Gesetz des Tages: Befreien Sie sich von der Tendenz zu Vorurteilen. Öffnen Sie Ihren Geist, um Menschen in einem neuen Licht zu sehen. Nehmen Sie nicht an, dass Sie und andere sich ähneln oder gemeinsame Werte teilen.**

*Die Gesetze der menschlichen Natur*, Gesetz 2: Verwandeln Sie Selbstliebe in Empathie – Das Gesetz des Narzissmus

## 5. JULI

# *Brechen Sie Tabus und überschreiten Sie Grenzen*

Heutzutage streben die Menschen danach, sich zumindest im Privatbereich der Restriktionen zu entledigen und alles freier zu gestalten. Das macht das Verführen schwieriger und auch weniger aufregend. Beleben Sie möglichst die Aura des Verbotenen, der Grenzüberschreitung wieder, selbst wenn das nur aus psychologischen Gründen oder um der Illusion willen geschieht. Hindernisse müssen überwunden werden – soziale Normen missachtet, Gesetze gebrochen –, ehe die Verführung in Leidenschaft münden kann. Auch wenn eine liberale Gesellschaft nur noch wenige Grenzen setzt: Finden oder erfinden Sie welche. Grenzen, heilige Kühe und Verhaltensmaßregeln wird es immer geben. Es sind unendlich viele Gelegenheiten, um an Tabus zu rütteln und Grenzen zu überschreiten. Wenn die Lust auf die Grenzüberschreitung Ihre Opfer erst einmal zu Ihnen hinzieht, wird sie kaum noch etwas aufhalten.

**Gesetz des Tages: Treiben Sie Ihre Opfer auf diesem Weg weiter, als sie es sich jemals hätten vorstellen können. Die Gefühle von Komplizenschaft und geteilter Schuld werden ein starkes emotionales Band bilden.**

*The Art of Seduction*: Stir Up the Transgressive and Taboo

## 6. JULI

### *Sanft verkaufen*

Nehmen wir an, Sie wollen sich selbst verkaufen – als Persönlichkeit, als Trendsetter oder als Kandidat für ein Amt. Dann gibt es zwei Möglichkeiten: hart verkaufen (die direkte Strategie) oder sanft verkaufen (die indirekte).

Beim harten Verkaufen preisen Sie sich mit aller Kraft und direkt an. Sie erläutern, warum Sie begabter sind als andere, warum Ihre Ideen oder Ihre politische Botschaft besser sind als die anderer. Sie rühmen Ihre Leistungen, berufen sich auf Statistiken, bringen Expertenmeinungen ins Spiel und gehen sogar so weit, dem Publikum ein bisschen Angst für den Fall zu machen, dass es Ihre Botschaft ignoriert. Diese Vorgehensweise ist ziemlich aggressiv und kann unerwünschte Folgen haben: Einige Menschen werden sich vor den Kopf gestoßen fühlen und Ihre Botschaft ablehnen, selbst wenn sie der Wahrheit entspricht. Andere bekommen das Gefühl, dass Sie sie manipulieren – wer kann schon Experten und Statistiken vertrauen, und warum strengen Sie sich so sehr an?

Das sanfte Verkaufen wiederum hat das Potenzial, Millionen zu erreichen, weil es unterhaltsam ist, den Ohren schmeichelt und ständig wiederholt werden kann, ohne die Menschen zu irritieren. Diese Technik wurde von den großen europäischen Scharlatanen im 17. Jahrhundert entwickelt. Um ihre Elixiere und alchimistischen Wundermittelchen unters Volk zu bringen, zogen sie zunächst eine große Show ab mit Clowns, Musik und bekannten Jahrmarktattraktionen, die gar nichts mit dem zu tun hatte, was sie verkaufen wollten. Damit zogen sie ein Publikum an, und wenn dieses entspannt war und lachte, betrat der Scharlatan die Bühne und beschrieb kurz, aber dramatisch die Wunderwirkungen des Elixiers. In den darauffolgenden Jahrhunderten haben Publizisten, Werbefachleute, politische Strategen und andere Menschen diese Methode zu neuen Höhen geführt, doch die Grundzutaten des sanften Verkaufens sind noch immer dieselben. Verbreiten Sie zunächst eine positive Atmosphäre um Ihren Namen oder Ihre Botschaft herum, die den Menschen Freude bereitet.

**Gesetz des Tages: Lassen Sie nie erkennen, dass Sie etwas verkaufen wollen, denn das erweckt den Verdacht, manipuliert zu werden. Sorgen Sie stattdessen dafür, dass Unterhaltungswert und gute Gefühle Ihre Bühne beherrschen und das Verkaufen sich nur durch die Seitentür einschleicht.**

*The Art of Seduction*: Soft Seduction – How to Sell Anything to the Masses

## 7. JULI

# *Geben Sie sich als begehrte Person*

Meist werden wir ein Objekt einem anderen vorziehen, weil es schon einer unserer Freunde bevorzugt, oder weil es für eine Vorliebe mit besonderer sozialer Bedeutung steht … Sagt man von einer Frau oder von einem Mann, sie seien begehrenswert, so heißt das vor allem, dass die anderen sie begehren.

SERGE MOSCOVICI

Nur wenige interessieren sich für Menschen, die von anderen gemieden oder nicht beachtet werden. Die Leute scharen sich um jene, die bereits Interesse erregt haben. Wir wollen nämlich das, was andere auch wollen. Um Ihre Opfer an sich zu binden und ihnen Lust auf Sie zu machen, müssen Sie sich die Aura des Begehrenswerten zulegen – des von vielen Angehimmelten und Umworbenen. Dann schmeichelt es der Eitelkeit der Opfer, Ihre ungeteilte Aufmerksamkeit zu bekommen und Sie aus dem Umfeld der Bewunderer lösen zu können. Erwecken Sie den Anschein, begehrt zu sein, indem Sie sich mit Vertretern des anderen Geschlechts umgeben – Freunden, Ex-Geliebten oder aktuellen Verehrern. Bilden Sie emotionale Dreiecke, die Rivalität hervorrufen und Ihren Wert steigern.

**Gesetz des Tages: Ihr Ruf sollte Ihnen vorauseilen: Wenn schon viele Ihrem Charme erlegen sind, muss das einen Grund haben.**

*The Art of Seduction*: Appear to Be an Object of Desire – Create Triangles

## 8. JULI

### *Der Anti-Verführer*

Der Grund, warum wir manche Menschen als abstoßend und damit als anti-verführerisch empfinden, ist immer der gleiche: Unsicherheit. Wir alle sind unsicher und leiden darunter. Doch ab und zu schaffen wir es, diese Selbstzweifel zu überwinden. Ein verführerisches Engagement erlöst uns von unserer üblichen Nabelschau. Egal ob wir verführen oder verführt werden, wir fühlen uns stark und voller Selbstvertrauen. Anti-Verführer jedoch sind in solchem Ausmaß unsicher, dass sie gegen den Verführungsprozess immun sind. Ihre Nöte, ihre Ängste und ihre Selbstbespiegelung schotten sie davon ab. Die leiseste Mehrdeutigkeit Ihrerseits empfinden sie als Angriff auf ihr Ego. Die zarteste Andeutung von Rückzug empfinden sie als Verrat und werden sich höchstwahrscheinlich bitterlich darüber beklagen.

Das beste Vorgehen scheint ganz einfach zu sein: Anti-Verführer stoßen ab, also lassen Sie sich abstoßen und vermeiden Sie sie. Doch unglücklicherweise erkennt man viele Anti-Verführer nicht auf den ersten Blick. Sie sind raffiniert, und wenn Sie nicht gut aufpassen, verwickeln sie Sie in eine höchst unbefriedigende Beziehung. Achten Sie deshalb auf die ersten Anzeichen ihrer Selbstbespiegelung und Unsicherheit: Vielleicht sind sie geizig, argumentieren ungewöhnlich scharf oder urteilen überaus hart. Vielleicht überschütten sie Sie ungefragt mit Lob, oder sie erklären Ihnen ihre Liebe, ehe sie Sie überhaupt kennen, oder, was am auffälligsten ist, sie achten nicht auf die Details. Da sie nicht erkennen, was Sie zu etwas Besonderem macht, können sie Sie nicht mit differenzierter Aufmerksamkeit überraschen. Sie haben nicht die Raffinesse, die Vorfreude auf Genuss zu wecken, die Verführung erst möglich macht.

**Gesetz des Tages: Befreien Sie sich von all Ihren anti-verführerischen Tendenzen, indem Sie sich selbst beobachten, Ihre Unsicherheit ablegen und in die Rolle des Verführers schlüpfen.**

*The Art of Seduction*: The Anti-Seducer

## 9. JULI

### *Bringen Sie andere dazu, Sie verwöhnen zu wollen*

Fälschlicherweise glauben viele Menschen, dass körperliche Schönheit, Eleganz oder eindeutig sexuelle Signale eine Person verführerisch und begehrenswert machen. Doch Cora Pearl war keine besondere Schönheit, ihr Körper war eher knabenhaft und ihre Kleidung grell und geschmacklos. Trotzdem wetteiferten die elegantesten Männer Europas um ihre Gunst, und mehrere wurden dadurch in den Ruin getrieben. Coras Ausstrahlung und ihr Geist waren es, die sie gefesselt hatten. Verwöhnt und verzogen von ihrem Vater glaubte sie, das sei normal – alle Männer müssten sie verwöhnen. Deshalb dachte sie wie ein Kind nie darüber nach, anderen gefallen zu müssen. Coras kraftvolle Unabhängigkeit brachte die Männer dazu, sie zu begehren.

Die Lektion ist einfach: Vielleicht ist es zu spät, sich noch von seinen Eltern verwöhnen zu lassen, doch es ist niemals zu spät, andere Menschen dazu zu bringen, es zu tun. Alles hängt von Ihrer Einstellung ab. Die Menschen fühlen sich zu den Anspruchsvollen hingezogen, für die Ängstlichen, die nichts fordern, haben sie hingegen wenig Respekt übrig.

**Gesetz des Tages: Wilde Unabhängigkeit wirkt auf uns provokant: Sie zieht uns an und zugleich ist sie eine Herausforderung – wir wollen diejenigen sein, die diese unabhängige Person zähmen und von uns abhängig machen kann.**

*The Art of Seduction*: The Natural

## 10. JULI

### *Erzeugen Sie einen viralen Effekt*

In dem Moment, wenn die Zielgruppe spürt, dass man hinter etwas her ist – Wählerstimmen oder Verkaufszahlen –, erhebt sich Widerstand. Verkleidet man seine Verkaufsmasche aber als Event mit Neuigkeitswert, umgeht man nicht nur diesen Widerstand, sondern kann auch einen gesellschaftlichen Trend auslösen, dank dessen das Verkaufen zum Selbstläufer wird. Damit das funktioniert, muss sich das Ereignis, das Sie inszenieren, von allen anderen unterscheiden, über die die Medien berichten. Zu ungewöhnlich darf es aber auch nicht sein, da sonst klar wird, dass alles nur arrangiert ist. Ein Ereignis, das es in die Nachrichten schafft, hat den Stempel der Realität. Es ist wichtig, solchen Events zu positiven Assoziationen zu verhelfen. Assoziationen, seien sie nun patriotisch oder beispielsweise sexuell oder spirituell – alles was unterhaltsam und verführerisch ist –, entwickeln ein Eigenleben. Wer könnte dem widerstehen? Im Grunde schließen sich die Menschen ja aus freien Stücken der Menge an, ohne dass ihnen klar wird, dass es eine Verkaufsmasche ist. Das Gefühl, aktiv dabei zu sein, ist für eine Verführung von besonderer Bedeutung. Niemand sieht sich gern von einer neuen, wachsenden Bewegung ausgeschlossen. Bezeichnen Sie das, was Sie verkaufen wollen, als Teil eines neuen Trends, und es wird zu einem werden. Ziel ist es, eine Art viralen Effekt zu erzeugen, im Zuge dessen sich immer mehr Menschen mit dem Wunsch anstecken, das zu haben, was Sie anbieten – egal was es ist.

**Gesetz des Tages: Stellen Sie sich als die Avantgarde eines Trends oder Lebensstils dar, und die Leute kaufen Ihnen kritiklos alles ab, schon allein deswegen, weil sie nicht von gestern sein wollen.**

*The Art of Seduction*: Soft Seduction – How to Sell Anything to the Masses

## 11. JULI

### *Vom Freund zum Geliebten*

Ich treffe sie nicht, ich tangiere nur peripher ihre Existenz … Dies ist das erste Netz, in dem sie eingesponnen werden muss.

SØREN KIERKEGAARD

Freundschaft in Liebe zu verwandeln, kann ein erfolgreicher Zug sein, ohne auf das Manöver an sich aufmerksam zu machen. Anfangs liefern Ihnen freundschaftliche Gespräche mit Ihrem Opfer wertvolle Informationen über seinen Charakter, seine Vorlieben, seine Schwächen und die Sehnsüchte seiner Kindheit, die das Verhalten des Erwachsenen beeinflussen. Als Nächstes widmen Sie Ihrem Opfer viel Zeit, damit es sich in Ihrer Gesellschaft wohl fühlt. In dem Glauben, Sie seien nur an seinen Gedanken und seiner Gesellschaft interessiert, wird es die Verteidigung vernachlässigen und sich die üblichen Spannungen zwischen den Geschlechtern zerstreuen lassen. Jetzt ist es verwundbar, denn die Freundschaft zu Ihnen hat das goldene Tor zu seinem Körper geöffnet: den Geist. An diesem Punkt wird jeder lässige Kommentar und jede leise körperliche Berührung einen ganz anderen Gedanken entzünden, der sich des ungeschützten Opfers bemächtigt: Vielleicht könnte da noch etwas anderes zwischen ihnen beiden sein? Wenn erst einmal dieses Gefühl entfacht ist, wird sich das Opfer wundern, warum Sie noch keinen Schritt in diese Richtung unternommen haben, und die Initiative selbst übernehmen – in der freudigen Illusion, dass es die Kontrolle hat. Beim Prozess der Verführung ist nichts effektiver, als die Verführten glauben zu machen, sie seien es, die verführen.

**Gesetz des Tages: Geben Sie sich so, als hätten Sie es auf eine neutrale Beziehung abgesehen, und wandeln Sie sich langsam vom Freund zum Liebhaber.**

*The Art of Seduction*: Create a False Sense of Security – Approach Indirectly

## 12. JULI

### *Verhalten Sie sich unerwartet*

Ein fortwährender Frieden würde tödlich langweilig sein. Die Gleichförmigkeit tötet die Liebe: sobald sich die Pedanterie in eine Herzensangelegenheit schleicht, verschwindet die Leidenschaft, die Langeweile zieht ein, und schließlich empfindet man direkten Widerwillen.

NINON LENCLOS

Vertrautheit ist das Ende alles Verführerischen. Wenn die andere Person alles über Sie weiß, kann man sich in der Beziehung zwar gemütlich einrichten, doch die Fantasie bleibt auf der Strecke, und der Reiz des Gefährlichen geht verloren. Ohne ein bisschen Furcht vor dem Unbekannten löst sich die erotische Spannung auf. Denken Sie immer daran: Die Realität ist nicht verführerisch. Bewahren Sie sich deshalb den Hauch des Geheimnisvollen, sonst ist sich die andere Person Ihrer zu sicher. Die Schuld für die Konsequenzen müssen Sie dann ausschließlich bei sich selbst suchen.

**Gesetz des Tages: Bewahren Sie sich in Ihrem Charakter einige dunkle Ecken, verhalten Sie sich unerwartet und lockern Sie durch gelegentliche Abwesenheit die besitzergreifende Umklammerung, die es ermöglicht, dass sich eine zu große Vertrautheit breitmacht.**

*The Art of Seduction*: Beware the Aftereffects

## 13. JULI

### *Arbeiten Sie mit Kontrasten*

Nutze Sie umsichtig dumme oder unattraktive Menschen, um im Vergleich zu ihnen Ihre eigene Attraktivität zu steigern. Beispielsweise können Sie bei einem gesellschaftlichen Anlass dafür sorgen, dass sich Ihr Opfer mit dem langweiligsten Gast unterhalten muss. Kommen Sie zu seiner Rettung, und es wird erfreut sein, Sie zu sehen. Im *Tagebuch des Verführers* von Søren Kierkegaard hat Johannes ein Auge auf die junge unschuldige Cordelia geworfen. Er weiß, dass sein Freund Edward hoffnungslos schüchtern und einfältig ist, und er ermutigt ihn, Cordelia den Hof zu machen. Nach ein paar mit Edwards Aufmerksamkeiten erfüllten Wochen werden sich ihre Augen auf die Suche nach jemand anderem machen, irgendjemand anderem, und Johannes wird dafür sorgen, dass ihr Blick auf ihn fällt. Johannes plant die Strategie und die dazugehörigen Manöver weit im Voraus, doch so gut wie jedes soziale Umfeld bietet Gegensätze, die Sie fast wie von selbst zu Ihrem Vorteil nutzen können.

**Gesetz des Tages: Arbeiten Sie mit Kontrasten, indem Sie solche attraktiven Eigenschaften (Humor, Lebhaftigkeit und so weiter) entwickeln oder zeigen, die in Ihrem eigenen sozialen Umfeld am seltensten sind. Oder suchen Sie sich ein Umfeld, in dem Ihre angeborenen Qualitäten rar sind und bestens zur Geltung kommen.**

*The Art of Seduction*: Appear to Be an Object of Desire – Create Triangles

## 14. JULI

# *Inszenieren Sie kalkulierte Überraschungen*

Ein Kind ist normalerweise eine sturköpfige Kreatur, die absichtlich das Gegenteil von dem tut, was wir von ihr wollen. Doch bei einer speziellen Gelegenheit geben Kinder ihr eigensinniges Verhalten leichten Herzens auf: wenn man ihnen eine Überraschung verspricht. Das kann ein in einer Schachtel verstecktes Geschenk sein, ein Spiel mit ungewissem Ausgang, eine Fahrt mit unbekanntem Ziel oder eine spannende Geschichte mit überraschendem Ende. Solange das Kind auf die Überraschung wartet, ist sein Eigensinn ausgesetzt. Es ist Ihnen hörig, solange Sie mit der Möglichkeit locken. Dieses kindliche Verhalten ist tief in unserem Inneren verwurzelt und die Quelle eines elementaren menschlichen Vergnügens: von einer Person geleitet zu werden, die weiß, wo es langgeht, die uns auf eine Reise mitnimmt.

Bei der Verführung muss man ständig für Spannung sorgen, immer etwas in der Schwebe lassen und der anderen Person das Gefühl geben, dass man nicht berechenbar ist. Wenn Ihr Opfer zu wissen glaubt, worauf Sie aus sind, ist Ihr Bann gebrochen. Mehr noch: Sie haben ihm Macht gegeben. Die einzige Möglichkeit, es weiterhin zu verführen und die Oberhand zu behalten, besteht darin, für Spannung zu sorgen, für kalkulierte Spannung. Wenn Sie etwas tun, das Ihr Opfer nicht von Ihnen erwartet, sorgt das für ein wunderbares Gefühl der Spontaneität. Nie darf Ihr Opfer ahnen, was als Nächstes kommt. Immer sind Sie ihm einen Schritt voraus – und behalten damit die Kontrolle. Verschaffen Sie ihm einen Nervenkitzel, indem Sie plötzlich die Richtung ändern.

**Gesetz des Tages: Sie können die verführte Person mit allen möglichen wohlkalkulierten Überraschungen aus der Fassung bringen: Schreiben Sie ohne besonderen Anlass einen Brief, tauchen Sie unerwartet auf oder bringen Sie Ihr Opfer an einen Ort, wo es noch nie zuvor gewesen ist. Die besten Überraschungen sind jedoch diejenigen, die eine neue Seite Ihres Charakters enthüllen.**

*The Art of Seduction*: Keep Them in Suspense – What Comes Next?

## 15. JULI

# *Laden Sie Erfahrung mit Poesie auf*

In Marcel Prousts Roman *Auf der Suche nach der verlorenen Zeit* wird Swann, die Hauptfigur, allmählich von einer Frau verführt, die eigentlich nicht sein Typ ist. Er ist ein Ästhet und liebt die schönen Dinge des Lebens. Sie ist von niederem Stand, nicht ganz so kultiviert und sogar ein wenig geschmacklos. Was sie in seiner Vorstellung poetisiert, sind einige glückerfüllte Momente, die sie geteilt haben und die er von Stund an mit ihr assoziiert. Einmal waren sie gemeinsam bei einem Konzert, und ihn begeisterte eine kleine Melodie aus einer Sonate. Wann immer er an die Frau denkt, kommt ihm diese Tonfolge in den Sinn. Kleine Geschenke, die sie ihm gemacht, Dinge, die sie berührt oder mit denen sie gespielt hat, entwickeln zunehmend ein Eigenleben.

Sie müssen nach Möglichkeiten suchen, solche Momente mit Ihrer Zielperson zu teilen – ein Konzert, ein Schauspiel, eine spirituelle Begegnung, was auch immer –, damit sie etwas Nichtalltägliches mit Ihnen assoziiert. Gemeinsame Glücksmomente sind nämlich unglaublich verführerisch. Mann kann auch alle möglichen Dinge mit poetischen Resonanzen und sentimentalen Assoziationen tränken. Geschenke und andere Dinge können Ihre Präsenz ausstrahlen: Wenn die Zielperson sie mit angenehmen Erlebnissen assoziiert, hält ihr Anblick die Erinnerung an Sie wach, was den Poetisierungsprozess beschleunigt.

**Gesetz des Tages: Jede Art von gesteigerter Wahrnehmung – sei ihr Anlass künstlerischer oder geistiger Natur – bleibt viel länger im Gedächtnis haften als normale Erlebnisse.**

*The Art of Seduction*: Poeticize Your Presence

## 16. JULI

### *Dringen Sie in ihren Geist ein*

Es war wie wenn sie aus seinen Augen heraus auf sich selbst schaute […]

ROBERT MUSIL

Wir sind alle Narzissten. Als wir klein waren, spielte sich unser Narzissmus auf körperlicher Ebene ab: Wir interessierten uns für unser Bild, unseren Körper, als würden sie zu einem anderen Wesen gehören. Wenn wir älter werden, wechselt unser Narzissmus ins Psychische: Wir beschäftigen uns nur noch mit unseren eigenen Vorlieben, Ansichten und Erfahrungen. Dadurch bildet sich eine harte Schale um uns herum. Der Weg, die Menschen aus dieser Schale herauszulocken, besteht paradoxerweise darin, sich ihnen ähnlich zu machen, eine Art Spiegel zu sein, in dem sie ihr Abbild sehen. Sie müssen nicht Tage damit verbringen, den Geist der anderen Person zu studieren. Machen Sie einfach ihre Launen mit, passen Sie sich ihrem Geschmack an und greifen Sie spielerisch alles auf, was von ihr ausgeht. Wenn Sie das tun, schwächen Sie ihre natürlichen Abwehrmechanismen. Denn ihr Selbstwertgefühl wird dann nicht durch Ihre Andersartigkeit oder Ihre seltsamen Verhaltensweisen bedroht.

Jeder liebt sich selbst aus ganzem Herzen, doch am meisten liebt man es, wenn man sieht, dass sich die eigenen Ideen und Vorlieben in einer anderen Person spiegeln. Das ist eine enorme Selbstbestätigung, wodurch die gewohnte Unsicherheit verschwindet. Wenn Ihr Opfer von seinem Spiegelbild hypnotisiert ist, entspannt es sich. Jetzt, da der innere Schutzwall bröckelt, können Sie es langsam aus der Reserve locken und schließlich die Dynamik herumdrehen. Hat es sich Ihnen erst einmal geöffnet, ist es ganz einfach, es mit Ihren eigenen Stimmungen und Empfindungen zu infizieren. Sich des Denkens eines anderen Menschen zu bemächtigen, ist wie Hypnose. Es ist die gemeinste und effektivste Form der Überredung, die die Menschheit kennt.

**Gesetz des Tages: Locken Sie Menschen aus ihrer natürlichen Widerspenstigkeit und Ichbezogenheit, indem Sie in ihren Geist eindringen. Schon bald können Sie die Dynamik herumdrehen: Wenn Sie erst einmal zu ihrem Geist vorgedrungen sind, können Sie sie dazu bringen, in Ihren zu gelangen. Dann gibt es kein Zurück mehr.**

*The Art of Seduction*: Enter Their Spirit

## 17. JULI

# *Führen Sie in Versuchung*

Der einzige Weg, der Versuchung zu entkommen,
ist ihr nachzugeben.

OSCAR WILDE

Was die Menschen wollen, ist nicht die Versuchung selbst, denn Versuchungen gibt es jeden Tag. In Wirklichkeit wollen sie der Versuchung nachgeben, ihr erliegen. Das ist die einzige Möglichkeit, die Spannung in ihrem Leben loszuwerden. Es kostet viel mehr Kraft, der Versuchung zu widerstehen, als sich ihr hinzugeben. Ihre Aufgabe besteht deshalb darin, eine Versuchung zu kreieren, die stärker ist als all die alltäglichen. Sie muss für Ihre Opfer maßgeschneidert sein, auf sie als Individuum abzielen – auf ihren schwachen Punkt. Merken Sie sich: Jeder hat eine Kardinalschwäche, aus der sich weitere ableiten. Finden Sie die Unsicherheit, die aus der Kindheit rührt, das, was im Leben einer Person fehlt, und Sie halten den Schlüssel dafür in der Hand, sie in Versuchung zu führen. Die Schwäche ist vielleicht Gier, Eitelkeit, Langeweile, irgendein tief unterdrücktes Verlangen, ein Hunger nach einer verbotenen Frucht. Die anderen signalisieren so etwas in kleinen Details, die sich ihrer bewussten Kontrolle entziehen: im Stil ihrer Kleidung oder in einer unbedachten Bemerkung. Ihre Vergangenheit – und vor allem ihre vergangenen Romanzen – sind gespickt mit solchen Hinweisen. Bieten Sie ihnen eine Versuchung, die sie überwältigt, die für ihre Schwäche maßgeschneidert ist, und die Lust auf die damit verbundenen Freuden wird bei Ihren Opfern stärker sein als alle Zweifel und Ängste, die damit zusammenhängen.

**Gesetz des Tages: Finden Sie ihre Schwäche heraus, die spezifische Fantasie, die noch auf ihre Verwirklichung wartet, und deuten Sie an, dass Sie dabei helfen können. Es kann sich dabei um Reichtum, Abenteuer oder verbotene, sündige Genüsse handeln. Das Schlüsselelement ist dabei, das Ganze vage zu halten.**

*The Art of Seduction*: Create Temptation

## 18. JULI

### *Beweisen Sie sich*

Setzen Sie Ihre Tat möglichst selbstbewusst und galant um. Auf diese Weise heben Sie die Verführung auf eine neue Ebene, wecken tiefe Gefühle und verbergen alle Ihre heimlichen Motive. Die Opfer, die Sie bringen, müssen sichtbar sein. Doch wäre es Angeberei, über sie zu reden oder offenzulegen, was sie Sie kosten. Schlagen Sie sich die Nächte um die Ohren, werden Sie krank, verschenken Sie wertvolle Zeit, setzen Sie Ihre Karriere aufs Spiel, geben Sie mehr Geld aus, als Sie sich leisten können – um den bestmöglichen Effekt zu erzielen, können Sie gerne auch übertreiben, aber lassen Sie sich nicht dabei erwischen, wie Sie prahlen oder Mitleid mit sich selbst haben. Fügen Sie sich selbst Schmerzen zu, und lassen Sie es andere sehen. Da so gut wie jeder auf dieser Welt Eigeninteressen hat, wird Ihre edle und selbstlose Tat unwiderstehlich wirken.

**Gesetz des Tages: Wählen Sie eine dramatische, schwierige Aktion, die erkennen lässt, wie viel Zeit und Kraft Sie opfern mussten.**

*The Art of Seduction*: Prove Yourself

## 19. JULI

## *Locken Sie andere in Ihre Fantasiewelt*

Von Kindheit an konnte Josephine Baker es nicht ertragen, keine Kontrolle über ihr Leben zu haben. Sie löste dieses Dilemma so, wie es Kinder häufig tun: Angesichts der Aussichtslosigkeit ihrer Situation zog sie sich in ihre eigene Fantasiewelt zurück, die sie das Hässliche um sich herum vergessen ließ. Diese Welt war erfüllt von Tanz, Clownerien und großen Träumen. Sollten die anderen doch jammern und klagen – Josephine lächelte darüber hinweg und behielt ihr Selbstvertrauen und Selbstbewusstsein. Nahezu jeder, der sie im Laufe ihres Lebens kennenlernte, bemerkte, wie verführerisch dieser Charakterzug war. Ihre Weigerung, Kompromisse einzugehen oder die für sie vorgesehene Rolle zu spielen, ließ alles, was sie unternahm, authentisch und natürlich wirken.

Kinder spielen gerne und lassen dabei ihre eigene, kleine Welt entstehen. Wenn sie ganz und gar in ihre Fantasien versunken sind, entfalten sie eine ungeheure Anziehungskraft. Sie flößen ihrer Vorstellungswelt so viel Ernsthaftigkeit und Gefühl ein. Natürliche Erwachsene agieren ähnlich, besonders wenn sie Künstler sind: Sie kreieren ihre eigene Fantasiewelt und leben darin, als wäre es die echte. Träume sind viel schöner als die Wirklichkeit, und weil die meisten Menschen nicht entschlossen oder mutig genug sind, eine solche Welt entstehen zu lassen, genießen sie die Nähe von Menschen, denen es gelingt.

**Gesetz des Tages: Lernen Sie, mit Ihrem Image zu spielen, aber nehmen Sie es niemals zu ernst. Damit es ganz natürlich wirkt, ist es unabdingbar, Ihr Spiel so überzeugend und emotional wie das eines Kindes wirken zu lassen. Je mehr Sie in Ihrer eigenen, freudvollen Welt aufzugehen scheinen, desto verführerischer werden Sie für andere.**

*The Art of Seduction*: The Natural

## 20. JULI

### *Seien Sie ein Quell der Freude*

Niemanden interessieren Ihre Sorgen und Probleme. Haben Sie lieber ein Ohr für die Nöte ihrer Zielpersonen, aber was noch wichtiger ist, lenken Sie sie von ihren Problemen ab, indem Sie ihnen Freude bereiten. (Haben Sie das oft genug getan, werden Sie sie völlig in Ihren Bann ziehen.) Ein energisches Auftreten ist viel vereinnahmender als ein lethargisches, denn das lässt auf Langeweile schließen – ein großes soziales Tabu. Für gewöhnlich übertrumpfen Eleganz und Stil Obszönität, da sich die meisten Menschen lieber mit dem schmücken, was sie selbst für erhaben und kultiviert halten.

**Gesetz des Tages: Fröhlichkeit und Witz sind immer anziehender als Ernsthaftigkeit und ein kritischer Geist.**

*The Art of Seduction*: The Charmer

## 21. JULI

### *Das Gesetz der Begehrlichkeit*

Coco Chanel stellte von Anfang an sicher, dass ihre Kleidung omnipräsent war. Wenn Frauen andere Frauen in einem Chanel-Outfit sahen, stimulierte dies den vom Konkurrenzdenken getriebenen Wunsch, auch ein solches zu besitzen und nicht ausgeschlossen zu werden. In Wirklichkeit waren die Strohhüte, die Chanel anfangs entwarf, nichts anderes als die für jedermann erhältliche Massenware aus dem Kaufhaus. Ihre ersten Kreationen waren aus den billigsten Materialien gefertigt. Ihr Parfüm war eine Mixtur herkömmlicher Blumen. Durch einen psychologischen Kniff wurden sie zu Objekten der Begierde, die man unbedingt besitzen musste.

Sie sollten wie Coco Chanel einen Perspektivwechsel vornehmen. Anstatt sich auf die Dinge zu fokussieren, die Sie selbst wollen und begehren, müssen Sie Ihren Blick auf andere richten, auf ihre unterdrückten Begierden und unerfüllten Sehnsüchte. Sie müssen herausfinden, wie andere Ihre Produkte wahrnehmen, und lernen, sich selbst und Ihre Arbeit von außen zu betrachten. Dies verleiht Ihnen die beinahe grenzenlose Macht, die Art und Weise, wie Menschen diese Objekte wahrnehmen, zu formen und zu beflügeln. Menschen legen keinen Wert auf Wahrheit und Ehrlichkeit, ganz egal, wie oft Sie diesen Blödsinn schon gehört haben. Sie wollen, dass man ihre Fantasie anregt und ihnen zur Flucht aus der Banalität ihres Alltags verhilft. Umgeben Sie sich und Ihre Arbeit mit dem Hauch des Geheimnisvollen. Verbinden Sie sie mit etwas Neuem, Fremdartigem, Exotischem, Fortschrittlichem und Verbotenem. Präzisieren Sie Ihre Botschaft nicht, sondern lassen Sie sie absichtlich vage.

**Gesetz des Tages: Erschaffen Sie die Illusion der Allgegenwärtigkeit – Ihr Produkt wird überall gesehen und von anderen begehrt. Lassen Sie dann die Habgier, die allen Menschen gemein ist, den Rest erledigen, und lösen Sie damit eine Kettenreaktion des Begehrens aus.**

*Die Gesetze der menschlichen Natur*, Gesetz 5: Werden Sie ein schwer fassbares Objekt der Begierde – Das Gesetz der Begehrlichkeit

## 22. JULI

### *Bohren Sie in der Wunde*

In Platons *Symposion* – der ältesten abendländischen Abhandlung über die Liebe, die unsere Vorstellung von Verlangen entscheidend mitgeprägt hat – erklärt die Kurtisane Diotima Sokrates die Abstammung des Gottes der Liebe, Eros. Eros' Vater war die Findigkeit oder List, seine Mutter die Armut oder Bedürftigkeit. Eros kommt ganz nach seinen Eltern: Ständig hat er Bedarf an irgendetwas, und ständig heckt er eine List aus, um diesen zu befriedigen. Als Gott der Liebe weiß Eros, dass sich die Liebe bei niemandem entflammen lässt, solange er kein Bedürfnis hat. Und das ist es, was die Pfeile des Eros bezwecken: Sie bohren sich ins Fleisch der Menschen und lassen sie einen Schmerz, einen Mangel, einen Hunger verspüren.

Ihre oberste Aufgabe als Verführer ist folgende: Wie Eros müssen Sie Ihrem Opfer eine Wunde zufügen und auf seine schwächste Stelle zielen. Sie müssen den verletzlichsten Punkt seines Selbstwertgefühls finden. Bewegt sich Ihre Zielperson auf ausgefahrenen Gleisen, sorgen Sie dafür, dass sie genau dies noch intensiver wahrnimmt, indem Sie ganz »unschuldig« das Thema zur Sprache bringen. Sie müssen eine Wunde finden und ein bisschen darin bohren, eine Unsicherheit, die Sie ein wenig vergrößern, eine Angst, die am besten dadurch genommen wird, dass man sich auf eine andere Person einlässt – nämlich Sie.

**Gesetz des Tages: Positionieren Sie sich als jemand, der von außen kommt, als eine Art Fremder. Sie repräsentieren den Wandel, das Andersartige, den Bruch mit der Routine. Geben Sie Ihrem Opfer das Gefühl, dass sein Leben im Vergleich zu Ihrem langweilig ist und seine Freunde weniger interessant sind als gedacht.**

*The Art of Seduction*: Create a Need – Stir Anxiety and Discontent

## 23. JULI

# *Achten Sie auf die Details*

Als Kinder gingen wir mit viel wacheren Sinnen durch die Welt. Die Farben eines neuen Spielzeugs oder ein Spektakel wie ein Zirkus fesselten uns. Gerüche oder Töne konnten uns faszinieren. Bei unseren Spielen ahmten wir irgendetwas aus der Erwachsenenwelt im Kleinen nach und hatten das größte Vergnügen daran, jedes noch so winzige Detail zu inszenieren. Nichts entging uns. Mit dem Älterwerden stumpften unsere Sinne ab. Wir haben keine Augen mehr für die Feinheiten, sind ständig in Eile, um alles zu erledigen, und haben immer schon die nächste Aufgabe im Blick.

Wenn Sie jemanden verführen wollen, sollten Sie ihn in die glücklichen Tage seiner Kindheit zurückversetzen. Ein Kind ist weniger rational, es lässt sich leichter hinters Licht führen. Es ist aufgeschlossener für Sinnesfreuden. Wenn Sie Zeit mit Ihrer Zielperson verbringen, dürfen Sie ihr niemals das Gefühl geben, in ihrer Alltagswelt zu sein, in der wir alle überhastet und skrupellos nur unsere eigenen Ziele verfolgen. Drosseln Sie bewusst das Tempo und entführen Sie Ihr Opfer in seine Kindheit zurück, als alles noch einfacher war. Sie müssen es so einfädeln, dass die Details – Farben, Geschenke, kleine Zeremonien – die Sinne Ihrer Zielperson ansprechen und eine kindliche Freude auslösen, die uns Eindrücke aus der natürlichen Welt damals ganz unmittelbar bereitet haben. Wenn die Sinne Ihrer Zielperson von den schönen Dingen des Lebens erfüllt sind, vermindert dies ihre Fähigkeit, vernünftig und logisch zu denken. Sie werden merken, dass Sie selbst eine langsamere Gangart einlegen, wenn Sie mehr aufs Detail achten. Sie werden so aufmerksam und zuvorkommend wirken, dass Ihre Zielperson sich gar nicht fragt, worauf Sie in Wirklichkeit aus sind. Das kindliche Reich der Sinne, in das Sie sie entführen, nimmt sie ganz deutlich als Gegenentwurf zur realen Welt wahr – und das ist wesentlich bei der Verführung.

**Gesetz des Tages: Hochtrabende Worte und große Gesten können verdächtig wirken: Warum versuchen Sie so sehr, zu gefallen? Die Details einer Verführung – subtile Gesten und spontane Kleinigkeiten – sind oft charmanter und verlockender.**

*The Art of Seduction*: Pay Attention to Detail

## 24. JULI

# *Bringen Sie andere dazu, Sie zum Fetisch zu erheben*

Wenn Marlene Dietrich einen Raum betrat oder bei einer Feier eintraf, richteten sich alle Augen auf sie. Zunächst war da ihre auffällige Kleidung, die allen den Kopf verdrehte. Dann hatte Sie diese Aura der nonchalanten Gleichgültigkeit. Männer – und auch Frauen – waren von ihr besessen und träumten noch lange von ihr, als andere Erinnerungen an den Abend längst verblasst waren. Marlene Dietrich hatte eine gewisse Distanz zu sich selbst: Sie konnte ihr Gesicht, ihre Beine, ihren Körper analysieren, als wäre sie eine andere Person. Das verlieh ihr die Fähigkeit, ihr Aussehen nach Belieben zu gestalten und ihr Erscheinungsbild je nach gewünschtem Effekt zu verändern. Sie war wie ein schönes Objekt, etwas, das man fetischisieren und wie ein Kunstwerk bewundern konnte.

Wenn Sie sich selbst als Objekt betrachten, werden das auch andere tun. Eine ätherische, traumhafte Aura verstärkt die Wirkung. Sehen Sie sich selbst als leere Projektionsfläche. Treiben Sie leidenschaftslos durchs Leben, und die Menschen werden Sie erobern und verschlingen wollen. Das Gesicht ist der Teil des Körpers, der diese fetischistische Aufmerksamkeit am stärksten auf sich lenken kann. Lernen Sie daher, es wie ein Instrument zu beherrschen und es diese so wirkungsvolle Unbestimmtheit ausstrahlen zu lassen. Und weil Sie sich von anderen Stars abheben müssen, sollten Sie Ihren eigenen Stil entwickeln, der alle Aufmerksamkeit auf sich zieht. Die Dietrich war eine Meisterin dieser Kunst. Ihr Stil war chic genug, um zu blenden, und bizarr genug, um zu verzaubern.

**Gesetz des Tages: Ihr Image und Ihr Erscheinungsbild können Sie kontrollieren. Wenn die Menschen das Gefühl haben, dass Sie damit spielen, werden sie Sie als überlegen und nachahmenswert ansehen.**

*The Art of Seduction*: The Star

## 25. JULI

### *Spielen Sie mit Ambiguität*

Um Aufmerksamkeit zu erregen und zu fesseln, müssen Sie Eigenschaften zur Schau stellen, die im Kontrast zu Ihrem körperlichen Erscheinungsbild stehen und Ihnen etwas Tiefgründiges und Geheimnisvolles geben. Wenn Sie beispielsweise liebliche Gesichtszüge und eine unschuldige Ausstrahlung haben, lassen Sie ahnen, dass Sie auch eine dunkle, vielleicht sogar etwas grausame Seite haben. Sprechen Sie es nicht aus, sondern lassen Sie durch Ihr Verhalten darauf schließen. Machen Sie sich keine Sorgen, falls diese verborgene Seite negativ, beispielsweise gefährlich, grausam oder amoralisch sein sollte: Von der Aura des Geheimnisvollen fühlen sich die Menschen auf jeden Fall angezogen, und reine Herzensgüte ist selten verführerisch.

**Gesetz des Tages: Niemand ist von Natur aus von einer geheimnisvollen Aura umgeben, zumindest nicht über einen längeren Zeitraum. Sie ist etwas, an dem Sie arbeiten müssen, eine List. Und sie ist etwas, das während einer Verführung früh zum Einsatz kommen muss.**

*The Art of Seduction*: Send Mixed Signals

## 26. JULI

## *Sich im richtigen Moment zurückziehen*

Die Liebe stirbt niemals an Hunger, wohl aber an Übersättigung

NINON DE LENCLOS

Die russische Verführerin Lou Andreas-Salomé hatte eine starke Präsenz. In ihrer Gesellschaft spürte ein Mann, wie sich ihre Blicke in ihn bohrten, und ihre Koketterien versetzten ihn in Verzückung. Doch dann kam fast immer etwas dazwischen – sie musste für eine Weile die Stadt verlassen oder hatte einfach zu viel zu tun, um ihn zu sehen. Während ihrer Abwesenheit verliebten sich die Männer hoffnungslos in sie und schworen sich, bei der nächsten Begegnung offensiver zu Werke zu gehen. In diesem späten Stadium einer Verführung müssen Sie einen guten Grund für Ihre Abwesenheit vorgeben. Sie wollen keine brüske Abfuhr erteilen, sondern ins Grübeln bringen: Hätten Sie nicht einen Grund finden können zu bleiben? Verlieren Sie vielleicht das Interesse? Gibt es gar eine andere Person?

**Gesetz des Tages: Während Ihrer Abwesenheit werden die Gefühle der Zielperson für Sie nur stärker. Sie wird Ihre Fehler vergessen und Ihre Sünden vergeben. Kaum sind Sie zurück, wird sie Sie mit ganzer Macht haben wollen. Es ist, als wären Sie von den Toten auferstanden.**

*The Art of Seduction*: Master the Art of the Bold Move

## 27. JULI

### *Wissen, wann man dreist sein muss*

Haben wir erst einmal unser Herz erraten lassen, so wollen wir in unserem Stolz immer mehr Schüchternheit einflößen: Je mehr man auf unseren Widerstand Rücksicht nimmt, desto mehr Respekt verlangen wir. Dabei möchten wir euch ganz gern zurufen: Um Himmels willen, setzt doch nicht gar so viel Tugend in uns voraus! Ihr hindert uns ja geradezu, dagegen zu verstoßen.

NINON DE L'ENCLOS

Niemand wird ängstlich geboren. Angst ist ein Schutzmechanismus, den wir nach und nach entwickeln. Wenn wir nie Kopf und Kragen riskieren, wenn wir nie etwas wagen, dann bekommen wir auch nie die Konsequenzen unseres Versagens oder Erfolgs zu spüren. Wenn wir freundlich und dezent sind, wird sich niemand an uns stören – wir werden vielmehr lammfromm und liebenswert wirken. Bescheidenheit mag im menschlichen Miteinander von Vorteil sein, bei der Verführung hingegen ist sie tödlich. Gelegentlich müssen Sie den Bescheidenen, den Heiligen spielen: Es ist eine Maske, die Sie überziehen. Beim Verführen aber müssen Sie sie fallen lassen. Dreistigkeit ist nicht nur erfrischend und erotisch, sondern auch absolut notwendig, um die Verführung zum Abschluss zu bringen. Gekonnt eingesetzt signalisieren Sie damit Ihrer Zielperson, dass sie Sie dazu gebracht hat, Ihre übliche Zurückhaltung aufzugeben, und das gibt ihr die Erlaubnis, es Ihnen gleichzutun. Die Menschen sehnen sich nach einer Gelegenheit, die unterdrückten Seiten ihrer Persönlichkeit auszuleben.

**Gesetz des Tages: Im letzten Stadium einer Verführung eliminiert Kühnheit alle Zweifel und Peinlichkeiten.**

*The Art of Seduction*: Master the Art of the Bold Move

## 28. JULI

### *Sprechen Sie die Sinne der Menschen an*

Machen Sie sich frei vom Bedürfnis, auf normale, direkte Weise zu kommunizieren, dann haben Sie beim sanften Verkaufen mehr Möglichkeiten. Wählen Sie Ihre Worte zurückhaltend, vage und verlockend. Legen Sie noch viel mehr Wert auf Ihr Erscheinungsbild, Ihren Stil und welche Geschichte das Sichtbare erzählt. Vermitteln Sie ein Gefühl von Fortschritt und Bewegung, indem Sie sich selbst in Bewegung zeigen. Drücken Sie Zuversicht und Selbstvertrauen nicht mit Fakten und Zahlen aus, sondern mit Farben und positiven optischen Signalen, die das Kind in jedem von uns ansprechen.

Wenn Sie den Medien bei der Berichterstattung über Sie freie Hand lassen, sind Sie ihnen auf Gedeih und Verderb ausgeliefert. Drehen Sie deshalb den Spieß um: Die Presse braucht Dramatik und Bilder? Liefern Sie sie. Es ist in Ordnung, Probleme zu diskutieren oder »Wahrheiten« auszusprechen, solange Sie sie unterhaltsam verpacken. Denken Sie daran: Bilder bleiben uns noch im Gedächtnis haften, wenn Worte schon längst vergessen sind. Lernen Sie, Ihre Botschaft durch starke Bilder zu vermitteln, die positive Emotionen und Glücksgefühle auslösen. Ihr Publikum mag sich zwar oberflächlich mit dem Inhalt oder der Moral, die Sie ihm predigen, beschäftigen, doch es sind die Bilder, die es regelrecht aufsaugt, die ihm unter die Haut gehen und die länger haften bleiben als Worte oder moralisierende Erklärungen.

**Gesetz des Tages: Schenken Sie der Form Ihrer Botschaft mehr Aufmerksamkeit als dem Inhalt. Bilder sind verführerischer als Worte, und das Visuelle sollte Ihre eigentliche Botschaft sein.**

*The Art of Seduction*: Soft Seduction –
How to Sell Anything to the Masses

## 29. JULI

# *Der Jäger wird gejagt*

Ich ergreife die Flucht und lehre sie zu siegen, indem sie mich verfolgt. Ständig weiche ich zurück, und in dieser Rückwärtsbewegung lehre ich sie alle Mächte der Liebe an mir kennen, die unruhigen Gedanken, die Leidenschaft, was Sehnsucht ist und Hoffnung und ungeduldige Erwartung.

SØREN KIERKEGAARD

Jedes Geschlecht hat von Natur aus seine eigenen verführerischen Reize. Wenn Sie Interesse an einer Person zeigen, aber nicht sexuell auf sie reagieren, wird sie das verwirren – und herausfordern: Sie wird Mittel und Wege suchen, Sie zu verführen. Um diesen Effekt zu erzielen, müssen Sie zuerst Interesse an Ihrer Zielperson zeigen, etwa durch Briefe oder subtile Andeutungen. Doch in ihrer Gegenwart signalisieren Sie eine Art sexuelle Neutralität. Seien Sie freundlich, auch herzlich, aber nicht mehr. So bringen Sie die Zielperson dazu, sich mit allen Waffen der Verführung zu rüsten, die die Natur für ihr Geschlecht bereithält – und das ist es, was Sie wollen.

**Gesetz des Tages: Schaffen Sie die Illusion, dass es der Verführer ist, der verführt wird.**

*The Art of Seduction*: Give Them
Space to Fall – The Pursuer Is Pursued

## 30. JULI

### *Der Reiz der Illusion*

Das Theater gibt uns das Gefühl, in einer anderen, magischen Welt zu sein. Das Make-up der Schauspieler, die faszinierenden Kulissen, die leicht gekünstelten Kostüme – diese starken visuellen Reize erzeugen, neben der Handlung des Stücks, eine Illusion. Um denselben Effekt im realen Leben zu erreichen, sollten Sie Ihre Kleidung, Ihr Make-up und Ihre Haltung so abstimmen, dass Sie etwas Spielerisches, Artifizielles ausstrahlen – und das Gefühl hervorrufen, dass Sie sich zum Vergnügen Ihres Publikums zurechtgemacht haben. Filmgöttinnen wie Marlene Dietrich hatten eine solche Wirkung.

Die Begegnungen mit Ihrer Zielperson sollten etwas Dramatisches an sich haben, das Sie durch die Wahl der Szenerie und durch Ihr Verhalten erzeugen. Ihre Zielperson darf nie wissen, was als Nächstes passiert. Halten Sie sie mit überraschenden Wendungen in Atem, die letzten Endes zu einem Happy End führen: Sie stehen auf einer Bühne.

**Gesetz des Tages: Geben Sie Ihrer Zielperson bei jeder Begegnung das vage Gefühl, Teil eines Theaterspiels zu sein, rufen Sie den Nervenkitzel hervor, eine Maske zu tragen und eine andere Rolle zu spielen als die, die das Leben Ihnen beiden eigentlich zugedacht hat.**

*The Art of Seduction*: Appendix A – Seductive Environment/Seductive Time

## 31. JULI

# *Geben Sie Anlass zum Poetisieren*

Wer sich in ein Mädchen nicht in solchem Grad hineinzudichten weiß, dass alles von ihr selbst ausgeht, so wie man es wünscht, der ist und bleibt ein Pfuscher ... Sich in ein Mädchen hineinzudichten, ist eine Kunst.

SØREN KIERKEGAARD

In einer Welt voller Brutalität und Enttäuschung bereitet es großes Vergnügen, alles Mögliche in jemand anderen hineinzudeuten. Das macht es dem Verführer so leicht: Menschen lechzen danach, sich Fantasievorstellungen von Ihnen zu machen. Verbauen Sie sich nicht diese großartige Möglichkeit, indem Sie zu viel von sich preisgeben oder gar so vertraut und banal werden, dass die Zielperson Sie als das erkennt, was Sie sind. Sie müssen kein Engel sein und auch kein Ausbund an Tugend – das wäre ziemlich langweilig. Sie können gefährlich, unanständig, sogar ein bisschen vulgär auftreten – das hängt ganz vom Geschmack Ihres Opfers ab.

**Gesetz des Tages: Machen Sie nie den Eindruck, durchschnittlich oder beschränkt zu sein. In der Poesie ist (im Gegensatz zur Realität) alles möglich.**

*The Art of Seduction*: Poeticize Your Presence

# August

## *Meister der Überzeugung*

### DEN WIDERSTAND ANDERER AUFWEICHEN

Wir Menschen können nicht der Versuchung widerstehen, andere beeinflussen zu wollen. Alles, was wir sagen oder tun, wird von anderen auf Hinweise für unsere Absichten untersucht und gedeutet. Als soziale Wesen können wir gar nicht anders, als ständig dieses Spiel zu spielen, sei es bewusst oder unbewusst. Den meisten ist der Aufwand zu groß, sich über andere Menschen Gedanken zu machen oder eine Strategie zu entwickeln, um deren Abwehrmechanismen auszuhebeln. Sie sind faul. Sie wollen einfach sie selbst sein, frei von der Leber weg sprechen oder nichts tun – und das alles unter dem Vorwand, im Sinne der Moral zu handeln. Da das Spiel unumgänglich ist, seien Sie besser ein Meister darin, statt es zu verleugnen oder je nach Situation mehr schlecht als recht improvisieren zu müssen. Letzten Endes sind gute Überzeugungskünste für das soziale Miteinander besser als die Haltung des Moralapostels. Gute Überzeugungsarbeit setzt voraus, sich in die Perspektive anderer hineinversetzen zu können und empathisch zu sein. Der Monat August wird Sie die Manöver und Strategien lehren, die es braucht, um andere in Ihren Bann zu ziehen und ihren Widerstand zu brechen. Sie werden lernen, so eindringlich zu überzeugen, dass Ihre Zielperson kapituliert.

Oft werde ich gefragt, warum ich die Botschaften an meine Leserschaft über Geschichten transportiere.

Ich bin sehr fokussiert auf meine Leser und Leserinnen. Wenn ich schreibe, frage ich mich stets: Wie werden sie diese Information wohl aufnehmen?

Psychologen sind auf ein Problem gestoßen: Es gibt Lehrer, die davon ausgehen, dass ihre Schüler auf demselben Wissensstand stehen wie sie selbst. Dieses Denken macht sie zu schlechten Lehrern. Ich bin mir im Klaren darüber, dass meine Leser nicht zwangsläufig wissen, worüber ich rede. Wenn ich beispielsweise über Carl Jung rede und mit Fachbegriffen um mich schmeiße, werden meine Leser mich nicht verstehen. Deswegen muss ich es für den Durchschnittsmenschen verständlich machen.

In den *24 Gesetzen der Verführung* erkläre ich, wie man den Widerstand anderer aufweicht, indem man Geschichten erzählt. Geschichten machen Menschen aufgeschlossener.

Von Kindesbeinen an – als wir von unseren Eltern getragen wurden oder Guck-guck gespielt haben – ist das Gefühl, nicht zu wissen, was als Nächstes kommt, tief in unserer Psyche verwurzelt.

Wenn ich eine Geschichte über Rockefeller erzähle, um Aggression zu illustrieren, weiß ich, dass der Leser in die Geschichte hineingezogen wird, aber keine Ahnung hat, worauf ich hinauswill, also wer der Aggressor in der Geschichte ist oder welchen Grundsatz ich davon ableiten will. Meine Leser wollen einfach weiterlesen und immer mehr erfahren. Mit einem Kniff habe ich sie dazu gebracht, bis Seite acht zu lesen. Hätte ich sie schon auf den ersten Seiten mit Jung, dieser oder jener Studie oder ein paar Fachbegriffen aus der Soziologie erschlagen, hätten sie dicht gemacht. Sie wären eingeschlafen.

Das ist der Fehler, den 98 Prozent derer machen, die Bücher schreiben. Sie machen sich keine Gedanken über ihre Leser. Sie gehen davon aus, dass der Leser ihr Thema genauso interessant findet wie sie selbst. Ein Leser will verführt werden. Sie müssen ihn davon überzeugen, dass das, was Sie zu sagen haben, seine Zeit wert ist.

Im sozialen Miteinander, beim Versuch, andere zu überzeugen oder zu verführen, machen die Menschen den gleichen Fehler. Wenn Sie wollen, dass jemand nach Ihrer Pfeife tanzt, Ihnen hilft, Ihren Film finanziert oder was auch immer – und Sie nur das, was Sie wollen oder verdienen im Fokus haben, werden Sie scheitern. Doch wenn Sie sich fragen, was der andere denkt, welche Geschichten er hören will, was ihm gefällt und was ihn interessiert – drehen Sie das Spiel zu Ihren Gunsten. Dann haben Sie die Macht, andere zu beeinflussen.

So wie ich die Macht habe, Einfluss auf meine Leserinnen und Leser auszuüben, indem ich mich frage, was sie wollen, haben Sie in dem Moment die Macht, Menschen zu beeinflussen, in dem Sie sich fragen, was sie wollen.

## 1. AUGUST

### *Die Kunst der Hypnose*

Das Ziel von verführerischer Sprache ist oft eine Art hypnotischer Zustand: Man lenkt Menschen ab, schwächt dadurch ihre Abwehrhaltung und macht sie anfälliger für Suggestionen. Eignen Sie sich die Techniken eines Hypnotiseurs an: Wiederholungen und Affirmationen sind die wichtigsten Methoden, um andere einzulullen. Wiederholung bedeutet, immer wieder dieselben, möglichst emotional aufgeladenen, Wörter zu verwenden: »Steuern«, »Liberale«, »Fanatiker«. Es ist faszinierend – wenn Ideen einfach oft genug wiederholt werden, verankern sie sich dauerhaft im Unterbewusstsein der Menschen. Affirmationen sind eindringlich positive Aussagen, die den Anweisungen eines Hypnotiseurs ähneln. Die Sprache der Verführung sollte immer etwas Unverfrorenes haben, das über eine Vielzahl von Regelverstößen hinwegtäuscht. Ihre Zuhörer werden von Ihren gewagten Aussagen so gefesselt sein, dass sie keine Zeit haben, sie auf ihren Wahrheitsgehalt zu prüfen. Sagen Sie niemals: »Ich bezweifle, dass die Gegenseite eine weise Entscheidung getroffen hat.« Sagen Sie lieber: »Wir haben Besseres verdient«, oder: »Die haben ein heilloses Durcheinander angerichtet.« Affirmative Sprache ist eine aktive Sprache voller Verben, Imperative und kurzer Hauptsätze.

**Gesetz des Tages: Streichen Sie »ich glaube«, »vielleicht«, »meiner Meinung nach«. Zielen Sie direkt aufs Herz.**

*The Art of Seduction*: Use the Demonic Power of Words to Sow Confusion

## 2. AUGUST

### *Machen Sie sich das Konkurrenzverhalten zunutze*

1948 suchte der Regisseur Billy Wilder Schauspieler für seinen neuen Film *Eine auswärtige Affäre*, der im Berlin der Nachkriegszeit spielen sollte. Eine der Hauptfiguren war eine Frau namens Erika von Schlütow, eine deutsche Kabarettsängerin, die während des Krieges verdächtige Verbindungen zu verschiedenen Nazis pflegte. Wilder hielt Marlene Dietrich für die perfekte Besetzung, aber die Schauspielerin hatte öffentlich ihre große Abneigung gegen alles zum Ausdruck gebracht, was mit dem Nationalsozialismus zu tun hatte, und sich immer wieder deutlich für die Sache der Alliierten eingesetzt. Als sie zum ersten Mal auf die Rolle angesprochen wurde, befand die Dietrich sie für zu geschmacklos und setzte einen Schlusspunkt unter die Diskussion. Wilder protestierte und bettelte nicht. Angesichts der berüchtigten Sturheit der Dietrich wäre dies ohnehin vergebens gewesen. Stattdessen teilte er ihr mit, dass er zwei perfekte amerikanische Schauspielerinnen für die Rolle gefunden habe, aber gerne ihre Meinung wüsste, welche von den beiden die bessere Wahl sei. Ob sie vielleicht einen Blick auf ihre Probeaufnahmen werfen könne? Da die Dietrich ein schlechtes Gewissen hatte, dass sie ihrem alten Freund Wilder abgesagt hatte, stimmte sie sofort zu. Doch Wilder hatte klugerweise zwei bekannte Schauspielerinnen gecastet, von denen er wusste, dass sie für die Rolle völlig ungeeignet waren und aus der Rolle der lasziven, deutschen Sängerin eine Farce machen würden. Dieser Trick wirkte Wunder. Die sehr ehrgeizige Dietrich war von den Darbietungen der Schauspielerinnen entsetzt und bot sich sofort freiwillig für die Rolle an.

**Gesetz des Tages: Ihre Versuche, Einfluss zu nehmen, müssen einer ähnlichen Logik folgen: Wie können Sie andere dazu bringen, den Gefallen, um den Sie bitten, als etwas wahrzunehmen, das sie gerne tun würden?**

*Die Gesetze der menschlichen Natur*, Gesetz 7: Weichen Sie den Widerstand der Menschen auf, indem Sie ihre Selbstmeinung bestätigen – Das Gesetz der Abwehrhaltung

## 3. AUGUST

### *Machen Sie sie zu den Stars der Show*

> Die meisten Menschen … wollen weniger belehrt oder sogar unterhalten, sondern vielmehr gelobt und bewundert werden.
>
> JEAN DE LA BRUYÈRE

Einfluss auf Menschen und die damit verbundene Macht werden ganz anders erlangt, als Sie es sich vielleicht vorstellen. Normalerweise versuchen wir, unsere Mitmenschen von unseren eigenen Ideen zu begeistern und uns im bestmöglichen Licht zu präsentieren. Wir bauschen unsere vergangenen Leistungen auf. Wir machen große Versprechungen, was wir alles tun oder sein werden. Wir bitten um Gefälligkeiten und glauben, mit Ehrlichkeit am besten zu fahren. Dabei machen wir uns nicht klar, dass wir damit die ganze Aufmerksamkeit auf uns lenken. Doch in einer Welt, in der die Menschen mehr und mehr um sich selbst kreisen, führt dies dazu, dass die anderen sich wiederum auf sich selbst besinnen und verstärkt an ihre eigenen Interessen denken, anstatt an unsere.

Der Königsweg zu Einfluss und Macht führt in die entgegengesetzte Richtung: Richten Sie Ihre ganze Aufmerksamkeit auf andere. Lassen Sie sie reden. Lassen Sie sie die Stars der Show sein. Es lohnt sich, ihre Meinungen und Werte zum Schein zu übernehmen. Die Ziele, die sie unterstützen, sind natürlich die edelsten. Eine solche Aufmerksamkeit ist so rar in dieser Welt. Die Menschen lechzen förmlich danach, sodass sie, wenn sie eine derartige Wertschätzung erfahren, ihren Schutzschild senken und sich für die Ideen öffnen, die Sie ihnen einflüstern wollen.

**Gesetz des Tages: Überlassen Sie in einem Gespräch das Reden unbemerkt zu 70 Prozent Ihrem Gegenüber, und finden Sie heraus, was dies bewirkt.**

*Die Gesetze der menschlichen Natur*, Gesetz 7: Weichen Sie den Widerstand der Menschen auf, indem Sie ihre Selbstmeinung bestätigen – Das Gesetz der Abwehrhaltung

## 4. AUGUST

### *Lenken Sie überwältigende Emotionen*

Malcolm X hielt überall in den Vereinigten Staaten Vorträge. Er hielt sie immer frei – er sah seine Zuhörer an, stellte Augenkontakt her und deutete mit dem Finger auf Einzelne. Sein Zorn war augenfällig. Man merkte ihn weniger an seinem Tonfall – er sprach immer kontrolliert und deutlich – als vielmehr an seiner kämpferischen Energie: Seine Adern traten stets dick an seinem Hals hervor. Früher hatten viele Anführer der US-Bürgerrechtsbewegung ihre Worte mit Vorsicht gewählt und ihre Anhänger gebeten, geduldig und höflich ihr soziales Schicksal zu ertragen, egal wie unfair es auch war. Dagegen war Malcolm eine wahre Erlösung: Er machte die Rassisten, die Liberalen, sogar den Präsidenten lächerlich; kein Weißer entkam seinem Hohn. Wenn die Weißen Gewalt anwendeten, so Malcolm, müsse man ihnen auch in der Sprache der Gewalt antworten, denn das sei die einzige Sprache, die sie verstünden. »Feindseligkeit ist gut!«, schrie er. »Sie hat sich schon viel zu lange aufgestaut!« Malcolm X hatte auf viele, die die gleiche Wut wie er empfanden, sie aber nicht artikulieren konnten, einen belebenden Effekt.

Er war ein Charismatiker in der Tradition des Moses: Er war ein Erlöser. Die Macht dieses Charismatikertyps gründet darauf, dass er dunklen Gefühlen Ausdruck verleiht, die sich über Jahre der Unterdrückung hinweg aufgestaut haben. Das ist das Wesen von Charisma – eine überwältigende Emotion, übermittelt durch Ihre Gesten, den Klang Ihrer Stimme und subtile Zeichen, die unausgesprochen und dadurch umso eindringlicher sind. Keine Emotion ist mächtiger und besser geeignet, um charismatische Wirkung zu entfalten, als Hass, besonders, wenn er im tiefen Gefühl der Unterdrückung wurzelt. Drücken Sie aus, was andere nicht auszusprechen wagen, und sie werden Ihnen große Macht zuerkennen. Sprechen Sie aus, was die anderen nicht sagen können, aber wollen.

**Gesetz des Tages: Lernen Sie, Ihre Gefühle zu lenken. Nichts ist charismatischer als der Eindruck, dass jemand gegen große Emotionen ankämpft, anstatt ihnen einfach nachzugeben.**

*The Art of Seduction*: The Charismatic

## 5. AUGUST

### *Gewinnen Sie durch Taten*

Während seiner äußerst langen Karriere als Englands meist gefeierter Architekt wurde Sir Christopher Wren häufig von seinen Auftraggebern gebeten, ungeeignete Änderungen an seinen Entwürfen vorzunehmen. Kein einziges Mal diskutierte er oder ging auf Konfrontationskurs. Er verfügte über andere Möglichkeiten, seinen Standpunkt zu beweisen.

1688 entwarf Wren für die Stadt Westminster ein prächtiges Rathaus. Doch der Bürgermeister war nicht glücklich damit; vielmehr hatte er Angst. Er teilte Wren seine Befürchtung mit, dass der zweite Stock nicht sicher sei und auf sein Büro im ersten Stock herabstürzen könne. Daher verlangte er von dem Architekten, zwei Steinsäulen als zusätzliche Stützen einzuplanen. Wren, ein hervorragender Baumeister, wusste, dass diese beiden Säulen überflüssig und die Bedenken des Bürgermeisters unbegründet waren. Dennoch baute er sie, worüber der Bürgermeister dankbar war. Erst Jahre später stellten Arbeiter auf einem hohen Gerüst fest, dass die Säulen kurz unterhalb der Decke endeten. Sie waren Attrappen. Doch beide Männer hatten bekommen, was sie wollten: Der Bürgermeister musste keine Angst mehr haben, und Wren konnte sichergehen, dass die Nachwelt erkennen würde, dass sein ursprünglicher Entwurf funktionierte und die Säulen unnötig waren.

**Gesetz des Tages: Liefern Sie Beweise, anstatt sich wortreich zu erklären.**

*The 48 Laws of Power*, Law 9: Win through Your Actions, Never through Argument

## 6. AUGUST

# *Halten Sie andere im Ungewissen*

Wenige Monate nach ihrer Ankunft in Paris 1926 hatte Josephine Baker die französische Öffentlichkeit mit ihren wilden Tänzen völlig verzaubert. Doch nach nicht einmal einem Jahr spürte sie, dass das Interesse an ihr nachließ. Von Kindesbeinen an hatte sie das Gefühl gehasst, keine Kontrolle über ihr Leben zu haben. Warum also einem wankelmütigen Publikum auf Gedeih oder Verderb ausgeliefert sein? Sie verließ Paris und kehrte erst ein Jahr später zurück, doch trat sie nun völlig anders auf: Sie spielte die elegante Französin, die zufällig auch noch eine geniale Tänzerin und Sängerin war. Die Franzosen verliebten sich ein weiteres Mal in sie, und Baker hatte wieder alle Fäden in der Hand.

Wenn auch Sie im Rampenlicht der Öffentlichkeit stehen, sollten Sie sich Bakers Überraschungstaktik abschauen. Die Menschen langweilen sich nicht nur mit ihrem eigenen Leben, sondern auch mit Leuten, die eigentlich für ihre Ablenkung sorgen sollten. Sobald sie das Gefühl haben, Ihren nächsten Schritt vorhersagen zu können, zerreißen sie Sie in der Luft. Der Künstler Andy Warhol wechselte ständig von einer Inkarnation zur nächsten, und keiner konnte wissen, welche als nächste an die Reihe kam: Künstler, Filmemacher oder Salonlöwe. Sorgen Sie dafür, dass Sie immer eine Überraschung aus dem Ärmel zaubern können.

**Gesetz des Tages: Um die Aufmerksamkeit der Öffentlichkeit zu fesseln, müssen Sie sie ständig im Ungewissen lassen. Sollen die Moralisten Sie doch der Unehrlichkeit oder Wankelmütigkeit anklagen. In Wahrheit sind sie nur auf die Freiheit und die Verspieltheit eifersüchtig, die Sie als Person des öffentlichen Lebens zur Schau stellen.**

*The Art of Seduction*: Keep Them in Suspense – What Comes Next?

## 7. AUGUST

### *Berücksichtigen Sie das Eigeninteresse*

Die meisten Menschen sind so subjektiv, dass sie bei allem, was gesagt wird, sogleich an sich denken und jede zufällige, noch so entfernte Beziehung auf irgend etwas ihnen Persönliches ihre ganze Aufmerksamkeit an sich reißt und in Besitz nimmt.

ARTHUR SCHOPENHAUER

Der schnellste Weg, Menschen für sich zu gewinnen, ist, ihnen möglichst einfach zu demonstrieren, wie sie von einer bestimmten Aktion profitieren. Eigeninteresse ist das stärkste Motiv: Eine gute Sache mag Menschen zunächst in ihren Bann ziehen, doch sobald die erste Begeisterung verflogen ist, schwindet das Interesse – es sei denn, es gibt etwas zu gewinnen. Eigennutz ist das solidere Fundament. Am besten funktioniert es, wenn eine noble Fassade den blanken Eigennutz verkleidet. Die gute Sache lockt an, aber der Appell an den Eigennutz sichert den Deal ab.

**Gesetz des Tages: Zeigen Sie den Leuten, was für sie selbst drin ist.**

*The 48 Laws of Power*, Law 43: Work on the Hearts and Minds of Others

## 8. AUGUST

# *Vermeiden Sie es, zu argumentieren*

Niemals argumentieren. In der Gesellschaft darf nichts diskutiert werden; präsentieren Sie nur Ergebnisse.

BENJAMIN DISRAELI

Wer argumentiert, begreift nicht, dass Worte niemals neutral sind und dass er, wenn er mit einem Vorgesetzten diskutiert, die Intelligenz eines Mächtigeren anzweifelt. Er ist sich nicht darüber im Klaren, mit wem er da debattiert. Da jeder glaubt, recht zu haben, und Worte einen kaum vom Gegenteil überzeugen, stoßen die Schlussfolgerungen des Argumentierenden auf taube Ohren. In die Ecke gedrängt, argumentiert er nur noch mehr und schaufelt sich damit sein eigenes Grab. Wenn er sein Gegenüber dazu gebracht hat, sich unsicher zu fühlen und den eigenen Überzeugungen nicht mehr zu trauen, könnte nicht einmal die Eloquenz eines Sokrates die Situation retten. Es geht nicht nur darum, Diskussionen mit höherrangigen Personen zu vermeiden. Wir alle halten uns auf dem Gebiet der Meinungsbildung und Argumentation für wahre Meister.

**Gesetz des Tages: Achten Sie darauf, die Richtigkeit Ihrer Ideen immer indirekt zu demonstrieren.**

*The 48 Laws of Power*, Law 9: Win through Your Actions, Never through Argument

## 9. AUGUST

### *Der moralische Effekt*

Die Macht verbaler Argumente ist äußerst begrenzt, und oft erreicht man damit das Gegenteil seines ursprünglichen Ziels. Wie Gracián anmerkt: »Die Wahrheit wird meistens gesehen, nur ausnahmsweise gehört.« Der moralische Effekt ist der perfekte Weg, um Ihre Vorstellungen durch Handeln zu demonstrieren. Sie erteilen einfach anderen eine Lektion, indem Sie sie so behandeln, wie diese Sie behandelt haben. Beim moralischen Effekt spiegeln Sie wider, was andere Menschen Ihnen angetan haben, indem Sie ihnen eindeutig nachvollziehbar exakt das antun, was sie Ihnen angetan haben. Statt zu jammern und zu klagen, was ohnehin nur die Verteidigung der anderen auf den Plan rufen würde, lassen Sie sie spüren, dass ihr Verhalten unschön war. Führt man ihnen ihre Taten vor Augen, begreifen sie, wie sehr ihr unsoziales Verhalten andere verletzt und bestraft.

**Gesetz des Tages: Objektivieren Sie die Eigenschaften, für die die anderen sich in Ihren Augen schämen sollten und halten Sie ihnen einen Spiegel vor, sodass sie ihre Dummheiten erblicken und eine Lektion über sich selbst lernen können.**

*The 48 Laws of Power*, Law 44: Disarm and Infuriate with the Mirror Effect

## 10. AUGUST

### *Stabilisieren Sie das Ego anderer*

Stellen Sie sich das Ego und die Eitelkeit anderer als eine Art Front vor. Wenn andere Sie scheinbar grundlos angreifen, liegt das oft daran, dass Sie ihr Ego, ihr Gefühl, jemand zu sein auf dieser Welt, unabsichtlich bedroht haben. Geben Sie anderen daher bei jeder Gelegenheit das Gefühl, sich ihrer selbst sicher sein zu können. Bringen Sie alles zum Einsatz, was funktioniert – subtile Schmeicheleien, Geschenke, eine unerwartete Beförderung, ein Verbrüderungsangebot, die Vortäuschung von Ebenbürtigkeit, die Spiegelung ihrer Vorstellungen und Werte. All dies wird ihnen das Gefühl geben, in ihrer Spitzenposition auf dieser Welt verankert zu sein, sodass sie ihre Habachtstellung aufgeben und Sie mögen. Jetzt, wo sie sich sicher und wohl fühlen, sind sie beeinflussbar.

**Gesetz des Tages: Wenn sich Menschen ihrer selbst sicher sind und Sie ihrem nach außen präsentierten Ego Stabilität geben, sind sie entwaffnet und manövrierbar.**

*The 33 Strategies of War*, Strategy 18: Expose and Attack Your Opponent's Soft Flank – The Turning Strategy

## 11. AUGUST

### *Meistern Sie die Kunst der Andeutung*

Verführer, die die Sprache und Kunst der Andeutung nicht beherrschen, werden keinen Erfolg haben. Kleine Versprecher, scheinbar unbeabsichtigte »Schlafen Sie darüber«-Kommentare, kleine, verlockende Hinweise und schnell zurückgenommene Behauptungen sind von großer suggestiver Kraft. Wie Gift gehen sie den Menschen unter die Haut und entfalten ein Eigenleben. Wenn Sie mit Ihren Andeutungen erfolgreich sein wollen, müssen Sie sie in einer Situation fallen lassen, in der die Zielpersonen völlig entspannt oder abgelenkt sind, dann wird ihnen nicht bewusst, was da gerade passiert. Höfliches Geplänkel ist oft die beste Fassade; die Menschen denken darüber nach, was sie als Nächstes sagen, oder sind in Gedanken versunken. Sie werden Ihre Andeutungen kaum registrieren – genau das, was Sie wollen.

Es gibt zu wenig Geheimnisse auf der Welt. Zu viele Menschen sagen frei heraus, was sie fühlen oder wollen. Wir sehnen uns nach etwas Geheimnisvollem, nach etwas, das unsere Fantasien beflügelt. Da in unserem Alltag Suggestion und Ambiguität fehlen, wirkt eine Person, die sich ihrer unverhofft bedient, verführerisch und vielversprechend.

**Gesetz des Tages: Andeutungen sind das Mittel der Wahl, um andere zu beeinflussen. Ein Fingerzeig hier oder ein kleiner Wink da umgehen die natürlichen inneren Widerstände eines Menschen. Alles, was Sie sagen, muss suggestiv sein.**

*The Art of Seduction*: Master the Art of Insinuation

## 12. AUGUST

### *Nutzen Sie Emotionen*

In ihrem Buch *Change* diskutieren die Autoren (Paul Watzlawick, John Weakland und Richard Fisch) den Fall eines rebellischen Teenagers, der wegen Drogenhandels vom Direktor der Schule verwiesen wurde. Der Teenager durfte das Schulgelände nicht betreten, sollte aber zu Hause seine Aufgaben erledigen. Diese Maßnahme machte dem Drogengeschäft des Jungen einen dicken Strich durch die Rechnung und er sann auf Rache.

Seine Mutter suchte Rat bei einem Therapeuten, der ihr Folgendes empfahl: Sie solle ihrem Sohn erklären, dass der Direktor davon ausging, dass nur Schüler, die am Unterricht teilnehmen, Erfolg haben. Der Plan des Direktors sei es, ihn von der Schule fernzuhalten, um sicherzugehen, dass er scheitere. Würde sich der Junge aber zu Hause noch mehr anstrengen als im Unterricht, würde dies den Direktor blamieren. Der Therapeut riet der Mutter, ihrem Sohn nahezulegen, die Meinung des Direktors zu bestätigen und sich dieses Schuljahr nicht allzu sehr anzustrengen. Natürlich zielte dieser schlaue Ratschlag auf die rebellische Natur des Teenagers ab. Jetzt wünschte sich der Junge nichts mehr, als den Direktor zu blamieren und stürzte sich voller Energie in die Hausaufgaben – was die ganze Zeit das Ziel des Therapeuten gewesen war.

**Gesetz des Tages: Die Idee basiert im Wesentlichen darauf, die starken Gefühle von Menschen nicht zu parieren, sondern einen Weg zu finden, sie in eine produktive Richtung zu kanalisieren.**

Robert Greene, »4 Strategies for Becoming a Master Persuader«, *Medium*, 14. November 2008

## 13. AUGUST

# *Dringen Sie in den Kopf anderer ein*

Machiavelli wollte die Macht haben, seine Ideen und Ratschläge zu verbreiten. Da ihm der Weg über die Politik verwehrt blieb, versuchte er diese Macht durch das Schreiben von Büchern zu erlangen: Er hatte vor, Leser für seine Sache zu begeistern, die seine Ideen, egal, ob absichtlich oder unabsichtlich, weiterverbreiten sollten. Machiavelli wusste, dass mächtige Menschen häufig nicht offen für Ratschläge waren, besonders, wenn sie von jemandem kamen, der sich in der Hierarchie unter ihnen befand. Er war sich auch im Klaren darüber, dass die gefährlichen Aspekte seiner Philosophie Menschen, die nicht an der Macht waren, verängstigen würden, und dass viele seiner Leser seine Bücher gleichermaßen attraktiv und abstoßend finden würden. Um die Widerspenstigen und Unentschlossenen für sich zu gewinnen, mussten Machiavellis Bücher strategisch, indirekt und voller List sein. Daher dachte er sich unkonventionelle rhetorische Taktiken aus, um die Widerstände seiner Leser zu brechen und tief in ihr Denken vorzustoßen.

Zunächst füllte er seine Bücher mit unentbehrlichen Ratschlägen – praktischen Ideen zu Machtgewinn, Machterhalt und Machtverteidigung. Dies zog die unterschiedlichsten Leser an, da wir alle zuerst unsere Eigeninteressen im Blick haben. Als Nächstes flocht Machiavelli historische Anekdoten ein, um seine Ideen zu illustrieren. Menschen bilden sich gerne ein, moderne Caesars oder Medicis zu sein, außerdem lieben sie es, mit guten Geschichten unterhalten zu werden. Ein Geist, der im Bann einer guten Geschichte steht, ist relativ schutzlos und offen für Suggestionen. Zu guter Letzt verwendete Machiavelli eine deutliche, schnörkellose Sprache, um seinen Texten zu mehr Aussagekraft zu verhelfen. Machiavellis Leser bemerkten, wie sie, anstatt geistig immer träger und bewegungsloser zu werden, sich mit dem Wunsch ansteckten, es nicht nur bei einem Gedanken zu belassen, sondern Taten folgen zu lassen.

**Gesetz des Tages: Sie mögen noch so brillante, weltverändernde Ideen haben, doch wenn Sie sie nicht effektiv ausdrücken, werden sie weder die Durchschlagkraft noch die Macht haben, tief und nachhaltig in den Geist der Menschen vorzudringen. Gehen Sie beim Senden Ihrer Botschaften strategisch vor.**

*The 33 Strategies of War*, Strategy 30: Penetrate Their Minds

## 14. AUGUST

### *Hinterlassen Sie bei anderen ein Gefühl*

Für die meisten stellt ein Abschluss, etwa eines Projekts, einer Kampagne oder eines Überredungsversuchs eine Art Wand dar: Unsere Arbeit ist getan und es ist Zeit, Bilanz zu ziehen und weiterzumachen. Lyndon Johnson hatte eine andere Weltsicht. Ein Ende war für ihn nicht wie eine Wand, sondern vielmehr wie eine Tür, die zur nächsten Phase oder Schlacht führte. Für ihn zählte nicht, daraus als Sieger hervorzugehen, sondern wo er danach stand und wie sich die Tür zu einer nächsten Runde öffnete. Er dachte stets an die Zukunft und welcher Gestalt sein Erfolg zu sein hatte, um im Leben weiterzukommen. Diese Methode wandte Johnson auch an, um Wähler für sich zu gewinnen. Anstatt die Menschen mit Reden und hochtrabenden Worten (er war ohnehin kein guter Redner) dazu zu überreden, ihn zu unterstützen, konzentrierte er sich auf das Gefühl, das er bei Menschen hinterließ. Er wusste, dass Überzeugung letztlich ein emotionaler Vorgang ist: Worte können freundlich klingen, doch wenn ein Politiker bei Menschen den Verdacht erregt, unehrlich zu sein oder einfach nur nach Wählerstimmen zu fischen, machen sie ihm gegenüber dicht und vergessen ihn. Daher bemühte sich Johnson, eine emotionale Verbindung zu seinen Wählern herzustellen. Unterhaltungen mit ihnen beendete er mit einem kräftigen Handschlag, festem Blickkontakt und bebender Stimme. So besiegelte er den Bund mit seinem Gesprächspartner. Er ließ ihn mit dem Gefühl zurück, dass er ihn wiedersehen würde und erweckte Gefühle, die jeglichen Verdacht, er könne es nicht ehrlich meinen, vom Tisch fegte. Das Ende einer Unterhaltung war in Wirklichkeit eine Art Anfang, da Johnson den Menschen im Gedächtnis blieb, was sich in Wählerstimmen niederschlug.

**Gesetz des Tages: Haben Sie immer die Nachwirkung einer Begegnung im Blick. Fragen Sie sich, welches Gefühl Sie bei Menschen hinterlassen. Ist es ein Gefühl, das sich in dem Wunsch äußert, noch mehr von Ihnen zu sehen?**

*The* 33 *Strategies of War*, Strategy 22:
Know How to End Things – The Exit Strategy

## 15. AUGUST

### *Inszenieren Sie fesselnde Schauspiele*

Die eigene Sache mit Worten zu vertreten, ist riskant, denn Worte sind gefährliche Instrumente, die ihr Ziel oft verfehlen. Worte, mit denen andere uns zu überzeugen versuchen, laden dazu ein, sie mit eigenen Worten zu reflektieren. Wir grübeln über sie nach, und glauben am Ende oft das Gegenteil des ursprünglich Beabsichtigten. (Das ist Teil unserer verdrehten Natur.) Manchmal passiert es, dass Worte uns vor den Kopf stoßen, weil sie bei uns Assoziationen hervorrufen, die der Sprecher gar nicht beabsichtigt hatte. Im Gegensatz dazu bietet das Visuelle Abkürzungen durch das Labyrinth der Worte. Es trifft uns mit einer emotionalen Überzeugungskraft und Unmittelbarkeit, die keinen Raum für Reflexion und Zweifel lassen. Wie die Musik überspringt es das rationale, vernünftige Denken.

Machen Sie sich Bilder und Symbole zunutze, indem Sie sie in einem großen Spektakel inszenieren, das den Menschen Ehrfurcht einflößt und sie von unangenehmen Wahrheiten ablenkt. Es ist ganz leicht: Die Leute lieben alles, was großartig, spektakulär und überlebensgroß ist. Zielen Sie auf ihre Emotionen, und sie werden sich in Scharen um Ihr Spektakel drängen. Über das Visuelle dringen sie am leichtesten zu ihren Herzen vor.

**Gesetz des Tages: Bieten Sie Ihrem Umfeld großartige Spektakel mit fesselnden Bildern und strahlenden Symbolen, die Ihre Ausstrahlung verstärken. Geblendet vom schönen Schein bemerkt niemand, was Sie in Wirklichkeit tun.**

*The 48 Laws of Power*, Law 37: Create Compelling Spectacles

## 16. AUGUST

### *Machen Sie sich den Starrsinn anderer zunutze*

Der Sohn eines Pfandleihers kam im 18. Jahrhundert zum berühmten Zenmeister Hakuin und hatte folgendes Problem: Er wollte seinen Vater dazu bringen, Buddhismus zu praktizieren, aber der Mann gab vor, mit seiner Buchhaltung zu beschäftigt zu sein und keine Zeit für ein Mantra oder ein Gebet zu haben. Hakuin kannte den Pfandleiher – er war ein unverbesserlicher Geizhals, der seine Geschäftigkeit nur als Ausrede benutzte, um keine Religion zu praktizieren, die er für Zeitverschwendung hielt. Hakuin riet dem Jungen, seinem Vater zu sagen, dass der Zenmeister höchstpersönlich jedes Gebet und jedes Mantra von ihm kaufen würde, das er täglich aufsagte. Es war ein Geschäft.

Natürlich freute sich der Pfandleiher über dieses Geschäft – er würde damit seinen Sohn zum Schweigen bringen und dabei noch Geld verdienen. Er präsentierte Hakuin jeden Tag seine Rechnung für die Gebete, und Hakuin bezahlte ihn. Am siebten Tag erschien er aber nicht. Es schien, als sei er so in seine Gebete versunken, dass er vergessen hatte, sie zu zählen. Einige Tage später gab er Hakuin gegenüber zu, dass ihm die Gebete guttäten, er sich deutlich besser fühle und kein Geld mehr dafür nehmen wolle. Schon bald ließ er Hakuins Tempel großzügige Spenden zukommen.

Wenn sich die Menschen gegen etwas sperren, rührt das von einer tiefen Angst vor Veränderung und Ungewissheit her. Alles muss nach ihren Regeln gehen, damit sie das Gefühl haben, alles im Griff zu haben. Sie erreichen nichts, wenn Sie mit Ihrem Rat versuchen, Veränderungen zu provozieren – das gibt nur den anderen etwas, wogegen sie sich auflehnen können und das sie in ihrem Starrsinn bestätigt. Die Leute werden dadurch sturer. Hören Sie auf, mit solchen Menschen zu kämpfen, und nutzen Sie stattdessen das Wesen ihres rigiden Verhaltens, um sachte eine Veränderung herbeizuführen, die zu etwas Größerem führen könnte.

**Gesetz des Tages: Menschen tun häufig nicht das, worum andere sie bitten, weil sie einfach nur ihren Willen durchsetzen wollen. Wenn man ihrem Widerstand eifrig beipflichtet, werden sie sich wiederum dagegen auflehnen und ihren Willen in die entgegengesetzte Richtung ändern, was Sie ja auch erreichen wollten. Das ist das Wesen der umgekehrten Psychologie.**

*Die Gesetze der menschlichen Natur*, Gesetz 7: Weichen Sie den Widerstand der Menschen auf, indem Sie ihre Selbstmeinung bestätigen.

## 17. AUGUST

# *Mit Humor überreden*

Das Streitgespräch ist die am wenigsten verführerische Sprachform. Wie viele heimliche Feinde mögen Sie sich wohl durch Streiten schon gemacht haben? Dabei gibt es einen viel besseren Weg, andere dazu zu bringen, zuzuhören und sich überzeugen zu lassen: Humor und Leichtigkeit.

Im England des 19. Jahrhunderts beherrschte der Politiker Benjamin Disraeli diese Kunst meisterhaft. Wenn man damals im Parlament auf eine Verleumdung oder einen Vorwurf nicht einging, war das ein fataler Fehler: Schweigen bedeutete, dass der Anklagende recht hatte. Doch verärgert zu reagieren und sich auf den Streit einzulassen, war nicht viel besser: Der Beklagte hinterließ damit einen defensiven und unsympathischen Eindruck. Disraelis Taktik war eine andere: Er blieb ganz ruhig. Wenn er an der Reihe war, um auf einen Angriff zu reagieren, ging er langsam zum Rednerpult, legte noch eine Kunstpause ein, und dann folgte eine humorvolle oder sarkastische Retourkutsche. Alle lachten daraufhin. Da er die Abgeordneten nun für sich eingenommen hatte, konnte er anschließend seinen Gegner in die Schranken weisen, wobei er seine Rede weiterhin mit amüsanten Kommentaren schmückte. Manchmal wechselte er auch nur einfach das Thema, als ginge ihn das alles nichts an. Sein Humor nahm jedem Angriff die Spitze.

Lachen und Applaus haben einen Dominoeffekt zur Folge: Wenn Ihre Zuhörer erst einmal gelacht haben, werden sie es aller Wahrscheinlichkeit nach wieder tun. In solch einer gelösten Stimmung sind sie auch eher bereit, zuzuhören.

**Gesetz des Tages: Eine subtile Formulierung und eine Spur Ironie verschaffen Ihnen die Option, andere zu überreden, auf Ihre Seite zu ziehen und sich über Ihre Gegner lustig zu machen. Das ist die verführerische Form eines Disputs.**

*The Art of Seduction*: Use the Demonic Power of Words to Sow Confusion

## 18. AUGUST

### *Lassen Sie die anderen spüren, worauf Sie hinauswollen*

Einst unterbrach ein Zwischenrufer Nikita Chruschtschow, als dieser gerade die Verbrechen Stalins anprangerte. »Sie waren doch ein Kollege von Stalin«, schrie der Zwischenrufer, »warum haben Sie ihn nicht aufgehalten?« Chruschtschow konnte offenbar nicht erkennen, wer der Zwischenrufer war, und fragte zurück: »Wer hat das gesagt?« Keine Hand hob sich, niemand zuckte auch nur mit einem Muskel. Nach ein paar Sekunden angespannter Stille antwortete Chruschtschow schließlich mit ruhiger Stimme: »Jetzt wissen Sie, warum ich ihn nicht aufgehalten habe.« Anstatt zu argumentieren, dass vor Stalin einfach jeder Angst hatte, weil man wusste, dass das leiseste Anzeichen von Rebellion den sicheren Tod bedeutete, ließ er die Zuhörer *spüren*, wie es in Anwesenheit von Stalin gewesen sein muss. Er ließ sie die Angst erfahren, die Angst, das Wort zu ergreifen, die Furcht vor einer Konfrontation mit dem Führer, der in diesem Falle Chruschtschow war. Die Demonstration ging durch Mark und Bein, es war kein weiteres Argument nötig. Die Richtigkeit der eigenen Überzeugungen zu demonstrieren, bietet den Vorteil, dass Ihre Gegner nicht in die Defensive geraten und sich so leichter überzeugen lassen.

**Gesetz des Tages: Lassen Sie die anderen buchstäblich und physisch spüren, was Sie meinen, statt sie mit Wörtern zu überschütten.**

*The 48 Laws of Power*, Law 9: Win through Your Actions, Never through Argument

## 19. AUGUST

# *Geben Sie in unbedeutenden Punkten nach*

1782 war der französische Dramatiker Pierre-Augustin Caron de Beaumarchais gerade dabei, sein großes Meisterwerk *Die Hochzeit des Figaro* zu vollenden. Hierfür benötigte er die Erlaubnis König Ludwigs XVI., der nach der Lektüre des Manuskripts allerdings vor Wut tobte. Ein solches Stück würde zur Revolution führen, sagte er: »Dieser Mann verspottet alles, was an einer Regierung geschätzt werden muss.« Doch nach massivem Druck willigte er ein, das Stück in einem Theater in Versailles privat aufführen zu lassen. Das aristokratische Publikum liebte es. Der König erlaubte weitere Aufführungen, aber er wies seine Zensoren dazu an, das Manuskript in die Hände zu bekommen und die heikelsten Passagen zu verändern, bevor es dem Publikum präsentiert wurde.

Um dem zu entgehen, engagierte Beaumarchais ein Tribunal aus Akademikern, Intellektuellen, Höflingen und Ministern, die das Stück mit ihm durchgehen sollten. Ein Mann, der dem Treffen beiwohnte, schrieb: »M. de Beaumarchais kündigte an, dass er jede Kürzung und jede Änderung hinnehmen würde, die die anwesenden Damen und Herren für notwendig hielten. … Jeder wollte etwas hinzufügen. … M. de Breteuil schlug ein Wortspiel vor, das Beaumarchais dankend annahm. ›Das rettet den vierten Akt.‹ Mme de Matignon schlug vor, die Farbe der Schleife des kleinen Pagen zu verändern. Die Farbe wurde übernommen und wurde modern.« Beaumarchais war ein kluger Höfling. Indem er anderen Leuten erlaubte, kleine Veränderungen an seinem Meisterwerk vorzunehmen, schmeichelte er ihrem Ego und ihrer Intelligenz. Selbstverständlich gab Beaumarchais bei den größeren Veränderungen, die Ludwigs Zensoren später forderten, nicht nach. Er hatte dann aber bereits die Mitglieder seines eigenen Tribunals für sich gewonnen, die ihn vehement verteidigten, sodass Ludwig XVI. nachgeben musste.

**Gesetz des Tages: Lernen Sie, den Widerstand der anderen zu schwächen, indem Sie weniger wichtigen Dingen zustimmen. Das wird Ihnen großen Spielraum verschaffen, sie in die gewünschte Richtung zu lenken. So können Sie die anderen dazu bringen, Ihren Wünschen zu wichtigeren Themen nachzugeben.**

*Die Gesetze der menschlichen Natur,* Gesetz 7: Weichen Sie den Widerstand der Menschen auf, indem Sie ihre Selbstmeinung bestätigen – Das Gesetz der Abwehrhaltung

## 20. AUGUST

# *Wie man mit störenden Dingen umgeht*

Am Anfang seiner Karriere, als Milton Erickson Medizinprofessor an der Universität war, hatte er es mit einer sehr klugen Studentin namens Anne zu tun, die immer zu spät zu den Kursen kam und sich dann sehr ausführlich und aufrichtig dafür entschuldigte. Sie war eine Einserstudentin. Sie versprach immer, das nächste Mal pünktlich zu kommen, tat es aber nie. Das machte es ihren Mitstudenten schwer, denn sie hielt den Unterricht oder die Arbeit im Labor oft auf. Am ersten Tag einer von Ericksons Vorlesungen wollte sie wieder ihre alten Tricks hervorkramen, aber Erickson war diesmal vorbereitet. Als sie zu spät erschien, stand der gesamte Kurs in Absprache auf und verbeugte sich vor ihr in gespielter Demut; Erickson tat dasselbe. Selbst nach dem Kurs, als sie den Flur entlangging, verbeugten sich ihre Kommilitonen. Die Botschaft war klar – »Wir haben dich durchschaut« –, und weil es ihr peinlich war und sie sich schämte, kam sie ab sofort pünktlich.

**Gesetz des Tages: Erteilen Sie Störenfrieden eine Lektion, indem Sie es den Betreffenden mit gleicher Münze heimzahlen oder ihnen zeigen, dass Sie sie durchschaut haben.**

*Die Gesetze der menschlichen Natur*, Gesetz 16: Erkennen Sie die Feindseligkeit hinter der freundlichen Fassade – Das Gesetz der Aggression

## 21. AUGUST

### *Der Motivationskünstler*

Am Vorabend der ersten Schlacht seines Heeres gegen die gefürchteten römischen Legionen musste Hannibal seinen erschöpften Männern irgendwie neue Kraft einflößen. Er beschloss, ein Schauspiel zu inszenieren: Er ließ eine Gruppe Gefangene bringen und sagte ihnen, dass die Sieger, wenn sie als Gladiatoren auf Leben und Tod miteinander kämpften, die Freiheit erringen und einen Platz in der Armee Karthagos erhalten würden. Die Gefangenen willigten ein, und Hannibals Soldaten bekamen eine stundenlange, blutige Unterhaltung zu sehen, eine großartige Ablenkung von ihren Problemen. Als die Kämpfe vorbei waren, hielt Hannibal seinen Männern eine Rede. Der Wettkampf sei eben deshalb so unterhaltsam gewesen, erklärte er, weil die Gefangenen so erbittert gekämpft hätten. Das habe zum Teil daran gelegen, dass selbst der Schwächste enorme Kraft entwickelt, wenn die eigene Niederlage den Tod bedeutet, aber es habe noch einen anderen Grund gegeben: Sie hatten die Chance, in die Armee Karthagos einzutreten, von erbärmlichen Gefangenen zu freien Soldaten zu werden, die für eine große Sache kämpften: den Sieg über die verhassten Römer. Ihr Soldaten, so Hannibal, seid in genau der gleichen Lage. Ihr seid unzählige Meilen fern von Zuhause, auf feindlichem Gebiet, und ihr habt keinen Ort, an den ihr gehen könnt – in gewisser Weise seid auch ihr Gefangene. Es heißt entweder Freiheit oder Sklaverei, Sieg oder Tod. Aber kämpft so, wie diese Männer heute gekämpft haben, und dann werdet ihr siegen.

Der Wettkampf und die Ansprache trugen bei Hannibals Soldaten Früchte, und am nächsten Tag kämpften sie mit tödlicher Grausamkeit und besiegten die Römer. Hannibal war ein meisterhafter Motivator wie kaum ein anderer. Wo andere ihre Soldaten mit schönen Reden traktierten, wusste er, dass es traurig wäre, auf Wörter angewiesen zu sein: Wörter kratzen nur an der Oberfläche eines Soldaten, ein Heerführer hingegen muss die Herzen der Männer erreichen, ihr Blut in Wallung bringen, in ihre Köpfe eindringen, ihre Stimmung beeinflussen. Hannibal sprach direkt die Gefühle seiner Soldaten an, indem er sie entspannte, ihnen Ruhe gönnte, sie aus ihren Problemen herausholte und dazu brachte, sich zu vereinen. Erst dann traf er sie mit einer Ansprache, die ihnen ihre heikle Lage vor Augen führte und sie emotional bewegte.

**Gesetz des Tages: Menschen zu motivieren, ist eine subtile Kunst. Man muss indirekt die Emotionen der Menschen ansprechen. Über einen emotionalen Appell wird man in ihr Inneres vordringen, statt nur an der Oberfläche zu kratzen.**

33 *Strategies of War,* Strategy 7: Transform Your War into a Crusade – Morale Strategies

## 22. AUGUST

# *Der Reiz des Unbekannten*

Zu den widersinnigen Teilen der menschlichen Natur zählt der Umstand, dass wir uns stets das wünschen, was wir nicht haben. Wir schauen auf die andere Seite des Zauns: Das Gras ist dort immer grüner, der Nachbar hat ein besseres Auto, seine Kinder sind besser erzogen. Wir streben immer nach dem, was andere Menschen haben. Wir meinen, das, was wir nicht haben, sei besser. Das liegt in der Natur des Wunsches. Wenn wir uns wirklich einmal etwas anschaffen, empfinden wir gar kein so großartiges Glücksgefühl. Die Bedeutung des Wunsches liegt darin, stets nach etwas zu streben, nach etwas außerhalb von uns selbst. Wir sehnen uns nach etwas Unbekanntem, Exotischem, nach etwas, das wir in unserem Leben noch nie besessen haben. Wir sehnen uns nach etwas Außergewöhnlichem, nach einem Tabu, nach etwas, das andere Leute nicht haben, das neu oder unberührt ist.

Ihre Aufgabe ist es, eben dieses Wunschobjekt zu erschaffen – ganz gleich, was Sie in Ihrem Leben auch erschaffen mögen. Sie müssen den Menschen das Gefühl vermitteln, dass eben diesem Objekt ein Hauch von Tabu und Verbotenem anhaftet – genau das habe ich mit meinem ersten Buch *Power! Die 48 Gesetze der Macht* getan. Wer dieses Buch in die Hand nimmt, meint, er mache etwas, das ein wenig schmutzig und bedrohlich ist. Sie sollten das Gefühl erwecken, dass das, was Sie zu bieten haben, nichts Vertrautes ist.

**Gesetz des Tages: Wenn eine Person oder ein Objekt vertraut ist, empfinden wir eine gewisse Verachtung dafür. Aber wenn es fern und verführerisch, mysteriös und etwas ist, das wir nicht besitzen – dann weckt das unsere Sehnsucht. Das ist der Schlüssel zu jeder Form von Marketing oder diskreter Verkaufstaktik.**

Robert Greene in einem Gespräch bei *Live Talks Los Angeles*, 11. Februar 2019

## 23. AUGUST

### *Finde die geeignete Daumenschraube*

Die Daumenschraube eines Jeden finden. Dies ist die Kunst den Willen Andrer in Bewegung zu setzen. Es gehört mehr Geschick als Festigkeit dazu. Man muss wissen, wo einem Jeden beizukommen sei. Es giebt keinen Willen, der nicht einen eigenthümlichen Hang hätte, welcher, nach der Mannigfaltigkeit des Geschmacks, verschieden ist. Alle sind Götzendiener, Einige der Ehre, Andre des Interesses, die Meisten des Vergnügens. Der Kunstgriff besteht darin, dass man diesen Götzen eines Jeden kenne, um mittelst desselben ihn zu bestimmen. Weiß man, welches für Jeden der wirksame Anstoß sei; so ist es als hätte man den Schlüssel zu seinem Willen.

BALTASAR GRACIÁN

Wir alle leisten Widerstand – wir leben in einem Panzer, mit dem wir uns vor Veränderungen und vor Übergriffen unserer Freunde und Feinde schützen. Nichts mögen wir lieber, als in Ruhe gelassen zu werden und unsere Angelegenheiten nach unseren Vorstellungen zu regeln. Ständig gegen solche Widerstände anzurennen, kostet Sie viel Energie.

Eines der wichtigsten Dinge, die Sie über Menschen wissen müssen, ist daher: Alle haben eine Schwäche, irgendeinen Teil in ihrem psychischen Panzer, der *keinen* Widerstand leistet, sondern sich Ihrem Willen beugt, wenn Sie die Stelle finden und dagegendrücken. Bei einigen Menschen ist diese Schwäche offensichtlich, andere halten sie versteckt. Letztere sind aber meist besonders leicht zu knacken, wenn man den Schwachpunkt in ihrem Panzer findet.

**Gesetz des Tages: Jeder hat einen schwachen Punkt. Sobald Sie ihn entdeckt haben, wird er zur Daumenschraube, die Sie jederzeit zu Ihrem Vorteil nutzen können.**

*The 48 Laws of Power*, Law 33:
Discover Each Man's Thumbscrew

## 24. AUGUST

# *Zuckerbrot und Peitsche*

Napoleon war der größte Menschenführer der Geschichte: Er nahm Millionen ungehobelter, undisziplinierter, unsoldatischer junger Männer, die erst kürzlich durch die Französische Revolution ihre Freiheit erlangt hatten, und schmiedete aus ihnen die erfolgreichsten Kampftruppen aller Zeiten. Von allen Methoden Napoleons war keine so effektiv wie sein Einsatz von Strafen und Belohnungen, die ausnahmslos mit einer maximalen, dramatischen Wirkung inszeniert wurden. Er tadelte nur selten jemanden persönlich, aber wenn er wütend war, wenn er bestrafte, dann zeigte dies stets eine vernichtende Wirkung: Der Angegriffene fühlte sich enteignet und ausgestoßen. Als wäre er aus der Wärme seiner Familie verstoßen worden, bemühte er sich künftig, die Gunst des Generals zurückzugewinnen und ihm nie wieder einen Grund zu geben, wütend zu sein. Beförderungen, Prämien und öffentliches Lob wurden ähnlich selten verteilt, und wenn es dazu kam, war dies stets auf das Verdienst zurückzuführen, nie auf ein politisches Kalkül. Gefangen zwischen den Polen, niemals das Missfallen Napoleons erregen zu wollen und sich nach seiner Anerkennung zu sehnen, gerieten seine Männer unter seinen Einfluss, folgten ihm ergeben nach, aber holten ihn nie ganz ein.

Lernen Sie von dem Meister: Menschen führt man am besten an, indem man sie im Ungewissen lässt. Bauen Sie zuerst eine Bindung zwischen Ihren Leuten und Ihrer Person auf. Sie respektieren Sie, bewundern Sie, fürchten Sie sogar ein wenig. Um dieses Band zu festigen, halten Sie sich zurück, schaffen Sie ein wenig Abstand um sich. Sie sind zwar herzlich, aber mit einer gewissen Distanziertheit. Sobald das Band geschmiedet ist, zeigen Sie sich seltener. Sowohl Ihre Strafen als auch Ihre Belohnungen sollten selten und unerwartet erfolgen, sei es für Fehler oder für Erfolge, die zum damaligen Zeitpunkt unbedeutend scheinen mögen, aber symbolische Bedeutung haben. Machen Sie sich klar: Sobald die Leute wissen, was Ihnen gefällt und was Sie wütend macht, werden sie zu dressierten Pudeln, die sich nach Möglichkeit mit ihrem augenscheinlichen Wohlverhalten bei Ihnen einschmeicheln wollen.

**Gesetz des Tages: Lassen Sie die anderen im Ungewissen. Sie sollen ständig an Sie denken und den Wunsch haben, Sie zufriedenzustellen, aber niemals wissen, wie sie das am besten anstellen. Sobald sie in diese Falle getappt sind, werden Sie eine geradezu magnetische Anziehungskraft auf sie ausüben. Die Motivation stellt sich wie von selbst ein.**

33 *Strategies of War*, Strategy 7: Transform Your War into a Crusade – Morale Strategies

## 25. AUGUST

### *Kultivieren Sie das dritte Auge*

Im Jahr 401 v. Chr. sahen sich zehntausend griechische Söldner mit einer drohenden Niederlage konfrontiert und saßen tief im Herzen Persiens in der Falle. Sie streiften durch ihr Lager und beklagten ihr Schicksal. Unter ihnen war der Schriftsteller Xenophon, der als eine Art Reporter die Soldaten begleitet hatte. Xenophon war ein Schüler des Sokrates gewesen und hatte Philosophie studiert. Er glaubte an die Überlegenheit des logischen Denkens, daran, das große Gesamtbild zu sehen, die allgemeine Idee hinter den flüchtigen Erlebnissen des Alltags. Er hatte solche Denkübungen viele Jahre lang trainiert. Eines Nachts hatte er eine Vision, wie die Griechen der Falle entfliehen und nach Hause zurückkehren konnten. Er sah, wie sie sich schnell und unentdeckt durch Persien bewegten und Schnelligkeit zu ihrer obersten Priorität machten, der sie alles andere unterordneten. Er sah, wie sie sofort gingen und den Überraschungseffekt nutzten, um einen Vorsprung zu gewinnen. Er dachte vorausschauend, welches Gelände sie überqueren mussten, welche Route sie nehmen mussten, wie viele Feinde ihnen folgen würden, wie sie den Einwohnern, die sich gegen die Perser auflehnten, helfen und sie nutzen konnten. In nur wenigen Stunden hatte er die Details des Rückzugs ausgearbeitet, und das alles war inspiriert durch seine allgemeine Vision des schnellen Zickzackkurses bis zum Mittelmeer und nach Hause.

Obwohl er keine militärische Erfahrung hatte, war seine Vision so vollständig und er kommunizierte sie mit einer solchen Zuversicht, dass die Soldaten ihn zu ihrem De-facto-Anführer ernannten. Diese Geschichte veranschaulicht die Essenz jeder Autorität und das grundlegendste Element, um selbige aufzubauen. Die meisten Menschen sind im Augenblick gefangen. Sie neigen dazu, überzureagieren und in Panik zu geraten, nur den kleinen Ausschnitt der Realität zu sehen, mit dem es die Gruppe zu tun hat. Sie können keine alternativen Ideen entwickeln oder Prioritäten setzen. Jene, die geistesgegenwärtig bleiben und ihre Perspektive über den gegenwärtigen Augenblick hinaus ausweiten, greifen auf die visionären Kräfte des menschlichen Geistes zurück und kultivieren das dritte Auge, mit dem man ungesehene Kräfte und Trends erkennt. Sie heben sich von der Masse ab und erfüllen die wahre Funktion eines Anführers.

**Gesetz des Tages: Erzeugen Sie eine Aura der Autorität, indem Sie die gottähnliche Fähigkeit zu besitzen scheinen, in die Zukunft zu sehen. Das ist eine Macht, die geübt, entwickelt und in jeder Situation angewendet werden kann.**

*Die Gesetze der menschlichen Natur,* Gesetz 15: Bringen Sie andere dazu, Ihnen folgen zu wollen – Das Gesetz der Unbeständigkeit

## 26. AUGUST

# *Appellieren Sie an die nicht verwirklichte Größe*

Die meisten Menschen meinen, sie hätten mehr innere Größe, als nach außen zu erkennen ist. Sie sind voller nie verwirklichter Ideale: Künstler könnten sie sein, große Denker, politische oder geistige Führer. Doch die Welt hat diese Ideale zerschlagen und ihnen die Gelegenheit verweigert, ihre Fähigkeiten zu entfalten. An diesem Punkt kann die Verführung ansetzen – und er ist ebenso der Schlüssel dazu, diesen Menschen über lange Zeit immer wieder zu verführen. Wenn Sie nur an die körperlichen Gelüste einer Person appellieren – wie viele Amateure es tun –, wird sie Sie zurückweisen, weil Sie bloß mit ihren niederen Instinkten spielen. Spricht man jedoch die bessere Seite ihres Selbst an, dann wird sie kaum bemerken, dass sie verführt worden ist.

**Gesetz des Tages: Sorgen Sie dafür, dass sich Ihre Zielpersonen erhaben, überlegen, vergeistigt fühlen, und Ihrer Macht über sie sind keine Grenzen gesetzt.**

*The Art of Seduction*: The Ideal Lover

## 27. AUGUST

### *Werden Sie ein guter Zuhörer*

Sie kennen Ihre eigenen Gedanken nur zu gut. Sie sind selten überrascht. Ihr Geist neigt dazu, immer wieder um dieselben Themen zu kreisen. Doch jede Person, die Ihnen begegnet, ist ein unentdecktes Land voller Überraschungen. Stellen Sie sich einen Augenblick lang vor, dass Sie in den Geist Ihres Gegenübers schlüpfen könnten und wie spannend diese Reise doch wäre. Menschen, die still und langweilig wirken, haben oft das kurioseste Innenleben, das es zu erforschen gilt. Selbst bei Rüpeln und Trotteln können Sie versuchen, herauszufinden, warum sie so sind, wie sie sind.

**Gesetz des Tages: Wenn Sie sich in einen aufmerksamen Zuhörer verwandeln, wird das nicht nur unterhaltsam sein, weil Sie Ihren Geist dem anderen gegenüber öffnen, sondern Sie werden dadurch auch die wertvollsten Lektionen über die menschliche Psyche lernen können. Der Schlüssel dazu: Halten Sie andere Menschen für unendlich faszinierend.**

*Die Gesetze der menschlichen Natur,* Gesetz 7: Weichen Sie den Widerstand der Menschen auf, indem Sie ihre Selbstmeinung bestätigen – Das Gesetz der Abwehrhaltung

## 28. AUGUST

# *Erzeugen Sie ein Gefühl der inneren Sicherheit*

Wenn Sie versuchen, Menschen von etwas zu überzeugen, wird eines von drei Dingen passieren. Erstens, Sie stellen unabsichtlich einen bestimmten Aspekt ihrer Selbstmeinung infrage. Zweitens, Sie belassen ihre Selbstmeinung in einer neutralen Position, das heißt, Sie stellen sie nicht infrage, bestätigen sie aber auch nicht. Drittens, Sie bestätigen die Selbstmeinung der anderen aktiv. In diesem Fall erfüllen Sie eines der größten emotionalen Bedürfnisse eines Menschen. Wir können uns vorstellen, dass wir unabhängig, intelligent, anständig und eigenverantwortlich sind, aber nur andere Menschen können das wirklich für uns bestätigen.

In einer rauen und wettbewerbsorientierten Welt, in der wir alle dazu neigen, ständig an uns zu zweifeln, bekommen wir fast nie die Bestätigung, nach der wir uns sehnen. Wenn Sie den Menschen diese geben, hat das denselben bereits beschriebenen magischen Effekt, der auftritt, wenn Sie alkoholisiert, auf einer Kundgebung oder verliebt sind. Die Menschen entspannen sich in Ihrer Nähe. Sie werden nicht mehr durch ihre Unsicherheiten bestimmt und können ihre Aufmerksamkeit nach außen richten. Ihr Geist ist offen, wodurch sie für Suggestionen und versteckte Andeutungen anfällig werden. Wenn sie dann beschließen, Ihnen zu helfen, haben sie das Gefühl, dass sie dies aus freien Stücken tun.

**Gesetz des Tages: Ihre Aufgabe ist einfach: Vermitteln Sie anderen Menschen ein Gefühl der inneren Sicherheit. Spiegeln Sie ihre Werte und zeigen Sie ihnen, dass Sie sie mögen und respektieren. Geben Sie ihnen das Gefühl, dass Sie ihr Wissen und ihre Erfahrung schätzen.**

*Die Gesetze der menschlichen Natur*, Gesetz 7: Weichen Sie den Widerstand der Menschen auf, indem Sie ihre Selbstmeinung bestätigen – Das Gesetz der Abwehrhaltung

## 29. AUGUST

### *Infizieren Sie die Menschen mit der richtigen Stimmung*

Wenn Sie entspannt sind und eine angenehme Erfahrung erwarten, werden Sie das ausstrahlen und einen Spiegeleffekt auf die andere Person haben. Eine unserer besten Haltungen, die wir zu diesem Zweck annehmen können, ist die der vollständigen Nachsicht: Wir beurteilen andere Menschen nicht; wir akzeptieren sie so, wie sie sind.

In dem Roman *Die Botschafter* zeichnet der Autor Henry James das Porträt dieses Ideals in der Gestalt der Marie de Vionnet, einer älteren französischen Dame mit makellosen Manieren, die insgeheim einen Amerikaner namens Lambert Strether benutzt, der ihr bei einer Liebschaft hilft. Von dem Augenblick, in dem er sie kennenlernt, ist Strether ihr verfallen. Sie scheint eine »Mischung aus Klarheit und Geheimnis zu sein«. Sie hört aufmerksam zu, was er sagt, und gibt ihm, ohne zu antworten, das Gefühl, ihn völlig zu verstehen. Sie wickelt ihn in ihre Empathie ein. Sie verhält sich von Anfang an so, als wären sie gute Freunde, aber das liegt an ihrem Verhalten, nicht an ihren Worten. Er nennt ihren nachgiebigen Geist »eine wundervolle bewusste Milde«, und sie übt eine hypnotische Macht auf ihn aus. Lange bevor sie ihn um Hilfe bittet, ist er völlig in ihrem Bann und würde alles für sie tun. Eine solche Einstellung stellt die ideale Mutterfigur dar – bedingungslos in ihrer Liebe. Dies wird weniger in Worten zum Ausdruck gebracht als vielmehr mit Blicken und Körpersprache. Das funktioniert bei Männern wie Frauen gleichermaßen und hat einen hypnotischen Effekt auf so ziemlich jeden.

**Gesetz des Tages: Als Gruppenwesen sind wir extrem empfänglich für die Stimmungen anderer Menschen. Nutzen Sie diese Macht, die Menschen subtil in eine geeignete Stimmung zu bringen, um sie zu beeinflussen.**

*Die Gesetze der menschlichen Natur,* Gesetz 7: Weichen Sie den Widerstand der Menschen auf, indem Sie ihre Selbstmeinung bestätigen – Das Gesetz der Abwehrhaltung

## 30. AUGUST

### *Stellen Sie sich andere im besten Licht vor*

Bedenken Sie, dass Sie Ihre Erwartungen an Menschen nonverbal kommunizieren. Es wurde zum Beispiel gezeigt, dass Lehrer, die Großes von ihren Schülern erwarten, einen positiven Effekt auf deren Arbeit und Noten haben, ohne dass sie es jemals aussprechen müssen. Wenn Sie besonders aufgeregt sind, wenn Sie jemanden treffen, werden Sie das Ihrem Gegenüber kraftvoll vermitteln. Manche Leute behaupten, dass sie hervorragende Ergebnisse bekommen, indem sie sich einfach vorstellen, dass die andere Person gutaussehend oder attraktiv ist.

**Gesetz des Tages: Wenn es eine Person gibt, die Sie um einen Gefallen bitten wollen, sollten Sie versuchen, sie sich im besten Licht vorzustellen – großzügig und umsorgend –, sofern das möglich ist.**

*Die Gesetze der menschlichen Natur,* Gesetz 7: Weichen Sie den Widerstand der Menschen auf, indem Sie ihre Selbstmeinung bestätigen – Das Gesetz der Abwehrhaltung

## 31. AUGUST

### *Finden Sie sich mit Ihrer eigenen Selbstmeinung ab*

Wenn es um Ihre persönliche Selbstmeinung geht, müssen Sie zu guter Letzt auch einen gewissen ironischen Abstand nehmen. Machen Sie sich bewusst, dass es sie gibt und wie sie in Ihnen wirkt. Finden Sie sich mit der Tatsache ab, dass Sie nicht so frei und autonom sind, wie Sie gerne glauben: Sie halten sich an die Meinungen der Gruppen, denen Sie angehören; Sie kaufen Produkte, weil sie einen unterschwelligen Einfluss auf Sie ausüben; Sie können manipuliert werden. Erkennen Sie außerdem, dass Sie nicht so gut sind wie das idealisierte Bild Ihrer Selbstmeinung. Wie jeder andere auch können Sie ziemlich selbstversunken und von Ihrer eigenen Agenda besessen sein. Mit diesem Bewusstsein werden Sie nicht das Bedürfnis haben, von anderen bestätigt zu werden.

**Gesetz des Tages: Arbeiten Sie darauf hin, sich wirklich unabhängig zu machen und sich um das Wohlergehen der anderen zu sorgen, statt weiterhin der Illusion Ihrer Selbstmeinung verhaftet zu bleiben.**

*Die Gesetze der menschlichen Natur,* Gesetz 7: Weichen Sie den Widerstand der Menschen auf, indem Sie ihre Selbstmeinung bestätigen – Das Gesetz der Abwehrhaltung

# September

## *Der große Stratege*

### AUSWEGE AUS DER TAKTISCHEN HÖLLE

Strategie ist eine Kunst, die nicht nur eine andere Denkweise, sondern auch eine völlig andere Herangehensweise an das Leben selbst erfordert. Allzu häufig besteht eine Kluft zwischen unseren Ideen und dem Wissen auf der einen Seite und unserer tatsächlichen Erfahrung auf der anderen. Wir nehmen banale Informationen auf, die in unserem Gehirn Raum belegen, uns aber nirgendwohin führen. Wir lesen Bücher, die uns zerstreuen, aber für unser tägliches Leben so gut wie bedeutungslos sind. Wir haben hochtrabende Ideen, die wir nicht in die Praxis umsetzen. Wir besitzen außerdem reiche Erfahrungen, die wir nicht gründlich genug analysieren, die uns nicht inspirieren und deren Lehren wir ignorieren.

Strategie erfordert einen ständigen Kontakt zwischen diesen beiden Bereichen. Sie ist angewandtes Wissen in ihrer höchsten Form. Ereignisse in Ihrem Leben haben keine Bedeutung, wenn Sie sie nicht gründlich reflektieren, und Ideen aus Büchern sind sinnlos, wenn sie in Ihrem Leben nicht zur Anwendung kommen. In der Strategie ist das ganze Leben ein Spiel, das Sie spielen. Dieses Spiel ist aufregend, aber es erfordert intensive und ernsthafte Aufmerksamkeit. Es geht um so viel. Ihr Wissen muss in Taten umgesetzt werden, und Taten müssen in Wissen überführt werden. Auf diese Weise wird Strategie zu einer Lebensaufgabe und zur Quelle ununterbrochenen Vergnügens bei der Überwindung von Schwierigkeiten und bei der Lösung von Problemen. Der Monat September hat zum Ziel, aus Ihnen einen strategisch denkenden Krieger im Alltag zu machen.

In meinem Buch *Die 33 Gesetze der Strategie* führe ich aus, dass die meisten von uns in einem Umfeld existieren, das ich taktische Hölle nenne. Diese Hölle besteht aus all den Menschen um uns, die nach Macht oder Kontrolle trachten und deren Aktionen unser Leben in tausenderlei Richtungen durchschneiden. Wir müssen unablässig auf das reagieren, was die Person tut oder sagt, und werden dabei emotional erregt. Sobald Sie in diese Hölle geraten sind, ist es außerordentlich schwierig, den eigenen Geist darüber zu erheben. Man führt einen Kampf nach dem anderen, und kein einziger bringt am Ende eine Entscheidung. Es fällt einem sehr schwer, die Hölle als das wahrzunehmen, was sie ist. Man ist ihr zu nahe, zu sehr in sie verstrickt, um sie anders zu betrachten. Weil derzeit so viele Menschen auf dieser Welt nach Macht streben und unsere Aufmerksamkeit in unzählige verschiedene Richtungen abgelenkt wird, verstärkt sich diese Dynamik nur noch weiter.

Strategie ist die einzige Antwort. Das ist keineswegs ein nüchterner rein akademischer Streitpunkt. Es handelt sich um eine Angelegenheit von großer Bedeutung – den Unterschied zwischen einem jämmerlichen und einem ausgeglichenen und erfolgreichen Leben. Strategie ist ein mentaler Prozess, in dem sich der eigene Geist über das Schlachtfeld erhebt. Sie bekommen ein Gespür für den größeren Sinn Ihres Lebens, dafür, wo Sie auf Ihrem Lebensweg stehen wollen, wozu Sie berufen sind. Das erleichtert wiederum die Entscheidung, was wirklich wichtig ist, welche Kämpfe man meiden sollte. Sie sind imstande, Ihre Gefühle zu kontrollieren, die Welt mit einer gewissen Distanz zu betrachten.

Wenn jemand versucht, Sie in seine Auseinandersetzungen oder Probleme hineinzuziehen, dann haben Sie den nötigen Abstand und die Perspektive, um sich fernzuhalten oder ihm zu helfen, ohne selbst die Balance zu verlieren. Sie betrachten alles als eine strategische Frage, auch wie die Gruppe, die Sie anführen, aufgestellt ist – was die Mobilität, die Moral angeht. Sobald Sie diesen Kurs eingeschlagen haben, wird alles leichter. Eine Niederlage oder ein Rückschlag ist eine Lektion, die man lernen muss, kein persönlicher Affront. Erfolg steigt Ihnen nicht zu Kopf und verleitet Sie nicht dazu, den Bogen zu überspannen.

Es gibt auf dieser Welt auch falsche Strategen, die nicht mehr als brillante Taktiker sind. Sie wirken wie Strategen, weil sie imstande sind, unmittelbare Probleme mit einer gewissen Selbstsicherheit zu meistern. Sie wissen, wie man Probleme löst. Sie kommen weiter, oder genauer, sie sind imstande, gerade eben den Kopf über Wasser zu halten. Aber ihnen wird unweigerlich mal ein Fehler unterlaufen. Ich halte Präsident Bill Clinton hier für ein Paradebeispiel, im Vergleich zu Abraham Lincoln und Franklin Delano Roosevelt, die wahre Strategen waren.

Es gibt noch andere Typen, die ebenfalls eine Vision zu haben scheinen, einen großen Plan im Leben. Sie wirken ebenfalls wie Strategen, doch ihre Pläne haben keinen Bezug zur Realität. Ihre Pläne und Ziele sind in Wirklichkeit Reflexionen ihrer eigenen Wünsche. Und das zeigt sich dann in der Ausführung. Alles artet in Reibereien aus. Präsident George W. Bushs »große Strategie« für die Neuordnung des Nahen und Mittleren Ostens ist ein Beispiel dafür. Sie wirkt groß angelegt und allumfassend, auf dem Papier scheint sie vernünftig, doch in der Praxis ist sie großartig gescheitert, weil sie keinen Bezug zur Realität vor Ort hat. Strategen sind auf jeden Fall Realisten – sie sind imstande, die Welt und sich selbst objektiver zu betrachten als andere.

Meine Bücher wurden als böse und unmoralisch bezeichnet, und ich selbst als jemand, der mit dem Schreiben viel Schaden in der Welt anrichtet. Ich nehme das keineswegs persönlich, doch die Wahrheit ist in meinen Augen, dass die Bücher keineswegs böse sind. Ich bin überzeugt, dass es auf dieser Welt weit schlimmere Dinge gibt, weil Menschen nicht wissen, wie man effizient oder strategisch vorgeht. Sie beginnen Kriege, ohne zu wissen, was sie damit erreichen wollen; sie gründen Unternehmen, die auf wackligem Boden stehen und nicht vorankommen; sie leiten politische Kampagnen, die schlecht durchdacht sind und scheitern; sie verschwenden wertvolle Zeit und Energie für Dinge, die keine Rolle spielen. Die Verführung ist groß, vom gemütlichen Lehnstuhl aus über Gut und Böse zu sprechen. Nichts ist leichter als das. Diese Ideen in die Realität umzusetzen, erfordert jedoch strategisches Denken. Das wusste selbst Gandhi.

Nach Auffassung der alten Griechen wird in dieser Welt weit mehr Schaden durch Dummheit und Inkompetenz angerichtet, als durch richtig böse Menschen. Wer ganz offen böse ist, kann besiegt werden, weil er oder sie leicht zu erkennen ist und bekämpft werden kann. Die Unfähigen und Dummen sind viel gefährlicher, weil wir nie mit Sicherheit wissen, wohin sie uns führen, bis es zu spät ist. Die größten militärischen Katastrophen der Geschichte wurden in den meisten Fällen von Heerführern verursacht, denen es an strategischer Klugheit mangelte.

Es ist fast schon eine religiöse Frage: Konvertieren Sie auf die helle Seite, zur Strategie? Oder bleiben Sie in einer taktischen Hölle? Die mentale Verpflichtung, im Leben eher als Stratege aufzutreten, ist schon der halbe Sieg. Mehr verlange ich von meinen Lesern und Leserinnen gar nicht.

## 1. SEPTEMBER

### *Stehen Sie über dem Schlachtfeld*

[Strategie] ist mehr als Wissenschaft, ist die Übertragung des Wissens auf das praktische Leben, die Fortbildung des ursprünglich leitenden Gedankens entsprechend den stets sich verändernden Verhältnissen, ist die Kunst des Handelns unter dem Druck der schwierigsten Bedingungen.

HELMUTH VON MOLTKE

Im Krieg ist Strategie die Kunst, die gesamte militärische Operation zu leiten. Unter Taktik hingegen versteht man die Fertigkeit, die Armee für die Schlacht selbst aufzustellen und sich mit den unmittelbaren Anforderungen des Schlachtfelds zu befassen. Die meisten von uns sind im Leben Taktiker, keine Strategen. Wir lassen uns so tief in die Konflikte, mit denen wir konfrontiert werden, hineinziehen, dass wir an nichts anderes denken können als daran, wie wir in der aktuellen Auseinandersetzung das bekommen, was wir wollen. Es ist schwierig und unnatürlich, strategisch zu denken. Sie mögen glauben, Sie würden strategisch vorgehen, doch wahrscheinlich handeln Sie nur taktisch. Um die Macht zu besitzen, die einem nur eine Strategie verschaffen kann, müssen Sie imstande sein, sich über das Schlachtfeld zu erheben, sich auf Ihre langfristigen Ziele zu konzentrieren, einen ganzen Feldzug auf die Beine zu stellen, aus dem reaktiven Modus auszubrechen, in den so viele Auseinandersetzungen im Leben Sie zwängen. Wenn Sie Ihre übergeordneten Ziele im Blick behalten, fällt die Entscheidung, wann Sie kämpfen und wann Sie den Kampf meiden sollten, erheblich leichter. Das macht die taktischen Entscheidungen des täglichen Lebens wiederum viel einfacher und rationaler.

**Gesetz des Tages: Taktische Menschen sind schwerfällig und träge; Strategen sind leichtfüßig, haben ein breiteres Blickfeld und sehen weit voraus. Wo stehen Sie?**

*The 33 Strategies of War*: Preface

## 2. SEPTEMBER

### *Kontrollieren Sie das ganze Schachbrett*

Der Regisseur Alfred Hitchcock machte sich diese Strategie zum Prinzip. Jede einzelne Aktion seinerseits war im Grunde eine Aufstellung, um so das ersehnte Resultat zu erhalten. Also dachte er in aller Ruhe voraus und ging Schritt für Schritt vor. Er hatte sich zum Ziel gesetzt, einen Film zu drehen, der seiner ursprünglichen Vision entsprach, unbeeinflusst von den Schauspielern, Produzenten und anderen Mitarbeitern, die später zwangsläufig dazukamen. Indem er jedes Detail des Drehbuchs kontrollierte, machte er es dem Produzenten so gut wie unmöglich, sich einzumischen. Wenn der Produzent einmal versuchte, Einfluss auf die Dreharbeiten zu nehmen, hatte Hitchcock stets eine Kamera auf dem Set bereit, in der kein Film eingelegt war. Er konnte so tun, als würde er die Aufnahmen nach dem Wunsch des Produzenten machen, um dem Produzenten das Gefühl der Macht zu vermitteln, ohne das Endergebnis zu gefährden. Hitchcock machte mit Schauspielern das Gleiche: Statt ihnen direkt zu sagen, was sie zu tun hatten, erregte er in ihnen die gewünschten Gefühle – Angst, Wut, Sehnsucht – durch die Art, wie er sie auf dem Set behandelte. Jeder Schritt bei den Dreharbeiten passte perfekt zum nächsten.

**Gesetz des Tages: Halten Sie Ihre Gefühle unter Kontrolle und planen Sie Ihre Schritte im Voraus, indem Sie das ganze Schachbrett überblicken.**

*The 33 Strategies of War,* Strategy 12:
Lose Battles but Win the War – Grand Strategy

## 3. SEPTEMBER

# *Greifen Sie den Schwerpunkt an*

Der erste [Hauptgrundsatz] ist: das Gewicht der feindlichen Macht auf so wenig Schwerpunkte als möglich zurückzuführen, wenn es sein kann, auf einen; … und auf diesen Schwerpunkt des Gegners muss der gesammelte Stoß aller Kräfte gerichtet sein.

CARL VON CLAUSEWITZ

Es liegt in der Natur der Stärke, dass man anderen ein eindrucksvolles Äußeres präsentiert, dass man bedrohlich und einschüchternd, stark und entschlossen wirken will. Diese Außendarstellung ist jedoch häufig übertrieben oder sogar eine regelrechte Täuschung, da Stärke ihre Schwächen nicht zu zeigen wagt. Und unter der Darstellung nach außen liegt das Fundament, auf dem die Stärke ruht – ihr »Schwerpunkt«. Dieser Begriff stammt von Clausewitz, der ihn als »ein Zentrum der Kraft und Bewegung«, anpreist, »von welchem das Ganze abhängt«. Diesen Schwerpunkt anzugreifen, um ihn zu neutralisieren oder zu vernichten, ist die ultimative Strategie, denn ohne ihn wird der ganze Aufbau in sich zusammenstürzen. Ein Treffer dort ist die beste Möglichkeit, um dem Konflikt endgültig und ökonomisch ein Ende zu setzen. Bei der Suche nach diesen Schwerpunkten dürfen Sie sich auf keinen Fall von dem eindrucksvollen oder verwirrenden Äußeren in die Irre führen lassen, indem Sie den äußeren Schein für das halten, was ihn inszeniert. Vermutlich müssen Sie schrittweise vorgehen und eine Schicht nach der anderen ablösen, um die eigentliche Kraftquelle freizulegen.

**Gesetz des Tages: Wenn Sie Ihre Gegner betrachten, suchen Sie nach dem Schwerpunkt, der die ganze Struktur zusammenhält. Dieses Zentrum kann ihr Reichtum, ihre Beliebtheit, eine Schlüsselstellung oder eine erfolgreiche Strategie sein. Sie an diesem Punkt zu treffen, wird ihnen besonders arg wehtun.**

*The 33 Strategies of War*, Strategy 16: Hit Them Where It Hurts – The Center-of-Gravity Strategy

## 4. SEPTEMBER

### *Meiden Sie jede taktische Hölle*

Oft sehen wir folgende Dynamik in Ehestreitigkeiten: Es geht nicht mehr darum, die Beziehung zu retten, sondern darum, die eigene Meinung durchzusetzen. Wenn Sie in solchen Grabenkämpfen gefangen sind, fangen Sie zuweilen an, sich zu rechtfertigen und kleinlich zu werden – Sie lassen sich gedanklich nach unten ziehen. Das ist ein beinahe sicheres Zeichen dafür, dass Sie in der taktischen Hölle festsitzen. Der menschliche Geist ist zu strategischem Denken fähig. Sie können also mehrere Schritte vorausdenken, um Ihren Zielen näher zu kommen. Doch in der taktischen Hölle sind Sie nicht in der Lage, Ihre Perspektive so zu weiten, dass Sie auf diese Art und Weise denken können. Stattdessen reagieren Sie lediglich auf die Aktionen dieser oder jener Person, lassen sich von ihren Dramen und Emotionen einnehmen und drehen sich im Kreis. Die einzige Lösung ist, kurzfristig oder dauerhaft den Rückzug aus diesen Kämpfen anzutreten, vor allem wenn sie an mehreren Fronten stattfinden. Sie brauchen etwas Abstand und eine höhere Warte. Bringen Sie Ihr Ego dazu, sich zu beruhigen. Erinnern Sie sich daran, dass es Ihnen auf lange Sicht nichts bringt, einen Streit zu gewinnen oder Ihren Standpunkt durchzusetzen. Gewinnen Sie durch Taten, nicht durch Worte. Fangen Sie wieder an, über Ihre langfristigen Ziele nachzudenken.

**Gesetz des Tages: Erstellen Sie eine Skala mit Werten und Prioritäten in Ihrem Leben und führen Sie sich damit vor Augen, was Ihnen wirklich wichtig ist. Wenn Sie zu der Entscheidung gelangen, dass eine bestimmte Schlacht wirklich wichtig ist, können Sie sich mit größerem Abstand eine strategischere Reaktion ausdenken.**

*Die Gesetze der menschlichen Natur*, Gesetz 7: Weichen Sie den Widerstand der Menschen auf, indem Sie ihre Selbstmeinung bestätigen – Das Gesetz der Abwehrhaltung

## 5. SEPTEMBER

### *Versetzen Sie sich in eine Position der Stärke*

Um sich von den mechanischen und reaktiven Typen abzuheben, müssen Sie sich von einer verbreiteten, falschen Vorstellung verabschieden: Gute Strategien bedeuten nicht, einen brillanten Plan auszuführen, bei dem man schrittweise vorgeht. Man muss sich vielmehr in Situationen versetzen, in denen man mehr Optionen hat als der Feind. Statt einfach Option A als die einzige richtige Antwort zu wählen, besteht wahre Strategie darin, sich in die Lage zu versetzen, je nach den Umständen Option A, B oder auch C auszuführen. Das ist strategisch tiefes Denken, im Gegensatz zu formelhaftem Denken.

Sunzi hat diesen Gedanken einmal anders formuliert: Wonach man in der Strategie strebt, so Sunzi, ist Schi, eine Position potenzieller Stärke – die Position eines Felsblocks, der unsicher auf einem Gipfel liegt, oder sagen wir, einer gespannten Bogensehne. Ein Schlag gegen den Block, das Loslassen der Sehne – und die potenzielle Kraft wird entfesselt. Der Block oder Pfeil vermag in jede Richtung zu fliegen; er richtet sich gegen die Aktionen des Gegners. Das Entscheidende ist, nicht einfach vorherbestimmte Schritte auszuführen, sondern sich in eine Position der Stärke zu versetzen und sich mehrere Optionen offenzuhalten.

**Gesetz des Tages: Machen Sie sich frei von der Illusion, Strategie sei eine Abfolge von Schritten, die bis zu einem Ziel befolgt werden müssen. Wenn ein beliebiger Experte oder Guru behauptet, ein geheimes Rezept für Erfolg und Macht zu besitzen, glauben Sie ihm kein Wort.**

*The 33 Strategies of War*, Strategy 6:
Segment Your Forces – The Controlled-Chaos Strategy

## 6. SEPTEMBER

### *Greifen Sie Ihre Gegner nie direkt an*

Schlachten gewinnt man dadurch, dass man den Feind umdreht und ihn an der Flanke angreift.

NAPOLEON BONAPARTE

Zu Napoleons Lieblingsstrategien zählte das *manoeuvre sur les derrières*, wie er es nannte. Der Erfolg des Manövers basierte auf zwei Wahrheiten: Erstens, Generäle lassen ihre Armeen gerne in einer starken Frontalstellung aufmarschieren. Napoleon machte sich diese Tendenz häufig zunutze, indem er den Feind scheinbar frontal angriff. Im Gewühl der Schlacht war kaum auszumachen, dass eigentlich nur die Hälfte des Heeres dort zum Einsatz kam. In der Zwischenzeit führte er die andere Hälfte heimlich auf die Flanke oder hinter die gegnerischen Truppen. Zweitens, eine Armee, die einen Flankenangriff spürt, ist alarmiert und angreifbar und muss sich wenden, um sich der Gefahr zu stellen. In diesem Augenblick der Wende ist der Gegner besonders schwach und ungeordnet.

Vom großen Napoleon können Sie Folgendes lernen: Ein Frontalangriff ist selten ratsam. Greifen Sie die Flanke an, die verwundbare Stelle. Dieser Grundsatz lässt sich auf beliebig große Konflikte oder Auseinandersetzungen anwenden. Häufig zeigen Personen gerade durch das Gegenteil, also durch die Front, die sie nach außen am sichtbarsten präsentieren, ihre Flanke und signalisieren, wo sie verwundbar sind. Diese Front kann ein aggressives Auftreten sein, die Art, andere Menschen zu behandeln, indem man sie herumkommandiert. Es kann sich auch um die meistgepriesenen Überzeugungen und Ideen der anderen handeln, oder auch die Art und Weise, wie sie sich anbiedern. Je stärker Sie Menschen dazu bringen, diese Front zu entlarven, mehr von sich selbst und der Richtung zu erkennen zu geben, die sie tendenziell einschlagen werden, desto stärker werden ihre ungeschützten Flanken in den Fokus geraten: unbewusste Sehnsüchte, eklatante Unsicherheiten, prekäre Bündnisse, unkontrollierbare Zwänge. Sobald Sie sich den Flanken zuwenden, werden Ihre Zielpersonen sich Ihnen zuwenden und aus dem Gleichgewicht geraten. Alle Gegner sind an der Flanke angreifbar. Gegen eine wohlgezielte Flankenattacke ist jeder wehrlos.

**Gesetz des Tages: Wenn Sie den Feind direkt angreifen, werden Sie seinen Widerstand nur verstärken und Ihre Aufgabe viel schwieriger machen. Die Alternative: Lenken Sie die Aufmerksamkeit des Feindes auf die Front und greifen Sie ihn dann von der Seite aus an, womit er am wenigsten rechnet.**

*The 33 Strategies of War*, Strategy 18: Expose and Attack Your Opponent's Soft Flank – The Turning Strategy

## 7. SEPTEMBER

### *Teilen und erobern*

Der große japanische Schwertkämpfer des 17. Jahrhunderts Miyamoto Musashi stand mehrmals Gruppen von Kriegern gegenüber, die ihn töten wollten. Der Anblick einer solchen Gruppe würde den meisten das Herz in die Hose rutschen lassen. Andere würden wie wild um sich schlagen, in dem Versuch, so viele Angreifer wie möglich auf einmal zu töten, allerdings unter der Gefahr, die Kontrolle über die Situation zu verlieren. Musashi hingegen war vor allem ein Stratege und befreite sich auf äußerst rationale Weise aus solch misslichen Situationen. Er stellte sich so hin, dass die Männer sich ihm in einer Reihe oder in einem Winkel nähern mussten. Dann konzentrierte er sich darauf, den ersten zu töten, und ging rasch die ganze Reihe durch. Statt den Kopf zu verlieren oder es mit aller Gewalt zu versuchen, trennte er die Gruppe in Teile. Dann brauchte er nur noch den ersten Gegner zu töten, während er in der Lage blieb, sich dem zweiten Gegner zu widmen, und gleichzeitig verhinderte, dass sein Verstand getrübt und verwirrt wurde. Das hatte den Effekt, dass er fokussiert blieb, während seine Gegner ihre Balance suchten, denn während er sich durch die Reihe vorkämpfte, wurden sie die Eingeschüchterten und Nervösen.

Ob Sie sich nun vielen kleinen Problemen oder einem riesigen Problem gegenüber sehen, nehmen Sie sich Musashi zum Vorbild für Ihr mentales Vorgehen. Wenn Sie zulassen, dass die Komplexität der Situation Sie verwirrt, und Sie entweder zögern oder gedankenlos um sich schlagen, werden Sie die mentale Kontrolle verlieren. Die negative Kraft, mit der Sie konfrontiert werden, wird dadurch nur noch stärker. Teilen Sie stets das anstehende Problem auf, indem Sie sich zuerst in eine zentrale Position bringen. Anschließend gehen Sie der Reihe nach vor und schaffen Ihre Probleme eins nach dem anderen aus der Welt. Häufig ist es ratsam, mit dem kleinsten Problem zu beginnen, während man die gefährlichsten in Schach hält. Dieses eine Problem zu lösen, wird Ihnen helfen, die nötige Stoßkraft zu entwickeln, um auch die übrigen zu lösen.

**Gesetz des Tages: Lösen Sie Ihre Probleme eins nach dem anderen.**

*The 33 Strategies of War*, Strategy 17: Defeat Them in Detail

## 8. SEPTEMBER

# *Nutze das Chaos*

Das Chaos – wo wunderbare Träume entstehen.

I GING. BUCH DER WANDLUNGEN

Betrachten Sie Ihren Geist als Armee! Heere müssen sich an die Komplexität und das Chaos des modernen Krieges anpassen, indem sie wendiger und beweglicher werden. Diese Entwicklung hat letztlich zum Guerillakrieg geführt, bei dem man das Chaos nutzt, um Unordnung und Unvorhersehbarkeit zu seiner Strategie zu machen. Guerillaarmeen halten nie inne, um eine Stadt oder einen Ort zu verteidigen – sie gewinnen, indem sie sich ständig bewegen und immer einen Schritt voraus bleiben. Da sie sich an kein festes Muster halten, bieten sie dem Feind kein Ziel. Die Guerillaarmee geht nie nach der gleichen Taktik vor. Sie reagiert auf die Situation, den Moment, das Gelände, in dem sie sich wiederfindet. Es gibt keine Front, keine konkrete Verbindungs- oder Nachschublinie, keinen langsam vorrückenden Tross. Die Guerillaarmee ist nichts als Mobilität.

Das ist das Modell für Ihre neue Denkweise. Wenden Sie nie eine Taktik starr an. Lassen Sie nicht zu, dass Ihr Verstand auf statischen Positionen verharrt und einen bestimmten Ort oder eine Idee verteidigt oder die gleichen leblosen Manöver wiederholt. Wenn Sie ständig in Bewegung bleiben, geben Sie Ihren Feinden kein Ziel, das sie unter Beschuss nehmen könnten. Sie nutzen das Chaos der Welt, statt in ihm zu ertrinken.

**Gesetz des Tages: Widmen Sie sich Problemen aus neuen Blickwinkeln, indem Sie sich an die Landschaft und an Ihre Begabungen anpassen.**

*The 33 Strategies of War*, Strategy 2: Do Not Fight the Last War – The Guerrilla-War-of-the-Mind Strategy

## 9. SEPTEMBER

# *Erkennen Sie die großen Gefahren, die drohen*

Die Erfahrung lehrt, dass man, wenn man schon von weitem die Pläne voraussieht, die in die Wege geleitet werden müssen, rasch handeln kann, wenn der Moment kommt, sie auszuführen.

KARDINAL RICHELIEU

Nach der Vorstellung der alten Griechen hatten die Götter genaue Kenntnis der Zukunft. Sie sahen bis ins kleinste Detail alles kommen. Die Menschen hingegen waren Opfer des Schicksals, waren in ihrer Zeit und in ihren Gefühlen gefangen und konnten nicht über die unmittelbaren Gefahren hinaussehen. Helden wie Odysseus, der über den Augenblick hinaus mehrere Schritte im Voraus planen konnte, schienen dem Schicksal zu spotten und sich in ihrer Fähigkeit, die Zukunft zu determinieren, den Göttern zu nähern. Der Vergleich ist noch immer gültig: Diejenigen von uns, die weiter vorausdenken und geduldig ihren Plan reifen lassen, scheinen von gottgleicher Macht erfüllt zu sein. Da die meisten Menschen zu sehr im Augenblick gefangen sind, um diese Art von Vorausschau entwickeln zu können, ist die Fähigkeit, unmittelbare Gefahren ebenso wie unmittelbare Freuden zu ignorieren, gleichbedeutend mit Macht.

**Gesetz des Tages: Überwinden Sie die menschliche Neigung, auf die Dinge unmittelbar zu reagieren, trainieren Sie sich stattdessen, einen Schritt zurückzutreten und sich vorzustellen, wie jenseits des unmittelbar Sichtbaren das große Ganze Gestalt annimmt.**

*The 48 Laws of Power*, Law 29: Plan All the Way to the End

## 10. SEPTEMBER

# *Wirken Sie nie defensiv*

Der Mensch: Stoß ihn – er wird dir verzeihen. Schmeichle ihm – vielleicht wird er dich durchschauen, vielleicht auch nicht. Aber schenke ihm keine Beachtung, und er wird dich hassen.

IDRIES SHAH, *CARAVAN OF DREAMS*

Der Renaissance-Schriftsteller Pietro Aretino brüstete sich oft seiner aristokratischen Herkunft, die natürlich bloß eine Fiktion war, denn in Wirklichkeit war er der Sohn eines Schuhmachers. Als einer seiner Feinde irgendwann die schockierende Wahrheit herausfand, verbreitete sich die Kunde davon rasch, und ganz Venedig (wo Aretino damals lebte) war über seine Lügen entsetzt. Hätte er sich zu verteidigen versucht, hätte er sich nur immer tiefer in die Sache verstrickt. Stattdessen reagierte er wahrhaft meisterlich: Er verkündete, er sei in der Tat Sohn eines Schuhmachers, doch dies beweise nur seine Großartigkeit, denn er hätte es von der untersten Gesellschaftsschicht ja bis an die Spitze gebracht. Und von diesem Moment an erwähnte er seine früheren Lügen mit keinem Wort mehr, sondern trompetete laut heraus, wie er jetzt über die Frage seiner Herkunft dachte.

Merken Sie sich: Auf pedantische, kleingeistige Belästigungen und Irritationen reagieren Sie am wirkungsvollsten mit Verachtung. Lassen Sie niemals durchblicken, dass Ihnen etwas zu schaffen macht – das zeigt nur, dass Sie es als Problem anerkennen. Die Verachtung funktioniert am besten, wenn man sie kalt und ohne jede Regung auftischt.

**Gesetz des Tages: Indem Sie ein unbedeutendes Problem zugeben, verleihen Sie ihm erst eine Daseinsberechtigung und Glaubwürdigkeit. Je weniger Interesse Sie zeigen, desto überlegener wirken Sie.**

*The 48 Laws of Power*, Law 36: Disdain Things You Cannot Have – Ignoring Them Is the Best Revenge

## 11. SEPTEMBER

### *Das Credo des Kriegers*

Die Wirklichkeit kann man als eine klare Reihe von Beschränkungen für jedes lebende Wesen definieren, wobei der Tod die endgültige Grenze bildet. Wir können nur soundso viel Energie verbrauchen, ehe wir müde werden; uns stehen nur soundso viel Proviant und Ressourcen zur Verfügung; unsere Fähigkeiten reichen nur bis zu einem bestimmten Punkt. Ein Tier lebt innerhalb dieser Grenzen: Es versucht nicht, höher zu fliegen, schneller zu rennen oder unendliche Mengen an Energie zu verschwenden, indem es einen Nahrungsvorrat anhäuft, denn das würde es erschöpfen und angreifbar machen. Ein Tier versucht einfach, das Beste aus dem zu machen, was es hat. Eine Katze zum Beispiel setzt instinktiv eine Ökonomie der Bewegung und Gestik um, sie verschwendet nie unnötig Energie. In Armut lebende Menschen sind sich ganz ähnlich ihrer Grenzen bewusst: Gezwungen, das wenige, das sie besitzen, möglichst effizient zu nutzen, erweisen sie sich als unendlich erfinderisch. Die Bedürftigkeit wirkt sich massiv auf ihre Kreativität aus.

Wir, die wir in Gesellschaften des Überflusses leben, haben das Problem, dass wir ein Gefühl für die Grenzen verlieren. Der Überfluss macht uns in den Träumen reich, denn im Traum gibt es keine Grenzen. Doch in der Wirklichkeit macht er uns arm. Überfluss macht weich und dekadent. Wir sind dann von dem gelangweilt, was wir haben, und brauchen ständig Schocks, um uns daran zu erinnern, dass wir leben. Wir müssen im Leben Krieger sein, und der Krieg erfordert Realismus. Mögen andere in endlosen Träumen Schönheit finden – Krieger finden sie in der Wirklichkeit, im Bewusstsein ihrer Grenzen, darin, das Beste aus dem zu machen, was sie haben. Wie die Katze bemühen sie sich um die perfekte Ökonomie der Bewegungen und Gesten – darum, ihren Schlägen mit der geringsten Anstrengung die größte Wucht zu verleihen. Das Bewusstsein, dass ihre Tage gezählt sind – dass sie jeden Augenblick sterben könnten –, verwurzelt sie in der Realität. Es gibt Dinge, die sie niemals tun können, Talente, die sie nie besitzen werden, hehre Ziele, die sie nie erreichen werden. Doch das kümmert sie wenig. Krieger konzentrieren sich auf das, was sie haben, die Stärken, die sie besitzen und die sie kreativ einsetzen müssen. Da sie wissen, wann sie das Tempo drosseln, sich erholen und neu formieren müssen, überdauern sie ihre Gegner. Sie planen langfristig.

**Gesetz des Tages: Bei der Strategie müssen Sie bisweilen die größere Stärke ignorieren und sich zwingen, mit minimalen Ressourcen maximale Wirkung zu erzielen. Auch wenn Sie über Technologie verfügen, führen Sie einen Bauernkrieg.**

*The 33 Strategies of War*, Strategy 8: Pick Your Battles Carefully – The Perfect-Economy Strategy

## 12. SEPTEMBER

# *Zeit ist alles, was Sie haben*

Raum kann ich zurückerobern, Zeit niemals.

NAPOLEON BONAPARTE

Beim strategischen Denken ist Zeit ebenso wichtig wie Raum. Wenn Sie wissen, wie Sie sie am besten nutzen können, macht Sie das zu einem hervorragenden Strategen und verleiht Ihren Angriffen und Ihrer Verteidigung eine neue Dimension. Dazu müssen Sie aufhören, Zeit als eine Abstraktion zu betrachten: In Wirklichkeit ist Zeit, von der ersten Minute Ihrer Geburt an, alles, was Sie haben. Sie ist Ihre einzige echte Ware. Menschen können Ihnen Ihr Hab und Gut rauben, aber nicht einmal die mächtigsten Angreifer vermögen es – einen Mord ausgenommen –, Ihnen Zeit zu rauben, sofern Sie das nicht zulassen. Sogar im Gefängnis gehört Ihre Zeit allein Ihnen, wenn Sie sie für Ihre eigenen Zwecke nutzen. Ihre Zeit in Kämpfen zu verschwenden, die Sie nicht selbst gewollt haben, ist mehr als ein Fehler. Es ist die allergrößte Dummheit.

**Gesetz des Tages: Widerstehen Sie dem Drang, auf banale Ärgernisse zu reagieren. Zeit, die Sie verloren haben, können Sie niemals zurückgewinnen.**

*The 33 Strategies of War*, Strategy 11: Trade Space for Time – The Nonengagement Strategy

## 13. SEPTEMBER

### *Denken Sie an unbeabsichtigte Konsequenzen*

Die Jahre lehren viel, was die Tage niemals wissen.

RALPH WALDO EMERSON

Im alten Rom befürchtete eine Gruppe von Männern, die der Republik treu ergeben waren, dass Julius Caesar seine Diktatur festigen und eine Monarchie errichten würde. Im Jahr 44 v. Chr. beschlossen sie daher, ihn zu ermorden und dadurch die Republik wiederherzustellen. Im darauffolgenden Chaos und Machtvakuum gelangte Caesars Großneffe Octavius schnell an die Spitze, übernahm die Macht und setzte der Republik dauerhaft ein Ende, indem er eine De-facto-Monarchie etablierte. Nach Caesars Tod stellte sich heraus, dass es nie seine Absicht gewesen war, ein Königreich zu gründen, und die Verschwörer hatten genau das geschaffen, was sie eigentlich hatten verhindern wollen. In solchen Fällen ist die Denkweise der Menschen erstaunlich einfach und bequem: Wenn Caesar stirbt, kehrt die Republik zurück, Aktion A führt zu Ergebnis B.

Machen Sie sich bewußt, dass jedes Phänomen auf der Welt von Natur aus komplex ist. Jede Handlung löst eine endlose Kettenreaktion aus. Man kann niemals einfach sagen, dass A zu B führt, B zu C, C zu D und so weiter. Andere Akteure werden in das Drama einbezogen, und es ist schwer, deren Motivationen und Reaktionen zu prognostizieren. Sie können unmöglich diese Ketten vorhersagen oder ein umfassendes Verständnis der Konsequenzen besitzen. Indem Sie konsequenter denken, können Sie sich zumindest die offensichtlicheren negativen Konsequenzen bewusst machen, die daraus resultieren könnten – und allein das macht schon oft den Unterschied zwischen Erfolg und Katastrophe aus. Im Idealfall sollte Ihre Denkweise so tief reichen, dass Sie sich mehrere mögliche Szenarien vorstellen, soweit es Ihrem Verstand eben möglich ist.

**Gesetz des Tages: Spielen Sie alle möglichen Konsequenzen einer Strategie oder Vorgehensweise durch.**

*Die Gesetze der menschlichen Natur,* Gesetz 6:
Nehmen Sie die Vogelperspektive ein – Das Gesetz der Kurzsichtigkeit

## 14. SEPTEMBER

### *Drängen Sie Panik zurück*

Lord Yamanouchi, ein japanischer Adliger im 18. Jahrhundert, bat einmal seinen Teemeister, ihn bei einer Reise nach Edo (das spätere Tokio) zu begleiten. Nun wusste der Teemeister zwar alles, was man über die Teezeremonie wissen musste, aber nicht viel mehr. Er kleidete sich jedoch wie ein Samurai. Eines Tages wurde der Teemeister von einem Samurai belästigt, der ihn zu einem Duell herausforderte. Auch wenn er kein Schwertkämpfer war, würde eine Ablehnung der Herausforderung sowohl seiner Familie als auch Lord Yamanouchi Schande bringen. Er nahm an – wohl wissend, dass es seinen sicheren Tod bedeutete – und bat lediglich darum, das Duell auf den nächsten Tag zu verschieben. Sein Wunsch wurde ihm gewährt. In Panik begab sich der Teemeister schleunigst zur nächsten Fechtschule. Wenn er schon sterben musste, wollte er wenigstens lernen, wie man ehrenhaft stirbt. Der Fechtmeister hörte sich seine Geschichte an und willigte ein, dem armen Besucher die Kunst des Sterbens beizubringen, wollte aber zuerst einen Tee serviert haben. Als der Teemeister die Zeremonie Schritt für Schritt vollführte, rief der Fechtmeister voller Aufregung aus: »Sie brauchen die Kunst des Sterbens gar nicht zu lernen! Die mentale Verfassung, in der Sie sich jetzt befinden, reicht aus, um es mit jedem Samurai aufzunehmen. Wenn Ihr Herausforderer Ihnen gegenübersteht, stellen Sie sich vor, Sie würden einem Gast Tee servieren.« Nach Vollendung dieses Rituals sollte der Teemeister mit dem gleichen, wachen Geist das Schwert heben. Danach sei er bereit zu sterben. Der Teemeister willigte ein, so zu handeln, wie sein Lehrer ihm geraten hatte.

Tags darauf ging er zu dem Treffen mit dem Samurai, der nicht umhin kam, den absolut ruhigen und würdevollen Ausdruck auf dem Gesicht seines Gegners zu bemerken, als er den Mantel ablegte. Der Samurai glaubte, der ungeschickte Teemeister sei in Wirklichkeit ein erfahrener Schwertkämpfer. Er bat um Verzeihung für sein Benehmen und machte sich schleunigst davon. Wenn die Umstände uns in Angst versetzen, geht leicht unsere Fantasie mit uns durch und erfüllt uns mit endloser Unruhe und Beklemmung. Sie müssen Ihre Vorstellungskraft also unter Kontrolle bekommen. In einem konzentrierten Verstand ist kein Platz für Angst oder für die Auswirkungen einer allzu regen Fantasie.

**Gesetz des Tages: Erlangen Sie diese Kontrolle, indem Sie Ihren Verstand zwingen, sich auf etwas relativ Einfaches – zum Beispiel ein Ritual, das Sie beruhigt, oder eine Aufgabe, bei der Sie erfahrungsgemäß gut sind – zu konzentrieren. Dadurch erzeugen Sie die Gelassenheit, die Sie von Natur aus haben, wenn Ihr Geist in ein Problem vertieft ist.**

*The 33 Strategies of War*, Strategy 3: Amidst the Turmoil of Events, Do Not Lose Your Presence of Mind – The Counterbalance Strategy

## 15. SEPTEMBER

### *Geben Sie Ihre vorgefassten Vorstellungen auf*

Wenn man eine leere Kürbisflasche ins Wasser legt und sie dann berührt, wird sie nach einer Seite gleiten. So sehr Sie sich auch anstrengen mögen – sie wird einfach nicht an derselben Stelle bleiben. Der Geist eines Menschen, der das höchste Stadium erreicht hat, wird bei nichts verharren, nicht einmal für eine einzige Sekunde. Er ist wie eine leere Kürbisflasche im Wasser, die herumgeschoben wird.

TAKUAN SOHO

Die größten Generäle, die erfindungsreichsten Strategen zeichnen sich nicht dadurch aus, dass sie über mehr Wissen verfügen. Der entscheidende Punkt ist vielmehr, dass sie in der Lage sind, ihre vorgefassten Vorstellungen aufzugeben und sich intensiv auf den gegenwärtigen Augenblick zu konzentrieren, wenn das nötig ist. Auf diese Weise wird die Kreativität entzündet, werden Chancen ergriffen. Dem Wissen, der Erfahrung und der Theorie sind Grenzen gesetzt: Kein noch so umfassendes Vorausdenken kann Sie auf das Chaos des Lebens, auf die unbegrenzten Möglichkeiten des Augenblicks vorbereiten. Der große Kriegsstratege Carl von Clausewitz nannte dies »Friktion«: die Diskrepanz zwischen den eigenen Plänen und dem tatsächlichen Geschehen. Da es unweigerlich zu Friktionen kommen wird, muss unser Verstand fähig sein, mit den Veränderungen Schritt zu halten und sich an das Unerwartete anzupassen. Je besser wir unsere Gedanken an die sich ändernden Umstände anpassen können, desto sachlicher werden unsere Reaktionen sein. Je stärker wir uns an vorgefasste Theorien und vergangene Erfahrungen klammern, desto unangemessener und wahnhafter ist unsere Reaktion. Es kann von Nutzen sein zu analysieren, was in der Vergangenheit schiefging, aber weit wichtiger ist es, die Fähigkeit zu entwickeln, im Augenblick zu denken. So werden Ihnen weit weniger Fehler unterlaufen, die Sie analysieren müssen.

**Gesetz des Tages: Stellen Sie sich den Verstand als einen Fluss vor: Je schneller er fließt, desto leichter hält er mit der Gegenwart Schritt und reagiert auf Veränderungen.**

*The 33 Strategies of War*, Strategy 2: Do Not Fight the Last War – The Guerrilla-War-of-the-Mind Strategy

## 16. SEPTEMBER

### *Zwingen Sie Ihre Gegner aus der negativen Ecke*

Es ist stets einfacher, von der negativen Seite aus zu argumentieren: die Aktionen anderer zu kritisieren, deren Motive zu zerpflücken und so weiter. Aus eben diesem Grund entscheiden sich auch die meisten Menschen für diese Option. Wenn sie eine positive Sichtweise dessen, was sie in der Welt bewirken wollen, beschreiben oder die Frage beantworten müssten, wie sie eine bestimmte Aufgabe denn selbst ausführen würden, würde sie das für alle möglichen Angriffe und Kritiken anfällig machen. Es erfordert Anstrengung und Nachdenken, sich eine positive Position zu erarbeiten. Viel bequemer ist es, sich das vorzunehmen, was andere getan haben, und endlos dagegen zu sticheln. Darüber hinaus lässt es einen hart und nachdenklich erscheinen, weil die Menschen gerne zuhören, wie jemand eine Idee zerpflückt. Wenn man es in einer Debatte oder bei einem Streit mit solchen Menschen, die auf dem Negativen herumreiten, zu tun hat, treibt einen das zur Weißglut. Diese Leute können einen aus allen Richtungen angreifen, mit Sarkasmus und gehässigen Kommentaren treffen, sich alle möglichen Verallgemeinerungen ausdenken, die Sie schlecht aussehen lassen. Wenn Sie sich auf ihre Position herablassen, werden Sie am Ende zu einem Boxer, der nur Löcher in die Luft schlägt. Solche Widersacher bieten Ihnen keine Angriffsfläche. (Im Krieg ist es immer einfacher, eine Stellung zu halten, als Land zu erobern.) Es ist Ihre Aufgabe, sie aus dieser Position herauszudrängen, indem Sie sie zwingen, etwas Positives von sich zu geben. Und dann haben Sie ein Angriffsziel. Und wenn Ihre Gegner sich weigern, können Sie sie eben deswegen angreifen.

**Gesetz des Tages: Widerstehen Sie der Versuchung, auf dem gleichen Niveau wie Ihr Gegner zurückzuschlagen. Sie müssen die Bedingungen der Auseinandersetzung immer auf ein von Ihnen gewähltes Terrain verlagern. Im Moment dieser Verlagerung besitzen Sie die Initiative und die Oberhand.**

Robert Greene, »Only the Dull and Stupid Fight Head-on: Some Strategic Thoughts«, *powerseductionandwar.com*, 15. Juli 2007

## 17. SEPTEMBER

# *Wägen Sie Zweck und Mittel ab*

Kluge Generäle haben im Laufe der Zeit gelernt, zunächst zu untersuchen, welche Mittel sie zur Verfügung haben, und dann aus diesem Wissen heraus ihre Strategie zu entwickeln. Sie denken immer zuerst an die Gegebenheiten: die Aufstellung ihrer eigenen Armee und die des Gegners, ihre jeweiligen Anteile an Kavallerie und Infanterie, das Terrain, die Kampfmoral ihrer Truppen, das Wetter. Das verschafft ihnen nicht nur die Grundlage für ihren Angriffsplan, sondern auch für die Ziele, die sie bei einem bestimmten Aufeinandertreffen erreichen wollen. Statt sich auf eine bestimmte Kampfmethode festzulegen, passen sie ihre Ziele fortlaufend an die verfügbaren Ressourcen an.

Probieren Sie bei Ihrem nächsten Feldzug doch mal etwas aus: Denken Sie weder über Ihre konkreten Ziele nach noch über Ihre Wunschträume, und planen Sie Ihre Strategie nicht auf Papier. Denken Sie stattdessen intensiv über das nach, was Sie haben – über das Material und die Mittel, mit denen Sie arbeiten können. Stützen Sie sich nicht auf Träume und Pläne, sondern stehen Sie mit beiden Beinen in der Realität: Denken Sie an Ihre eigenen Fertigkeiten, an Ihren eventuellen politischen Vorteil, die Moral Ihrer Truppen und die Kreativität, mit der Sie die Mittel nutzen können, die Ihnen zur Verfügung stehen. Lassen Sie Ihre Pläne und Ziele dann aus diesem Prozess heraus wachsen. Dann werden Ihre Strategien nicht nur realistischer sein, sondern auch einfallsreicher und durchschlagender. Zuerst von dem zu träumen, was man will, und sich dann zu bemühen, die Mittel dafür zu finden, wird mit Sicherheit zu Erschöpfung, Verschwendung und einer Niederlage führen.

**Gesetz des Tages: Wägen Sie unablässig Ziele und Ressourcen ab. Sie mögen den besten Plan haben, um ein bestimmtes Ziel zu verwirklichen, aber wenn Sie nicht über die nötigen Mittel verfügen, um ihn umzusetzen, ist Ihr Plan wertlos.**

*The 33 Strategies of War*, Strategy 8: Pick Your Battles Carefully – The Perfect-Economy Strategy.

## 18. SEPTEMBER

### *Die Strategie der kleinen Schritte*

Viele kleine Erfolge erringen, heißt allmählich einen Schatz aufhäufen. Mit der Zeit wird man reich und weiß selbst nicht wie.

FRIEDRICH DER GROSSE

Viele haben das Problem, dass sie großartige Träume und Ambitionen haben. In den Emotionen unserer Träume und der Weite unserer Sehnsüchte gefangen, fällt es uns überaus schwer, sich auf die kleinen, mühsamen Schritte zu konzentrieren, die meist nötig sind, um sie zu erreichen. Wir neigen dazu, nach dem Muster großer Sprünge in Richtung unserer Ziele zu denken. In der sozialen Welt ist es jedoch wie in der Natur: Alles, was groß und stabil ist, wächst langsam. Die Salami-Taktik ist das perfekte Mittel gegen unsere natürliche Ungeduld: Sie zwingt uns dazu, uns zunächst auf etwas Kleines, Unmittelbares zu konzentrieren, auf den ersten Bissen, und dann darauf, wie und wo ein zweiter Bissen uns unserem Endziel näher bringen könnte. Wir müssen also in Form eines Prozesses denken, einer Folge miteinander zusammenhängender Schritte und Aktionen – so klein sie auch sein mögen. Das bringt zugleich auch unermessliche psychologische Vorteile mit sich. Allzu oft erdrückt uns die Größe unserer Sehnsüchte; diesen kleinen ersten Schritt zu tun, lässt sie realisierbar erscheinen. Es gibt keine bessere Therapie als Handeln.

**Gesetz des Tages: Verschaffen Sie sich eine klare Vorstellung von Ihrem Ziel, doch halten Sie dann nach den kleinen Schritten Ausschau, aus denen es sich zusammensetzt. Jetzt ist es einfach, Ihren Traum zu verwirklichen: Schritt für Schritt.**

*The 33 Strategies of War*, Strategy 29:
Take Small Bites – The Fait Accompli Strategy

## 19. SEPTEMBER

### *Nutzen Sie die Katzenpfote*

Von Oben kann man nur durch Lohn und Strafe wirken: da ertheile man das Gute unmittelbar [also selbst], das Schlimme mittelbar.

BALTASAR GRACIÁN

In der Fabel von Jean de la Fontaine bedient sich der Affe der Pfote seines Freundes, des Katers, und lässt sich die Kastanien aus dem Feuer holen, sodass er bekommt, was er will, ohne sich zu verbrennen. Wenn Unangenehmes oder Unpopuläres getan werden muss, ist es viel zu riskant, das selbst zu erledigen. Sie brauchen einen Handlanger – jemanden, der die schmutzige, gefährliche Arbeit für Sie erledigt. Er beschafft, was Sie brauchen, bestraft die, die Sie bestrafen wollen, und bei all dem merken die Menschen gar nicht, dass Sie eigentlich dafür verantwortlich sind.

**Gesetz des Tages: Machen Sie jemand anderen zum Vollstrecker oder zum Überbringer schlechter Neuigkeiten, während Sie selbst nur Gutes und frohe Botschaften verteilen.**

*The 48 Laws of Power*, Law 26: Keep Your Hands Clean

## 20. SEPTEMBER

### *Schlagen Sie aus unerwarteten Richtungen zu*

Die Menschen erwarten, dass Ihr Verhalten bekannten Mustern und Konventionen entspricht. Ihre Aufgabe als Stratege ist es, ihre Erwartungen zu enttäuschen. Überraschen Sie sie stattdessen mit Chaos und Unberechenbarkeit. Das wird sie in Schach halten.

Für Sunzi und die alten Chinesen würde eine außergewöhnliche Tat ohne den Hintergrund von etwas Gewöhnlichem kaum Wirkung erzielen. Sie müssen beides miteinander kombinieren: Richten Sie die Erwartungen Ihrer Widersacher auf ein banales, gewöhnliches Manöver, ein bequemes Muster, das normalerweise zu erwarten wäre. Nachdem der Gegner hinreichend eingelullt ist, treffen Sie ihn mit der außergewöhnlichen Tat, einer Demonstration erstaunlicher Kraft aus einem völlig neuen Winkel. Im Zusammenhang mit dem Berechenbaren dürfte der Schlag eine doppelt so starke Wirkung erzielen.

**Gesetz des Tages: Gehen Sie nach Ihrem eigenen Rhythmus vor, indem Sie Strategien an Ihre Eigenarten anpassen, nicht umgekehrt. Wenn Sie sich weigern, nach gewöhnlichen Mustern zu handeln, fällt es den Menschen schwer, zu erraten, was Sie als Nächstes unternehmen werden.**

Robert Greene, »What Muhammad Ali Can Teach Us about Success and an Authentic Life«, *The Observer*, 22. Juli 2015

## 21. SEPTEMBER

# *Bringen Sie andere dazu, ihre Absichten aufzudecken*

Wenn man argwöhnt, dass Einer lüge, stelle man sich gläubig: da wird er dreist, lügt stärker und ist entlarvt.

ARTHUR SCHOPENHAUER

Geht es um Macht, muss Ihr Ziel sein, zukünftige Ereignisse ein Stück weit zu beeinflussen. Damit stehen Sie vor dem Problem, dass andere Ihnen nicht alle ihre Gedanken, Gefühle und Pläne mitteilen. Indem sie umsichtig darauf achten, was sie sagen, verbergen sie oft den entscheidenden Teil ihres Charakters – ihre Schwächen, Obsessionen und tieferen Beweggründe. Folglich können Sie die Schachzüge der anderen nicht voraussehen und tappen konstant im Dunkeln. Der Trick besteht darin, sie irgendwie auszukundschaften, ihre Geheimnisse und verborgenen Intentionen herauszufinden, ohne dass sie merken, worauf Sie aus sind.

Der französische Politiker Talleyrand war in dieser Kunst äußerst bewandert. Er verfügte über die verblüffende Fähigkeit, in höflichen Gesprächen anderen Menschen Geheimnisse zu entlocken. Einer seiner Zeitgenossen, Baron de Vitrolles, schrieb: »Witz und Takt prägten seine Konversation. Er verstand es, seine Gedanken oder seine wahren Absichten hinter einem Schleier von versteckten Andeutungen zu verbergen, hinter Worten, die ein wenig mehr implizieren, als sie ausdrücken. Nur wenn es unbedingt nötig war, brachte er sich auch persönlich ein.« Entscheidend ist in diesem Fall Talleyrands Fähigkeit, sich selbst in der Konversation zurückzuhalten und andere endlos über sich selbst sprechen zu lassen, sodass sie unbeabsichtigt dabei ihre Absichten und Pläne enthüllen.

**Gesetz des Tages: Halten Sie sich in Gesprächen zurück und lassen Sie die anderen reden.**

*The 48 Laws of Power*, Law 14: Pose as a Friend, Work as a Spy

## 22. SEPTEMBER

# *Schaffen Sie möglichst große Unordnung*

Denn in hundert Schlachten hundert Siege zu erringen, ist nicht der Inbegriff des Könnens. Der Inbegriff des Könnens ist, den Feind ohne Gefecht zu unterwerfen.

SUNZI

Der Feind ist davon abhängig, dass er Sie »lesen« kann, dass er Ihre Absichten zumindest zum Teil erahnen kann. Das Ziel Ihrer Manöver sollte darin bestehen, genau das unmöglich zu machen, den Feind auf eine wilde Jagd nach irrelevanten Informationen zu schicken und Mehrdeutigkeit im Hinblick darauf zu erzeugen, wohin Sie springen wollen.

**Gesetz des Tages: Je weitgehender Sie dem Feind die Fähigkeit nehmen, Sie zu durchschauen, desto mehr Unordnung bringen Sie in sein System.**

*The 33 Strategies of War*, Strategy 20: Maneuver Them into Weakness – The Ripening-for-the-Sickle Strategy

## 23. SEPTEMBER

# *Entwickeln Sie Fingerspitzengefühl*

Ihre Geistesgegenwart hängt nicht nur von der Fähigkeit Ihres Verstands ab, Ihnen in schwierigen Situationen zu Hilfe zu kommen, sondern auch davon, mit welcher Geschwindigkeit das geschieht. Den nächsten Tag abzuwarten, um sich für die richtige Vorgehensweise zu entscheiden, wird Ihnen überhaupt nichts nützen. »Schnelligkeit« heißt in diesem Fall, rasch auf die Umstände zu reagieren und blitzschnell Entscheidungen zu treffen. Diese Fähigkeit wird oft als eine Art Intuition betrachtet, als Fingerspitzengefühl.

Erwin Rommel, der im Zweiten Weltkrieg den deutschen Panzerfeldzug in Nordafrika anführte, besaß eine hervorragende Intuition. Er spürte instinktiv, wann und aus welcher Richtung die Alliierten angreifen würden. Er studierte nicht nur seine Truppen, seine Panzer, das Terrain und den Gegner – er schlüpfte in deren Haut, erkannte die Motivation, die sie antrieb, wie sie »tickten«. Nachdem er sich in all diese Dinge hineinversetzt hatte, trat er während der Schlacht in einen Geisteszustand ein, in dem er nicht bewusst über die Situation nachzudenken brauchte. Die Gesamtheit all dessen, was sich abspielte, hatte er im Blut, in seinen Fingerspitzen. Er besaß Fingerspitzengefühl.

Ob Sie nun den Verstand eines Rommels haben oder nicht, es gibt Dinge, die Sie tun können, um schneller zu reagieren und dieses intuitive Gefühl zu entwickeln, das alle Tiere besitzen. Mit Hilfe einer tiefen Kenntnis des Terrains werden Sie imstande sein, Informationen schneller als Ihr Gegner zu verarbeiten. Das ist ein enormer Vorteil. Wenn Sie ein Gefühl für Ihre Ressourcen und den Geist Ihrer Leute entwickeln, sich in sie hineindenken, statt sie von außen zu betrachten, hilft Ihnen das, sich in eine andere mentale Verfassung zu versetzen – weniger bewusst und gezwungen, sondern eher unbewusst und intuitiv.

**Gesetz des Tages: Gewöhnen Sie Ihrem Verstand an, blitzschnell Entscheidungen zu treffen und auf Ihr Fingerspitzengefühl zu vertrauen. Das erreichen Sie, indem Sie so genau wie möglich sämtliche Details jeder beliebigen Situation kennen.**

*The 33 Strategies of War*, Strategy 3: Amidst the Turmoil of Events, Do Not Lose Your Presence of Mind – The Counterbalance Strategy

## 24. SEPTEMBER

# *Treten Sie zurück, um den Blick zu weiten*

Diszipliniert und ruhig wartet [der Feldherr] auf Anzeichen von Unordnung und Durcheinander beim Feind. Dies ist die Kunst, die Selbstbeherrschung zu bewahren.

SUNZI

Wir sehen uns bei der Strategie und im Leben alle dem Problem gegenüber, dass jeder von uns einzigartig ist und eine einzigartige Persönlichkeit hat. Unsere Umstände sind ebenfalls einzigartig, keine Situation wiederholt sich irgendwann wirklich. Die meiste Zeit über sind wir uns aber kaum bewusst, was uns anders macht – wer wir tatsächlich sind. Unsere Gedanken kommen aus Büchern, von Lehrern, allen möglichen unbekannten Einflüssen. Wir reagieren routinemäßig und mechanisch auf Ereignisse, statt zu versuchen, die jeweiligen Unterschiede zu erkennen. Auch im Umgang mit anderen Menschen lassen wir uns leicht von deren Tempo und Stimmung anstecken. All dies erzeugt eine Art Nebel. Es gelingt uns nicht, die Ereignisse als das wahrzunehmen, was sie sind; wir kennen uns selbst nicht.

Ihre Aufgabe als Stratege ist einfach: Sie müssen die Unterschiede zwischen sich und anderen Menschen erkennen, sich selbst, Ihre Seite und den Feind möglichst gut verstehen, eine bessere Perspektive gegenüber den Ereignissen gewinnen, die Dinge als das erkennen, was sie sind. Im Trubel des täglichen Lebens ist das nicht leicht – die Kraft dafür kann sogar nur daher kommen, dass Sie wissen, wann und wie Sie sich zurückziehen müssen. Wenn Sie immer vorrücken, immer angreifen, immer emotional auf andere reagieren, bleibt Ihnen keine Zeit dafür, eine gute Perspektive zu gewinnen. Ihre Strategien werden schwach und mechanisch sein, sich auf Ereignisse stützen, die in der Vergangenheit liegen oder einem anderen zugestoßen sind. Wie ein Affe werden Sie nachahmen, statt selbst kreativ zu sein.

**Gesetz des Tages: Sich zurückzuziehen, ist kein Zeichen von Schwäche, sondern von Stärke. Hier und da müssen Sie das tun, um zu sich zu finden und sich von ansteckenden Einflüssen zu lösen.**

*The 33 Strategies of War*, Strategy 11: Trade Space for Time – The Nonengagement Strategy

## 25. SEPTEMBER

### *Meiden Sie Ecken*

In fast allen Brettspielen – Schach, Go (Weiqi), Backgammon et cetera – bedeuten die Ecken Niederlage und Tod. Solche Ecken existieren auch auf einer höheren, abstrakteren Ebene. In Ihrer jetzigen Verfassung, in Ihrem Beruf, in Ihren Beziehungen oder in den Auseinandersetzungen, mit denen Sie konfrontiert sind, ziehen Sie sich womöglich gerade in eine Ecke zurück. Und das Entscheidende ist: In den seltensten Fällen wird Ihnen das bewusst, während es passiert, weil es häufig genau dann eintritt, wenn Sie erregt und emotional sind, sich engagieren und in eine bestimmte Richtung drängen, oder wenn Sie ein Problem gelöst haben, in das Sie sich unbeabsichtigt selbst hineinmanövriert haben. Es gibt stets Mittel und Wege, sich taktisch daraus zu befreien, am klügsten ist es jedoch, wie ein Stratege im Sinne Sunzis zu handeln.

Im Universum Sunzis geben nicht Positionen der Stärke und Macht den Ausschlag, sondern Situationen, in denen Sie Optionen haben – Optionen voller potenzieller Kraft. Mit Blick auf die berufliche Karriere etwa rate ich den Menschen stets, nach vorn zu blicken und offen für Richtungsveränderungen zu sein. Der Job, der momentan so gut scheint, kann sich ohne Weiteres zu einem Albtraum entwickeln, wenn Sie nicht die möglichen Ecken erkennen, in die Sie gedrängt werden können. Ich weiß das, weil ich, als ich, von der guten Bezahlung angelockt, einmal in Hollywood gearbeitet habe, mich selbst in eine solche Ecke manövriert habe. Ich konnte mich nur befreien, indem ich weit voraus dachte und eine völlig andere Richtung in meinem Leben plante. Statt davon zu träumen, Drehbuchautor zu werden – die schlimmste Falle, die man sich nur ausmalen kann –, nahm ich mir vor, Bücher über Themen zu schreiben, die mich faszinierten und mir unbegrenzte Möglichkeiten boten, mich in diese oder jene Richtung zu wenden, sogar zum Drehbuchschreiben zurückzukehren, wenn ich das wollte, allerdings zu meinen Bedingungen.

**Gesetz des Tages: Strategen denken anders, als viele es gewohnt sind. Beim üblichen Denkmuster dreht sich vieles darum, ein bestimmtes Ziel anzustreben. Das ist eine lineare Denkweise. Dabei sollten Sie eigentlich immer danach trachten, Ihre Optionen in puncto Macht und Mobilität zu erweitern.**

»Corners«, *powerseductionandwar.com*

## 26. SEPTEMBER

### *Lösen Sie sich von der Vergangenheit*

Wiederhole nicht die Taktik, mit der du einst einen Sieg errungen hast, sondern lasse die unendliche Vielfalt der Umstände deine Vorgehensweise bestimmen.

SUNZI

Was Personen ebenso wie Nationen einschränkt, ist die Unfähigkeit, sich der Realität zu stellen, die Dinge so zu sehen, wie sie sind. Je älter wir werden, desto stärker werden wir in der Vergangenheit verwurzelt. Gewohnheiten schleichen sich ein. Etwas, das früher für uns funktioniert hat, wird zu einem Grundsatz, zu einer Hülle, die uns vor der Realität abschirmt. Wiederholung verdrängt Kreativität. In den seltensten Fällen erkennen wir, dass wir das tun, weil es uns so gut wie unmöglich ist, diese Entwicklung in unseren eigenen Köpfen wahrzunehmen. Dann läuft uns plötzlich ein junger Napoleon über den Weg, ein Mensch, der nichts von Tradition hält, der auf ganz neue Weise kämpft. Erst dann erkennen wir, dass unsere Denkweise und Reaktionsmuster veraltet sind. Halten Sie niemals für selbstverständlich, dass sich Ihre früheren Erfolge auch in der Zukunft fortsetzen werden. Genau genommen sind Ihre ehemaligen Erfolge Ihr größtes Hindernis: Jede Schlacht, jeder Krieg ist anders, und Sie können nicht davon ausgehen, dass das, was früher funktioniert hat, auch heute funktionieren wird.

**Gesetz des Tages: Stellen Sie sich den Verstand als einen Strom vor: Je schneller er fließt, desto besser hält er mit der Gegenwart Schritt und reagiert auf Veränderungen. Obesessive Gedanken und ehemalige Erfahrungen (seien es Traumata oder Erfolge) sind wie Felsblöcke oder Sandbänke in diesem Strom.**

*The 33 Strategies of War*, Strategy 2: Do Not Fight the Last War – The Guerrilla-War-of-the-Mind Strategy

## 27. SEPTEMBER

# *Verschaffen Sie sich Spielraum*

Jedes Projekt, ob künstlerisch, beruflich oder wissenschaftlich, gleicht dem Führen eines Krieges. Es liegt eine gewisse strategische Logik in der Art und Weise, wie wir ein Problem angehen, unsere Arbeit gestalten, mit Spannungen und der Diskrepanz zwischen dem, was man sich erhofft, und dem, was man bekommt, umgehen. Regisseure oder Künstler beginnen häufig mit großen Ideen, erlegen sich aber bei der Planung selbst so enge Grenzen auf, ein so strenges Drehbuch, an das man sich halten muss, beziehungsweise eine so enge Form, in die das Kunstwerk passen muss, dass bei dem Prozess jede Freude verloren geht. Es gibt bei der Schöpfung selbst nichts mehr zu erkunden, und das Endresultat wirkt leblos und enttäuschend.

Auf der anderen Seite kann es sein, dass Künstler mit einer vagen Idee beginnen, die vielversprechend scheint, aber sie sind zu faul oder undiszipliniert, um ihr eine konkrete Gestalt zu verleihen. Sie schaffen so viel Raum und Verwirrung, dass am Ende nichts zusammenpasst. Die Lösung besteht darin, einen Plan zu machen, eine klare Vorstellung von dem zu haben, was man will, sich dann in einen offenen Raum zu begeben und sich Optionen zu verschaffen, mit denen man arbeiten kann. Das bedeutet, dass Sie sich keine Aufgaben aufladen dürfen, die Ihre Optionen einschränken. Und dass Sie keine Stellungen einnehmen dürfen, die Ihnen keine Wege offenlassen. Das Bedürfnis nach Raum ist psychischer und körperlicher Natur zugleich: Um etwas erschaffen zu können, was von Wert ist, brauchen Sie einen Geist, der von allen Fesseln frei ist.

**Gesetz des Tages: Sie brauchen stets einen offenen Raum und keine toten Positionen. Steuern Sie die Situation, aber lassen Sie Raum für unerwartete Möglichkeiten und zufällige Ereignisse.**

*The 33 Strategies of War*, Strategy 20: Maneuver Them into Weakness – The Ripening-for-the-Sickle Strategy

## 28. SEPTEMBER

# *Planen Sie alles bis zum Ende*

Der gewöhnlichste Grund für die Fehler der Menschen ist, dass sie zu viel Angst vor den gegenwärtigen Gefahren haben und nicht genug vor jenen, die noch in weiter Ferne sind.

KARDINAL DE RETZ

Die entfernten Gefahren, die irgendwo im Hintergrund lauern – wenn wir sehen würden, wie sie Gestalt annehmen, wie viele Fehler könnten wir dann vermeiden! Wie viele Pläne würden wir sofort aufgeben, wenn uns klar würde, dass wir eine kleine Gefahr meiden, nur um in eine viel größere hineinzugeraten. Ein großer Teil der Macht resultiert nicht aus dem, was Sie tun, sondern aus dem, was Sie nicht tun – die überstürzten, närrischen Aktionen, die Sie lieber sein lassen, ehe sie Sie in Schwierigkeiten bringen. Planen Sie jedes Detail, ehe Sie handeln – und lassen Sie sich nicht von vagen Plänen in die Irre führen. Die Dinge gehen sehr viel häufiger unglücklich als glücklich aus – also lassen Sie sich nicht von dem Happy-End einlullen, das Ihnen im Geiste vielleicht vorschwebt.

**Gesetz des Tages: Fragen Sie sich vor jeder möglichen Aktion: Wird das unbeabsichtigte Konsequenzen haben? Werde ich mir neue Feinde machen? Wird sich ein anderer meiner Arbeit bemächtigen?**

*The 48 Laws of Power*, Law 29: Plan All the Way to the End

## 29. SEPTEMBER

### *Strebe nach Formlosigkeit*

Der Höhepunkt militärischer Entfaltung findet sich im Formlosen. Ein Sieg im Krieg lässt sich nicht wiederholen, sondern passt seine Form endlos an. ... Eine Streitkraft hat keine ständige Formation, Wasser hat keine ständige Form: Wer in der Lage ist, den Sieg zu erringen, indem er sich im ständigen Wandel auf den Feind einstellt, den kann man wohl als begnadet bezeichnen.

SUNZI

Alles im Leben hängt von den Umständen ab, in denen wir uns befinden. Aus diesem Grund heißt das letzte Gesetz in *Power! Die 48 Gesetze der Macht* »Strebe nach Formlosigkeit«. Dahinter verbirgt sich der Gedanke, dass es die höchste Form der Macht und Strategie ist, formlos wie Wasser zu sein. Damit widerspreche ich meinem ganzen Buch und sage im Grunde: Es gibt keine Gesetze. Sie müssen im Hier und Jetzt sein. Sie müssen die Gegebenheiten, in denen Sie leben, durchschauen. Zu lernen, sich an neue Umstände anzupassen, heißt, die Ereignisse mit eigenen Augen wahrzunehmen und die Ratschläge zu ignorieren, mit denen einem die Leute unablässig daherkommen. Es heißt, dass Sie letztlich die Gesetze verwerfen müssen, die andere predigen, und die Bücher, die sie schreiben, um Ihnen zu sagen, was Sie tun sollen, und den weisen Rat der Älteren. »Die Gesetze, die die Umstände bestimmen, werden von neuen Umständen abgeschafft«, schrieb Napoleon einmal. Das heißt, es ist an Ihnen, sich an jede neue Situation anzupassen.

**Gesetz des Tages: Akzeptieren Sie die Tatsache, dass nichts sicher ist und kein Gesetz und keine Strategie für immer feststeht. Am besten schützen Sie sich, indem Sie so fließend und formlos wie Wasser sind. Setzen Sie niemals auf Stabilität oder dauerhafte Ordnung. Alles fließt.**

»Robert Greene: Mastery and Research«, *Finding Mastery: Conversations with Michael Gervais*, 25. Januar 2017

## 30. SEPTEMBER

# *Schießen Sie nie über das Ziel hinaus*

Der gefährlichste Augenblick kommt mit dem Sieg.

NAPOLEON BONAPARTE

Das Wesen jeder Strategie besteht darin, zu bestimmen, was als Nächstes geschieht, und die Hochstimmung des Sieges kann dazu führen, dass Sie die Fähigkeit verlieren, strategisch zu denken. Das kann auf zweierlei Weise geschehen. Erstens verdanken Sie Ihren Erfolg einem Muster, und Sie werden dazu neigen, es zu wiederholen. Sie werden weiter in die eingeschlagene Richtung marschieren, ohne sich umzublicken und zu prüfen, ob dieser Weg noch immer der geeignetste für Sie ist. Zweitens steigt Erfolg einem tendenziell zu Kopf, sodass man zu emotional reagiert. Man fühlt sich unverwundbar und neigt zu einem aggressiven Vorgehen, das letztlich den errungenen Sieg zunichte macht.

Lernen Sie eine einfache Lektion: Die Mächtigen variieren ihre Rhythmen und Muster, wechseln den Kurs, passen sich den Umständen an und lernen zu improvisieren. Statt sich vom Tanz ihrer Füße vorwärtstreiben zu lassen, halten sie inne und schauen, in welche Richtung sie gehen. Es ist, als kursiere in ihrem Blut ein Gegengift gegen den Rausch des Sieges, das sie ihre Emotionen kontrollieren lässt und zu einer Art geistigem Innehalten führt, wenn sie den Erfolg errungen haben. Sie beruhigen sich und erlauben sich den Spielraum, über das Geschehene nachzudenken, zu prüfen, in welchem Maß sie ihren Sieg den Umständen und dem Glück verdanken. Wie man im Reitunterricht lernt, muss man sich erst selbst unter Kontrolle haben, ehe man das Pferd kontrollieren kann.

**Gesetz des Tages: Der Moment des Sieges ist oft der Moment größter Gefahr. Lassen Sie sich den Erfolg nicht zu Kopf steigen. Sorgfältige Planung und die richtige Strategie sind durch nichts zu ersetzen. Setzen Sie sich ein Ziel, und wenn Sie es erreicht haben, hören Sie auf.**

*The 48 Laws of Power*, Law 47: Do Not Go Past the Mark You Aimed for – In Victory, Learn When to Stop

# Oktober

## *Das emotionale Ich*

### SICH MIT DER EIGENEN DUNKLEN SEITE ABFINDEN

Seit Jahrtausenden ist es unser Schicksal, dass wir, wenn es um das Verständnis von uns selbst und unserer Natur geht, mehr oder weniger im Dunkeln tappen. Wir haben uns schon mit unzähligen Illusionen über das menschliche Tier abgeplagt – etwa mit der Vorstellung, wir stammten auf wundersame Weise von einem göttlichen Ursprung ab, von Engeln statt von Menschenaffen. Wir hielten irgendwelche Hinweise auf unsere primitive Natur und unsere tierischen Wurzeln für zutiefst peinlich, für etwas, das geleugnet und unterdrückt werden muss. Unsere dunkleren Triebe haben wir mit allen möglichen Entschuldigungen und rationalen Erklärungen überdeckt, was es manchen Menschen erleichterte, selbst mit den unerfreulichsten Verhaltensmustern unbeschadet davonzukommen. Endlich sind wir jedoch an einem Punkt angelangt, wo wir unseren Widerwillen gegen die Wahrheit, wer wir wirklich sind, allein durch das Gewicht des Wissens überwinden können, das sich inzwischen über die menschliche Natur angesammelt hat. Der Monat Oktober wird Ihnen helfen, sich mit der menschlichen Natur abzufinden, zu akzeptieren, dass es Muster gibt, die sich Ihrer Kontrolle entziehen, und Ihre primitiven Wurzeln zu verstehen, damit Sie an diesen nicht zugrunde gehen.

Jahrelang bekam ich nach dem Erscheinen von *Power! Die 48 Gesetze der Macht* Tausende von E-Mails von Lesern, die mit ihren Problemen zu mir kamen. Außerdem wandten sich auch Hunderte von Menschen an mich, die eine persönliche Beratung wegen ihrer Probleme wünschten.

Nach langem Nachdenken über deren Erfahrungen und meine eigenen Erfahrungen mit Menschen, die ich kannte, kam ich zu folgender Schlussfolgerung: Wir Menschen haben ein hässliches, kleines Geheimnis. Und dieses Geheimnis hat nichts mit dem Geschlechtsverkehr, sexuellen Fantasien oder etwas ebenso Aufregendem zu tun. Vielmehr besteht das Geheimnis darin, dass wir alle bis zu einem gewissen Grad unter einem Schmerz leiden. Es ist ein Schmerz, über den wir nicht reden, ja den wir nicht einmal begreifen.

Die Quelle des Schmerzes sind die Anderen.

Ich meine damit unsere häufig enttäuschenden, oberflächlichen, unbefriedigenden Beziehungen zu Menschen. Unsere Beziehungen und Bindungen zwischen uns und jenen, die wir für unsere Freunde halten, sind nicht sonderlich tief. Das führt wiederum zu großer Einsamkeit. Sie äußert sich in der Form schlechter Entscheidungen für Freunde und Partner – all die vielen Auseinandersetzungen und furchtbaren Trennungen sind die Folge. Es rührt daher, dass man einen toxischen Narzissten beziehungsweise eine Narzisstin in sein Leben gelassen hat – was zu allen möglichen emotionalen Traumata führen kann, die, wenn überhaupt, erst nach Jahren überwunden werden. Und es rührt von unserer Unfähigkeit her zu überzeugen, Menschen zu etwas zu bewegen, sie zu beeinflussen, sie dazu zu bringen, dass sie sich für unsere Ideen interessieren – was Gefühle der Frustration und der Wut auslöst.

Wir sind durch und durch soziale Tiere, und dysfunktionale soziale Beziehungen bringen daher uns alle möglichen Probleme. Es kommt zu Depressionen, zu wiederkehrenden, wahnhaften Gedanken, zur Unfähigkeit, sich auf die Arbeit zu konzentrieren, zu Essstörungen und sogar zu körperlichen Krankheiten wie Herzproblemen. Wir sehen lediglich das oberflächliche Phänomen: die Einsamkeit, die Depression oder die physische Erkrankung. Wir sehen nicht die zugrunde liegende Ursache. Und manchmal ist uns nicht einmal bewusst, dass wir unter Einsamkeit leiden.

Also beschloss ich im Jahr 2012, während ich an *Perfekt! Der überlegene Weg* arbeitete, als Nächstes ein Buch zu schreiben, das den Menschen hilft, mit diesem sehr tief sitzenden Schmerz, den so viele Leser mir gegenüber äußerten, umzugehen und ihn zu überwinden. Ich wollte aber nicht einfach das übliche Selbsthilfebuch schreiben, das einen mit unzähligen, kleinen Rezepten überschüttet und schöne Sprüche darüber klopft, wie man am besten mit anderen Menschen auskommt. Ich wollte ein Buch schreiben, wie ich es mir immer vornehme: eins, das den Leser innerlich packt und seine Denkweise über die Welt verändert, das unter die Haut geht und wirklich die Sichtweise über Menschen und die Welt auf den Kopf stellt.

Mit diesem »bescheidenen« Ziel im Hinterkopf stellte ich mir also, wie immer, wenn ich ein Buch schreibe, eine Frage: Was ist die Ursache dieses Schmerzes, dieses Problems? Die nahe liegende Antwort lautete, dass wir allgemein sehr schlechte Beobachter der Menschen um uns sind. Wir sind schlechte Zuhörer. Wir sind mit unseren Smartphones und unserer Technologie allzu sehr von uns eingenommen. Wir achten nicht mehr aufeinander. Und wenn wir jemandem Beachtung schenken, dann projizieren wir unsere Emotionen, unsere eigenen Sehnsüchte auf andere. Oder wir sind schnell mit einem Urteil zur Hand und stecken sie in eine Schublade: die Person ist gut, jene böse; die Person ist sympathisch, jene unsympathisch.

Da wir nur einen winzigen Teil der Persönlichkeit der anderen wahrnehmen, verstehen wir sie naturgemäß falsch und schätzen sie falsch ein. Und das führt zu verschiedensten Schwierigkeiten, zu schlechten Entscheidungen und zu falschen Strategien.

Wenn das also die Ursache unseres Problems ist, dann besteht die Lösung darin, dass wir einfach alle zu besseren Beobachtern und Zuhörern werden. Genau diesen Rat verkünden unzählige Selbsthilfebücher, die sich mit diesem Thema befassen. Ich hielt das jedoch für eine sehr unbefriedigende Antwort. Das war auf keinen Fall der Punkt, an dem ich anfangen wollte.

Ich dachte lange nach und beschloss, eine andere Frage zu stellen: Gibt es Momente in unserem Leben, in denen wir uns wirklich anders fühlen? In denen wir tatsächlich anderen Menschen Beachtung schenken? In denen wir sie wirklich beobachten? Und ich sagte: Jawohl, die gibt es.

Zuallererst als Kinder. Kinder sind meisterhafte Beobachter von Menschen. Sie sind stark auf die Emotionen und Stimmungen ihrer Eltern eingestellt – ihr Überleben hängt davon ab. Hochstapler hassen Kinder, weil Kinder ihre Verlogenheit, ihre Falschheit durchschauen. Als Kinder sind wir alle großartige Beobachter. Und wenn wir in ein fremdes Land reisen und alles exotisch und seltsam scheint, sind unsere Sinne ebenfalls geschärft. Wir achten auf die Menschen. Sie wirken so andersartig – wir möchten sie gerne verstehen. Oder wenn wir eine neue Stelle antreten und ein wenig nervös sind, dann achten wir auf all die kleinen Machtspielchen, die ablaufen. Und ganz offensichtlich schenken wir, wenn wir uns verlieben, der betreffenden Person extrem viel Aufmerksamkeit. Wir achten auf jedes kleinste Zeichen und Detail, das sie zu der Frage ausstrahlt, ob sie uns mag, wer sie ist, was für einen Charakter sie hat. Und zu guter Letzt, seltsamerweise, wenn wir einen guten Roman lesen oder einen hervorragenden Film anschauen. Wir sind von den Figuren, die jemand erschaffen hat, fasziniert und wir würden am liebsten in deren Welt eintreten.

Was haben alle diese Erfahrungen gemeinsam? In diesen Momenten ist unsere Sehnsucht geweckt. Wir sind erregt. Wir sind neugierig. Wir haben das Bedürfnis, auf andere Menschen zu achten. Unser Überleben könnte davon abhängen. Und wenn wir erregt und neugierig sind und dieses Bedürfnis haben, dann reißen wir auf einmal die Augen auf. Wir sehen zu. Wir beobachten. Wir versetzen uns in andere Menschen. Und in eben diesen Augenblicken spielt unser Ego keine so große Rolle. Wir gehen aus uns heraus und treten in die Welt anderer ein.

In der Regel ist uns aber nicht danach. Genaugenommen haben wir an den Menschen um uns kein großes Interesse. Ich sage das nicht gern, aber es ist die Wahrheit. Die Menschen, mit denen wir jeden Tag zu tun haben – wir kennen sie nur zu gut. Sie wirken nicht sonderlich aufregend. Wir meinen, unsere eigenen Gedanken und unsere eigene Welt sei interessanter als ihre. Wir haben unsere eigenen Bedürfnisse und eigenen Probleme, mit denen wir klarkommen müssen.

Also kam ich zu dem Schluss: Was, wenn ich ein Buch schreiben könnte, das Sie wieder in jene Haltungen versetzt, die Sie in eben diesen Momenten eingenommen haben? Was, wenn es mir gelänge, dass Sie sich wieder als Kind fühlen? Was wenn ich in den Lesern die gleiche Empfindung hervorrufen könnte wie in jenen Momenten, als sie verliebt waren, als sie in ein fremdes Land reisten oder als sie aufgeregt und neugierig waren und wirklich in die Köpfe der Menschen um sich herum hineinschauen wollten?

Das würde alles ändern. Die Leser und Leserinnen müssten sich nicht plötzlich vorstellen, ein besserer Zuhörer oder Beobachter zu sein. Sie wären es einfach.

Aber wie konnte mir dieses Kunststück gelingen? Indem ich Sie als Leser an die Hand nehme und tief in die inneren Welten der Menschen um Sie führe. Indem ich Ihnen aufzeige, welche Vorstellungen sie haben, wie deren Leben von innen aussieht.

Ich behaupte einfach mal, dass die Menschen, mit denen Sie zu tun haben, viel interessanter, komplexer und merkwürdiger sind, als Sie glauben. Sie meinen, Sie müssten in irgendwelche fernen Länder wie Bali reisen oder sich einen spannenden Film ansehen, um Menschen interessant zu finden. Weit gefehlt, die Verkäuferin im Drogeriemarkt oder wer auch immer – sie haben in Wirklichkeit ein richtig tiefes, reiches Innenleben. Sie sind faszinierend. Nur erkennen Sie das nicht.

Wie kann mir das also gelingen? Wie bringe ich Sie dazu, andere Menschen zu verstehen, statt zuzulassen, dass Sie Ihnen wehtun?

Indem ich mit Ihnen in eine Studie der menschlichen Natur eintauche. Und wie gesagt, ich werde verändern, wie Sie Menschen wahrnehmen. Und wenn Sie erst so weit gekommen sind, dann werden Sie niemals an den Punkt zurückwollen, wo Sie vorher standen.

## 1. OKTOBER

### *Das Grundgesetz der menschlichen Natur*

Beginnen wir mit dem Grundgesetz der menschlichen Natur. Wenn ich sagen müsste, wie das Grundgesetz der menschlichen Natur lautet, so besteht es darin, zu leugnen, dass wir eine menschliche Natur haben, zu leugnen, dass wir diesen Kräften unterworfen sind. Wir denken: Ich bin nicht irrational, ich bin nicht aggressiv, ich empfinde keinen Neid, ich bin kein Narzisst. Es sind immer die anderen. Es sind die Republikaner, die Spartaner, die Äthiopier – die sind irrational und aggressiv. Ich? Nein, ich doch nicht. In Wahrheit haben wir uns alle aus dem gleichen Ursprung entwickelt, aus der gleichen, kleinen Schar Menschen. Unsere Gehirne sind im Grunde gleich. Wir sind ähnlich geschaltet. Wir erleben die Welt, auf emotionaler Ebene, genauso wie einst Jäger und Sammler die Welt erlebten. In diesem Sinne hat sich kaum etwas geändert. Wenn wir also alle vom gleichen Ursprung abstammen, warum sollte dann nur eine kleine Zahl von Menschen aggressiv oder irrational sein? Wir sind doch alle gleich.

**Gesetz des Tages: Nehmen Sie die Natur an, die Sie mit anderen teilen. Hören Sie auf, sich als etwas Besonderes oder Überlegenes von anderen zu distanzieren.**

»The Laws of Human Nature: An Interview with Robert Greene«, *dailystoic.com*, 23. Oktober 2018

## ≈ 2. OKTOBER ≈

### *Nichts ist stärker als die menschliche Natur*

Der Mensch wird sich erst dann bessern, wenn man ihm vor Augen führt, wie er heute ist.

ANTON TSCHECHOW

Womöglich neigen Sie zu der Vorstellung, dass dieses Wissen über die menschliche Natur ein wenig altmodisch ist. Immerhin, könnten Sie argumentieren, sind wir mittlerweile so hochentwickelt und technisch fortgeschritten, so progressiv und aufgeklärt, dass wir unsere primitiven Wurzeln längst überwunden haben und gerade im Begriff sind, unsere Natur neu zu definieren. Dabei ist genau das Gegenteil der Fall: Wir waren nie stärker im Bann der menschlichen Natur und ihres zerstörerischen Potenzials als heute. Wenn wir diese Tatsache ignorieren, spielen wir mit dem Feuer.

Schauen Sie sich nur einmal an, wie die Durchlässigkeit unserer Emotionen durch die sozialen Medien gesteigert wurde, wo virale Effekte ständig auf uns einwirken und manipulativ versierte Meinungsmacher in der Lage sind, uns auszunutzen und zu kontrollieren. Oder wie viel Aggression in der virtuellen Welt zum Ausdruck gebracht wird, wo es ungleich einfacher ist, seine Schattenseiten hemmungslos auszuleben. Führen Sie sich vor Augen, inwiefern die technische Möglichkeit, blitzschnell mit vielen Menschen in Kontakt zu treten, außerdem lediglich unsere Neigung verstärkt hat, uns mit anderen zu vergleichen, Neid zu empfinden und durch Aufmerksamkeit einen höheren Status zu erlangen. Und schließlich sollten Sie einen Blick auf unsere Tendenz werfen, in archaisches Stammesdenken zu verfallen, das jetzt ein perfektes Medium gefunden hat, um sich ungehindert auszuleben: Wir können Gruppen beitreten, mit denen wir uns identifizieren, unsere stammesspezifischen Meinungen in einer virtuellen Echokammer verstärken und alle Außenstehenden verteufeln, die vom Kollektiv verunglimpft und gedemütigt werden. Das Potenzial für Chaos, das der primitiven Seite unseres Wesens innewohnt, ist lediglich gewachsen.

Es ist ganz einfach: Die menschliche Natur ist stärker als jedes Individuum, jede Institution und jede technische Erfindung. Sie formt letztlich das, was wir erschaffen, um sich selbst und ihre primitiven Wurzeln widerzuspiegeln. Sie lenkt uns wie Schachfiguren. Ignorieren Sie die Gesetze auf eigene Gefahr.

**Gesetz des Tages: Wenn Sie sich weigern, sich mit der menschlichen Natur abzufinden, so heißt das schlichtweg, dass Sie sich selbst Mustern ausliefern, die sich Ihrer Kontrolle entziehen, sowie Gefühlen der Verwirrung und Hilflosigkeit.**

*Die Gesetze der menschlichen Natur:* Einleitung

## 3. OKTOBER

# *Die innere Athene*

Die Strategie des Feindes fürchte ich nicht,
aber unsere eigenen Fehler.

PERIKLES

Nach der Auffassung des Perikles muss der menschliche Geist etwas verehren oder seine Aufmerksamkeit auf etwas richten, das er über alles andere stellt. Für die meisten Menschen ist es ihr Ego, für andere ist es ihre Familie, ihr Clan, ihr Gott oder ihr Land. Für Perikles war es das *Nous* – das altgriechische Wort bedeutet »Geist« oder »Vernunft«. *Nous* ist eine Kraft, die das Universum durchdringt und Sinn und Ordnung schafft. Der menschliche Geist fühlt sich von Natur aus zu dieser Ordnung hingezogen, sie ist die Quelle seiner Intelligenz. Für Perikles wurde das *Nous*, das er so verehrte, in der Gestalt der Göttin Athene verkörpert.

Athene wurde der Sage nach aus dem Kopf des Göttervaters Zeus geboren, und ihr Name spiegelt diese Herkunft wider – eine Kombination aus »Gott« *(theos)* und »Geist« *(nous)*. Aber Athene stellte auch eine sehr bestimmte Form des *Nous* dar, nämlich den praktischen, weiblichen und naturverbundenen Aspekt. Sie ist die Stimme, die die Helden in Zeiten der Not hören und die sie zu innerer Ruhe führt, sie in die richtige geistige Verfassung versetzt, um eine perfekte Vorstellung für den Sieg und Erfolg zu entwickeln, und ihnen die Energie verleiht, diese zu verwirklichen. Im Grunde stand Athene somit für Rationalität – das größte Geschenk der Götter an die Sterblichen, weil nur durch sie der Mensch mit göttlicher Weisheit handeln konnte. Die Stimme der Athene existiert noch heute in uns – ein Potenzial, das Sie womöglich in Augenblicken der Ruhe und Konzentration gespürt haben, als Ihnen nach langem Nachdenken die perfekte Idee kam. Sie sind in der Gegenwart nicht mit dieser höheren Macht verbunden, weil Ihr Geist von Emotionen erdrückt wird.

**Gesetz des Tages: Kultivieren Sie Ihre innere Athene und verehren Sie sie. Dann werden Sie die Rationalität am höchsten wertschätzen, und sie wird Ihnen als Führer dienen.**

*Die Gesetze der menschlichen Natur,* Gesetz 1:
Beherrschen Sie Ihr emotionales Selbst – Das Gesetz der Irrationalität

## 4. OKTOBER

# *Analysieren Sie, prüfen Sie, stellen Sie infrage*

Es ist, als ob ein Doppelgänger neben einem stünde; man ist selbst klug und verständig, aber der andere will durchaus neben einem irgendeinen sinnlosen Streich begehen, manchmal auch etwas sehr Lustiges, und auf einmal bemerkt man, dass man selbst derjenige ist, der diesen lustigen Streich begehen will, und weiß Gott, warum man es will, das heißt, man will es gewissermaßen ungern, man will es, obwohl man sich dagegen mit aller Kraft sträubt.

FJODOR DOSTOJEWSKI, *DER JÜNGLING*

Um seine »innere Athene« zu kultivieren, musste Perikles zuerst einen Weg finden, seine Emotionen zu beherrschen. Emotionen bewirken, dass wir uns nach innen wenden, weg vom *Nous*, weg von der Realität. Wir schmoren in unserer Wut und Verunsicherung. Wenn wir unseren Blick dann nach außen richten und versuchen, Probleme zu lösen, betrachten wir die Dinge durch die Linse dieser Emotionen; sie trüben unseren Blick. Perikles übte sich darin, niemals impulsiv zu reagieren, niemals eine Entscheidung zu treffen, wenn er von starken Emotionen ergriffen war. Stattdessen analysierte er seine Gefühle. Wenn er sich seine Verunsicherung oder seine Wut genauer ansah, stellte er in der Regel fest, dass sie nicht wirklich gerechtfertigt waren, und sie verloren unter seinem scharfen Blick an Bedeutung. Manchmal musste er sich von der aufgeheizten Atmosphäre der Versammlung entfernen und sich in sein Haus zurückziehen. Dort blieb er mehrere Tage allein, bis er zur Ruhe gekommen war. Dann konnte er allmählich wieder die Stimme der Athene hören.

**Gesetz des Tages: Prüfen Sie die Emotionen, die unablässig Ihre Gedanken und Entscheidungen beeinflussen. Lernen Sie, sich zu fragen: Warum ausgerechnet diese Wut oder dieser Ärger? Woher kommt dieses Bedürfnis nach Aufmerksamkeit?**

*Die Gesetze der menschlichen Natur*, Gesetz 1:
Beherrschen Sie Ihr emotionales Selbst – Das Gesetz der Irrationalität

## 5. OKTOBER

### *Lassen Sie sich nicht vom Erfolg berauschen*

Wir Menschen haben eine Schwäche, die in uns allen schlummert und uns in einen Wahn zieht, ohne dass wir uns der Dynamik überhaupt bewusst sind. Diese Schwäche rührt von unserer natürlichen Tendenz her, unsere Fähigkeiten zu überschätzen. Normalerweise haben wir ein Selbstbild, das im Vergleich zur Realität ein wenig überhöht ist. Wir haben das tiefe Bedürfnis, uns anderen in irgendeiner Weise überlegen zu fühlen, was Intelligenz, Aussehen, Charme, Beliebtheit oder Moralität angeht. Das kann durchaus etwas Positives sein. Ein gesundes Maß an Selbstbewusstsein treibt uns dazu, Herausforderungen anzunehmen, vermeintliche Grenzen zu überwinden und im Laufe des Prozesses dazuzulernen. Doch sobald wir auf irgendeiner Ebene Erfolg haben – die vermehrte Aufmerksamkeit einer Person oder Gruppe, eine Beförderung oder die finanzielle Unterstützung für ein Projekt erlangen –, neigen wir zu einem übersteigerten Selbstbewusstsein und die Kluft zwischen unserem Selbstbild und der Realität vergrößert sich.

**Gesetz des Tages: Analysieren Sie nach jedem Erfolg, was dazu beigetragen hat. Führen Sie sich auch den Anteil des Glücks vor Augen, der unweigerlich dazugehört, sowie die Rolle, die andere, auch Ihre Mentoren, bei Ihrem Erfolg gespielt haben.**

*Die Gesetze der menschlichen Natur*, Gesetz 11:
Loten Sie Ihre Grenzen aus – Das Gesetz der Grandiosität

## 6. OKTOBER

# *Schauen Sie in Ihre eigene Natur*

Wir Menschen sind sehr kompliziert. Wir wissen nicht, wie wir auf unsere Ideen kommen. Wir wissen nicht, woher unsere Emotionen herrühren. Aber wir können dieser Erkenntnis näher kommen. Es ist möglich, sich bis zu einem gewissen Grad Klarheit zu verschaffen. Fangen Sie damit an, die Schattenseite oder das Fremde in Ihrem Inneren wahrzunehmen. Und das ist tatsächlich die einzige Hoffnung, denn, solange Sie Ihre dunkle Seite leugnen, erkennen Sie nicht, dass Sie ein Narzisst sind und von Ihren Gefühlen beherrscht werden.

Sie denken womöglich, Sie wären anderen Menschen schon wegen der Meinung überlegen, die Sie vertreten. Sie können Ihre Schattenseite sogar hervortreten lassen, ohne sich dessen bewusst zu sein. Sie müssen sich mit der Tatsache anfreunden, dass 95 Prozent Ihrer Gedanken und Meinungen nicht Ihre eigenen sind – sie gehen auf das zurück, was andere Ihnen beigebracht haben, was Sie im Internet lesen, was andere Menschen sagen und tun. Sie sind ein Konformist, nichts anderes. Ich bin so und jeder andere auch. Das wird Ihnen nur klar, wenn Sie den Scheinwerfer auf sich selbst richten und erkennen, dass diese Eigenschaften, diese Mängel, die uns eigen sind, auch in Ihnen stecken. Erst dann können Sie anfangen, sie zu überwinden und für produktive Zwecke zu nutzen.

Stellen Sie sich infrage, immer wieder. Gehen Sie nicht davon aus, dass das Naheliegende der Grund dafür sei, dass Sie etwas fühlen, und dass es eben deshalb richtig sei, weil Sie es fühlen. Im Laufe dieses Prozesses werden Sie rational denken lernen, Sie werden jemand, der Empathie einsetzen kann, Sie werden die Fähigkeit besitzen, Menschen richtig zu beurteilen und sie als die zu akzeptieren, die sie sind, statt unablässig moralische Vorträge zu halten und sich zu wünschen, dass die Menschen etwas anderes wären, als sie sind. Ihr Weg durch das Leben wird erheblich unbeschwerter verlaufen, und Sie werden ohne die ganze emotionale Bürde, die Sie erdrückt, viel ruhiger und friedlicher sein. Aber es fängt damit an, nach innen zu blicken und sich infrage zu stellen und auf keinen Fall davon auszugehen, dass alles, was Sie fühlen oder denken, auch richtig ist.

**Gesetz des Tages: Fragen Sie sich: »Wo habe ich diese Überzeugung aufgeschnappt?« »Stimmt sie?« »Würde ich ihr auch zustimmen, wenn ich Sie heute das erste Mal hören würde?«**

»›Stop Assuming that Everything You Feel or Think Is Right‹ – An Interview with Robert Greene«, *Quillette*, 1. Januar 2019

## 7. OKTOBER

# *Rationalität – eine einfache Definition*

Die Begriffe *rational* und *irrational* können ziemlich aufgeladen sein. Man ist schnell dabei, jemanden als »irrational« zu bezeichnen, wenn er oder sie anderer Meinung ist als man selbst. Wir brauchen eine einfache Definition, um diese Begriffe möglichst trennscharf voneinander zu unterscheiden. Die folgende Definition soll uns als Maßstab dienen. Wir empfinden ständig Emotionen, die sich ununterbrochen auf unsere Denkweise auswirken und uns auf Gedanken bringen, die uns gefallen und unser Ego beruhigen. Es ist unmöglich, völlig wertfrei und gefühllos zu denken. Rationale Menschen sind sich dessen bewusst und können durch Introspektion und Anstrengung in gewissem Maße ihre Emotionen aus ihrem Denken ausklammern und ihnen entgegenwirken. Irrationalen Menschen fehlt dieses Bewusstsein. Sie handeln übereilt, ohne über die Auswirkungen und Konsequenzen ihres Handelns nachzudenken. In allen Fällen macht der Grad der Bewusstheit den Unterschied aus. Rationale Menschen können ohne Weiteres zugeben, dass sie irrationalen Tendenzen unterliegen, die sie deshalb im Blick behalten müssen. Irrationale Menschen hingegen werden sehr emotional, wenn man sie auf die emotionalen Beweggründe für ihre Entscheidungen anspricht. Sie sind unfähig zur Introspektion und lernen nicht aus ihren Fehlern, die sie zunehmend in eine defensive Haltung drängen.

**Gesetz des Tages: Wie würden Sie sich selbst auf dieser Skala einstufen?**

*Die Gesetze der menschlichen Natur,* Gesetz 1: Beherrschen Sie Ihr emotionales Selbst – Das Gesetz der Irrationalität

## 8. OKTOBER

# *Der Wahn der Gruppe*

Der Irrsinn ist bei Einzelnen etwas Seltenes – aber bei Gruppen, Parteien, Völkern und Zeiten die Regel.

FRIEDRICH NIETZSCHE

Wenn wir als Einzelperson einen Plan hätten, der offensichtlich lächerlich ist, würden uns andere warnen und auf den Boden der Tatsachen zurückholen, aber in einer Gruppe passiert das Gegenteil: Jeder scheint das Vorgehen zu rechtfertigen, ganz gleich wie unsinnig es ist (wie zum Beispiel in den Irak einzumarschieren und zu erwarten, von den Einheimischen als Befreier gefeiert zu werden). Es gibt keine Außenseiter, die uns mit der Realität konfrontieren könnten. Immer wenn Sie sich außergewöhnlich sicher fühlen und von einem Plan oder einer Idee restlos begeistert sind, sollten Sie einen Schritt zurücktreten und prüfen, ob in diesem Moment womöglich der ansteckende Gruppeneffekt auf Sie wirkt. Wenn Sie imstande sind, sich auch nur für einen Augenblick von Ihrer Begeisterung zu distanzieren, werden Sie vielleicht bemerken, dass Ihr Denken Ihre Emotionen zu rationalisieren versucht, um die Gewissheit zu bestätigen, die Sie fühlen *wollen*.

**Gesetz des Tages: Geben Sie niemals Ihre Fähigkeit auf, zu zweifeln, zu reflektieren und andere Optionen in Betracht zu ziehen – Ihre Rationalität als Individuum ist Ihr einziger Schutz gegen den Wahnsinn, der eine Gruppe übermannen kann.**

*Die Gesetze der menschlichen Natur,* Gesetz 14: Widersetzen Sie sich dem Abwärtssog der Gruppe – Das Gesetz der Konformität

## 9. OKTOBER

### *Die Macht der Assoziation*

Menschen sind extrem empfänglich für die Stimmungen, Emotionen und sogar die Denkweisen derer, mit denen sie ihre Zeit verbringen. Die unheilbar Unglücklichen und Instabilen sind besonders ansteckend, weil ihre Persönlichkeiten und Emotionen so stark sind. Häufig präsentieren sie sich selbst als Opfer, und am Anfang fällt es schwer, ihr Unglück als selbstinduziert zu erkennen. Ehe Sie die wahre Natur ihrer Probleme erkannt haben, sind Sie schon selbst von ihnen infiziert.

Merken Sie sich: Die Menschen, mit denen Sie sich umgeben, sind von entscheidender Bedeutung. Lassen Sie sich auf den Umgang mit ansteckenden Typen ein, so besteht das Risiko, dass Sie viel wertvolle Zeit und Energie benötigen, um sich wieder zu befreien. Und Sie werden, aufgrund einer Art Sippenhaft, auch in den Augen anderer leiden.

**Gesetz des Tages: Hüten Sie sich vor der Macht, die Menschen über Sie haben, mit denen Sie sich verbünden.**

*The 48 Laws of Power*, Law 10:
Infection – Avoid the Unhappy and Unlucky

## 10. OKTOBER

### *Denken Sie selbst*

Wir Menschen sind tendenziell unglaublich konventionell. Unsere Ideen beziehen wir von unseren Eltern, unserer Schulbildung und den Menschen um uns. Und daraus entwickelt sich unsere Denkweise über alles Mögliche auf der Welt. Wir hören auf, selbst zu denken, und mit dem Einzug der sozialen Medien hat sich dieser Trend noch verschlimmert. Wir haben geradezu Angst, selbst zu denken. Das klassische Beispiel für diese Angst vor eigenständigem Denken stammt von den Akademikern – eben jenen Menschen, die angeblich die brillantesten Denker von allen sind –, von denen viele weitgehend durch eine bestimmte Sichtweise der Welt, voller Fachjargon und Dogmen, indoktriniert sind. Diese Menschen schaffen es nie, daraus auszubrechen: Alles, was sie schreiben, alles, was sie sehen, alles, worüber sie nachdenken, steckt in dieser Blase, die ihnen im Zuge ihrer akademischen Ausbildung eingetrichtert wurde.

Sie, hingegen, müssen Ihre Ängste ablegen. Sie müssen imstande sein, alles loszulassen, woran Sie zuvor geglaubt haben. Sie müssen sich aller Strategien entledigen, die Sie bislang verwendet haben, und all ihrer konventionellen Ideen.

**Gesetz des Tages: Denken Sie eigenständig und lassen Sie sich nicht von dem einschränken, was andere Menschen Ihnen als Realität verkauft haben.**

Robert Greene Official, »Irrationality 2020«, *YouTube*, 29. August 2020

## 11. OKTOBER

# *Hüten Sie sich vor dem zerbrechlichen Ego*

Von allen menschlichen Emotionen ist keine hässlicher oder trügerischer als Neid – das Gefühl, dass andere mehr von dem haben, wonach wir uns sehnen: Besitztümer, Aufmerksamkeit, Respekt. Wir verdienen es, genauso viel wie »die« zu besitzen, fühlen uns aber machtlos, weil wir nicht wissen, wie wir diese Dinge erlangen sollen. Doch paradoxerweise bedingt Neid, dass wir uns selbst gegenüber zugeben, dass wir im Hinblick auf etwas, das uns wichtig ist, der anderen Person gegenüber unterlegen sind. Es ist nicht nur schmerzhaft, sich diese Unterlegenheit einzugestehen, noch schlimmer ist sogar, dass andere sehen, dass wir uns so fühlen. Sobald die ersten Neidgefühle in uns aufkeimen, sind wir folglich dazu motiviert, sie vor uns selbst zu verbergen: Wir empfinden keinen Neid, sondern wir finden es ungerecht, dass die materiellen Dinge oder Aufmerksamkeit so ungleich verteilt sind, woraufhin wir Groll und vielleicht sogar Wut empfinden. Das zugrunde liegende Minderwertigkeitsgefühl ist zu stark und führt zu Feindseligkeiten, denen der Neider nicht durch einen Kommentar oder Seitenhieb Luft machen kann. Es kann schmerzhaft und frustrierend sein, über einen langen Zeitraum in seinem Neid zu schmoren. Es kann jedoch belebend sein, eine als rechtmäßig empfundene Empörung gegen die beneidete Person zu spüren. Wenn man den Neid auslebt und etwas tut, das der anderen Person schadet, verschafft das eine Befriedigung, obwohl diese Befriedigung nicht lange währt, weil Neider immer etwas Neues finden, worauf sie ihren Neid richten können.

**Gesetz des Tages: Neid ist die vielleicht hässlichste menschliche Emotion. Zerschlagen Sie ihn, ehe er Sie zugrunde richtet. Stützen Sie Ihr Selbstwertgefühl auf innere Standards, nicht auf unablässige Vergleiche mit anderen.**

*Die Gesetze der menschlichen Natur*, Gesetz 10:
Hüten Sie sich vor dem zerbrechlichen Ego – Das Gesetz des Neids

## 12. OKTOBER

### *Sehen Sie die Dinge, wie sie sind, nicht wie Ihre Emotionen sie einfärben*

Ihre emotionalen Reaktionen auf Ereignisse müssen Sie als eine Art Krankheit ansehen, die man behandeln muss. Angst wird Sie etwa veranlassen, den Gegner zu überschätzen und allzu defensiv zu handeln. Wut und Ungeduld hingegen werden Sie zu übereilten Aktionen verleiten, durch die Sie sich vieler Optionen berauben. Allzu großes Selbstvertrauen, insbesondere nach einem Erfolg, lässt einen zu weit vorpreschen. Liebe und Zuneigung wiederum machen Sie blind für die heimtückischen Manöver derjenigen, die scheinbar auf Ihrer Seite stehen. Schon der leiseste Anflug solcher Gefühle kann Ihre Sichtweise der Ereignisse färben. Das einzige Heilmittel dagegen besteht darin, sich bewusst zu machen, dass Emotionen unweigerlich einen gewissen Einfluss auf uns ausüben, diesen zu bemerken, sobald er sich einstellt, und ihn entsprechend zu kompensieren. Wenn Sie Erfolg haben, seien Sie besonders auf der Hut. Wenn Sie wütend sind, zügeln Sie Ihren Tatendrang. Und wenn Sie Angst haben, machen Sie sich klar, dass Sie die drohenden Gefahren überschätzen.

**Gesetz des Tages: Das Leben erfordert einen äußersten Realismus, indem Sie die Dinge sehen, wie sie sind. Je stärker es Ihnen gelingt, Ihre emotionalen Reaktionen zu begrenzen oder zu kompensieren, desto näher werden Sie diesem Ideal kommen.**

*The 33 Strategies of War*: Preface

## 13. OKTOBER

### *Ändern Sie Ihre Umstände, indem Sie Ihre Einstellung ändern*

Die größte Entdeckung meiner Generation ist die, dass Menschen ihr Leben ändern können, indem sie ihre geistige Einstellung verändern.

WILLIAM JAMES

Stellen Sie sich folgendes Szenario vor: Ein junger Amerikaner muss ein Studienjahr in Paris verbringen. Er ist ein wenig ängstlich und vorsichtig, neigt zu Depressionen und hat ein geringes Selbstwertgefühl, aber er kann es kaum erwarten, diese Gelegenheit zu ergreifen. Als er in Paris eintrifft, fällt es ihm schwer, sich mitzuteilen, und die Fehler, die er macht, und die leicht abfällige Haltung, mit der ihm die Pariser begegnen, machen ihm das Lernen doppelt schwer. Er findet, dass die Menschen hier überhaupt nicht freundlich sind. Das Wetter ist nass und trüb. Das Essen ist zu üppig. Selbst Notre Dame wirkt enttäuschend, denn in der Gegend wimmelt es vor Touristen. Er kommt zu dem Schluss, dass Paris überbewertet wird und ein eher unangenehmer Ort ist.

Stellen Sie sich jetzt dasselbe Szenario vor, nur mit einer jungen Frau, die extrovertiert und abenteuerlustig ist. Es stört sie nicht, dass sie in Alltagsgesprächen viele Fehler macht und Einheimische hin und wieder schnippische Kommentare abgeben. Sie findet, dass das Sprachenlernen eine angenehme Herausforderung ist. Andere finden ihre Unbekümmertheit erfrischend. Sie schließt schnell Freundschaften und mit den häufigeren Kontakten verbessert sich automatisch ihr Französisch. Sie findet, dass das Wetter romantisch und für den Ort sehr passend ist. Für sie bietet die Stadt endlos viele Abenteuer, und sie findet sie zauberhaft.

In diesem Fall sehen und beurteilen zwei Personen dieselbe Stadt auf völlig unterschiedliche Weise. Die Welt ist so, wie sie ist – die Dinge oder Ereignisse sind weder gut noch schlecht, richtig oder falsch, hässlich oder schön. Wir mit unseren Perspektiven sind es, die die Dinge und Menschen positiv oder negativ färben. Wir konzentrieren uns entweder auf die beeindruckende gotische Architektur oder die störenden Touristen.

**Gesetz des Tages: Wir können allein mit unserer Einstellung bewirken, dass Menschen freundlich oder unfreundlich auf uns zugehen, je nachdem, ob wir ängstlich oder offen sind. Wir formen die Realität, die wir wahrnehmen, zum großen Teil selbst – diktiert von unseren Stimmungen und Gefühlen.**

*Die Gesetze der menschlichen Natur*, Gesetz 8: Verändern Sie Ihre Umstände, indem Sie Ihre Einstellung verändern – Das Gesetz der Selbstsabotage

## 14. OKTOBER

### *Stellen Sie sich Ihrer dunklen Seite*

Unser ganzes Wesen ist nichts anderes als ein Kampf gegen die dunklen Kräfte, die in uns sind. Leben heißt, dunkler Gewalten Spuk bekämpfen in sich, Dichten, Gerichtstag halten über sich.

HENRIK IBSEN

Sie haben eine öffentliche Persona erschaffen, die Ihre Stärken hervorhebt und Ihre Schwächen verbirgt. Sie unterdrücken die sozial weniger akzeptierten Eigenschaften, die Sie als Kind von Natur aus besessen haben. Sie sind schrecklich nett und angenehm geworden. Und Sie haben eine dunkle Seite – eine Seite, deren Existenz Sie ungern zugeben oder die Sie nur widerwillig näher betrachten. Sie besteht aus Ihren tiefsten Unsicherheiten, Ihren geheimsten Wünschen, andere zu verletzen, selbst jene, die Ihnen nahestehen, Ihren Rachefantasien, Ihrem Argwohn anderen gegenüber, Ihrem Hunger nach mehr Aufmerksamkeit und Macht. Diese dunkle Seite verfolgt Sie in Ihren Träumen. Sie zeigt sich in unerklärlicher Niedergeschlagenheit, ungewöhnlicher Unruhe, Launenhaftigkeit, plötzlicher Bedürftigkeit und Verdächtigungen. Sie äußert sich in flapsigen Kommentaren, die Sie später bereuen. Und manchmal führt sie sogar zu destruktivem Verhalten. Sie neigen dann dazu, die Umstände oder andere Menschen für Ihre Stimmungen und Ihr Verhalten verantwortlich zu machen, aber sie kommen immer wieder, weil Sie sich ihres Ursprungs nicht bewusst sind. Depressionen und Unruhe rühren daher, weil man nicht sein authentisches Ich ist, weil man eine Rolle spielt. Es erfordert viel Energie, diese dunkle Seite im Zaum zu halten, aber gelegentlich bricht das unangenehme Verhalten durch, um die innere Spannung zu lösen.

**Gesetz des Tages: Erkennen und untersuchen Sie die dunkle Seite Ihrer Persönlichkeit. Sobald sie einer bewussten Prüfung unterzogen wird, verliert sie ihre zerstörerische Kraft.**

*Die Gesetze der menschlichen Natur*, Gesetz 9:
Konfrontieren Sie Ihre dunkle Seite – Das Gesetz der Repression

## 15. OKTOBER

# *Gehen Sie mental auf Abstand zur Gruppe*

Wenn wir uns selbst anschauen und ehrlich sind, müssen wir zugeben, dass wir uns einem Wandel unterziehen, sobald wir unseren Arbeitsplatz betreten oder in irgendeine x-beliebige Gruppe geraten. Wir gleiten ohne Weiteres in primitivere Denk- und Verhaltensweisen, ohne es zu merken. Wenn wir mit anderen zusammen sind, sind wir uns unsicher darüber, was sie von uns denken. Wir stehen unter dem Druck, uns einzufügen, und wir fangen an, unsere Gedanken und Überzeugungen an die Gruppenmeinung anzupassen. Wir ahmen unbewusst andere in der Gruppe nach – hinsichtlich des Aussehens, verbaler Ausdrucksformen und Ideen. Wir neigen dazu, uns viel mehr Sorgen über unseren Status zu machen und darüber, wo wir in der Hierarchie stehen: »Bekomme ich genauso viel Respekt wie meine Kollegen?« Das ist der Primatenanteil unseres Wesens, weil wir diese Statusbesessenheit mit unseren Verwandten, den Schimpansen, gemeinsam haben. Abhängig von den Verhaltensweisen aus frühester Kindheit werden wir in einer Gruppenumgebung passiver oder aggressiver sein als sonst und die weniger kultivierten Seiten unseres Charakters kommen zum Vorschein. Um diesem Abwärtssog zu widerstehen, den Gruppen unweigerlich auf uns ausüben, müssen wir ein Experiment über die menschliche Natur durchführen, das ein einfaches Ziel hat: die Fähigkeit zu entwickeln, uns von der Gruppe abzulösen und etwas mentalen Freiraum zu schaffen, der wahrhaft unabhängiges Denken möglich macht. Wir beginnen dieses Experiment, indem wir zunächst einmal die Tatsache akzeptieren, dass die Gruppe einen starken Einfluss auf uns ausübt.

**Gesetz des Tages: Seien Sie schonungslos ehrlich zu sich selbst und machen Sie sich klar, inwiefern Ihr Bedürfnis, sich anzupassen, Ihr Denken formen und verzerren kann. Kommt die Angst oder die Empörung, die wir verspüren, gänzlich von innen, oder wird sie von der Gruppe hervorgerufen?**

*Die Gesetze der menschlichen Natur,* Gesetz 14: Widersetzen Sie sich dem Abwärtssog der Gruppe – Das Gesetz der Konformität

## 16. OKTOBER

### *Sind Sie neidisch?*

Die Wurzel des lateinischen Wortes für Neid, *invidia*, bedeutet »durchschauen, mit den Augen wie mit einem Dolch durchbohren«. Die frühe Bedeutung des Wortes war mit dem bösen Blick assoziiert, und mit dem Glauben, dass man tatsächlich einen Fluch aussprechen und damit jemandem körperlichen Schaden zufügen könne. Die Augen sind in der Tat ein aussagekräftiger Indikator, aber die Mikroexpressionen für Neid lassen sich im gesamten Gesicht ablesen. Der deutsche Philosoph Arthur Schopenhauer (1788–1860) entwickelte eine schnelle Methode, um solche Blicke zu provozieren und zu testen, ob jemand neidisch ist: Berichten Sie dem Neider von einer guten Nachricht, die Sie selbst betrifft – eine Beförderung, eine neue aufregende Liebschaft, die sich anbahnt, oder ein Buchvertrag. Sie werden dann einen kurz aufblitzenden Ausdruck der Enttäuschung bemerken. Der Tonfall, mit dem der Neider Sie beglückwünscht, wird einen Teil seiner Anspannung und Belastung offenbaren. Sie können der Person umgekehrt auch von einem Unglück erzählen, das Ihnen widerfahren ist, und die unkontrollierbare Mikroexpression der Freude an Ihrem Schmerz bemerken, die gemeinhin als Schadenfreude bezeichnet wird. Dann leuchten die Augen für einen kurzen Augenblick auf. Menschen, die neidisch sind, können nicht umhin, Freude zu empfinden, wenn sie vom Unglück derer erfahren, die sie beneiden.

**Gesetz des Tages: Wenn Sie solche Blicke gleich bei den ersten Begegnungen mit einem Menschen bemerken und sie nicht nur einmal vorkommen, sollten Sie auf der Hut sein, denn ein gefährlicher Neider tritt in Ihr Leben ein.**

*Die Gesetze der menschlichen Natur*, Gesetz 10:
Hüten Sie sich vor dem zerbrechlichen Ego – Das Gesetz des Neids

## 17. OKTOBER

### *Erkennen Sie den Zeitgeist*

Die Laster eines Mannes entstammen seiner Epoche; seine Tugenden und Größe gehören ihm selbst.

JOHANN WOLFGANG VON GOETHE

Sie müssen Ihre Einstellung gegenüber Ihrer eigenen Generation verändern. Wir wollen gerne glauben, dass wir autonom sind und dass unsere Werte und Ideen von innen kommen, nicht von außen, aber das ist nicht der Fall. Ihr Ziel muss es sein, möglichst tiefgreifend zu verstehen, wie der Geist Ihrer Generation und die Zeiten, in denen Sie leben, Einfluss darauf haben, wie Sie die Welt wahrnehmen.

Betrachten Sie sich selbst als eine Art Archäologen. Als solcher graben Sie in Ihrer eigenen Vergangenheit und in der Vergangenheit Ihrer Generation, suchen nach Artefakten und machen Beobachtungen, die Sie zusammensetzen können, um ein umfassendes Bild des zugrunde liegenden Zeitgeists zu erhalten. Wenn Sie einen Blick auf die eigenen Erinnerungen werfen, sollten Sie dies mit etwas Abstand tun, selbst wenn Sie sich an die Emotionen erinnern, die Sie damals empfunden haben. Sie müssen sich dabei ertappen, wenn Sie Dinge an Ihrer Generation oder der nächsten als gut oder schlecht bewerten, und diese Bewertungen fallen lassen. Diese Fähigkeit können Sie durch Übung entwickeln. Das Erlangen einer solchen Einstellung wird Ihre Entwicklung maßgeblich beeinflussen.

**Gesetz des Tages: Mit etwas Abstand und Bewusstsein können Sie viel mehr werden als ein Anhänger oder ein Rebell, der sich gegen die eigene Generation auflehnt. Sie können Ihre eigene Beziehung zum Zeitgeist formen und ein hervorragender Trendsetter werden.**

*Die Gesetze der menschlichen Natur,* Gesetz 17: Reiten Sie auf der Welle des Zeitgeists – Das Gesetz der generationsbedingten Kurzsichtigkeit

## 18. OKTOBER

### *Denken Sie wie ein Schriftsteller*

Anton Tschechows Familie war groß und arm, und sein Vater, ein Alkoholiker, verprügelte regelmäßig die eigenen Kinder, auch den jungen Anton. Tschechow wurde Arzt und fing nebenher mit dem Schreiben an. Er wandte seine medizinische Ausbildung auf das menschliche Tier an und wollte verstehen, was uns so irrational, unglücklich und gefährlich macht. Er fand es sehr heilsam, in seinen Geschichten und Theaterstücken in die Rolle seiner Figuren zu schlüpfen und sich selbst in die unsympathischsten Typen hineinzuversetzen. Auf diese Weise gelang es ihm, jedem zu vergeben, selbst seinem Vater. Sein Ansatz war die Vorstellung, dass jede Person, ganz gleich wie gestört sie sein mag, einen Grund für ihr Verhalten hat, eine Logik, die für sie nachvollziehbar ist. Sie strebt also auf ihre Weise nach Erfüllung, wenngleich auf irrationale Art. Indem er einen Schritt zurücktrat und sich ihre Geschichte aus ihrer Perspektive vorstellte, nahm er den grausamen und aggressiven Schurken den Nimbus des Bösen; er machte sie greifbar und menschlich. Sie erregten keinen Hass mehr, sondern eher Mitleid.

**Gesetz des Tages: Im Umgang mit Ihren Mitmenschen, selbst den unangenehmsten Zeitgenossen, sollten Sie daher mehr wie ein Schriftsteller denken.**

*Die Gesetze der menschlichen Natur*, Gesetz 1:
Beherrschen Sie Ihr emotionales Selbst – Das Gesetz der Irrationalität

## 19. OKTOBER

### *Nehmen Sie die Menschen so, wie sie sind*

Dabei aber darf kein Zug von besonderer Niederträchtigkeit oder Dummheit, der uns im Leben oder in der Literatur aufstößt, uns je ein Stoff zum Verdruss und Ärger, sondern bloß zur Erkenntnis werden, indem wir in ihm einen neuen Beitrag zur Charakteristik des Menschengeschlechts sehn und demnach ihn uns merken. Alsdann werden wir ihn ungefähr so betrachten, wie der Mineralog ein ihm aufgestoßenes, sehr charakteristisches Spezimen eines Minerals.

ARTHUR SCHOPENHAUER

Interaktionen mit Menschen sind die Hauptquelle für emotionales Chaos, doch das muss nicht so sein. Das Problem ist, dass wir ständig andere Menschen beurteilen und uns wünschen, dass sie etwas wären, das sie nicht sind. Wir wollen sie verändern. Wir wollen, dass sie auf eine bestimmte Weise denken und handeln, in der Regel genauso, wie wir es zu tun pflegen. Und weil das nicht möglich ist, schlichtweg weil jeder Mensch anders ist, sind wir permanent unzufrieden und wütend. Betrachten Sie Ihre Mitmenschen lieber als neutrale Phänomene wie Kometen oder Pflanzen: Sie existieren einfach. Es gibt sie in allen Varianten, und das macht das Leben so vielfältig und interessant. Arbeiten Sie mit dem, was sie Ihnen geben, statt sich zu widersetzen und zu versuchen, sie zu verändern. Machen Sie das Durchschauen von Menschen zu einem unterhaltsamen Spiel oder einer Denksportaufgabe, die Teil der menschlichen Komödie ist.

Ja, die anderen sind irrational, aber Sie sind es auch. Akzeptieren Sie die menschliche Natur möglichst bedingungslos. Das wird Sie beruhigen und Ihnen helfen, Ihre Mitmenschen nüchterner zu beobachten und sie auf einer tieferen Ebene zu verstehen. Sie werden aufhören, Ihre eigenen Emotionen auf sie zu projizieren. All das verschafft Ihnen mehr Ausgeglichenheit und Ruhe sowie mehr geistigen Freiraum zum Nachdenken.

**Gesetz des Tages: Untersuchen Sie die Fehler, die Sie an anderen sehen, und erkennen Sie, inwiefern diese auch Ihnen eigen sind.**

*Die Gesetze der menschlichen Natur,* Gesetz 1:
Beherrschen Sie Ihr emotionales Selbst – Das Gesetz der Irrationalität

## 20. OKTOBER

# *Schauen Sie über den Augenblick hinaus*

Wir Menschen neigen dazu, im Augenblick zu leben. Das ist das Tier in uns. Wir reagieren zuerst auf das, was wir sehen und hören, auf den dramatischsten Teil eines Ereignisses. Aber wir sind keine Tiere, die an die Gegenwart gekettet sind. Die menschliche Realität umfasst auch die Vergangenheit – jedes Ereignis ist mit etwas verbunden, das in einer endlosen Kette historischer Ursächlichkeit geschehen ist. Jedes Problem in der Gegenwart hat seine Wurzeln in der Vergangenheit. Unsere Realität umfasst auch die Zukunft. Alles, was wir tun, hat Konsequenzen, die sich über viele Jahre in die Zukunft erstrecken.

Wenn wir unser Denken auf das beschränken, was unsere Sinne uns im gegenwärtigen Augenblick vermitteln, sinken wir auf das Niveau eines Tieres, das nicht logisch denken kann. Wir wissen nicht mehr, warum oder wie sich die Dinge entwickeln. Wir stellen uns vor, dass ein erfolgreiches Modell, das einige Monate funktioniert hat, nur immer noch besser werden kann. Wir denken nicht mehr an die möglichen Konsequenzen unseres Tuns. Wir reagieren auf das, was im Moment vorhanden und nur ein kleiner Baustein ist – das große Gesamtbild sehen wir nicht mehr. Verkäufer und Demagogen nutzen diese Schwäche der menschlichen Natur, um uns mit der Aussicht auf schnelle Gewinne und sofortige Befriedigung zu locken. Wir können uns nur dagegen wehren, indem wir uns ständig dazu anhalten, uns von plötzlich eintretenden Ereignissen zu distanzieren und die Situation aus der Vogelperspektive zu betrachten.

**Gesetz des Tages: Statt impulsiv zu reagieren, treten Sie einen Schritt zurück und betrachten Sie den größeren Kontext. Wägen Sie die verschiedenen möglichen Konsequenzen jeder Handlung ab, die Sie planen. Machen Sie sich klar, dass es häufig besser ist, nichts zu tun, nicht zu reagieren, und abzuwarten, wie sich die Dinge entwickeln.**

*Die Gesetze der menschlichen Natur*, Gesetz 6:
Nehmen Sie die Vogelperspektive ein – Das Gesetz der Kurzsichtigkeit

## 21. OKTOBER

# *Werden Sie sich Ihrer aggressiven Impulse bewusst*

Das gern verleugnete Stück Wirklichkeit hinter alledem ist, dass der Mensch nicht ein sanftes, liebebedürftiges Wesen ist, das sich höchstens, wenn angegriffen, auch zu verteidigen vermag, sondern dass er zu seinen Triebbegabungen auch einen mächtigen Anteil von Aggressionsneigung rechnen darf.

SIGMUND FREUD

Was das bedeutet? Wir sind uns alle einig, dass die Menschen in der Vergangenheit und Gegenwart zu jeder Menge Gewalt und Aggression fähig gewesen sind. Wir wissen, dass es auf der Welt üble Kriminelle gibt, gierige und skrupellose Geschäftsleute, streitsüchtige Unterhändler und Sexualstraftäter. Aber wir ziehen eine klare Trennlinie zwischen diesen Beispielen und uns selbst. Wenn es um unsere eigenen aggressiven Ausbrüche und jene der extremeren Sorte bei anderen geht, wehren wir uns vehement dagegen, uns eine Art von Kontinuum oder Spektrum vorzustellen. Wir definieren sogar die Vokabeln, um die stärkeren Manifestationen der Aggression zu beschreiben, und schließen uns selbst davon aus. Es ist immer der andere, der streitlustig ist, der anfängt, der aggressiv ist. Doch das ist ein grundlegendes Missverständnis der menschlichen Natur. Aggression ist eine Tendenz, die in jedem menschlichen Individuum latent vorhanden ist. Es ist eine Neigung, die uns als Spezies angeboren ist. Wir wurden gerade wegen unserer aggressiven Energie, gepaart mit unserer Intelligenz und Verschlagenheit, das vorherrschende Tier auf dem Planeten. Wir können diese Aggressivität nicht von der Art trennen, wie wir Probleme angehen, unsere Umwelt verändern, um unser Leben zu erleichtern, Ungerechtigkeiten bekämpfen oder etwas Großes erschaffen.

**Gesetz des Tages: Halten Sie nach Anzeichen Ihrer eigenen aggressiven Impulse in früheren Handlungen Ausschau – danach, wie sie zu Spannungen oder Erfolg führten.**

*Die Gesetze der menschlichen Natur,* Gesetz 16: Erkennen Sie die Feindseligkeit hinter der freundlichen Fassade – Das Gesetz der Aggression

## 22. OKTOBER

### *Sich in banalen Dingen verzetteln*

Sie fühlen sich von der Komplexität Ihrer Arbeit erschlagen. Sie haben das Gefühl, dass Sie alle Details und globalen Entwicklungen kennen müssen, damit Sie die Dinge besser kontrollieren können, aber Sie gehen in einer Flut von Informationen unter. Sie sehen den Wald vor lauter Bäumen nicht mehr. Das ist ein sicheres Zeichen dafür, dass Sie das Gespür für die eigenen Prioritäten verloren haben – also welche Fakten wichtiger sind, welche Probleme oder Details mehr Aufmerksamkeit erfordern. Sie brauchen einen geistigen Filter, der auf Ihrer Werteskala, Ihren Prioritäten und Ihren langfristigen Zielen beruht. Sobald Sie sich im Klaren sind, was Sie letztlich erreichen wollen, wird Ihnen das helfen, Wichtiges von Unwichtigem zu unterscheiden. Sie müssen dann nicht alle Details kennen. Manchmal müssen Sie delegieren – beauftragen Sie Mitarbeiter, Informationen zu sammeln und auszuwerten.

**Gesetz des Tages: Bedenken Sie, dass realistische Einschätzungen der Situation Ihnen eine größere Kontrolle über die Ereignisse verschaffen, und genau das fällt dem menschlichen Gehirn besonders schwer, wenn es in Banalitäten geradezu ertrinkt.**

*Die Gesetze der menschlichen Natur*, Gesetz 6:
Nehmen Sie die Vogelperspektive ein – Das Gesetz der Kurzsichtigkeit

## 23. OKTOBER

# *Das verlorene Ich*

Ihre Aufgabe ist es, die Starrheit aufzugeben, die Sie übermannt, wenn Sie sich mit der erwarteten Geschlechterrolle allzu sehr identifizieren. Die Erkundung des Bereichs zwischen den extremen Polen der Männlichkeit und Weiblichkeit, das Spiel mit den Erwartungen verleiht Macht. Kehren Sie zu den härteren und weicheren Seiten Ihres Charakters zurück, die Sie verloren oder unterdrückt haben. Erweitern Sie Ihr Repertoire an Gefühlsregungen, indem Sie im Umgang mit anderen Menschen größere Empathie entwickeln oder lernen, nicht immer nachzugeben. Wenn Sie sich mit einem Problem konfrontiert sehen oder bei anderen auf Widerstand stoßen, sollten Sie sich darin üben, auf unterschiedliche Arten zu reagieren, und angreifen, wenn Sie normalerweise verteidigen, oder umgekehrt. In Ihrer Denkweise sollten Sie lernen, das Analytische mit dem Intuitiven zu vermischen, um kreativer zu werden.

Haben Sie keine Angst davor, die sensibleren oder ehrgeizigeren Seiten Ihres Charakters zum Vorschein zu bringen. Diese unterdrückten Teile Ihres Ichs sehnen sich danach, ans Licht zu kommen. Erweitern Sie Ihr Rollenrepertoire auf der Bühne Ihres Lebens. Machen Sie sich keine Gedanken über die Reaktionen der Menschen, die die Veränderungen in Ihnen bemerken. Ihre Persönlichkeit lässt sich eben nicht leicht in Schubladen stecken, was wiederum die anderen faszinieren wird und Ihnen die Macht gibt, mit der Wahrnehmung Ihrer Person zu spielen, die Sie bei Bedarf verändern können.

**Gesetz des Tages: Kehren Sie die härteren oder weicheren Seiten Ihres Charakters hervor, die Sie lange unterdrückt haben.**

*Die Gesetze der menschlichen Natur,* Gesetz 12: Stellen Sie die Verbindung zur Männlichkeit oder Weiblichkeit in Ihnen wieder her – Das Gesetz der Geschlechterrollenrigidität

## 24. OKTOBER

# *Erkennen Sie, wie wenig Sie wissen*

Beim Weggehen sagte ich zu mir: »Verglichen mit diesem Menschen bin ich doch weiser. Wahrscheinlich weiß ja keiner von uns beiden etwas Rechtes, aber dieser glaubt, etwas zu wissen, obwohl er es nicht weiß; ich dagegen weiß zwar auch nichts, glaube aber auch nicht, etwas zu wissen. Um diesen kleinen Unterschied bin ich also offenbar weiser, dass ich eben das, was ich nicht weiß, auch nicht zu wissen glaube.«

SOKRATES

Wir spotten gerne über die abergläubischen und irrationalen Vorstellungen, die die meisten Menschen im 17. Jahrhundert hatten. Stellen Sie sich aber nur einmal vor, wie die Menschen im 25. Jahrhundert über unsere Vorstellungen spotten werden. Unser Wissen über die Welt ist trotz aller wissenschaftlichen Fortschritte begrenzt. Unsere Vorstellungen sind von den Vorurteilen geprägt, die uns unsere Eltern, die Kultur und das Zeitalter, in dem wir leben, mitgegeben haben. Sie werden durch eine zunehmende geistige Starre weiter eingeschränkt. Ein wenig mehr Demut in Bezug auf unser bestehendes Wissen würde uns alle etwas neugieriger und an einem großen Spektrum an Ideen interessierter machen.

**Gesetz des Tages: Was die Ideen und Meinungen angeht, die Sie haben, so sollten Sie diese als Spielsachen oder Bauklötze betrachten, mit denen Sie spielen. Manche behalten Sie, andere werfen Sie beiseite, aber Ihr Geist bleibt flexibel und verspielt.**

*Die Gesetze der menschlichen Natur,* Gesetz 7: Weichen Sie den Widerstand der Menschen auf, indem Sie ihre Selbstmeinung bestätigen – Das Gesetz der Abwehrhaltung

## 25. OKTOBER

### *Gehen Sie Ihren Emotionen auf den Grund*

Sie sind wütend. Warten Sie, bis die Wut ein wenig abgeklungen ist, und denken Sie darüber nach: Wurde sie durch einen scheinbar banalen oder nichtigen Anlass ausgelöst? Das ist ein eindeutiges Indiz dafür, dass sich dahinter etwas anderes verbirgt, vielleicht eine unangenehmere Emotion wie Neid oder Paranoia. Sie müssen dieser Tatsache ins Auge blicken. Sehen Sie über den Trigger hinaus, um herauszufinden, wo die Emotion wirklich ihren Anfang genommen hat. Zu diesem Zweck ist es ratsam, ein Tagebuch zu führen, in dem Sie Ihre Selbsteinschätzungen mit schonungsloser Ehrlichkeit festhalten. Ihre größte Gefahr ist hier Ihr Ego und wie es Sie unbewusst dazu verleitet, einem falschen Selbstbild nachzuhängen. Das mag im Augenblick beruhigend sein, aber auf lange Sicht entwickeln Sie eine passiv-defensive Haltung, die verhindert, dass Sie etwas dazulernen und Fortschritte machen. Finden Sie eine neutrale Position, aus der heraus Sie Ihre Handlungen beobachten können, mit etwas Distanz und vielleicht sogar einer Prise Humor. Schon bald wird Ihnen die Selbstreflexion leichter fallen, und wenn sich das emotionale Selbst wieder einmal regt, werden Sie es erkennen und in der Lage sein, einen Schritt zurückzutreten und diese neutrale Position einzunehmen.

**Gesetz des Tages: Gewöhnen Sie sich an, Ihren eigenen emotionalen Reaktionen auf den Grund zu gehen. Am Ende werden Sie nach und nach überflüssige Reaktionen ausmerzen.**

*Die Gesetze der menschlichen Natur,* Gesetz 1:
Beherrschen Sie Ihr emotionales Selbst – Das Gesetz der Irrationalität

## 26. OKTOBER

# *Wehren Sie sich gegen einfache Erklärungen*

Denn nicht ein Feind beschimpft mich, das könnte ich ertragen; nicht einer, der mich hasst, tritt groß gegen mich auf, vor ihm könnte ich mich verbergen. Nein, du bist es, ein Mensch mir gleich, mein Freund und mein Vertrauter. … Der Feind legte Hand an seine Getreuen, seinen Bund hat er entweiht. Glatt wie Butter waren seine Reden, doch in seinem Herzen sann er auf Streit, linder als Öl waren seine Worte und waren doch gezückte Schwerter.

PSALM 55, 13F., 21F.

Das menschliche Denkvermögen ist auf eigentümliche Weise eingeschränkt, und das bereitet uns endlose Probleme: Wenn wir über jemanden oder über etwas, was uns zugestoßen ist, nachdenken, entscheiden wir uns gewöhnlich für die einfachste, am leichtesten zu verkraftende Deutung. Jeder Bekannte ist gut oder schlecht, nett oder gemein, seine oder ihre Absichten sind edel oder niederträchtig; ein Ereignis ist positiv oder negativ, hilfreich oder schädlich; wir sind glücklich oder traurig. In Wahrheit ist aber überhaupt nichts im Leben so einfach. Die Menschen sind alle eine Mischung von guten und schlechten Eigenschaften, von Stärken und Schwächen. Wenn sie etwas tun, können ihre Absichten für uns hilfreich und abträglich zugleich sein, was eine Folge ihrer zwiespältigen Gefühle uns gegenüber ist. Selbst das positivste Ereignis hat eine negative Seite. Und häufig fühlen wir uns gleichzeitig glücklich und traurig. Indem wir die Dinge vereinfachen, fällt es uns leichter, mit der Lage umzugehen, aber weil dies nicht der vollen Realität entspricht, bedeutet es auch, dass wir die Realität unablässig falsch wahrnehmen und interpretieren.

**Gesetz des Tages: Es wäre von äußerst großem Vorteil für uns, wenn wir mehr Nuancen und Ambiguität in unserer Beurteilung von Menschen und Ereignissen zuließen.**

*The 33 Strategies of War*, Strategy 32: Dominate while Seeming to Submit – The Passive-Aggression Strategy

## 27. OKTOBER

# *Erkennen Sie Ihren Schatten*

Mein Teufel war lange eingesperrt gewesen und kam nun brüllend hervor.

DR. JEKYLL

Der Schriftsteller Robert Louis Stevenson drückte diese Dynamik in dem Roman *Der seltsame Fall des Dr. Jekyll und Mr. Hyde* aus, der 1886 erschien. Die Hauptfigur, Dr. Jekyll, ist ein angesehener und wohlhabender Arzt und Wissenschaftler mit tadellosen Manieren, ein Inbegriff der Güte und Kultiviertheit. Er entwickelt eine Mixtur, die ihn in Mr. Hyde verwandelt, die Verkörperung seines Schattens, der mordet, vergewaltigt und die wildesten sinnlichen Genüsse auslebt. Stevensons Gedanke ist, dass der Schatten, den wir so vehement verleugnen, umso gefährlicher wird, je zivilisierter und moralischer wir uns nach außen hin darstellen.

Die Lösung liegt nicht in mehr Repression und Korrektheit. Wir können die menschliche Natur durch erzwungene Nettigkeit niemals verändern. Es hilft auch nicht, unseren Schatten in der Gruppe frei auszuleben, weil dies explosiv und gefährlich ist. Stattdessen müssen wir unseren Schatten in Aktion beobachten und ihn uns bewusst machen. Es ist schwer, unsere eigenen geheimen Impulse auf andere zu projizieren oder irgendein Ziel zu idealisieren, sobald wir uns einmal den Mechanismus vor Augen geführt haben, der in uns wirkt.

**Gesetz des Tages: Durch Selbsterkenntnis können wir einen Weg finden, unsere dunkle Seite produktiv und kreativ in unser Bewusstsein zu integrieren. Dadurch werden wir authentischer und vollständiger, und wir schöpfen die Energien, die wir von Natur aus besitzen, maximal aus.**

*Die Gesetze der menschlichen Natur,* Gesetz 9:
Konfrontieren Sie Ihre dunkle Seite – Das Gesetz der Repression

## 28. OKTOBER

# *Nähern Sie sich dem, was Sie beneiden*

Denn nicht viele Männer … können einen Freund lieben, dem Glück beschieden ist,
Ohne ihn zu beneiden; und um das neidende Hirn
Legt sich kaltes Gift und verdoppelt den Schmerz,
Den das Leben ihm bringt. Er muss seine eigenen Wunden versorgen,
und die Freude eines anderen wie einen Fluch empfinden.

AISCHYLUS

Menschen neigen dazu, ihre Probleme zu verstecken und sich von ihrer besten Seite zu zeigen. Wir sehen und hören nur von ihren Triumphen, ihren neuen Beziehungen und ihren brillanten Ideen, mit denen sie auf eine Goldader stoßen. Wenn wir uns näher darauf zubewegen – also wenn wir die Streitereien sehen, die hinter den Kulissen ablaufen, oder den schrecklichen Chef, der mit dem neuen Job einhergeht –, haben wir weniger Gründe, um neidisch zu sein. Nichts ist jemals so perfekt wie es scheint, und wir würden oft erkennen, dass wir falsch liegen, wenn wir nur genau genug hinsehen würden.

Verbringen Sie Zeit mit der Familie, die Sie beneiden und der Sie gerne angehören würden, und Sie werden vermutlich bald Ihre Meinung ändern. Wenn Sie Menschen mit mehr Ruhm und Aufmerksamkeit beneiden, sollten Sie sich daran erinnern, dass mit einer solchen Aufmerksamkeit auch immer eine Menge Feindseligkeit und prüfende Blicke verbunden sind, die ziemlich schmerzhaft sein können. Wohlhabenden Menschen geht es oft schlecht. Wenn Sie nachlesen, wie es dem griechischen Reeder Aristoteles Onassis (1906–1975) – einem der reichsten Männer der Geschichte, der mit der glamourösen Jaqueline Kennedy verheiratet war – in seinen letzten zehn Lebensjahren ging, werden Sie feststellen, dass ihm sein Wohlstand zahllose Albträume bescherte, unter anderem absolut verwöhnte und lieblose Kinder.

Der Prozess der Annäherung erfolgt auf zwei Wegen: Versuchen Sie einerseits, hinter die glänzende Fassade zu blicken, die die Menschen präsentieren, und stellen Sie sich andererseits die unvermeidlichen Nachteile vor, die mit deren Stellung einhergehen.

**Gesetz des Tages: Bedenken Sie, dass die wenigsten Menschen so glücklich sind, wie das Bild glauben lassen mag, das sie nach außen präsentieren. Blicken Sie hinter die Fassade, dann werden Sie das wertschätzen, was Sie besitzen.**

*Die Gesetze der menschlichen Natur*, Gesetz 10:
Hüten Sie sich vor dem zerbrechlichen Ego – Das Gesetz des Neids

## 29. OKTOBER

### *Lenken Sie Ihre großartigen Neigungen*

Nehmen wir an, Sie hätten ein Projekt, das Sie realisieren wollen. Stellen Sie sich das Projekt etwa als unbehauenen Marmor vor, aus dem Sie etwas Präzises und Schönes machen sollen. Der Block ist viel größer als Sie und das Material ist ziemlich hart, aber es ist nicht unmöglich, die Aufgabe zu meistern. Mit genügend Anstrengung, Konzentration und Ausdauer können Sie das Material langsam zu dem formen, was Sie brauchen. Sie müssen aber mit dem richtigen Gespür für Verhältnismäßigkeit anfangen – Ziele sind schwer erreichbar, Menschen sind widerstrebend und Ihrem Wirken sind Grenzen gesetzt. Mit einer realistischen Einstellung können Sie die erforderliche Geduld aufbringen und sich an die Arbeit machen.

Stellen Sie sich nun aber einmal vor, dass Ihr Gehirn unter einer psychischen Krankheit leidet, die Ihre Wahrnehmung von Größe und Verhältnissen beeinträchtigt. Statt die Aufgabe, mit der Sie sich konfrontiert sehen, als zu groß und das Material als resistent zu sehen, nehmen Sie krankheitsbedingt den Marmorblock als verhältnismäßig klein und leicht verformbar wahr. Weil Sie Ihr Gefühl für Verhältnismäßigkeit verloren haben, glauben Sie, dass es nicht lange dauern wird, bis Sie aus dem Block Ihre Wunschvorstellung des fertigen Produkts geformt haben. Sie stellen sich vor, dass die Menschen, die Sie zu erreichen versuchen, nicht von Natur aus resistent sind, sondern ziemlich vorhersehbar. Sie wissen im Voraus genau, wie sie auf Ihre geniale Idee reagieren werden – sie werden sie natürlich lieben. Es ist sogar so, dass sie Sie und Ihre Arbeit mehr brauchen als umgekehrt. Die sollten *Ihnen* nachlaufen. Die Betonung liegt nicht auf dem, was Sie tun müssen, um erfolgreich zu sein, sondern auf dem, was Sie Ihrem Selbstverständnis nach verdienen. Sie können voraussagen, dass Sie mit diesem Projekt eine Menge Aufmerksamkeit erhalten werden, aber wenn Sie versagen, müssen andere dafür verantwortlich sein, da Sie selbst ja mit besonderen Gaben ausgestattet sind und Ihr Ziel das richtige ist. Es sind bösartige oder neidische Leute, die Ihnen den Weg versperren. Wir können diese psychische Erkrankung als Größenwahn oder Selbstherrlichkeit bezeichnen.

**Gesetz des Tages: Akzeptieren Sie Ihre Grenzen und arbeiten Sie mit dem, was Sie haben, statt von gottähnlichen Kräften zu träumen, die Sie niemals erreichen können. Bleiben Sie realistisch.**

*Die Gesetze der menschlichen Natur,* Gesetz 11:
Loten Sie Ihre Grenzen aus – Das Gesetz der Grandiosität

## 30. OKTOBER

# *Der Mythos Fortschritt*

Ein letztes Wort zur Irrationalität der menschlichen Natur: Glauben Sie bloß nicht, dass die extremeren Formen der Irrationalität durch den Fortschritt und die Aufklärung überwunden worden wären. In der Menschheitsgeschichte lässt sich immer wieder ein Anstieg und Rückgang der Irrationalität beobachten. Auf das goldene Zeitalter des Perikles mit seiner Philosophie und Wissenschaft folgte ein Zeitalter des Aberglaubens, des religiösen Eifers und der Intoleranz. Dasselbe Phänomen trat nach der italienischen Renaissance ein. Dass sich dieser Kreislauf stetig wiederholt, ist ein Teil der menschlichen Natur.

Die Irrationalität verändert einfach nur ihr Aussehen und Auftreten. Es gibt heutzutage vielleicht keine Hexenverfolgungen mehr, aber im 20. Jahrhundert, vor nicht allzu langer Zeit, gab es unter Stalin Scheinprozesse, im US-Senat die McCarthy-Anhörungen und während der chinesischen Kulturrevolution Massenverfolgungen. Es werden ständig neue Formen der Verehrung geschaffen, darunter auch Personenkulte und die Idealisierung von Prominenten. Sogar die Technologie wird mittlerweile geradezu religiös verehrt. Wir Menschen haben ein verzweifeltes Bedürfnis, an etwas zu glauben, und wir können dieses Etwas überall finden. Umfragen haben ergeben, dass im 21. Jahrhundert eine steigende Anzahl von Menschen an Geister, umherirrende Seelen und Engel glaubt. Solange es Menschen gibt, so lange wird das Irrationale seine Stimmen und Verbreitungsformen finden.

**Gesetz des Tages: Rationalität ist etwas, das sich der Einzelne aneignen muss; Massenbewegungen oder der technologische Fortschritt können dabei nicht helfen. Gefühle der Überlegenheit sind ein eindeutiges Zeichen dafür, dass das Irrationale sein Unwesen treibt.**

*Die Gesetze der menschlichen Natur,* Gesetz 1:
Beherrschen Sie Ihr emotionales Selbst – Das Gesetz der Irrationalität

## 31. OKTOBER

# *Sie stehen sich selbst im Weg*

Zu dieser Welt, wo »die Würfel eisern fallen«, gehört ein eiserner Sinn, gepanzert gegen das Schicksal und gewaffnet gegen die Menschen. Denn das ganze Leben ist ein Kampf, jeder Schritt wird uns streitig gemacht; und Voltaire sagt mit Recht: »On ne *réussit dans ce monde, qu'à la pointe de l'épée, et on meurt les armes à la main.«* (Auf dieser Welt hat man nur mit vorgehaltenem Degen Erfolg, und man stirbt mit der Waffe in der Hand.)

ARTHUR SCHOPENHAUER

Das Leben ist ein einziger Kampf, und Sie werden sich unablässig in ungünstigen Situationen, zerstörerischen Beziehungen und gefährlichen Begegnungen wiederfinden. Wie Sie mit diesen Schwierigkeiten umgehen, wird über Ihr Schicksal entscheiden. Wenn Sie sich verloren und verwirrt fühlen, wenn Sie die Orientierung verlieren, wenn Sie den Unterschied zwischen Freund und Feind nicht kennen, können Sie sich nur selbst die Schuld geben. Alles hängt von Ihrer Einstellung ab und davon, wie Sie die Welt betrachten. Ein Wechsel der Perspektive kann aus dem passiven und verwirrten Söldner, der Sie sind, einen motivierten und findigen Kämpfer machen.

**Gesetz des Tages: Wie Xenophon einmal sagte: Nicht die Flüsse oder Berge oder anderen Menschen stehen uns im Weg; wir stehen uns selbst im Weg.**

*The 33 Strategies of War*, Strategy 1:
Declare War on Your Enemies – The Polarity Strategy

# November

## *Der rationale Mensch*

### ERKENNEN SIE IHR HÖHERE ICH

Das niedere Ich ist tendenziell stärker als das höhere. Dessen Impulse zwingen uns zu emotionalen Reaktionen und Abwehrhaltungen, bringen uns dazu, uns selbstgerecht und anderen überlegen zu fühlen. Es lässt uns nach unmittelbaren Vergnügungen und Zerstreuung greifen und stets den Weg des geringsten Widerstands einschlagen. Es verleitet uns dazu, das zu übernehmen, was andere denken, und in der Gruppe aufzugehen. Die Impulse des höheren Ich spüren wir, wenn wir aus unserer Hülle herausgetrieben werden, in dem Wunsch, uns enger mit anderen zu vernetzen, uns ganz in unsere Arbeit zu vertiefen, zu denken, statt zu reagieren, unseren eigenen Lebensweg zu gehen und zu entdecken, was uns einzigartig macht. Das niedere Ich ist die animalischere und reaktivere Seite unserer Natur, noch dazu eine, in die wir leicht verfallen. Das höhere Ich ist die wahrhaft menschliche Seite unserer Natur, jene Seite, die uns gedankenvoll und selbstbewusst macht. Weil der höhere Impuls schwächer ist, erfordert es Anstrengung und Erkenntnis, mit ihm in Kontakt zu treten. Dieses ideale Ich in unserem Inneren zutage zu befördern, ist das, was wir alle eigentlich wollen, weil wir Menschen uns nur in der Entfaltung dieser Seite unserer Persönlichkeit wirklich erfüllt fühlen. Der Monat November wird Ihnen helfen, dieses Ziel zu erreichen, indem er Ihnen die potenziell positiven und aktiven Elemente bewusst macht, die in Ihrer Natur enthalten sind.

Eine falsche Auffassung zur menschlichen Rationalität ist sehr weit verbreitet, nämlich die Auffassung, dass Rationalität mit der Unterdrückung oder Verdrängung der Emotionen verbunden ist. Anders ausgedrückt, wenn man Angst, Wut, Liebe oder Hass empfindet, so müssen diese Gefühle unterdrückt werden. Man muss sich ihrer entledigen, um rational zu handeln.

So gesehen, ist Rationalität weder sonderlich lustig, noch sonderlich aufregend. Man könnte sie mit gesundem Essen vergleichen. Es ist zwar gut für einen, aber es schmeckt nicht besonders gut. Ich kann Ihnen versichern, dass das völliger Unfug ist. In Wirklichkeit ist es genau umgekehrt. Zur Rationalität gehören auch einige sehr wichtige Emotionen. Wenn Sie diese Gefühle nicht erfahren, sind Sie überhaupt nicht imstande, rational zu denken.

Die Neurologie hat dies anhand von Studien an Menschen nachgewiesen, deren emotionale Zentren im Gehirn beschädigt worden waren. Nach dem Trauma waren sie nicht mehr imstande, rationale Entscheidungen zu treffen oder rational zu denken.

Lassen Sie mich meine Vorstellung von Rationalität an einigen Beispielen illustrieren, die Sie womöglich selbst erlebt haben. Nehmen wir einmal an, Sie haben einen Plan – etwas, das Sie unbedingt in Ihrem Leben noch vollenden möchten. Es gibt ein Buch, das Sie schreiben möchten, oder Sie wollen abnehmen oder ein Unternehmen gründen. Von dem bisherigen Verlauf Ihres Lebens sind Sie sehr enttäuscht und unzufrieden. Also beschließen Sie: Ich mache dem ein Ende. Ich werde jetzt wirklich dieses Projekt angehen. Ich werde das Unternehmen gründen oder was immer Sie tun wollen. Anschließend denken Sie darüber nach und unternehmen die ersten Schritte in dieser Richtung.

Oder nehmen wir an, Sie würden in einer unangenehmen Scheidungssituation stecken und um das Sorgerecht für Ihr Kind kämpfen, das Sie über alles lieben. Die Sache wird so hässlich, dass Ihnen klar wird: Wenn es so weitergeht, wird das Kind dabei Schaden nehmen. Also gewinnen Sie etwas Abstand und überlegen: »Was wirklich zählt, ist doch die langfristige Gesundheit meines Kindes, also werde ich mich gar nicht in diesen Prozess hineinziehen lassen. Ich werde nachgeben und daran denken, was das Beste für das Kind ist.«

Oder nehmen wir zu guter Letzt an, es gebe eine sehr toxische Person in Ihrem Leben, beispielsweise einen gnadenlosen Narzissten, der oder die Sie in diese ganze dramatische Lage hineinzieht, wegen der Sie sich so schlecht fühlen. Und irgendwann sagen Sie sich: »Verdammt nochmal, ich habe genug von dieser Person. Ich werde einen Weg finden, diesen Narzissten loszuwerden.« Das ist nicht so einfach, weil die betreffende Person auf verschiedenste Weise mit Ihrem Leben verknüpft ist. Also beruhigen sich erst mal und überlegen: »Wie kann ich diese Person loswerden?« Und dann führen Sie Ihren Plan aus. Am Ende ist der Narzisst weg, und Sie empfinden ein enormes Gefühl der Erleichterung.

Sehen wir uns die drei Beispiele näher an: Im ersten haben Sie die Nase voll davon, dass Sie überlastet sind oder dass es Ihnen nicht gelungen ist, sich einen Ihrer Träume oder Wünsche im Leben zu erfüllen. Diese Enttäuschung – diese Empfindung – drängt Sie dazu, aktiv zu werden. Das heißt, die Schritte einer rationalen Überlegung zu durchlaufen, wie Sie aus diesem frustrierenden Zustand ausbrechen können. Und wenn es vorüber ist, wenn Sie endlich das Projekt oder Ziel verwirklicht haben, dann empfinden Sie eine gewaltige Erleichterung und großen Stolz.

Im Fall des Kindes werden Sie von dem Gefühl der Empathie und der Liebe für Ihr Kind getrieben. Sie sorgen sich um es, und diese Liebe lässt Sie einen Schritt zurücktreten und diesen rationalen Prozess durchlaufen. Und sobald es vorüber ist, fühlen Sie sich schon viel besser.

Oder nehmen wir die toxische Person in Ihrem Leben: Sie kochen innerlich vor Wut, aber Sie treten zurück, unternehmen rationale Schritte und befreien sich von ihr. Sie empfinden darüber Freude und Erleichterung.

Wenn Sie also nicht zuerst diese Gefühle empfunden hätten, wären Sie auch nie imstande gewesen, die entsprechenden Maßnahmen zu ergreifen, die Sie zu einer rationalen Entscheidung führen. Und wenn Sie nicht den Lohn des Stolzes, der Empathie und der Liebe darüber, etwas erreicht zu haben, empfänden, könnten Sie sich niemals dazu motivieren, den rationalen Prozess immer wieder zu durchlaufen. Folglich umfasst Rationalität nicht nur Gedanken, sondern auch Emotionen. Bei der Rationalität geht es nicht darum, die eigenen Gefühle zu unterdrücken. Es geht darum, Harmonie zwischen dem Denkprozess und dem emotionalen, animalischen Teil unserer Natur zu schaffen. Es ist wichtig, den Pfad zur Rationalität nicht als etwas zu betrachten, das schmerzhaft und asketisch ist. Er führt vielmehr zu Kräften, die hochgradig befriedigend und vergnüglich sind, viel intensiver als die manischeren Vergnügungen, die uns normalerweise angeboten werden.

## 1. NOVEMBER

# *Hoffnung für uns alle*

Ungeachtet unserer teilweise stark ausgeprägten irrationalen Tendenzen sollten uns zwei Faktoren Hoffnung machen: Zum einen hat es im Laufe der Geschichte und in allen Kulturen sehr rationale Menschen gegeben, die Fortschritte ermöglicht haben. Sie dienen uns als Vorbild, dem wir nacheifern sollten. Hierzu zählen Perikles, der Herrscher Aśoka im alten Indien, Mark Aurel im alten Rom, Marguerite de Valois im mittelalterlichen Frankreich, Leonardo da Vinci, Charles Darwin, Abraham Lincoln, der Schriftsteller Anton Tschechow, die Anthropologin Margaret Mead und der Geschäftsmann Warren Buffett, um nur einige zu nennen. Diese Persönlichkeiten zeichnen sich durch bestimmte Eigenschaften aus: die realistische Einschätzung ihrer eigenen Person und ihrer Schwächen, ihre Hingabe zur Wahrheit und Wirklichkeit, eine tolerante Grundeinstellung und die Fähigkeit, die Ziele, die sie sich gesetzt haben, zu erreichen.

Zum anderen hat fast jeder von uns an gewissen Punkten im Leben Augenblicke stärkerer Rationalität erlebt. Dies geht oft mit dem einher, was wir als *Mindset des Machers* bezeichnen wollen: Es gibt ein Projekt, das erledigt werden muss, womöglich innerhalb einer gewissen Frist. Die einzigen Emotionen, die wir uns daher leisten können, sind freudige Erregung und Tatendrang. Andere Emotionen würden lediglich bewirken, dass wir unsere Konzentration verlieren. Da wir Ergebnisse erzielen müssen, werden wir extrem pragmatisch. Wir konzentrieren uns auf die Arbeit, mit einem ruhigen Geist, ohne jede Einmischung des Egos. Wenn jemand versucht, uns abzulenken oder mit bestimmten Emotionen zu infizieren, blocken wir dies ab.

**Gesetz des Tages: Diese Augenblicke, die einige Wochen oder auch nur wenige Stunden dauern können, offenbaren das rationale Ich, das nur darauf wartet, zum Vorschein zu kommen. Dafür bedarf es lediglich etwas Aufmerksamkeit und Übung.**

*Die Gesetze der menschlichen Natur,* Gesetz 1:
Beherrschen Sie Ihr emotionales Selbst – Das Gesetz der Irrationalität

## 2. NOVEMBER

# *Meiden Sie den Strudel der Gefühle*

Um Erfolg zu haben, müssen Sie Ihre Gefühle beherrschen. Doch selbst wenn Ihnen diese Selbstkontrolle gelingt, sind Sie noch lange nicht imstande, die emotionalen Dispositionen der Menschen um sich herum zu kontrollieren. Und eben darin liegt eine große Gefahr. Die meisten Menschen handeln in einem Strudel der Gefühle, ständig reagieren sie, beschwören Streitereien und Konflikte herauf. Die Selbstbeherrschung und Autonomie, die Sie ausstrahlen, stört und verärgert sie. Die anderen werden versuchen, auch Sie in den Strudel hineinzuziehen, Sie anflehen, in ihren endlosen Kämpfen für eine Seite Partei zu ergreifen oder Frieden für sie zu stiften. Wenn Sie diesem ständigen emotionalen Druck erliegen, werden Sie Schritt für Schritt feststellen, dass *Ihr* Denken und *Ihre* Zeit von den Problemen der *anderen* in Anspruch genommen werden. Was auch immer Sie an Leidenschaft und Mitgefühl besitzen mögen, lassen Sie sich davon nicht vereinnahmen. In diesem Spiel können Sie niemals gewinnen; die Konflikte können sich nur vervielfachen. Sie fürchten womöglich, dass die Menschen Sie als herzlos verdammen werden. Wenn Sie jedoch Ihre Unabhängigkeit bewahren und Ihre Selbstsicherheit festigen, wird Ihnen das am Ende mehr Respekt verschaffen und Sie in eine Machtposition bringen, in der Sie frei entscheiden können, anderen auf Ihre eigene Initiative hin zu helfen.

**Gesetz des Tages: Bedenken Sie, dass Ihre Energie und Ihre Zeit begrenzt sind. Jeder Augenblick, den Sie für die Dramen anderer verschwenden, mindert lediglich Ihre eigene Stärke.**

*The 48 Laws of Power*, Law 20: Do Not Commit to Anyone

## 3. NOVEMBER

### *Verlängern Sie Ihre Reaktionszeit*

»Vertraue deinem Gefühle!« – Aber Gefühle sind nichts Letztes, Ursprüngliches, hinter den Gefühlen stehen Urteile und Wertschätzungen, welche in der Form von Gefühlen (Neigungen, Abneigungen) uns vererbt sind. Die Inspiration, die aus dem Gefühle stammt, ist das Enkelkind eines Urteils – und oft eines falschen! – und jedenfalls nicht deines eigenen! Seinem Gefühle vertrauen – das heißt seinem Großvater und seiner Großmutter und deren Großeltern mehr gehorchen als den Göttern, die in uns sind: unserer Vernunft und unserer Erfahrung.

FRIEDRICH NIETZSCHE

Die Fähigkeit, Ihre Reaktionszeit zu verlängern, bauen Sie durch Übung und Wiederholung auf. Wenn ein Ereignis oder eine Interaktion eine Reaktion erfordert, dürfen Sie sich nicht zu impulsiven Handlungen hinreißen lassen. Das könnte etwa heißen, dass Sie eine räumliche Distanz zum Geschehen herstellen und sich an einen Ort zurückziehen, an dem Sie allein sein können und nicht reagieren müssen. Oder es könnte bedeuten, zwar eine wutentbrannte E-Mail zu schreiben – diese aber nicht abzuschicken, sondern ein oder zwei Nächte darüber zu schlafen. Führen Sie keine Telefonate oder persönlichen Gespräche, wenn Sie eine plötzliche Emotion spüren, vor allem Groll. Wenn Sie sich dabei ertappen, wie Sie sich anderen gegenüber vorschnell verpflichten wollen, die Betreffenden einzustellen oder selbst einen Job anzunehmen, sollten Sie innehalten und um einen Tag Bedenkzeit bitten. Lassen Sie die Gefühle abkühlen. Je mehr Zeit Sie sich nehmen können, umso besser, weil mit der Dauer die sachliche Sichtweise zunimmt.

**Gesetz des Tages: Betrachten Sie diese Übung als mentales Krafttraining: Je länger Sie dem Drang zu reagieren widerstehen können, umso mehr geistigen Freiraum haben Sie für die eigentliche Reflexion und umso stärker wird Ihr Geist.**

*Die Gesetze der menschlichen Natur*, Gesetz 1:
Beherrschen Sie Ihr emotionales Selbst – Das Gesetz der Irrationalität

## 4. NOVEMBER

# *Machen Sie Neid zum Ansporn*

Statt eine Person, die mehr erreicht hat als wir, verletzen oder bestehlen zu wollen, sollten wir danach streben, uns auf ihr Niveau zu heben. Auf diese Weise wird Neid ein Ansporn zur Weiterentwicklung und Verbesserung. Wir versuchen vielleicht sogar, uns mit Menschen zu umgeben, die ein solches Konkurrenzdenken schüren – Menschen, deren Fähigkeiten knapp über unseren liegen. Damit das funktioniert, sind einige psychologische Kniffe notwendig. Zuerst müssen wir die Überzeugung haben, dass wir die Fähigkeit besitzen, uns zu verbessern. Vertrauen in unsere Lern- und Entwicklungsfähigkeit dient als sehr starkes Gegenmittel gegen Neid. Statt uns zu wünschen, das zu haben, was andere haben, und aus Hilflosigkeit zur Sabotage zu greifen, haben wir nun den Drang, uns dasselbe zu erarbeiten, und wir glauben daran, dass wir dazu in der Lage sind. Zweitens müssen wir eine gute Arbeitsmoral entwickeln, die uns dabei unterstützt. Wenn wir zielstrebig und beharrlich sind, können wir fast jedes Hindernis überwinden und uns auf eine höhere Position heben. Faule und undisziplinierte Menschen neigen viel eher dazu, Neid zu empfinden.

**Gesetz des Tages: Wir können den Vergleichsmechanismus in unserem Gehirn nicht ausschalten, deshalb ist es am besten, ihn auf etwas Produktives und Kreatives zu richten.**

*Die Gesetze der menschlichen Natur*, Gesetz 10:
Hüten Sie sich vor dem zerbrechlichen Ego – Das Gesetz des Neids

## 5. NOVEMBER

### *Erkennen Sie sich selbst*

Andere erkennen, ist weise. Sich selbst erkennen ist Erleuchtung.

LAOTSE

Das emotionale Ich gedeiht in einem Umfeld der Ignoranz. In dem Augenblick, in dem Sie durchschauen, wie es funktioniert und Sie beherrscht, verliert es seine Macht über Sie und kann gebändigt werden. Daher ist der erste Schritt zur Rationalität immer nach innen gerichtet. Versuchen Sie, Ihr emotionales Ich auf frischer Tat zu ertappen. Zu diesem Zweck müssen Sie reflektieren, wie Sie selbst unter Stress funktionieren: Welche Schwächen kommen in diesen Momenten zum Vorschein: der Wunsch, es anderen recht zu machen, sie zu gängeln oder zu kontrollieren, tiefes Misstrauen?

Betrachten Sie Ihre Entscheidungen, vor allem jene, die sich rückblickend als unklug erwiesen haben: Erkennen Sie ein Muster, eine latente Unsicherheit, die der eigentliche Grund für Ihr Verhalten ist? Untersuchen Sie Ihre Stärken und besonderen Merkmale, die Sie von anderen Menschen unterscheiden. Dies wird Ihnen helfen, Ziele zu definieren, die sich mit Ihren langfristigen Interessen decken und Ihren Fähigkeiten entsprechen. Indem Sie wissen und schätzen, was Sie von anderen unterscheidet, werden Sie in der Lage sein, sich dem Sog des Gruppenfehlers und des Gruppeneffekts zu entziehen.

**Gesetz des Tages: Sind Sie imstande, sich mit einem gewissen Abstand zu betrachten und den Nebel des Selbstbetrugs zu durchschauen?**

*Die Gesetze der menschlichen Natur*, Gesetz 1:
Beherrschen Sie Ihr emotionales Selbst – Das Gesetz der Irrationalität

## 6. NOVEMBER

### *Wer trägt die Schuld?*

Es liegt in der Natur des Menschen, anderen die Schuld zuzuschieben, wenn mal etwas schiefgeht. Überlassen Sie solchen Unsinn lieber anderen, die sich selbst an der Nase herumführen und nur das sehen, was unmittelbar vor ihren Augen liegt. Sie sehen die Dinge anders. Wenn also einmal etwas schiefgeht – ob nun im Geschäftsleben, in der Politik oder im Leben –, verfolgen Sie die ganze Aktion bis zu dem Gedanken zurück, der Sie ursprünglich dazu inspiriert hat. Schon das Ziel war verfehlt. Das bedeutet, dass weitgehend Sie selbst der Urheber alles Schlechten sind, das Ihnen passiert. Mit mehr Klugheit, einer geschickteren Politik und einem größeren Blickfeld hätten Sie die Gefahr vermeiden können. Wenn irgendetwas schiefgeht, sollten Sie also tief in sich hineinblicken, um sicherzustellen, dass Sie Ihr nächstes Projekt mit festerem Schritt und größerem Sehvermögen beginnen.

**Gesetz des Tages: Machen Sie sich klar, welchen Anteil Sie selbst an jedem Fehlschlag hatten. Sie werden immer etwas finden.**

*Die 33 Gesetze der Strategie*, Gesetz 12:
Schlachten verlieren, den Krieg aber gewinnen – Grand Strategy

## 7. NOVEMBER

### *Freuen Sie sich mit*

Die Schlange, die uns sticht, meint uns wehe zu tun und freut sich dabei; das niedrigste Tier kann sich fremden Schmerz vorstellen. Aber fremde Freude sich vorstellen und sich dabei freuen, ist das höchste Vorrecht der höchsten Tiere …

FRIEDRICH NIETZSCHE

Schadenfreude, bei der man sich am Unglück anderer weidet, ist entfernt mit Neid verwandt, wie mehrere Studien gezeigt haben. Wenn wir jemanden beneiden, empfinden wir normalerweise Erregung, ja sogar Freude, wenn er oder sie einen Rückschlag hinnehmen oder auf irgendeine andere Weise leiden muss. Klüger wäre es, stattdessen das genaue Gegenteil zu üben – das, was der Philosoph Friedrich Nietzsche »Mitfreude« nannte. Das heißt: Statt andere Leute einfach zu ihrem Glück zu beglückwünschen, was leicht geht und schnell vergessen ist, sollten Sie versuchen, aktiv deren Freude nachzuempfinden, als eine Form der Empathie. Das mag ein wenig unnatürlich anmuten, weil unsere erste automatische Reaktion stets ein Anflug von Neid ist, aber wir können uns dahingehend trainieren, uns vorzustellen, wie es sich für andere anfühlen muss, ihr Glück oder ihre Befriedigung zu erleben. Das befreit unser Gehirn nicht nur von hässlichem Neid, sondern schafft auch eine ungewöhnliche Form der Übereinstimmung.

Wenn wir das Ziel der Mitfreude sind, fühlen wir die ehrlich gemeinte Freude angesichts unseres Glücks, statt nur die Worte zu hören, und es löst in uns das Bedürfnis aus, dasselbe für andere zu empfinden. Weil Mitfreude selten vorkommt, birgt sie eine große Kraft, Menschen miteinander zu verbinden.

**Gesetz des Tages: Verinnerlichen Sie die Freude anderer Menschen. Dadurch steigern Sie Ihre Fähigkeit, diese Emotion in Bezug auf Ihre eigenen Erfahrungen zu fühlen.**

*Die Gesetze der menschlichen Natur*, Gesetz 10:
Hüten Sie sich vor dem zerbrechlichen Ego – Das Gesetz des Neids

## 8. NOVEMBER

### *Eile mit Weile*

Zeit ist ein künstliches Konzept, das wir geschaffen haben, um die Grenzenlosigkeit der Ewigkeit und des Universums besser zu ertragen, menschlicher zu machen. Da die Zeit also ein Konstrukt ist, können wir sie ein Stück weit auch gestalten, also mit ihr tricksen. Die Zeit eines Kindes ist lang und langsam, sie hat ungeheure Ausmaße. Die Zeit eines Erwachsenen hingegen rast erschreckend schnell vorbei. Zeit hängt also von der Wahrnehmung ab, die wir, wie wir wissen, willentlich ändern können. Das ist das Erste, was Sie wissen müssen, wenn Sie die Kunst des Timings beherrschen wollen. Wenn der von unseren Emotionen verursachte innere Tumult die Zeit schneller vergehen lässt, folgt daraus, dass sie andererseits viel langsamer verstreicht, wenn wir gelernt haben, unsere emotionalen Reaktionen auf Ereignisse zu kontrollieren. Diese veränderte Art und Weise, mit den Dingen umzugehen, verlängert unsere Wahrnehmung der zukünftigen Zeit, eröffnet uns wiederum Möglichkeiten, die Angst und Wut uns verschließen, und ermöglicht überhaupt erst die Geduld, die die Grundvoraussetzung der Kunst des Timings ist.

Erwecken Sie nie den Anschein, in Eile zu sein. Denn übereilt zu handeln, verrät einen Mangel an Kontrolle über sich und über die Zeit. Wirken Sie stets geduldig, als wüssten Sie genau, dass Ihnen alles früher oder später zufliegen werde. Entwickeln Sie eine Nase für den richtigen Moment und erspüren Sie den Zeitgeist, die Trends, die Sie an die Macht bringen werden. Lernen Sie, sich zurückzuhalten, solange die Zeit nicht reif ist, und gnadenlos zuzuschlagen, sobald sie gekommen ist.

**Gesetz des Tages: Üben Sie sich in Geduld. Warten Sie einen Tag ab, bevor Sie zu einem dringenden Problem Maßnahmen ergreifen.**

*The 48 Laws of Power*, Law 35: Master the Art of Timing

## 9. NOVEMBER

### *Kanalisieren Sie Ihre grandiosen Impulse*

Das Streben nach Größe ist eine urtümliche Energie, die in jedem von uns steckt. Sie zwingt uns dazu, nach mehr zu streben, von anderen anerkannt und geschätzt zu werden und uns mit etwas Größerem verbunden zu fühlen. Das Problem ist nicht die Energie an sich, die genutzt werden kann, um unsere Ambitionen zu befeuern, sondern die Richtung, die sie einschlägt. Normalerweise führt Grandiosität dazu, dass wir uns größer und überlegener fühlen, als wir eigentlich sind. Wir können dies als *fantastische Grandiosität* bezeichnen, weil sie auf unseren Wunschvorstellungen und dem verzerrten Eindruck basiert, den wir durch die uns zuteilwerdende Aufmerksamkeit erhalten. Fantastische Grandiosität wird Sie dazu verleiten, von einer fantastischen Idee zur nächsten zu springen und sich dabei all die Auszeichnungen und die Aufmerksamkeit auszumalen, die Sie erhalten werden – doch Sie werden niemals etwas davon realisieren.

Sie müssen das Gegenteil tun. Machen Sie es sich zur Gewohnheit, sich ganz und intensiv auf ein einzelnes Projekt oder Problem zu konzentrieren. Gestalten Sie das Ziel so, dass es leicht zu erreichen ist, mit einem Zeitrahmen von Monaten, nicht Jahren. Spalten Sie Ihr Ziel dann in kleine Schritte und Teilziele auf. Ihr Ziel ist es, in einen Flow-Zustand zu kommen, in dem Ihr Verstand völlig in die Arbeit eintaucht, bis hin zu dem Punkt, an dem Ihnen neue Ideen völlig unerwartet zufliegen. Dieses Gefühl des Flow sollte angenehm sein, geradezu süchtig machen.

Wenn Sie nicht in diesen Flow kommen, werden Sie unweigerlich Multitasking betreiben und die Konzentration verlieren. Bemühen Sie sich, dies zu überwinden. Vielleicht gibt es ein Projekt, an dem Sie außerhalb Ihrer regulären Arbeit tüfteln. Es geht aber nicht um die Anzahl der Stunden, die Sie investieren, sondern um die Intensität und die permanente Anstrengung, die Sie aufbringen. Wichtig ist in diesem Zusammenhang, dass Sie bei diesem Projekt Fähigkeiten anwenden, die Sie bereits besitzen oder gerade entwickeln. Ihr Ziel ist es, eine kontinuierliche Verbesserung Ihres Niveaus zu erzielen, die aus den Tiefen Ihrer Konzentration kommt. Ihr Selbstbewusstsein wird sich steigern, und das allein sollte schon ausreichen, um weiterhin am Ball bleiben zu wollen.

**Gesetz des Tages: Lassen Sie nicht zu, dass Sie sich in Luftschlössern von anderen Projekten verlieren. Kanalisieren Sie diese grandiose Energie, indem Sie so tief wie möglich in Ihre Arbeit eintauchen.**

*Die Gesetze der menschlichen Natur,* Gesetz 11:
Loten Sie Ihre Grenzen aus – Das Gesetz der Grandiosität

## 10. NOVEMBER

### *Stammesdenken überwinden*

Stammesdenken hat seine Wurzeln in den tiefsten und primitivsten Teilen unserer Natur, aber es ist heutzutage mit wesentlich größerem technischem Können gepaart, was es umso gefährlicher macht. Was uns vor Tausenden von Jahren ermöglichte, unsere Gruppe eng zusammenzuschweißen und zu überleben, könnte jetzt leicht zur Auslöschung der menschlichen Spezies führen. Der Stamm fühlt sich durch die Anwesenheit des Feindes in seiner Existenz bedroht. Es gibt keine gemeinsame Basis. Die Stammesfehden können daher intensiver und gewalttätiger ausfallen.

Die Zukunft der Menschheit wird größtenteils davon abhängen, ob es uns gelingt, dieses Stammesdenken zu überwinden, indem wir erkennen, dass unser Schicksal mit dem aller anderen verknüpft ist. Wir sind eine Spezies, stammen alle von denselben Urahnen ab, sind alle Brüder und Schwestern. Unsere Unterschiede sind hauptsächlich eine Illusion. Sich Unterschiede vorzustellen, ist Teil des kollektiven Wahnsinns. Wir müssen uns als eine große reale Gruppe sehen und ein tiefes Zusammengehörigkeitsgefühl mit dieser Gruppe erleben. Wenn wir die von Menschenhand geschaffenen Probleme lösen wollen, die uns bedrohen, müssen wir auf einem wesentlich höheren Niveau miteinander kooperieren und einen praktischen Geist nutzen, den der Stamm nicht besitzt. Das bedeutet nicht das Ende der kulturellen Vielfalt und des Reichtums, der damit einhergeht. Die reale Gruppe fördert vielmehr die innere Vielfalt.

**Gesetz des Tages: Wir müssen zu dem Schluss kommen, dass die primäre Gruppe, der wir angehören, die Menschheit ist. Das ist unsere unvermeidliche Zukunft. Alles andere ist regressiv und viel zu gefährlich.**

*Die Gesetze der menschlichen Natur*, Gesetz 14: Widersetzen Sie sich dem Abwärtssog der Gruppe – Das Gesetz der Konformität

## 11. NOVEMBER

### *Steigen Sie auf den Berg*

Wenn wir im Augenblick gefangen sind, ist es so, als würden wir am Fuß des Berges leben. Das, was wir vordergründig sehen – unsere Mitmenschen, der Wald –, gewährt uns eine eingeschränkte, verzerrte Sicht auf die Realität. Wenn wir Zeit verstreichen lassen, ist das wie ein langsamer Aufstieg. Die Emotionen, die wir im Augenblick fühlen, sind dann nicht mehr so stark; wir können uns distanzieren und die Dinge klarer sehen. Je weiter wir aufsteigen und je mehr Zeit verstreicht, umso mehr Details können wir dem Bild hinzufügen. Was wir drei Monate nach einer Gegebenheit sehen, ist nicht so akkurat wie das, was wir ein Jahr später wissen.

Der animalische Teil unserer Natur lässt sich tendenziell am stärksten von dem beeinflussen, was wir im Augenblick sehen und hören: die neuesten Nachrichten und Trends, die Meinungen und Handlungen der Menschen um uns, was immer überaus dramatisch erscheint. Deshalb sind wir anfällig für verführerische Muster, die rasche Ergebnisse und leicht verdientes Geld versprechen. Und eben deshalb überreagieren wir auch auf die aktuellen Umstände, sodass wir allzu euphorisch oder panisch werden, sobald sich die Ereignisse in die eine oder andere Richtung entwickeln. Ihr Blick muss auf die größeren Strömungen gerichtet sein, welche die Ereignisse steuern, auf das, was nicht unmittelbar ersichtlich ist. Sie dürfen die langfristigen Ziele nie aus dem Blick verlieren. Aus der Vogelperspektive werden Sie die nötige Geduld und Klarheit erlangen, um so gut wie jedes Ziel zu erreichen.

**Gesetz des Tages: Erzeugen Sie den Effekt der Zeit, indem Sie sich im jetzigen Augenblick einen besseren Überblick verschaffen.**

*Die Gesetze der menschlichen Natur,* Gesetz 6:
Nehmen Sie die Vogelperspektive ein – Das Gesetz der Kurzsichtigkeit

## 12. NOVEMBER

# *Durchbrechen Sie Konventionen*

Seit Jahrhunderten, und selbst heute noch, stellen Geschlechterrollen die wichtigste Konvention dar, die es überhaupt gibt. Was Männer und Frauen tun oder sagen dürfen, ist streng reglementiert worden, bis hin zu dem Punkt, an dem Rollenbilder beinahe biologische Unterschiede darstellen statt gesellschaftlicher Konventionen. Vor allem Frauen werden darauf sozialisiert, besonders nett und freundlich zu sein. Sie spüren den ständigen Druck, sich daran zu halten, und verwechseln das mit einer natürlichen und biologischen Eigenschaft. Einige der einflussreichsten Frauen der Geschichte waren jene, die bewusst mit diesen Regeln brachen – Schauspielerinnen wie Marlene Dietrich und Josephine Baker, Politikerinnen wie Eleanor Roosevelt und Geschäftsfrauen wie Coco Chanel. Sie brachten ihren Schatten zum Vorschein und offenbarten ihn mit Verhaltensweisen, die traditionell für männlich gehalten wurden, wodurch sie Rollenbilder mischten und neu definierten. Selbst Jacqueline Kennedy Onassis erlangte große Macht, indem sie sich gegen das Bild der traditionellen Politikerfrau auflehnte. Sie war ausgesprochen scharfzüngig. Wenn ihr jemand missfiel, zeigte sie das offen. Sie schien sich nicht darum zu scheren, was andere von ihr hielten. Und sie wurde eine Sensation, weil sie eine entwaffnende Natürlichkeit ausstrahlte. Betrachten Sie das Ganze als eine Form des Exorzismus. Sobald Sie diese Sehnsüchte und Impulse zeigen, verbergen sie sich nicht mehr in den tiefsten Winkeln Ihrer Persönlichkeit, um sich auf verschlungenen Pfaden ihren Weg nach außen zu bahnen.

**Gesetz des Tages: Zeigen Sie Ihre Schattenseite. Lassen Sie Ihre Dämonen frei und sie bereichern Ihre Präsenz als authentisches menschliches Wesen.**

*Die Gesetze der menschlichen Natur,* Gesetz 9:
Konfrontieren Sie Ihre dunkle Seite – Das Gesetz der Repression

## 13. NOVEMBER

# *Ertragen Sie Dummköpfe froh und munter*

Sie können nicht überall sein und nicht gegen jeden kämpfen. Ihre Zeit und Energie sind ja begrenzt, und Sie müssen lernen, sparsam damit umzugehen. Erschöpfung und Frustration können Ihre Geistesgegenwart unterminieren. Die Welt ist voll von Dummköpfen – von Menschen, die es nicht abwarten können, Ergebnisse zu erzielen, die ihr Mäntelchen stets nach dem Wind hängen, die nicht über den eigenen Tellerrand hinausblicken können. Man begegnet ihnen überall: der unentschlossene Boss, der voreilige Kollege, der hysterische Untergebene. Wenn Sie mit solchen Dummköpfen zusammenarbeiten, sollten Sie nicht gegen sie kämpfen, sondern ihnen die gleiche Einstellung entgegenbringen wie Kindern oder Haustieren: Sie sind nicht wichtig genug, um Ihr geistiges Gleichgewicht beeinträchtigen zu können. Die Fähigkeit, sich angesichts der Dummköpfe eine gute Laune zu bewahren, ist eine wichtige Fertigkeit.

**Gesetz des Tages: Lösen Sie sich emotional von Dummköpfen. Und während Sie innerlich über deren Dummheit lachen, geben Sie einer ihrer harmloseren Ideen nach.**

*The 33 Strategies of War*, Strategy 3: Amidst the Turmoil of Events, Do Not Lose Your Presence of Mind – The Counterbalance Strategy

## 14. NOVEMBER

### *Spielen Sie den Heiligen*

Ganz gleich in welcher historischen Epoche wir leben, es gibt bestimmte Eigenschaften, die immer als positiv betrachtet werden. Und Sie sollten lernen, diese geschickt einzusetzen. Der Eindruck der moralischen Unantastbarkeit gerät beispielsweise nie außer Mode. Natürlich werden hierfür in der heutigen Zeit andere Stilmittel eingesetzt als im 16. Jahrhundert, aber im Kern bleibt es das Gleiche: Sie verkörpern das, was als gut und über jeden Tadel erhaben gilt. In der modernen Welt heißt das, dass Sie sich progressiv, tolerant und aufgeschlossen zeigen. Sie sollten den Eindruck erwecken, bestimmte gemeinnützige Projekte großzügig zu unterstützen, und in den sozialen Medien für sie werben. Es zahlt sich immer aus, Aufrichtigkeit und Ehrlichkeit auszustrahlen. Gelegentliche öffentliche Bekenntnisse der eigenen Schwächen und Unzulänglichkeiten wirken Wunder. Aus irgendeinem Grund werden Zeichen der Demut für authentisch gehalten, obwohl sie genauso gut auch nur vorgetäuscht sein können. Lernen Sie, gelegentlich den Kopf zu senken und bescheiden zu wirken. Sie sollten es tunlichst anderen überlassen, sich die Hände schmutzig zu machen. Sie selbst waschen Ihre Hände in Unschuld. Spielen Sie niemals offen den machiavellistischen Anführer – das funktioniert nur im Fernsehen.

**Gesetz des Tages: Menschen beurteilen andere weitgehend nach dem äußeren Schein. Lernen Sie daher, die Kontrolle über die Dynamik einer Situation zu übernehmen, indem Sie die geeignete Maske aufsetzen. Ein wenig Demut, sogar Heiligkeit, funktionieren immer gut. Meiden Sie dabei jedes Anzeichen von Heuchelei oder Überlegenheit.**

*Die Gesetze der menschlichen Natur*, Gesetz 3: Durchschauen Sie die Masken der Menschen – Das Gesetz des Rollenspiels

## 15. NOVEMBER

### *Beweisen Sie Großmut*

Wir alle tragen die Traumata und Wunden unserer frühen Kindheit mit uns herum. In unserem sozialen Leben häufen wir mit zunehmendem Alter Enttäuschungen und Kränkungen an. Wir werden auch oft von einem Gefühl der Wertlosigkeit und dem Gedanken verfolgt, dass wir das Gute in unserem Leben gar nicht verdient hätten. Wir alle erleben Augenblicke, in denen wir mit uns hadern. Diese Emotionen können dazu führen, dass wir Zwangsgedanken entwickeln. Durch sie zügeln wir ausgerechnet das, was wir als Instrument erleben, um unsere Angst und Enttäuschungen in den Griff zu bekommen. Sie bringen uns dazu, dem Alkohol zu verfallen oder jeder anderen Sucht, um den Schmerz zu betäuben. Ohne es zu bemerken, entwickeln wir eine negative und ängstliche Lebenseinstellung. Das wird unser selbst auferlegtes Gefängnis. Aber das muss nicht so sein.

Wir können uns davon frei machen. Dazu braucht es eine bewusste Entscheidung, eine andere Art, die Welt zu betrachten, eine Veränderung der eigenen Einstellung. Diese Freiheit basiert im Grunde darauf, eine großzügige Geisteshaltung – anderen und sich selbst gegenüber – einzunehmen. Indem wir andere Menschen annehmen, indem wir ihre Menschlichkeit verstehen und möglicherweise sogar lieben, können wir unseren Geist von zwanghaften und kleingeistigen Gedanken befreien. Wir können aufhören, auf alles zu reagieren, was andere tun und sagen. Wir können etwas Distanz schaffen und aufhören, alles persönlich zu nehmen. So entsteht geistiger Freiraum, den wir für höhere Ziele nutzen können. Sobald wir die berauschende Macht spüren, die von dieser neuen Einstellung herrührt, werden wir sie maximal ausreizen wollen.

**Gesetz des Tages: Wenn wir uns großzügig gegenüber uns selbst und anderen zeigen, fühlen sie sich zu uns hingezogen und möchten die gleiche Haltung einnehmen.**

*Die Gesetze der menschlichen Natur*, Gesetz 8: Verändern Sie Ihre Umstände, indem Sie Ihre Einstellung ändern – Das Gesetz der Selbstsabotage

## 16. NOVEMBER

# *Binden Sie Ihre Schattenseite ein*

Bereits in jungen Jahren gewöhnte Abraham Lincoln es sich an, sich selbst zu analysieren, und ein wiederkehrendes Thema seiner Wesensschau war, dass er eine gespaltene Persönlichkeit hatte – auf der einen Seite einen ehrgeizigen, beinahe ans Grausame grenzenden Wesenszug, und auf der anderen Seite eine Empfindsamkeit und Sanftmut, die ihn oft in eine bedrückte Stimmung versetzte. Beide Seiten seines Wesens führten dazu, dass er sich unwohl und deplatziert fühlte. Seine raue Seite offenbarte sich beispielsweise darin, dass er gerne boxte und seinen Gegner im Ring verprügelte. Vor Gericht und in der Politik hatte er einen bissigen Humor.

Seine weiche Seite liebte Lyrik, empfand tiefe Zuneigung für Tiere und hasste jede Form von körperlicher Gewalt. In seinen schlimmsten Phasen neigte er zu tiefer Melancholie und grübelte über den Tod. Insgesamt hatte er das Gefühl, zu sensibel für die raue, harte Welt der Politik zu sein. Doch anstatt diese Seite zu leugnen, kanalisierte er sie in Form einer unglaublichen Empathie für die Öffentlichkeit, für den durchschnittlichen Bürger. Weil er großes Mitleid mit den vielen Kriegstoten hatte, richtete er seine gesamte Energie darauf, den Krieg schnell zu beenden. Er projizierte nichts Böses auf den Süden, sondern konnte die Anliegen der Gegenseite verstehen und plante einen Frieden, der nicht vergeltend war.

Er hatte außerdem einen gesunden Sinn für Humor und konnte über sich selbst lachen, über seine mangelnde Attraktivität, seine hohe Stimme und sein grüblerisches Wesen. Indem er seine gegensätzlichen Qualitäten annahm und miteinander in Einklang brachte, um eine öffentliche Persona zu schaffen, vermittelte er den Eindruck enormer Authentizität. Die Menschen konnten sich mit ihm auf eine Weise identifizieren wie nie zuvor mit einem politischen Anführer.

**Gesetz des Tages: Ihr Ziel darf nicht nur die rückhaltlose Akzeptanz Ihrer Schattenseite sein, sondern auch der Wunsch, sie in Ihre derzeitige Persönlichkeit zu integrieren. Auf diese Weise wird Ihr Charakter vollständiger, und Sie werden eine Authentizität ausstrahlen, die Menschen zu Ihnen hinziehen wird.**

*Die Gesetze der menschlichen Natur*, Gesetz 9:
Konfrontieren Sie Ihre dunkle Seite – Das Gesetz der Repression

## 17. NOVEMBER

### *Das richtige Gleichgewicht zwischen Fantasie und Realität*

Ihr Projekt beginnt mit einer Idee, und während Sie versuchen, diese Idee zu konkretisieren, sollten Sie Ihrer Fantasie freien Lauf lassen und für verschiedene Möglichkeiten offen sein. An einem gewissen Punkt werden Sie aber von der Planungsphase zur Ausführung übergehen. Jetzt müssen Sie aktiv nach Feedback und konstruktiver Kritik von Menschen suchen, die Sie respektieren, oder von Ihrer Zielgruppe. Sie wollen mehr über die Fehler und Schwachstellen Ihres Plans erfahren, weil das der einzige Weg ist, um die eigenen Fähigkeiten zu verbessern. Wenn das Projekt nicht die Ergebnisse mit sich bringt, die Sie sich vorgestellt hatten, oder das Problem nicht gelöst wird, sollten Sie das als Lernchance betrachten. Analysieren Sie gründlich, was Sie falsch gemacht haben, und seien Sie dabei so schonungslos ehrlich wie möglich.

Sobald Sie Feedback erhalten und die Ergebnisse analysiert haben, kehren Sie zu dem Projekt zurück oder fangen etwas Neues an, wobei Sie Ihrer Fantasie wieder freien Lauf lassen. Flechten Sie diesmal aber das ein, was Sie aus eigener Erfahrung gelernt haben. Durchlaufen Sie diesen Prozess immer wieder, und Sie werden voller Freude feststellen, dass Sie sich in dessen Verlauf verbessern. Wenn Sie zu lange in der Fantasie- und Ideensammlungsphase bleiben, wird das, was Sie erschaffen, tendenziell größenwahnsinnig oder von der Realität entrückt sein. Wenn Sie hingegen nur auf das Feedback hören und versuchen, Ihre Arbeit so zu gestalten, dass sie das widerspiegelt, was die anderen Ihnen sagen oder was sie wollen, wird Ihre Arbeit konventionell und flach sein. Indem Sie kontinuierlich im Dialog mit der Realität (Feedback) und Ihrer eigenen Vorstellungskraft stehen, können Sie etwas Praktisches und Innovatives erschaffen.

**Gesetz des Tages: Indem Sie unablässig zwischen Ihrer eigenen Fantasie und dem Feedback der anderen wechseln, wird das, was Sie erschaffen, sowohl einzigartig als auch mit dem Publikum verbunden sein – die perfekte Mischung.**

*Die Gesetze der menschlichen Natur*, Gesetz 11:
Loten Sie Ihre Grenzen aus – Das Gesetz der Grandiosität

## 18. NOVEMBER

# *Richten Sie Ihren Fokus nach außen*

Wir Menschen sind von Natur aus sehr egozentrisch und verbringen einen Großteil unserer Zeit damit, unseren Blick nach innen zu richten, auf unsere Emotionen, unsere Verletzungen und unsere Fantasien. Sie sollten die Gewohnheit entwickeln, diese Tendenz möglichst ins Gegenteil zu verkehren. Das gelingt Ihnen auf drei Arten: Schärfen Sie erstens Ihre Fähigkeit des Zuhörens und setzen Sie sich intensiv mit den Worten und den nonverbalen Signalen der anderen auseinander. Schulen Sie sich selbst, zwischen den Zeilen der Aussagen anderer zu lesen. Sie nehmen deren Stimmungen und Bedürfnisse wahr und registrieren, was ihnen fehlt, Sie nehmen das Lächeln und das zustimmende Nicken der anderen nicht für bare Münze, sondern registrieren vielmehr die latente Spannung oder Faszination.

Zweitens widmen Sie sich der Aufgabe, den Respekt Ihrer Mitmenschen zu verdienen. Gehen Sie nicht davon aus, dass Sie einen Anspruch darauf hätten. Ihr Fokus sollte nicht auf den eigenen Gefühlen liegen und auf dem, was andere Menschen Ihnen aufgrund Ihrer Position und Größe (ein nach innen gerichteter Blick) schulden. Sie verdienen sich deren Respekt, indem Sie ihre individuellen Bedürfnisse respektieren und beweisen, dass Sie für das Allgemeinwohl arbeiten.

Drittens ist Ihnen der Umstand bewusst, dass der Posten eines Anführers mit einer enormen Verantwortung einhergeht und das Wohl der ganzen Gruppe von Ihren Entscheidungen abhängt. Was Sie antreibt, ist nicht Geltungssucht, sondern der Wunsch, die bestmöglichen Ergebnisse für die größtmögliche Anzahl der Menschen zu erzielen. Sie tauchen in Ihre Arbeit ein, nicht in Ihr Ego. Sie fühlen eine tiefe Verbindung mit der Gruppe und vertreten die Auffassung, dass Ihr Schicksal mit dem Schicksal der Gruppe eng verknüpft ist.

**Gesetz des Tages: Wenn Sie diese Haltung ausstrahlen, werden die Menschen es spüren, und sie werden sich zu Ihnen hingezogen fühlen, weil man so selten einer Person begegnet, die auf die Stimmungen der Menschen eingeht und hauptsächlich Wert auf Ergebnisse legt.**

*Die Gesetze der menschlichen Natur*, Gesetz 15: Bringen Sie andere dazu, Ihnen folgen zu wollen – Das Gesetz der Unbeständigkeit

## 19. NOVEMBER

# *Schicksal*

Das wahre Selbst eines jeden Menschen ist sein Geist, seine Seele. Daraus folgt, dass du eine Gottheit bist. Denn eine Gottheit ist jemand, der sich bewegt, der Empfindungen und Erinnerungen hat, der vorausschauend ist, der seinen Körper beherrscht, lenkt und leitet, genau wie jener oberste Gott das Universum lenkt und leitet. Und genau wie jener ewige Gott das Universum regiert, das teilweise sterblich ist, so regiert deine ewige Seele über deinen vergänglichen Körper.

CICERO

In der Antike dachten viele große Anführer wie Alexander der Große und Julius Caesar, sie würden von Göttern abstammen und seien teilweise göttlich. Diese Überzeugung machte sich als enormes Selbstbewusstsein bemerkbar, das sich auf andere übertrug und von ihnen anerkannt wurde. Es wurde eine sich selbsterfüllende Prophezeiung. Sie müssen nicht solche überheblichen Gedanken hegen – aber das Gefühl, dass Sie für etwas Großes oder Wichtiges bestimmt sind, wird Ihnen eine gewisse Zähigkeit verleihen, wenn andere Menschen sich gegen Sie stellen oder Ihnen gegenüber Widerstand leisten. Sie werden die Zweifel, die sich in solchen Augenblicken melden, nicht verinnerlichen. Sie werden einen unternehmerischen Geist haben. Sie werden fortwährend neue Dinge ausprobieren, sogar Risiken eingehen, und die Zuversicht haben, nach einem Scheitern wieder auf die Füße zu kommen, und sich dazu ausersehen fühlen, erfolgreich zu sein.

**Gesetz des Tages: Sie sind dazu bestimmt, Großes zu erreichen, und indem Sie das denken, werden Sie eine sich selbst erfüllende Dynamik auslösen.**

*Die Gesetze der menschlichen Natur*, Gesetz 8: Verändern Sie Ihre Umstände, indem Sie Ihre Einstellung verändern – Das Gesetz der Selbstsabotage

## 20. NOVEMBER

### *Konzentrieren Sie sich und setzen Sie Prioritäten*

Das einzige, was uns wirklich gehört, ist die Zeit. Sogar derjenige, der nichts besitzt, hat sie. Es ist ebenso unglücklich, das kostbare Leben in mechanischen Aufgaben oder in einer Fülle bedeutender Werke zu vergeuden.

BALTASAR GRACIÁN

Bestimmte Aktivitäten sind schlicht Zeitverschwendung. Bestimmte Menschen mit einer niederen Gesinnung werden Sie nach unten ziehen, und das müssen Sie vermeiden. Achten Sie auf Ihre langfristigen und kurzfristigen Ziele und bleiben Sie konzentriert und wachsam. Gönnen Sie sich selbst den Luxus des Erkundens und kreativen Umherirrens, aber behalten Sie trotzdem ein zugrunde liegendes Ziel im Hinterkopf.

**Gesetz des Tages: In einer Welt voller endloser Ablenkungen müssen Sie sich konzentrieren und Prioritäten setzen.**

*Die Gesetze der menschlichen Natur*, Gesetz 15: Bringen Sie andere dazu, Ihnen folgen zu wollen – Das Gesetz der Unbeständigkeit

## 21. NOVEMBER

# *Verbinden Sie sich mit dem, was Ihnen am Nächsten ist*

Das Leben ist kurz, und wir haben nur eine begrenzte Menge an Energie. Wenn wir uns von unseren Begierden leiten lassen, können wir viel Zeit mit vergeblichem Suchen und Ändern verschwenden. Man sollte grundsätzlich nicht ständig auf etwas Besseres warten oder hoffen, sondern vielmehr das meiste aus dem machen, was man hat. Die Realität lässt grüßen.

Wenn Sie Ihren Geist hingegen auf das richten, was am Nächsten liegt, statt auf Träume in weiter Ferne, so weckt das ganz andere Gefühle. Mit den Menschen in Ihrem Umfeld können Sie sich immer auf einer tieferen Ebene verbinden. Es gibt vieles, was Sie niemals über die Menschen wissen werden, mit denen Sie zu tun haben, doch das kann auch eine Quelle endloser Faszination sein. Sie können einen engeren Bezug zu Ihrer Umgebung herstellen. Der Ort, an dem Sie leben, hat eine lange Geschichte, in die Sie völlig eintauchen können. Indem Sie Ihre Umgebung besser kennen, werden sich Ihnen viele Gelegenheiten eröffnen, Ihre Macht auszuüben und weiter auszubauen. Was Ihre eigene Person angeht, so gibt es geheimnisvolle Winkel, die Sie niemals vollständig begreifen werden. Indem Sie versuchen, sich selbst besser kennenzulernen, können Sie die Verantwortung für Ihre eigene Natur übernehmen, statt ihr Sklave zu sein. Und Ihre Arbeit bietet endlose Möglichkeiten für Verbesserungen und Innovationen, endlose Herausforderungen für Ihre Vorstellungskraft. Dies sind die Dinge, die Ihnen am nächsten sind und Ihre reale, und nicht virtuelle Welt ausmachen.

**Gesetz des Tages: Letztlich sollten Sie nach einem tieferen Verständnis für die Realität streben, das Ihnen Ruhe, Konzentration und praktische Fähigkeiten verleiht, um das zu verändern, was sich auch wirklich verändern lässt.**

*Die Gesetze der menschlichen Natur*, Gesetz 5: Werden Sie ein schwer fassbares Objekt der Begierde – Das Gesetz der Begehrlichkeit

## 22. NOVEMBER

### *Akzeptieren Sie, was auch immer Ihnen zustößt*

Während zum Beispiel mancher den andern beneidet um die interessanten Begebenheiten, die ihm in seinem Leben aufgestoßen sind, sollte er ihn vielmehr um die Auffassungsgabe beneiden, welche jenen Begebenheiten die Bedeutsamkeit verlieh, die sie in seiner Beschreibung haben.

ARTHUR SCHOPENHAUER

Im Jahr 1928 konnte die Schauspielerin Joan Crawford bereits auf eine erfolgreiche Hollywood-Karriere zurückblicken, doch sie war von der begrenzten Auswahl an Rollen, die ihr angeboten wurden, zunehmend frustriert. Sie sah, wie andere, weniger talentierte Schauspielerinnen an ihr vorbeizogen. Womöglich lag es daran, dass sie nicht durchsetzungsfähig genug war. Sie beschloss, einem der einflussreichsten Produzenten der MGM-Studios, Irving Thalberg, ihre Meinung zu sagen. Sie wusste allerdings nicht, dass Thalberg von Natur aus nachtragend war und ihre Kritik als Affront auffasste. Er ließ sie daher in einem Western mitspielen, weil er wusste, dass ihr dieses Genre überhaupt nicht zusagte und für viele Schauspielerinnen das Karriereende bedeutete.

Doch Joan hatte ihre Lektion gelernt und beschloss, ihr Schicksal mit offenen Armen anzunehmen. Sie zwang sich dazu, dieses Genre zu lieben, und wurde eine hervorragende Reiterin. Sie las viel über den Wilden Westen und fand seine Folklore faszinierend. Sie beschloss, die bekannteste Schauspielerin in Westernfilmen zu werden, wenn das nötig war, um voranzukommen. Das würde wenigstens ihre schauspielerischen Fähigkeiten erweitern. Diese Haltung wurde ihre lebenslange Arbeitseinstellung zu den massiven Herausforderungen, mit der eine Schauspielerin in Hollywood konfrontiert wurde, wo die Halbwertzeit in der Regel sehr kurz war. Jeder Rückschlag war eine Chance, zu wachsen und sich weiterzuentwickeln.

**Gesetz des Tages: Nehmen Sie alle Widrigkeiten als lehrreiche Erfahrungen an, als Mittel, sich zu verbessern.**

*Die Gesetze der menschlichen Natur,* Gesetz 8: Verändern Sie Ihre Umstände, indem Sie Ihre Einstellung verändern – Das Gesetz der Selbstsabotage

## 23. NOVEMBER

# *Bewundern Sie menschliche Größe*

Bewunderung ist das genaue Gegenteil von Neid: Wir erkennen die Leistungen anderer an und feiern sie, ohne uns selbst unsicher zu fühlen. Wir erkennen ihre Überlegenheit in der Kunst, in der Wissenschaft oder im Berufsleben an, ohne dass es uns in irgendeiner Form schmerzen würde. Aber damit nicht genug: Indem wir die Genialität einer Person anerkennen, feiern wir das höchste Potenzial unserer Spezies. Wir erleben Mitfreude mit den Besten und teilen den Stolz, der von jeder hervorragenden menschlichen Errungenschaft ausgeht. Eine solche Bewunderung hebt uns über die Belanglosigkeit unseres Alltags hinaus und hat eine beruhigende Wirkung.

**Gesetz des Tages: Auch wenn es leichter fällt, die Toten ohne jeden Hauch von Neid zu bewundern, versuchen Sie, zumindest einen lebenden Menschen in Ihr Pantheon aufzunehmen. Solange wir jung sind, können solche Objekte der Bewunderung auch als Vorbilder dienen, denen wir nacheifern.**

*Die Gesetze der menschlichen Natur*, Gesetz 10:
Hüten Sie sich vor dem zerbrechlichen Ego – Das Gesetz des Neids

## 24. NOVEMBER

### *Suchen Sie den Aufwärtssog der Gruppe*

Die Realität einer Gruppe sieht wie folgt aus: Die Gruppe existiert, um Aufgaben zu erledigen, etwas zu erzeugen, Probleme zu lösen. Sie hat bestimmte Ressourcen, auf die sie zugreifen kann, wie die Arbeitskraft und die Stärken der Mitglieder oder finanzielle Mittel. Sie operiert in einer bestimmten Umgebung, die fast immer wettbewerbsorientiert ist und sich ständig verändert. Die gesunde Gruppe richtet ihren Schwerpunkt auf die Arbeit an sich, darauf, ihre Ressourcen optimal zu nutzen und sich an alle unvermeidlichen Veränderungen anzupassen. Weil die Gruppe keine Zeit mit endlosen politischen Spielchen verplempert, kann sie zehnmal mehr erreichen als eine dysfunktionale Gruppe. Sie bringt das Beste der menschlichen Natur hervor – die Empathie der Menschen und ihre Fähigkeit, auf einem hohen Niveau mit anderen zu arbeiten.

Wir richten unser Augenmerk gerne auf die psychische Gesundheit der Einzelnen und darauf, wie ein Therapeut deren Probleme möglicherweise lösen könnte. Was wir jedoch nicht in Betracht ziehen, ist der Umstand, dass die Zugehörigkeit zu einer dysfunktionalen Gruppe Menschen tatsächlich instabil und neurotisch machen kann. Umgekehrt gilt auch: Indem wir Teil einer gut funktionierenden, realen Gruppe sind, können wir uns wohl und ganz fühlen. Solche Erfahrungen prägen sich ein und verändern das Leben eines Menschen. Wir bekommen Vertrauen zu unseren eigenen Fähigkeiten, die eine derartige Gruppe belohnt. Wir fühlen uns mit der Realität verbunden. Wir werden in den Aufwärtssog der Gruppe gezogen und setzen unsere soziale Natur auf dem hohen Niveau um, für das sie gedacht ist. Wir spüren eine Energie, die von dem Gefühl herrührt, mit anderen verbunden zu sein, die in dem gleichen Geist arbeiten.

**Gesetz des Tages: Sie müssen sich über die Wirkung, die Gruppen auf Ihr Denken und Fühlen haben, vollkommen im Klaren sein. Mit diesem Bewusstsein können Sie sich Gruppen anschließen, die einen Aufwärtssog ausüben.**

*Die Gesetze der menschlichen Natur*, Gesetz 14: Widersetzen Sie sich dem Abwärtssog der Gruppe – Das Gesetz der Konformität

## 25. NOVEMBER

## *Verwandeln Sie Selbstliebe in Empathie*

Wir meinen, dass wir die Menschen, mit denen wir es zu tun haben, recht gut verstehen. Das Leben kann hart sein und wir haben zu viele andere Aufgaben, um die wir uns kümmern müssen. Also ziehen wir es vor, uns auf unsere vorgefertigten Urteile zu verlassen, statt uns in Empathie zu üben. Dabei ist das eine Existenzfrage, und unser Erfolg hängt durchaus von der Entwicklung dieser Fähigkeit ab. Wir sind uns dieser Tatsache schlichtweg nur nicht bewusst, weil wir den Zusammenhang zwischen den Problemen, die wir in unserem Leben haben, unserer permanenten Fehlinterpretation der Stimmungen und Absichten anderer und den vielen verpassten Gelegenheiten, die daraus resultieren, nicht erkennen.

Der erste Schritt ist daher der wichtigste: Erkennen Sie, dass Sie über ein erstaunliches soziales Werkzeug verfügen, das Sie kultivieren müssen: Empathie. Das bemerken Sie am ehesten, indem Sie es einfach ausprobieren. Hören Sie auf mit Ihrem permanenten inneren Monolog und schenken Sie Ihren Mitmenschen mehr Beachtung. Stimmen Sie sich auf die sich ändernden Stimmungen der Individuen und der Gruppe ein. Durchschauen Sie die Psyche jeder Person und was sie motiviert. Versuchen Sie die Perspektive Ihres Gegenübers einzunehmen, in seine Weltsicht und sein Wertesystem einzutauchen. Sie werden sich plötzlich einer ganzen Welt des nonverbalen Verhaltens bewusst, von deren Existenz Sie zuvor nichts ahnten, als ob Sie plötzlich ultraviolettes Licht sehen könnten. Sobald Sie diese Kraft spüren, werden Sie ihre Bedeutsamkeit *fühlen* und die neuen sozialen Möglichkeiten erkennen, die Ihnen nun offenstehen.

**Gesetz des Tages: Wir sind alle Narzissten, manche mehr als andere. Unsere Aufgabe im Leben ist es, uns mit dieser Selbstliebe abzufinden und zu lernen, wie wir unsere Empfindlichkeit nach außen, auf andere richten können, statt nach innen.**

*Die Gesetze der menschlichen Natur,* Gesetz 2:
Verwandeln Sie Selbstliebe in Empathie – Das Gesetz des Narzissmus

## 26. NOVEMBER

### *Der Bestätigungsfehler*

Ein Test für außergewöhnliche Intelligenz ist die Fähigkeit, zwei gegensätzliche Ideen gleichzeitig zu verfolgen, ohne dabei verrückt zu werden.

F. SCOTT FITZGERALD

Um an einer Idee festzuhalten und uns davon zu überzeugen, dass wir auf rationale Weise zu ihr gelangt sind, suchen wir nach Beweisen, die unsere Meinung unterstützen. Was könnte objektiver oder wissenschaftlicher sein? Doch aufgrund des Lustprinzips und seines unbewussten Einflusses finden wir nur solche Beweise, die das bestätigen, was wir glauben *wollen*. Dieses Phänomen nennt man den *Bestätigungsfehler*.

Wenn Sie der Frage nachgehen, wie sich der Bestätigungsfehler in der Welt äußert, sollten Sie einen Blick auf Theorien werfen, die zu gut sind, um wahr zu sein. Statistiken und Studien werden herangezogen, um sie zu beweisen. Diese finden sich schnell, sobald man von der Richtigkeit seines Arguments überzeugt ist. Im Internet lassen sich aber problemlos Studien finden, die beide Seiten eines Arguments stützen. Generell sollten Sie niemals davon ausgehen, dass eine Idee richtig oder gültig ist, nur weil jemand »Beweise« dafür vorlegt. Betrachten Sie die Beweise stattdessen nüchtern und mit einem gesunden Maß an Skepsis.

**Gesetz des Tages: Trachten Sie immer als Erstes danach, Beweise zu finden, die die tiefsten Überzeugungen widerlegen, die Sie und andere haben. Das ist wahre Wissenschaft!**

*Die Gesetze der menschlichen Natur,* Gesetz 1: Beherrschen Sie Ihr emotionales Selbst – Das Gesetz der Irrationalität

## 27. NOVEMBER

# *Gehen Sie davon aus, dass Sie andere Menschen falsch einschätzen*

Die größte Gefahr liegt in der allgemeinen Annahme, dass Sie Ihre Mitmenschen wirklich verstehen und sie schnell beurteilen und einordnen können. Stattdessen müssen Sie als Erstes davon ausgehen, dass Sie nichts wissen und bestimmte Prägungen haben, die zu falschen Einschätzungen führen. Die Menschen in Ihrem Umfeld zeigen Ihnen eine Maske, die ihren Zwecken dienlich ist, und Sie halten diese Maske irrtümlich für die Realität. Hören Sie also auf, vorschnelle Urteile zu treffen. Seien Sie aufgeschlossen und betrachten Sie die Menschen in einem neuen Licht. Gehen Sie nicht davon aus, dass sie Ihnen ähnlich sind oder Ihre Werte teilen. Jede Person, die Ihnen begegnet, ist wie ein unentdecktes Land mit einer ganz eigenen psychologischen Beschaffenheit, die Sie sorgfältig erkunden müssen. Sie werden mehr als überrascht sein von dem, was Sie entdecken!

**Gesetz des Tages: Dieser aufgeschlossene, neugierige Geist ähnelt kreativer Schaffenskraft – einer Bereitschaft, mehr Möglichkeiten und Optionen in Betracht zu ziehen. Tatsächlich wird die Entwicklung Ihrer Empathie auch Ihre kreativen Fähigkeiten stärken.**

*Die Gesetze der menschlichen Natur,* Gesetz 2:
Verwandeln Sie Selbstliebe in Empathie – Das Gesetz des Narzissmus

## 28. NOVEMBER

# *Erwecken Sie die Vergangenheit zum Leben*

Wir sind uns dessen nicht bewusst, aber wir in der Gegenwart sind bunt zusammengewürfelte Produkte aller akkumulierten Veränderungen im menschlichen Denken und der Psychologie. Indem wir die Vergangenheit in etwas Totes verwandeln, leugnen wir, wer wir sind. Wir werden entwurzelt und barbarisch, entfremdet von unserer Natur. Sie müssen Ihre eigene Beziehung zur Geschichte radikal verändern und sie in sich wieder zum Leben erwecken.

Fangen Sie damit an, eine Ära der Vergangenheit zu wählen, die Sie, aus welchem Grund auch immer, besonders interessiert. Versuchen Sie, den Geist jener Zeiten neu zu erschaffen, sich in die Lage der Akteure hineinzuversetzen, über die Sie lesen, und nutzen Sie hierfür Ihre aktive Vorstellungskraft. Betrachten Sie die Welt durch deren Augen. Nutzen Sie die hervorragenden Bücher, die in den letzten hundert Jahren geschrieben wurden, um ein Gefühl für das tägliche Leben in einer bestimmten Epoche zu bekommen (zum Beispiel *Das alte Ägypten* von Lionel Casson oder *Herbst des Mittelalters* von Johan Huizinga). In der zeitgenössischen Literatur der Epoche können Sie den damals herrschenden Geist erspüren. Die Romane von F. Scott Fitzgerald werden Ihnen eine viel lebhaftere Verbindung zum Zeitalter des Jazz geben als jedes Lehrbuch zu dem Thema. Vermeiden Sie es, ein Urteil zu fällen oder zu moralisieren.

**Gesetz des Tages: Die Menschen erlebten ihren gegenwärtigen Augenblick stets innerhalb eines Kontextes, der für sie einen Sinn ergab. Versetzen Sie sich in ihre Lage hinein, statt von außen auf das Geschehen zu blicken.**

*Die Gesetze der menschlichen Natur*, Gesetz 17: Reiten Sie auf der Welle des Zeitgeists – Das Gesetz der generationsbedingten Kurzsichtigkeit

## 29. NOVEMBER

### *Reiter und Pferd*

Die alten Griechen hatten eine treffende Metapher: Reiter und Pferd. Das Pferd ist unsere emotionale Natur, die uns ständig antreibt, uns zu bewegen. Es hat eine unbändige Energie und Kraft, aber ohne einen Reiter galoppiert es ziellos umher. Es ist wild, fällt leicht Räubern zum Opfer und gerät ständig in Schwierigkeiten. Der Reiter ist unser denkendes Ich. Durch Training und Übung hält er die Zügel fest in der Hand und steuert das Pferd, wodurch er dessen starke, animalische Energie in etwas Produktives verwandelt. Das eine ohne das andere ist nutzlos. Ohne den Reiter gibt es keine gezielte Bewegung oder einen Zweck. Ohne das Pferd gibt es keine Energie, keine Kraft.

Bei den meisten Menschen dominiert das Pferd und der Reiter ist schwach. Bei einigen Menschen ist der Reiter zu stark, er hält die Zügel fest umklammert und traut sich nicht, das Tier gelegentlich galoppieren zu lassen. Reiter und Pferd müssen zusammenarbeiten. Das heißt, dass wir unsere Handlungen im Voraus planen müssen. Wir versuchen, eine Situation möglichst umfassend zu bedenken, bevor wir eine Entscheidung treffen. Doch sobald wir den Entschluss gefasst haben, lassen wir die Zügel locker und schreiten beherzt und abenteuerlustig zur Tat. Statt Sklaven dieser Energie zu sein, kanalisieren wir sie. Das ist die Essenz der Rationalität.

Als Beispiel für dieses Ideal sollten Sie versuchen, Skepsis (Reiter) und Neugier (Pferd) im Gleichgewicht zu halten. In diesem Zustand betrachten Sie Ihren eigenen Enthusiasmus und den Ihrer Mitmenschen mit Skepsis. Sie nehmen die Erklärungen und vermeintlichen »Beweise« der anderen nicht unreflektiert als Wahrheit hin. Sie sehen die Ergebnisse ihrer Handlungen und nicht das, was sie über ihre Beweggründe sagen. Wenn Sie den Bogen jedoch überspannen, wird sich Ihr Geist wilden Vorstellungen, aufregenden Spekulationen und der Neugier selbst verschließen. Sie sollten sich die geistige Flexibilität eines Kindes bewahren, das an allem interessiert ist, und sich dabei gleichzeitig der Tatsache bewusst sein, dass Sie alle Ideen und Überzeugungen verifizieren und ergründen müssen. Diese beiden Elemente können nebeneinander existieren. Eben dieses Gleichgewicht besitzen alle Genies.

**Gesetz des Tages: Wir können Emotionen nicht ganz aus unserem Denken ausschließen. Die beiden sind untrennbar miteinander verflochten. Doch es gibt unweigerlich einen dominierenden Faktor: Manche Menschen lassen sich eindeutig stärker von ihren Emotionen leiten als andere. Lernen Sie, Ihre Emotionen zu kanalisieren, statt ihnen einfach überallhin zu folgen.**

*Die Gesetze der menschlichen Natur*, Gesetz 1:
Beherrschen Sie Ihr emotionales Selbst – Das Gesetz der Irrationalität

## 30. NOVEMBER

# *Setzen Sie sich ein Ziel*

In der Militärgeschichte können wir zwei Arten von Armeen unterscheiden: jene, die für ein Ideal oder ein Ziel kämpfen, und jene, die des Geldes wegen kämpfen, weil es ihr Job ist. Jene, die wegen eines Ziels in den Krieg ziehen, kämpfen beherzter. Sie verknüpfen ihr individuelles Schicksal mit dem Ziel, für das sie kämpfen, und mit ihrer Nation. Sie sind eher dazu bereit, in der Schlacht für die Sache zu sterben. Die weniger enthusiastischen Soldaten in der Armee werden vom Gruppengeist ergriffen. Der General kann seinen Soldaten mehr abverlangen. Die Bataillone sind geeinter und die verschiedenen Kommandeure sind kreativer. Für ein Ziel zu kämpfen, ist ein bekannter Verstärker jeder Kampfkraft – je größer die Verbindung mit der Sache ist, umso besser ist die Truppenmoral und damit die Kampfkraft. Eine solche Armee kann oft einen Feind schlagen, der eine wesentlich größere Streitmacht hat, aber weniger motiviert ist.

Ähnliches gilt für Ihr Leben: Wenn Sie einen starken Lebenszweck haben, ist das ein Kampfkraftverstärker. All Ihre Entscheidungen und Handlungen haben eine größere Schlagkraft, weil sie im Hintergrund von einer zentralen Idee und einer Absicht geleitet sind. Die vielen Seiten Ihres Charakters werden in diesem Zweck kanalisiert, was Ihnen nachhaltiger Energie verleiht. Ihr Fokus und Ihre Fähigkeit, sich nach einem Rückschlag zu erholen, verleihen Ihnen einen unausweichlichen Schwung. Sie können größere Anforderungen an sich stellen.

**Gesetz des Tages: In einer Welt, in der so viele Menschen ziellos umhertreiben, werden Sie diese mit Zielstrebigkeit leicht überholen und deswegen Aufmerksamkeit erregen. Finden Sie Ihr Ziel und erhöhen Sie es, indem Sie eine möglichst enge Bindung dazu aufbauen.**

*Die Gesetze der menschlichen Natur*, Gesetz 13:
Schreiten Sie zielstrebig voran – Das Gesetz der Ziellosigkeit

# Dezember

## *Das kosmische Erhabene*

### ERWEITERN SIE IHREN GEIST BIS AN DIE FERNSTEN GRENZEN

Durch die Art Ihrer täglichen Gedanken bestimmen Sie selbst, wie gut Ihr Verstand arbeitet. Wenn Ihre Gedanken ständig um die gleichen Leidenschaften und dramatischen Ereignisse kreisen, erschaffen Sie eine öde und monotone geistige Landschaft, und deshalb fühlen Sie sich insgeheim elend. Stattdessen müssen Sie danach trachten, Ihren Geist nach außen zu richten, Ihrer Fantasie freien Lauf zu lassen und Ihre Lebenserfahrung zu intensivieren. Am weitesten dehnen Sie Ihren Geist aus, indem Sie sich mit dem kosmischen Erhabenen, dem Sublimen verbinden. Führen Sie sich die Unendlichkeit von Raum und Zeit vor Augen, jene unbeschreiblich ehrfurchterregende Kette von Ereignissen, die durch den Urknall ausgelöst wurde. Kehren Sie zu den ersten Ursprüngen unseres Planeten zurück, indem Sie ursprüngliche Landschaften aufsuchen. Stellen Sie sich die grenzenlose Natur des menschlichen Gehirns als Spiegel des grenzenlosen Kosmos vor. Meditieren Sie über unsere Sterblichkeit. In Wirklichkeit sind Sie täglich von unendlich vielen Wundern umgeben, und in dem Maße, wie Sie diese in Ihr tägliches Bewusstsein aufnehmen, erweitern Sie Ihren Geist und beleben dessen gewaltige Kräfte wieder. Der Monat Dezember wird Ihnen helfen, Ihren Geist bis an die fernsten Grenzen auszudehnen: zum kosmischen Erhabenen.

Vor nichts haben wir größere Angst als vor dem Tod. Doch diese Angst hat Auswirkungen, die uns nicht einmal bewusst sind. Sie steckt unser ganzes Geistesleben an. Heimlich lässt sie in uns eine Angst vor dem Leben aufkommen. Ein Großteil der latenten, chronischen Ängste, unter denen heute die meisten leiden, geht auf die Unfähigkeit zurück, uns der eigenen Sterblichkeit zu stellen.

Wir leben in einer Kultur, die das Leugnen des Todes bis zum Extrem treibt, indem die Anwesenheit des Todes so weit wie möglich verdrängt wird.

Wenn wir einige Jahrhunderte zurückgehen, kam man gar nicht umhin, mit eigenen Augen Menschen sterben zu sehen. Das konnte auf der Straße geschehen oder im eigenen Haus. Die meisten Menschen mussten zudem ihre eigene Nahrung töten. Vor den eigenen Augen wurden Tiere geschlachtet.

Der Tod war präsent. Er war ständig um einen. Folglich dachten die Menschen auch ständig über ihn nach. Und sie hatten die Religion, um sich die Vorstellung von der eigenen Sterblichkeit zu versüßen.

Heute leben wir in einer Welt, wo es genau umgekehrt ist. Wir müssen schon den Gedanken daran unterdrücken. Wir nehmen ihn nirgendwo wahr. Er wird in Krankenhäuser verlegt, wo er keimfrei gemacht wird, wo er hinter verschlossenen Türen eintritt. Kein Mensch spricht jemals über den Tod. Keiner sagt einem, dass es wohl die wichtigste Fertigkeit im Leben ist, die man haben kann: zu wissen, wie man mit der Angst vor der Sterblichkeit umgeht. Das bringt einem niemand bei. Ihre Eltern reden nicht darüber. Ihre Freundin oder Ihr Freund reden auch nicht darüber. Niemand. Es ist ein hässliches kleines Geheimnis. Dabei ist es im Grunde die einzige reale Gewissheit, die wir haben: Wir werden alle einmal sterben.

Wenn Sie diese Wahrheit also leugnen, wenn Sie sie unterdrücken – wie die meisten Menschen –, so wird sie sich auf verborgenen Wegen äußern. Sie macht Sie in Ihrem Alltag beklommen, weil Sie sich nicht mit der allerwichtigsten Angelegenheit befassen. Sie merken es nicht, aber die Wahrheit beeinflusst Sie bei Ihren alltäglichen Entscheidungen und in Ihrem Umgang mit Menschen. Es ist ganz einfach: Sie müssen sich dieser Angst stellen und Wege finden, sie in Lebensenergie und Kraft umzuwandeln.

Sehen Sie es einmal so: Sie könnten morgen sterben. Darauf haben Sie keinen Einfluss. Mögen Sie auch jung sein, sagen wir 24 Jahre alt – ständig sterben Menschen in einem frühen Alter. Machen Sie sich klar, was das heißt: Es heißt, Ihre Zeit ist begrenzt. Sie haben nicht endlose Jahrzehnte des Lebens vor sich. Sie haben Träume, Sehnsüchte und Ziele, die Sie erreichen wollen – indem Sie sich die Kürze und Gefährlichkeit des Lebens bewusst machen, erlangen Sie ein Gefühl der Dringlichkeit. Das lässt Sie außerdem alles wertschätzen, was Sie um sich wahrnehmen. Es macht das Leben spürbarer und intensiver, wenn man sich darüber im Klaren ist, dass es einem jeden Tag entrissen werden kann.

Mir persönlich war das urplötzlich wie durch eine Ohrfeige bewusst geworden. Zwei Monate nachdem ich *Die Gesetze der menschlichen Natur* abgeschlossen hatte, erlitt ich einen Schlaganfall. Es war ein relativ schwerer Hirnschlag, bei dem ich großes Glück hatte, dass ich ihn überlebte und keinen dauerhaften Schaden davon nahm. Es dauerte nur wenige Minuten, dann war es vorbei. Ich lag im Koma, und als ich daraus aufwachte, war die ganze linke Seite meines Körpers so gut wie gelähmt. Langsam kehrte die Bewegungsfähigkeit zurück. Aber ich musste mich dieser Realität genau in dem Moment stellen, nachdem ich das Kapitel über den Umgang mit der allgemeinen Sterblichkeit geschrieben hatte. Und was ich in dem Buch darüber sage, trifft alles zu.

Jetzt schaue ich um mich herum alles an, was ich wahrnehme, ich betrachte alles, was ich habe – und die Erfahrung macht alles viel intensiver. Die Farben sind intensiver. Die Geräusche sind eindringlicher. Das Gefühl, mit anderen Menschen verbunden zu sein, ist stärker, weil ich mir jetzt nicht nur meiner eigenen Sterblichkeit, sondern auch der Sterblichkeit der Menschen um mich herum bewusst bin. Meine Partnerin – sie könnte morgen nicht mehr da sein. Meine Mutter und meine Schwester – sie könnten morgen nicht mehr da sein. Meine Freunde – sie alle könnten schon morgen nicht mehr da sein. Ich muss sie auf einer höheren Ebene wertschätzen. Ich muss mir klar machen, dass die Sterblichkeit jedem Einzelnen innewohnt. Und das Wissen, dass andere ebenfalls damit konfrontiert sind, ist eine Möglichkeit für mich, mich mit ihnen zu verbinden, ein Weg, meine Empathie auf einer sehr ursprünglich menschlichen Ebene zu vertiefen.

Die wesentliche Kraft, die Ihnen die Konfrontation mit der eigenen Sterblichkeit verleihen wird, nenne ich das Erhabene, das Sublime.

Denn diese Begriffe vermitteln zugleich auch eine Vorstellung davon, wie faszinierend die Welt doch ist, in der wir leben, und wie viel wir für selbstverständlich halten, weil wir meinen, wir würden ewig leben. In meinen Augen ist das eine unglaublich wichtige Vorstellung, und sie ist insofern auch sehr persönlich, als ich selbst dem Tod bereits so nahe war.

Ich vergleiche es mit dem Stehen an der Küste eines riesigen Ozeans. Die Angst vor dem finsteren Ozean veranlasst Sie, sich abzuwenden und zurückzugehen. Ich möchte Sie dazu bringen, in Ihr kleines Boot zu steigen, sich in die Weite des Ozeans zu wagen und ihn zu erkunden.

## 1. DEZEMBER

# *Das Unendliche und das Ehrfurchtgebietende*

Während die Erde gebückt ansehen die andern Geschöpfe, gab er [Prometheus] erhabnes Gesicht dem Menschen und ließ ihn den Himmel schauen und richten empor zu den Sternen gewendet das Antlitz.

OVID

Das kosmische Erhabene lässt sich folgendermaßen definieren: Es ist eine Begegnung mit einem beliebigen, physischen Objekt, welches einen Eindruck von dem Unendlichen in Raum oder Zeit verkörpert oder impliziert. Im Altertum verstanden unsere Vorfahren dieses tiefe menschliche Bedürfnis. In Kulturen auf der ganzen Welt schufen sie Rituale, häufig Initiationsriten, welche ein Bewusstsein für die großartigen Kräfte auslösten, die den Menschen transzendieren. Schamanen oder Älteste dienten häufig als Führer. In unserer Kultur finden wir nicht so leicht Führer oder anerkannte Mittel, um dem kosmisch Erhabenen zu begegnen. Eigentlich entdecken wir genau das Gegenteil: Die Medien, die unseren Geist beherrschen, binden uns an banale Dinge und die übertriebenen Dramen des Augenblicks. Wenn wir nach einer Erweiterung streben, die uns aus unserem geistigen Trott herausreißt, sind wir weitgehend auf uns gestellt. Glücklicherweise ist das jedoch gar nicht so schwierig, wie man meinen könnte: Wir sind von Verkörperungen des Unendlichen und Ehrfurchtgebietenden umgeben. Das Unendliche zeigt sich in vielen Formen: Stille, scheinbar endlose Horizonte, leere Räume und so weiter. Das Entscheidende ist unser Grad der Achtsamkeit für diese Orte: unsere Sehnsucht, unsere üblichen Grenzen zu erweitern und zu transzendieren, sowie unsere Bereitschaft, sämtliche Zerstreuungen loszulassen und uns für die Elemente zu öffnen. Wir suchen ein Erlebnis – und kein Gerede.

**Gesetz des Tages: Reißen Sie sich von den Dramen des Augenblicks los und streben Sie nach Erweiterung.**

*Law of the Sublime,* 1: Expand the Mind to Its Furthest Reaches – The Cosmic Sublime

## 2. DEZEMBER

### *Ein äußerst unwahrscheinliches Ereignis*

Das Modell, um das Erhabene zu spüren, entwickelt sich in unseren Gedanken über die Sterblichkeit, aber wir können auch unseren Geist schulen, diese Verbindung durch andere Gedanken und Handlungen zu erreichen. Wenn wir zum Beispiel in den Abendhimmel blicken, können wir versuchen, die Unendlichkeit des Universums und die Winzigkeit unseres Planeten zu erahnen, verloren in der ganzen Dunkelheit des Kosmos. Wir können dem Erhabenen begegnen, indem wir über den Ursprung des Lebens auf der Erde nachdenken, vor wie vielen Milliarden Jahren alles begann, vielleicht in einem bestimmten Augenblick, und wie unwahrscheinlich das alles war, wenn man bedenkt, wie viele Tausende von Faktoren zusammenkommen mussten, damit das Experiment des Lebens auf diesem Planeten überhaupt beginnen konnte. Eine solche Zeitspanne und der eigentliche Ursprung des Lebens überschreiten unsere Vorstellungskraft – und übrig bleibt ein Gefühl des Erhabenen.

Wir können den Gedanken auch weiterführen: Vor mehreren Millionen Jahren begann das menschliche Experiment, als wir Menschen anfingen, uns von den Primaten zu unterscheiden. Aber wegen unseres schwachen Körperbaus und unserer geringen Anzahl waren wir ständig von der Ausrottung bedroht. Wenn dieser sehr wahrscheinliche Fall eingetreten wäre – wie bei so vielen Spezies, unter anderem auch bei anderen Humanoiden –, hätte sich die Welt in eine völlig andere Richtung entwickelt. Tatsächlich waren die Begegnung unserer Eltern und unsere Geburt von einer Reihe zufälliger Zusammentreffen abhängig, die ähnlich unwahrscheinlich waren.

**Gesetz des Tages: Diese Gedanken veranlassen uns dazu, unsere gegenwärtige Existenz als Individuum, die wir für selbstverständlich nehmen, als ein sehr unwahrscheinliches Ereignis zu betrachten, wenn man bedenkt, wie viele zufällige Elemente zusammenkommen mussten.**

*Die Gesetze der menschlichen Natur*, Gesetz 18: Denken Sie über die Sterblichkeit nach – Das Gesetz der Todesverleugnung

## 3. DEZEMBER

### *Kehren Sie um und stellen Sie sich Ihrer Sterblichkeit*

Denn es ergeht uns sonderbar gerade mit den heiligsten Werten des Lebens. Wir vergessen sie, solange sie uns gehören, wir beachten sie in den sorglosen Stunden unseres Lebens so wenig als wir Sterne gewahr werden am lichten Tag. Immer muss es erst dunkel werden, damit wir erkennen, wie glorreich die ewigen Gestirne über unseren Häuptern stehen.

STEFAN ZWEIG

Die meisten von uns meiden ihr Leben lang den Gedanken an den Tod. Stattdessen sollten wir uns jedoch ständig bewusst machen, dass der Tod unvermeidlich ist. Indem wir uns die Kürze des Lebens vor Augen führen, werden wir von einer Zielorientierung und Dringlichkeit erfüllt, unsere Wünsche zu verwirklichen. Wenn wir uns schulen, uns dieser Realität zu stellen und sie zu akzeptieren, wird es leichter, die unvermeidlichen Rückschläge, Trennungen und Krisen im Leben zu meistern. Das gibt uns ein Gefühl für das richtige Verhältnis, dafür, was in unserer kurzen Existenz wirklich eine Rolle spielt. Die meisten Menschen streben ständig danach, sich von anderen abzusetzen und sich überlegen zu fühlen. Stattdessen müssen wir die Sterblichkeit in jedem sehen, wie sie uns alle gleichmacht und verbindet.

**Gesetz des Tages: Indem wir uns unsere Sterblichkeit wirklich bewusst machen, intensivieren wir unsere Erfahrung jedes einzelnen Aspekts in unserem Leben.**

*Die Gesetze der menschlichen Natur*, Gesetz 18: Denken Sie über die Sterblichkeit nach – Das Gesetz der Todesverleugnung

## 4. DEZEMBER

### *Das Universum ist in Ihnen*

Ich bin so froh, dass ich fast schon Angst habe. … Während ich auf nacktem Boden stehe – den Kopf von der heiteren Luft umweht, und in unendliche Räume erhöht –, löst sich jegliches gemeine Geltungsbedürfnis auf. Ich werde zu einem durchsichtigen Augapfel; ich bin nichts; ich sehe alle Ströme des universalen Wesens durch mich fließen; ich bin ein Teil oder Teilchen der Gottheit.

RALPH WALDO EMERSON

Die eine Form der Unendlichkeit, über die nachzudenken wohl auf höchst sublime Weise wunderbar ist, ist diejenige, die einem am nächsten ist: das eigene Gehirn. Führen Sie sich einmal Folgendes vor Augen: Es gibt ungefähr eine Trillion Synapsen (Verbindungen zwischen Nervenzellen) im Cortex des menschlichen Gehirns. Wie der Biologe Gerald Edelman einmal mutmaßte, würde es etwa 32 Millionen Jahre dauern, wenn man diese Synapsen mit der Geschwindigkeit von einer pro Sekunde zählen wollte. Und wenn man versuchen wollte, alle möglichen Pfade zu berechnen, welche diese Synapsen durch ihre Verknüpfung eröffnen, wäre die Zahl geradezu hyperastronomisch – in der Größenordnung von 20 gefolgt von einer Million Nullen, eine Summe, die größer ist als alle positiv geladenen Teilchen im Universum und größer als die ganze Materie, die es enthält. Der Neurowissenschaftler Christof Koch erklärte einmal, das menschliche Gehirn sei »das komplexeste Objekt im bekannten Universum«. Ebenso bemerkenswert sind die Hypergeschwindigkeiten, mit denen das menschliche Gehirn arbeitet. Der innere Raum des menschlichen Gehirns kommt dem äußeren Raum des Universums gleich: Es ist in seinen Ausmaßen fast grenzenlos. (Und diese ganze Geschwindigkeit und Leistungsfähigkeit stammt von einem Organ, das aus den Grundelementen besteht, die im Gestein zu finden sind.)

**Gesetz des Tages: Die Größe des Universums steckt wahrhaftig in uns selbst.**

*Law of the Sublime*, 1: Expand the Mind to Its Furthest Reaches – The Cosmic Sublime

## 5. DEZEMBER

### *Versenken Sie Ihren Geist in den Augenblick*

Bevor ich esse oder etwas anderes mache, meditiere ich jeden Morgen 40 Minuten lang. Das sind sehr intensive 40 Minuten, weil ich in der Zeit meinen Geist leere. Seit fast zehn Jahren mache ich das inzwischen gewissenhaft jeden Morgen, und ich wünschte, ich hätte schon früher damit angefangen. Sie mögen denken: »Nur 40 Minuten«, aber es ist eindringlich und extrem schwierig. Versuchen Sie einmal, den Geist für diese Zeitspanne ruhig zu stellen, und Sie werden merken, wie unglaublich schwierig das ist. Aber die Fähigkeit, sich zu konzentrieren und den Geist zur Ruhe zu bringen, ist enorm machtvoll. Der denkende, redende Geist bringt Menschen nur durcheinander. Das können Sie bei einem Golfspieler beobachten, der sich auf einen Putt über gut sieben Meter am 18. Loch vorbereitet oder bei einem Batter im Baseball mit zwei Fehlversuchen, der im letzten Inning noch die Chance hat, das Spiel zu drehen, oder bei einem Fußballspieler vor einem Freistoß in aussichtsreicher Position – sie denken, und dieses Denken stört den physischen Vorgang.

Selbst wenn das Muskelgedächtnis gut trainiert ist, wird das Denken Sie jedes Mal durcheinander bringen. Aus diesem Grund praktizierten Samurai-Krieger so eifrig Zen-Buddhismus und Zazen-Meditation. Sie meinen vielleicht, der Golfspieler, der Batter oder der Fußballer ständen unter Druck, doch in einem Schwertkampf geht es um Leben oder Tod. Wenn es dem Samurai nicht gelingt, den denkenden Geist zur Ruhe zu bringen, wird er sterben. Zen-Buddhismus war ein Mittel, um den mentalen Aspekt zu verändern. Er verlieh ihnen die Kontrolle. Er ließ sie eins werden mit dem Augenblick.

**Gesetz des Tages: Das ist der mächtigste Punkt, den man im Sport oder bei jedem anderen Unterfangen erreichen kann: Wenn Sie nicht mehr nachdenken, dann sind Sie eins mit dem Augenblick. Üben Sie täglich, sich intensiv auf den jetzigen Augenblick zu konzentrieren.**

»Robert Greene: Mastery and Research«, *Finding Mastery: Conversations with Michael Gervais*, 25. Januar 2017

## 6. DEZEMBER

### *Lebendige Zeit oder tote Zeit?*

Vivre sans temps mort. (Leben ohne verschwendete Zeit.)

POLITISCHE PAROLE IN PARIS, MAI 1968

Die Zeit, die Sie am Leben sind, ist der einzige echte Besitz, den Sie haben. Alles andere kann Ihnen weggenommen werden: die Familie, das Haus, die Autos, der Arbeitsplatz. Ihre Lebenszeit ist das einzige, das Sie wirklich besitzen, und Sie können sie verschenken. Sie können Sie hergeben, indem Sie für andere Menschen arbeiten – dann gehört denen Ihre Zeit und Sie fühlen sich womöglich miserabel. Sie können sie verschenken, indem Sie nach äußeren Vergnügungen und Zerstreuungen streben – indem Sie die Zeit, die Sie haben, als Sklave verschiedener Leidenschaften und verschiedener Obsessionen verbringen. Oder Sie können die Zeit, die Sie leben, zu Ihrer eigenen machen.

Sie können tatsächlich die Zeit zu Ihrem Eigentum machen, sodass jeder einzelne Augenblick zählt. Und wenn Sie das tun, heißt das, dass die Zeit Ihnen gehört. Sie ist in Ihnen lebendig. Sie ist grün. Sie wächst. Sie besitzen sie und Sie lassen sie geschehen. Eine andere Sichtweise – so wie ich es schon immer gesehen habe – ist, sich Dinge aneignen. Alles, was Sie im Leben tun, ist ein Prozess des Aneignens: Ihrer Zeit, Ihrer Ideen, Ihrer Psyche und so weiter und so fort.

**Gesetz des Tages: Verschwenden Sie keine Minute. Machen Sie den heutigen Tag zu Ihrem eigenen – ob Sie nun im Stau stecken, krank im Bett liegen oder Überstunden machen.**

Daily Stoic, »Robert Greene on the Idea of Alive Time vs. Dead Time«, *YouTube*, 10. Mai 2020

## 7. DEZEMBER

# *Die Kugel im Bauch*

Die Realität des Todes ist über uns gekommen, und ein Bewusstsein der Macht Gottes hat unsere Selbstgefälligkeit gebrochen, wie eine Kugel im Bauch. Ein Gefühl des Dramatischen, des Tragischen, des Unendlichen ist über uns hereingebrochen und erfüllt uns mit Trauer, aber über die Trauer hinaus mit Staunen.

FLANNERY O'CONNOR

Nach dem Ausbruch des systemischen Lupus im Alter von 25 Jahren blickte die Schrifstellerin Flannery O'Connor in den auf sie gerichteten Gewehrlauf und weigerte sich wegzusehen, und das 13 Jahre lang. Sie nutzte ihre Nähe zum Tod als Aufruf, sich selbst zum Handeln anzutreiben, eine Dringlichkeit zu spüren, ihren religiösen Glauben zu vertiefen und ihr Staunen über all die Geheimnisse und Ungewissheiten des Lebens zu wecken. Ihre eigene Nähe zum Tod lehrte sie, was wirklich wichtig war, und half ihr, sich von kleinlichen Streitigkeiten und Sorgen, die andere plagten, frei zu machen. Sie benutzte dieses Wissen, um sich in der Gegenwart zu verankern, jeden Augenblick und jede einzelne Begegnung wertzuschätzen. Wir neigen dazu, Geschichten wie die von Flannery O'Connor mit einem gewissen Abstand zu lesen. Wir können nicht anders, als Erleichterung zu empfinden angesichts der Tatsache, dass wir in einer wesentlich bequemeren Position sind. Aber das ist ein großer Fehler. Weil ihre Sterblichkeit so präsent und greifbar war, war sie uns gegenüber sogar im Vorteil, denn sie war gezwungen, sich dem Tod zu stellen und ihr Bewusstsein darüber zu nutzen. Wir hingegen können um den Gedanken herumtänzeln und uns vorstellen, dass wir noch unglaublich viel Zeit vor uns hätten und uns durchs Leben lavieren könnten. Doch wenn uns die Realität einholt und wir möglicherweise unsere eigene Kugel in den Bauch bekommen – eine unerwartete berufliche Krise, eine schmerzliche Trennung, der Tod eines Angehörigen oder sogar eine lebensbedrohliche Krankheit –, sind wir normalerweise nicht darauf vorbereitet und entsprechend überfordert.

**Gesetz des Tages: Flannery O'Connors Schicksal ist unser Schicksal – wir alle sind im Sterben begriffen, wir alle werden mit denselben Unwägbarkeiten konfrontiert.**

*Die Gesetze der menschlichen Natur,* Gesetz 18: Denken Sie über die Sterblichkeit nach – Das Gesetz der Todesverleugnung

## 8. DEZEMBER

### *Verbinden Sie sich mit etwas Größerem als Sie selbst*

Im Jahr 1905 kehrte die 23-jährige Virginia Woolf zum ersten Mal seit ihrer Kindheit zu dem Ferienhaus an der Küste im englischen Cornwall zurück, wo ihre Familie viele idyllische Sommer verbracht hatte. Ihre Mutter war gestorben, als sie noch jung war, und kürzlich waren auch ihr Vater und ihre engste Stiefschwester gestorben. Virginia war in eine tiefe Depression gefallen. In dem Moment, als sie sich dem Haus näherte, sah sie, dass die Geister ihrer Kindheit – alle, die gestorben oder in die Ferne weggezogen waren – den Ort bewohnten. Das verlassene Haus mit seiner schäbigen Einrichtung erzählte ihr von dem unaufhaltsamen Verrinnen der Zeit. Draußen rief das rhythmische Geräusch der Wellen – ein Geräusch, das seit Jahrmillionen in der Vergangenheit gleich geblieben war und noch ebenso lang in der Zukunft ertönen würde – ein überwältigendes Gespür für das Unendliche hervor. In der Verbindung mit etwas Größerem als sie selbst durchlebte sie von Neuem die Empfindungen und Intensität ihrer Kindheit. Die Begegnung mit dem kosmischen Erhabenen rückte ihre eigenen Probleme und die Depression in das richtige Licht. Im Lauf der nächsten 30 Jahre kehrte sie immer wieder an den Ort zurück, um den Heilungsprozess zu unterstützen. Diese Erfahrungen verewigte sie später in ihrem halbautobiografischen Roman *Zum Leuchtturm*.

**Gesetz des Tages: Sie können etwas Ähnliches versuchen, wenn Sie älter werden, indem Sie an Orte Ihrer Jugend oder Kindheit zurückkehren, den Lauf der Zeit um sich herum spüren und sich mit diesen ewigen Zyklen der Natur verbinden, deren Teil Sie sind.**

*Law of the Sublime*, 1: Expand the Mind to Its Furthest Reaches – The Cosmic Sublime

## 9. DEZEMBER

# *Begegnungen mit dem Unmenschlichen und Unendlichen*

Würden die Pforten der Wahrnehmung gereinigt, erschiene den Menschen alles, wie es ist: unendlich.

WILLIAM BLAKE

Die meisten Menschen verlassen selten die Blase, in der sie leben: Wir sind umgeben von Wörtern, Symbolen, materiellen Strukturen und einer gezähmten Natur. So gut wie alles, was wir von der Natur sehen, trägt unseren Stempel. Einfach diese Blase zu verlassen und in die Wildnis zu fahren, genügt nicht. Tendenziell werden Sie Ihre Technologie und die manischen Gedanken mit sich tragen, die Sie überallhin verfolgen. Ihr Gehirn hat sich allzu sehr an seine eigenen Muster gewöhnt. Um wirklich zum kosmischen Sublimen zu gelangen, wo immer Sie auch hinreisen, müssen Sie folgenden Prozess durchlaufen:

Erstens müssen Sie Orte aufsuchen, wo der menschliche Einfluss gleich null oder kaum wahrnehmbar ist. Zum Glück brauchen Sie für dieses Abenteuer gar nicht weit zu reisen – solche Orte gibt es rings um Sie herum, und sie sind leicht erreichbar. In diese Landschaften müssen Sie so tief wie möglich eindringen. Zweitens müssen Sie so viel Technologie wie möglich zurücklassen. In diesem ungewohnt entblößten Zustand müssen Sie sämtliche körperlichen Herausforderungen und sogar die beherrschbaren Gefahren annehmen. Drittens versuchen Sie, ohne Ihre üblichen Ablenkungen, alle bisherigen Muster des Denkens und der Wahrnehmung abzulegen – reisen Sie in der Zeit zurück und spüren Sie die Ursprünglichkeit dieser Orte. Sie waren bereits Wahrzeichen der Erde, lange bevor wir Menschen den Schauplatz beherrschten. Lassen Sie die Elemente dieser Landschaften so tief wie möglich in Ihren Geist eindringen und spüren Sie, wie Sie mit ihnen verschmelzen. Wenn Sie in Ihre vertraute Umgebung zurückkehren, achten Sie auf alle Veränderungen in Ihnen und darauf, wie anders Ihnen die Dinge vorkommen.

**Gesetz des Tages: Brechen Sie noch heute aus der menschlichen Blase aus.**

*Law of the Sublime*, 1: Expand the Mind to Its Furthest Reaches – The Cosmic Sublime

## ≈ 10. DEZEMBER ≈

# *Sehen Sie das Ganze*

Wir neigen dazu, Dinge isoliert voneinander zu sehen. Wir sehen uns und andere als Einzelpersonen, ohne zu erkennen, inwiefern unsere Existenz selbst, unser Bewusstsein, unsere Gehirne und unsere Physiologie von der ganzen Vergangenheit vor uns abhängen, und somit in der Zeit weit zurückreichen. Wenn wir Tiere betrachten, stellen wir uns eine unüberbrückbare Kluft zwischen uns und ihnen vor. Die Fäden, die alle Lebensformen miteinander verbinden, sind für uns einfach nicht sichtbar und folglich auch nicht Teil unseres täglichen Bewusstseins.

Sie müssen sich schulen, anders zu denken und zu fühlen, indem Sie stets danach trachten, die verborgenen Fäden zu entdecken. Stellen Sie sich vor, dass es ein Ganzes gibt, von dem jedes einzelne Ereignis und Phänomen ein Teil ist – jenes Ganze, das Ihre Psyche und all Ihre unbewussten Motivationen umfasst, bis zurück in Ihre Kindheit; das Ganze, das Sie und all die unzähligen Einflüsse in Ihrem Leben sind, einschließlich Eltern, Freunde, Gesellschaft und kultureller Zeitgeist; das Ganze, das Sie und alle vergangenen Generationen der Menschen sind, die die Welt, in der Sie jetzt leben, gestaltet haben; und schließlich das Ganze, das Sie und sämtliche Lebensformen sind, die zur Evolution der Menschen geführt haben und die in Ihnen leben.

**Gesetz des Tages: Wenn Sie die Welt betrachten, hören Sie auf, sich auf all die einzelnen Formen zu konzentrieren, die Sie sehen, und betrachten Sie alles als eins – als ein wimmelndes, pulsierendes Netz, das sich seit der Zeit vor vier Milliarden Jahren bis in die Gegenwart erstreckt, mit Ihnen als winzigem, aber unverzichtbarem Punkt auf einem einzigen Faden.**

*Law of the Sublime*, 2: Awaken to the Strangeness of Being Alive – The Biological Sublime

## 11. DEZEMBER

### *Der Maßstab eines Kindes*

Wenn wir uns selbst gegenüber ehrlich wären, müssten viele von uns den Eindruck einer gewissen Flachheit in unserer Erfahrung einräumen: So vieles erscheint uns als das Gleiche, und kaum etwas überrascht uns jemals. Es fehlt etwas in unserem Leben, aber es ist schwer zu sagen, was es ist. In unserer Ruhelosigkeit reisen wir, lassen uns auf eine Liebesaffäre ein, suchen eine neue Stelle – alles, um uns aufzurütteln. Doch wenn der Reiz des Neuen nachlässt, stellt sich wieder die Flachheit ein.

Statt nach möglichen Ursachen dieses Problems zu suchen, lassen Sie uns versuchen, es aus einem anderen, globaleren Blickwinkel zu betrachten. Womöglich liegt das an unserem gesamten Maßstab, den wir als Erwachsene entwickeln. Und um zu verstehen, welche Rolle das für unsere emotionale Verfassung spielt, müssen wir auf unsere eigene Kindheit zurückblicken, als wir noch eine ganz andere Sichtweise hatten. Die fundamentale Realität der Kindheit war unsere geringe Größe und Schwachheit im Vergleich zu allem um uns herum. Wir waren von Objekten und Kräften umgeben, die uns in Größe und Macht haushoch überragten: Bäume, Gebäude, Hügel und Berge, der Ozean, Stürme, das Gesellschaftsleben der Erwachsenen. Dieses Gefühl der Kleinheit löste eine intensive Neugier bezüglich dieser Welt aus. Indem wir uns bemühten, die Welt um uns zu verstehen, konnten wir sie gewissermaßen auf unsere Größe holen und weniger beängstigend machen. Und weil wir in einer so gewaltigen Welt so klein waren, erschien uns alles, das wir sahen, als neuartig, wunderbar und voller Geheimnisse.

**Gesetz des Tages: Versuchen Sie, der Welt heute mit dem gleichen Maßstab zu begegnen, den Sie als Kind hatten.**

*Law of the Sublime*, 1: Expand the Mind to Its Furthest Reaches – The Cosmic Sublime

## 12. DEZEMBER

### *Leben und Tod*

Man fürchtet das Alter, ohne dass man weiß,
ob man alt werden wird.

JEAN DE LA BRUYÉRE

Den Gegensatz zwischen Leben und Tod können wir so beschreiben: Tod ist die absolute Stille, ohne Bewegung oder Veränderung, von dem Verfall abgesehen. Im Tod sind wir von anderen getrennt und völlig allein. Das Leben hingegen ist Bewegung, die Verbindung zu anderen Lebewesen und die Vielfalt der Lebensformen. Indem wir den Gedanken an den Tod verdrängen und unterdrücken, nähren wir unsere Ängste und werden in unserem Inneren todesähnlicher – von anderen Menschen getrennt, mit gewohnheitsmäßigen und sich ständig wiederholenden Gedanken, mit wenig Bewegung und Veränderung insgesamt. Auf der anderen Seite haben die Vertrautheit und Nähe zum Tod, sowie die Fähigkeit, sich dem Gedanken daran zu stellen, den paradoxen Effekt, dass wir uns lebendiger fühlen.

**Gesetz des Tages: Indem wir uns mit der Realität des Todes verbinden, verbinden wir uns stärker mit der Realität und dem Reichtum des Lebens. Indem wir den Tod vom Leben trennen und unser Bewusstsein der eigenen Sterblichkeit unterdrücken, tun wir das genaue Gegenteil.**

*Die Gesetze der menschlichen Natur*, Gesetz 18: Denken Sie über die Sterblichkeit nach – Das Gesetz der Todesverleugnung

## 13. DEZEMBER

# *Wie Sie die Welt betrachten sollten*

Sehen Sie sich selbst als Entdecker. Sie sind mit der Gabe des Bewusstseins ausgestattet und stehen vor einem großen und unbekannten Universum, das wir Menschen eben erst angefangen haben zu erkunden. Die meisten Menschen ziehen es vor, sich an bestimmte Ideen und Prinzipien zu klammern, die sie oft schon früh im Leben angenommen haben. Sie haben insgeheim Angst vor allem, was unbekannt und ungewiss ist. Sie ersetzen Neugier durch Überzeugung. Im Alter von 30 Jahren tun sie so, als wüssten sie schon alles, was sie wissen müssen.

Als Entdecker lassen Sie diese vermeintliche Gewissheit hinter sich. Sie sind auf der ständigen Suche nach neuen Ideen und Denkweisen. Für Sie gibt es keine Grenzen, die Ihr Geist nicht überwinden kann, und Sie setzen sich mit plötzlich auftretenden unstimmigen oder neu aufkeimenden Ideen auseinander, die dem widersprechen, was Sie noch einige Monate zuvor geglaubt haben. Ideen sind nichts als Spielzeug. Wenn Sie sich zu lange an sie klammern, werden sie zu etwas Totem. Sie selbst kehren zu ihrer kindlichen Neugier und ihrem Entdeckergeist zurück, bevor Sie ein Ego hatten und Rechthaben wichtiger war, als sich mit der Welt zu verbinden. Sie erkunden alle Formen des Wissens, von allen Kulturen und allen historischen Epochen. Sie suchen die Herausforderung.

Dazu gehört jedoch, dass Sie offen sind, die Erkenntnisse zu erforschen, die aus Ihrem eigenen Unbewussten kommen, wie sie sich in Ihren Träumen, Augenblicken der Müdigkeit und den unterdrückten Wünschen, die sich in bestimmten Augenblicken Bahn brechen, offenbaren. In Ihrem Unbewussten ist nichts, wovor Sie Angst haben oder was Sie unterdrücken müssten. Das Unbewusste ist einfach ein weiteres Gebiet, das es zu erkunden gilt.

**Gesetz des Tages: Indem Sie Ihren Geist auf diese Weise öffnen, entfalten Sie ungenutzte kreative Kräfte und verschaffen sich selbst große mentale Freude.**

*Die Gesetze der menschlichen Natur*, Gesetz 8: Verändern Sie Ihre Umstände, indem Sie Ihre Einstellung verändern – Das Gesetz der Selbstsabotage

## 14. DEZEMBER

# *Befreien Sie sich von Gewohntem und Banalem*

Das Schöne der Natur betrifft die Form des Gegenstandes, die in der Begrenzung besteht; das Erhabene ist dagegen auch an einem formlosen Gegenstande zu finden, sofern *Unbegrenztheit* an ihm, oder durch dessen Veranlassung, vorgestellt und doch Totalität derselben hinzugedacht wird ... indem dieses (das Schöne) directe ein Gefühl der Beförderung des Lebens bei sich führt, und daher mit Reizen und einer spielenden Einbildungskraft vereinbar ist; jenes aber (das Gefühl des Erhabenen) eine Lust ist, welche nur indirecte entspringt, nämlich so dass sie durch das Gefühl einer augenblicklichen Hemmung der Lebenskräfte und darauf sogleich folgenden desto stärkern Ergießung derselben erzeugt wird, mithin als Rührung kein Spiel, sondern Ernst in der Beschäftigung der Einbildungskraft zu sein scheint.

IMMANUEL KANT

Wir können das Erhabene oder Sublime erfahren, indem wir über andere Lebensformen nachdenken. Wir haben unsere eigene Überzeugung davon, was real ist, abhängig von unserem Nervensystem und unserer Sinneswahrnehmung, aber die Realität von Fledermäusen, die mittels Echolot ihre Umgebung wahrnehmen, ist eine völlig andere. Sie nehmen Dinge wahr, die jenseits unseres Wahrnehmungsbereichs liegen. Welche anderen Elemente können wir nicht wahrnehmen, welche anderen Realitäten sind für uns unsichtbar? (Die neuesten Entdeckungen in den meisten Wissenschaftszweigen lösen diesen Aha-Effekt aus, und die Lektüre von Artikeln in jeder beliebigen populärwissenschaftlichen Zeitschrift wird sicher zu erhabenen Gedanken führen.)

Wir können uns auch an Orte auf diesem Planeten begeben, an dem unsere normalen Bezugspunkte nicht vorhanden sind – eine extrem andere Kultur oder bestimmte Landschaften, an denen das menschliche Element besonders nichtig erscheint, wie das Meer, eine Schneelandschaft oder ein Gebirgsmassiv. Wenn wir physisch mit Dingen konfrontiert werden, die uns klein erscheinen lassen, sind wir gezwungen, unsere normale Wahrnehmung umzukehren, bei der wir im Mittelpunkt stehen und das Maß aller Dinge sind.

**Gesetz des Tages: Im Angesicht des Erhabenen spüren wir einen Schauer, einen Vorgeschmack des Todes, etwas, das so groß ist, dass wir es mit unserem Geist nicht erfassen können. Und für einen Augenblick reißt uns das aus unserer Selbstgefälligkeit und befreit uns von der todesähnlichen Umklammerung der Gewohnheit und Banalität.**

*Die Gesetze der menschlichen Natur*, Gesetz 18: Denken Sie über die Sterblichkeit nach – Das Gesetz der Todesverleugnung

## 15. DEZEMBER

### *Erzeugen Sie ein physisches Todesbewusstsein*

Tu stets das, was du zu tun fürchtest.

RALPH WALDO EMERSON

Für die japanischen Samurai lagen das Zentrum unserer empfindlicheren Nerven und unsere Verbindung zum Leben im Bauch, den Eingeweiden; das war zugleich der Mittelpunkt unserer Verbindung zum Tod. Sie meditierten so eindringlich wie möglich über diese Empfindung, um ein körperliches Todesbewusstsein zu erzeugen. Über die Eingeweide hinaus können wir etwas Ähnliches auch in unseren Knochen spüren, wenn wir müde sind. Wir können die Körperlichkeit des Todes in jenen Augenblicken spüren, in denen wir einschlafen – einige Sekunden lang spüren wir, wie wir von einer Bewusstseinsstufe in die andere gleiten, und dieses Hinübergleiten bringt eine todesähnliche Empfindung mit sich. Es gibt nichts, wovor man Angst haben müsste. Indem wir uns in diese Richtung bewegen, machen wir vielmehr einen großen Fortschritt zur Verringerung unserer chronischen Unruhe.

**Gesetz des Tages: Wir können dabei auch unsere Vorstellungskraft einsetzen, indem wir uns den Tag unseres Todes vorstellen: wo wir sein werden, wie er eintreten wird. Wir müssen dies so lebhaft wie möglich tun, denn es könnte morgen sein.**

*Die Gesetze der menschlichen Natur*, Gesetz 18: Denken Sie über die Sterblichkeit nach – Das Gesetz der Todesverleugnung

## 16. DEZEMBER

# *Die Nahtoderfahrung*

All dein Tun und Denken sei so beschaffen, als solltest du möglicherweise im Augenblick aus diesem Leben scheiden.

MARK AUREL

Es gibt etliche Bücher von Menschen, die Nahtoderlebnisse hatten. Sie sind sehr faszinierend. Zumeist stellt sich folgender Effekt ein: Normalerweise gehen wir in einem sehr abgelenkten, traumartigen Zustand durchs Leben, bei dem unser Blick nach innen gerichtet ist. Ein Großteil unserer mentalen Aktivität dreht sich um Fantasien und Abneigungen, ist also völlig nach innen gerichtet und hat kaum Bezug zur Realität. Die Berührung mit dem Tod weckt uns schlagartig auf, weil unser gesamter Körper auf die Bedrohung reagiert. Wir spüren den Adrenalinschub, die stärkere Durchblutung des Gehirns und die Aktivierung des Nervensystems. Dadurch konzentriert sich der Geist wesentlich stärker, und wir bemerken neue Details, sehen die Gesichter der Menschen in einem neuen Licht, und spüren das Gefühl der Unbeständigkeit in allem, was uns umgibt, wodurch sich unsere emotionalen Reaktionen vertiefen. Dieser Effekt kann Jahre, selbst Jahrzehnte anhalten.

**Gesetz des Tages: Wir können diese Erfahrung nicht reproduzieren, ohne unser Leben zu riskieren, aber wir können einen Teil dieses Effekts durch kleinere Dosen erlangen. Wir müssen damit beginnen, dass wir über unseren Tod nachdenken und danach streben, ihn in etwas Realeres und Konkreteres zu verwandeln.**

*Die Gesetze der menschlichen Natur,* Gesetz 18: Denken Sie über die Sterblichkeit nach – Das Gesetz der Todesverleugnung

## 17. DEZEMBER

# *Lassen Sie die Unbeständigkeit aller Dinge auf sich wirken*

Wenn der Mensch nie verklänge wie der Tau von Adashino, sich nie in Luft auflöste wie der Rauch über Toribeyama, sondern für immer in der Welt verweilte: wie würden die Dinge ihren Zauber verlieren, uns zu rühren! Das Kostbarste im Leben ist die Ungewissheit.

YOSHIDA KENKŌ

Versuchen Sie, die Welt zu betrachten, als würden Sie sie zum letzten Mal sehen – die Menschen um sich, die alltäglichen Geräusche und Eindrücke, den Lärm des Verkehrs und den Gesang der Vögel, den Blick aus dem Fenster. Stellen wir uns diese Dinge vor, wie sie auch ohne unsere Anwesenheit existieren werden, und spüren wir anschließend, wie wir selbst wieder zum Leben erwachen – dieselben Details erscheinen jetzt in einem anderen Licht, wir betrachten sie nicht länger als selbstverständlich oder nehmen sie nur halb wahr. Lassen wir die Unbeständigkeit aller Lebensformen auf uns einwirken. Die Stabilität und Festigkeit der Dinge, die wir sehen, sind reine Einbildung.

Wir dürfen keine Angst vor den Gefühlen der Traurigkeit haben, die aus dieser Wahrnehmung resultieren. Die Spannung der Emotionen, die sich normalerweise so fest um unsere Bedürfnisse und Belange legen, löst sich jetzt und öffnet sich dem Leben und der Schmerzlichkeit des Lebens selbst, und wir sollten dies begrüßen.

**Gesetz des Tages: Tun Sie heute so, als würden Sie die Dinge der Welt zum letzten Mal sehen.**

*Die Gesetze der menschlichen Natur*, Gesetz 18: Denken Sie über die Sterblichkeit nach – Das Gesetz der Todesverleugnung

## 18. DEZEMBER

# *Spüren Sie eine Dringlichkeit und Verzweiflung*

Das Leben ist ein Geschenk, das Leben ist ein Glück, jede Minute kann zur Ewigkeit des Glückes werden. Wenn die Jugend das doch nur wissen könnte! Nun gestaltet sich mein Leben neu, es wurde neu geboren in neuer Form. Bruder, ich schwöre Dir, dass ich die Hoffnung nicht aufgeben werde, dass mein Herz und meine Sinne rein bleiben werden. Ich werde zum Besseren wiedergeboren.

FJODOR DOSTOJEWSKI

Wenn wir uns unbewusst von der Erkenntnis des Todes lösen, schaffen wir eine besondere Beziehung zu der Zeit – eine eher lose und ausgedehnte. Wir stellen uns vor, dass wir immer mehr Zeit haben, als es tatsächlich der Fall ist. Unser Geist denkt an die Zukunft, in der all unsere Hoffnungen und Wünsche erfüllt werden. Wenn wir einen Plan oder ein Ziel haben, fällt es uns schwer, ausreichend Energie dafür aufzubringen. Wir werden uns morgen darum kümmern, reden wir uns ein. Womöglich sind wir in der Gegenwart dazu geneigt, an einem anderen Ziel oder Plan zu arbeiten – sie alle scheinen so einladend und anders zu sein, wie könnten wir uns da mit Haut und Haar dem einen oder anderen verschreiben? Wir erleben eine unspezifische Angst, wenn wir die Notwendigkeit spüren, die Dinge zu erledigen, aber wir schieben alles auf die lange Bank und teilen unsere Kräfte auf.

Wenn uns dann eine Abgabefrist für ein bestimmtes Projekt gesetzt wird, wird diese traumähnliche Beziehung zur Zeit zerstört, und aus irgendeinem mysteriösen Grund finden wir die Konzentration, das Gleiche in Tagen zu erledigen, was sonst Wochen oder Monate gedauert hätte. Die Veränderung, die uns durch die Abgabefrist auferlegt wird, hat eine physische Komponente: Unser Adrenalin fließt, verleiht uns Energie, konzentriert den Geist und macht ihn kreativer. Es ist belebend, die vollständige Hingabe von Körper und Geist auf einen einzelnen Zweck zu spüren, etwas, das wir in der heutigen Welt mit unserem ständig abgelenkten Geist selten erleben.

**Gesetz des Tages: Wir müssen unsere Sterblichkeit als eine Art beständige Abgabefrist betrachten, die all unseren Handlungen im Leben eine ähnliche Wirkung verleiht, wie oben beschrieben.**

*Die Gesetze der menschlichen Natur,* Gesetz 18: Denken Sie über die Sterblichkeit nach – Das Gesetz der Todesverleugnung

## 19. DEZEMBER

# *Fühlen Sie sich wiedergeboren*

Das Leben unsers Leibes [ist] nur ein fortdauernd gehemmtes Sterben.

ARTHUR SCHOPENHAUER

Im Dezember 1849 wurde der 27-jährige Schriftsteller Fjodor Dostojewski ins Gefängnis geworfen, weil ihm eine Beteiligung an einer Verschwörung gegen den russischen Zaren nachgesagt wurde. Er und die anderen Häftlinge wurden ohne Vorankündigung zu einem Platz in Sankt Petersburg gebracht, wo sie für ihre Verbrechen hingerichtet werden sollten. Dieses Todesurteil kam völlig unerwartet. Dostojewski blieben nur wenige Minuten, um sich auf sein Schicksal vorzubereiten, bevor er sich dem Erschießungskommando stellen musste. In diesen wenigen Minuten spürte er nie dagewesene Emotionen, die über ihn hereinbrachen. Er bemerkte die Sonnenstrahlen, die auf die Kuppel der Kathedrale fielen, und er erkannte, dass das ganze Leben so flüchtig war wie diese Strahlen. Alles kam ihm viel lebendiger vor. Er bemerkte den Ausdruck auf den Gesichtern der anderen Häftlinge, und er konnte den Schrecken hinter ihrer stoischen Miene erkennen. Es war, als ob ihre Gedanken und Gefühle transparent geworden wären.

Im letzten Moment kam ein Vertreter des Zaren angeritten, der ankündigte, dass ihr Todesurteil in mehrere Jahre Straflager in Sibirien umgewandelt worden war. Überwältigt von seiner psychischen Konfrontation mit dem Tod, fühlte sich Dostojewski wie neu geboren. Diese Erfahrung blieb ihm für den Rest des Lebens erhalten, verlieh ihm neue Tiefen der Empathie und verstärkte seine Beobachtungsgabe. Das haben auch andere Menschen erlebt, die auf eine tiefe und sehr persönliche Weise dem Tod ausgesetzt worden sind.

**Gesetz des Tages: Stellen Sie sich vor, Sie wären von der Todesstrafe verschont worden. Von jetzt an ist jeder einzelne Tag ein Tag, von dem Sie nicht geglaubt hätten, dass Sie ihn noch erleben würden. Leben Sie danach.**

*Die Gesetze der menschlichen Natur,* Gesetz 18: Denken Sie über die Sterblichkeit nach – Das Gesetz der Todesverleugnung

## 20. DEZEMBER

# *Was wirklich zählt*

Ihr fürchtet alles, als wärt ihr nur sterblich; ihr begehrt alles,
als wäret ihr auch unsterblich.

SENECA

Wir haben noch Ziele zu erreichen, Projekte zu erledigen, Beziehungen zu verbessern. Das könnte angesichts der Unsicherheiten des Lebens unser letztes Projekt sein, unsere letzte Schlacht auf Erden, und wir müssen uns voll und ganz dem widmen, was wir tun. Mit diesem ständigen Bewusstsein können wir erkennen, was wirklich zählt und dass kleine Streitereien und Nebenbeschäftigungen irritierende Ablenkungen sind. Wir wollen das Gefühl der Erfüllung, das sich einstellt, wenn wir Dinge erledigen. Wir wollen unser Ego in jenem Flow-Zustand verlieren, in dem unser Geist eins ist mit dem, woran wir arbeiten. Wenn wir uns dann wieder von unserer Arbeit abwenden, haben die Vergnügen und Ablenkungen, denen wir nachgehen, umso mehr Bedeutung und Intensität, weil wir ihre Vergänglichkeit kennen.

**Gesetz des Tages: Lassen Sie sich in Ihren täglichen Handlungen von dem Wissen um die Kürze des Lebens leiten.**

*Die Gesetze der menschlichen Natur,* Gesetz 18: Denken Sie über die Sterblichkeit nach – Das Gesetz der Todesverleugnung

## 21. DEZEMBER

# *Lassen Sie das Bewusstsein des Todes die Streitereien schlichten*

Ein weiteres Pestjahr würde alle diese Unterschiede beseitigen, ein vertrautes Gespräch mit dem Tod, oder mit Krankheiten, die zum Tode führten, würde uns die Schärfe nehmen, unsere Streitigkeiten schlichten und uns dazu bringen, einander mit anderen Augen zu sehen.

DANIEL DEFOE

Im Jahr 1665 suchte die Pest London heim und tötete rund 100.000 Einwohner. Der Schriftsteller Daniel Defoe war damals erst fünf Jahre alt, aber er erlebte die Pest aus erster Hand und sollte die Eindrücke nie wieder vergessen. Knapp 60 Jahre später beschloss er, die Ereignisse in London in jenem Jahr mit den Augen eines älteren Erzählers zu beschreiben, indem er seine eigenen Erinnerungen verwendete, viel recherchierte und das Tagebuch seines Onkels benutzte. Aus diesem Material entstand das Buch *Die Pest zu London*. Während die Pest wütete, bemerkte der Erzähler des Buches ein ungewöhnliches Phänomen: Die Menschen neigten dazu, viel mehr Empathie für ihre Mitmenschen zu empfinden. Ihre üblichen Differenzen, vor allem zu religiösen Themen, waren wie weggeblasen.

Mit unserer Lebensphilosophie durch den Tod wollen wir den reinigenden Effekt erzeugen, den die Pest auf unser Stammesdenken und unsere übliche Selbstversunkenheit hat. Wir wollen auf einer kleineren Ebene damit beginnen, indem wir zuerst die Menschen in unserem Umfeld betrachten, ihren Tod sehen und uns vorstellen und erkennen, wie dies unsere Wahrnehmung von ihnen plötzlich verändern kann.

**Gesetz des Tages: Führen Sie sich die Anfälligkeit anderer Menschen für Schmerz und Tod vor Augen, nicht nur Ihre eigene.**

*Die Gesetze der menschlichen Natur*, Gesetz 18: Denken Sie über die Sterblichkeit nach – Das Gesetz der Todesverleugnung

## 22. DEZEMBER

### *Die ultimative Dummheit*

Es gibt für den Menschen nur drei Ereignisse: Geburt, Leben und Tod. Er merkt nicht, wenn er geboren wird. Er leidet, wenn er stirbt. Und er vergisst zu leben.

JEAN DE LA BRUYÈRE

Ich werde häufig gefragt, was ich von der aktuellen Besessenheit Silicon Valleys halte, den Tod entweder bis ins Unendliche hinauszuzögern oder ganz aus der Welt zu schaffen. Ich halte das für die ultimative Dummheit und kämpfe seit Jahren dagegen an. Das ist ungefähr so, als würden wir vor der einzigen Realität davonlaufen, die existiert. Man kann darüber streiten, was Realität ist. Wir haben unsere eigene Realität. Unsere Realität ist nicht das, was eine Fledermaus oder eine Fliege sieht. Wir besitzen keine Echoortung. Jedes Lebewesen hat seine eigene Realität. Aber es ist eine unverrückbare Tatsache, dass wir geboren worden sind und irgendwann sterben werden. Der Gedanke, dem eigenen Tod entrinnen und das Leben verlängern zu wollen, ist selbstsüchtig und narzisstisch. Was wäre, wenn alle versuchten, ihr Leben um 50, 100 Jahre zu verlängern? Was würde mit dem Planeten geschehen? Es leben bereits 8 Milliarden Menschen auf diesem Planeten. Menschen müssen sterben, sonst haben wir nicht ausreichend Ressourcen, nicht genügend Luft zum Atmen, Wasser zum Trinken. Wenn Sie also versuchen, das Leben zu verlängern, dann verleihen Sie sich selbst oberste Priorität. Wollen Sie denn noch mehr Ich beanspruchen, mehr Energie verbrauchen, noch mehr Raum auf der Welt in Beschlag nehmen? Werden wir dann statt 8 Milliarden Menschen irgendwann 15 Milliarden haben? Was für ein Wahnsinn ist das denn? Es ist die ultimative Form der Dummheit und des Irrsinns.

**Gesetz des Todes: Die eigene Sterblichkeit zu leugnen und gegen sie anzukämpfen, ist die größte menschliche Dummheit und die höchste Beleidigung der menschlichen Natur – als könnten wir uns über die Natur hinwegsetzen. Sie können die Natur nicht überwinden, denn sie definiert Sie.**

»The Laws of Human Nature: An Interview with Robert Greene«, *dailystoic.com*, 23. Oktober 2018

## 23. DEZEMBER

### *Meiden Sie das falsche Erhabene*

Heutzutage stehen wir vor dem Problem, dass viele von uns zu gebildet und skeptisch sind, um über eine so bizarre und altmodische Vorstellung wie das Erhabene überhaupt nachzudenken, dem der Geruch religiöser Erfahrungen anhaftet, die wir scheinbar längst hinter uns gelassen haben. Aber wann immer wir Menschen versuchen, etwas zu unterdrücken oder zu leugnen, das so natürlich und ein fester Bestandteil unserer psychischen Verfassung ist, kommt es lediglich dazu, dass die unterdrückte Sehnsucht in verzerrten Formen zurückkehrt, die wir das falsche Erhabene nennen wollen.

Das falsche Erhabene kann mit Hilfe von Drogen, Alkohol und allen anderen Formen von Aufputschmitteln gesucht werden, die uns vorübergehend von unserem starren Selbst befreien und ein Gefühl der Weite und Macht verleihen oder zumindest die Depression betäuben, die wir in der modernen Welt erleben. Es kann auch über Videospiele oder Pornographie gesucht werden, bei denen die Gewalt und der Grad der Stimulation unablässig gesteigert werden muss, um die gleiche Wirkung zu erzielen. Und schließlich schießen derzeit alle möglichen Bewegungen und Kulte aus dem Boden, um die latente Raserei und Ruhelosigkeit der Menschen zu kanalisieren. Über solche Gruppierungen vermögen die Menschen eine vorübergehende Erhöhung aus der Banalität ihres Lebens zu erfahren, bis die Aura der Sache verblasst und ein neues Anliegen gefunden werden muss.

Und in der heutigen Zeit kann selbst die Technologie zur neuen Religion werden. Mit Hilfe der Technologie und Algorithmen – reden wir uns ein – können wir alle Probleme lösen. Das sind allesamt falsche Formen, und zwar aus folgendem Grund: Das wahre Erhabene kann durch eine äußere Quelle ausgelöst werden, etwa durch den Anblick eines Berges, des Sternenhimmels, durch eine Begegnung mit einem Tier, das Eintunken eines Kekses in den Tee, ein intensives Gruppenerlebnis oder eine tiefe Liebe zu einem Menschen oder zur Natur. Aber in all diesen Fällen kommt es zu einer Veränderung *in uns*. Unsere Wahrnehmungen verändern sich, unser Geist wird über den Horizont hinaus ausgeweitet. Von da an nehmen wir die Welt anders wahr.

**Gesetz des Tages: Das falsche Erhabene kommt von äußeren Quellen und hinterlässt keine anhaltenden inneren Veränderungen, abgesehen von einer zunehmenden Abhängigkeit von der betreffenden Substanz selbst. Sämtliche Suchtkrankheiten, unter denen die Menschen des 21. Jahrhunderts leiden, sind falsche und verzerrte Formen des Erhabenen.**

*Law of the Sublime*: Introduction

## 24. DEZEMBER

### *Begeben Sie sich auf tödliches Terrain*

Seit es Armeen gibt, stellen sich Heerführer folgende Frage: Wie kann man Soldaten motivieren und sie aggressiver, ja verzweifelter machen? Manche Feldherren verließen sich auf glühende Reden, und diejenigen, die besonders gut darin waren, erzielten auch einige Erfolge. Doch vor mehr als 2000 Jahren gelangte der chinesische Stratege Sunzi zu der Überzeugung, dass es eine zu passive Erfahrung sei, sich Reden anzuhören – und seien sie noch so mitreißend –, um eine dauerhafte Wirkung zu erzielen. Stattdessen sprach Sunzi von »tödlichem Gelände« – etwa Terrain, wo ein Heer mit dem Rücken zu einem geographischen Hindernis wie einem Berg, einem Fluss oder Wald steht und keinen Fluchtweg hat. Ohne eine Möglichkeit zur Flucht, argumentierte Sunzi, kämpfe eine Armee mit einem doppelt oder drei Mal so großen Kampfgeist als auf offenem Gelände, weil der Tod spürbar gegenwärtig sei. Sunzi sprach sich dafür aus, Soldaten ganz bewusst auf tödlichem Gelände aufmarschieren zu lassen, damit sie jene Verzweiflung spürten, die Männer wie der Teufel kämpfen lässt. Die Welt wird von der Notwendigkeit regiert: Menschen verändern ihr Verhalten nur dann, wenn sie keine andere Wahl haben. Sie werden die Dringlichkeit erst spüren, wenn ihr Leben davon abhängt.

**Gesetz des Tages: Bringen Sie sich in Situationen, in denen zu viel für Sie auf dem Spiel steht, um Zeit oder Ressourcen zu vergeuden – wenn man es sich nicht leisten kann, zu verlieren, wird man auch nicht verlieren. Begeben Sie sich auf »tödliches Gelände«, wo Sie mit dem Rücken zur Wand stehen und wie der Teufel kämpfen müssen, um mit dem Leben davonzukommen.**

*The 33 Strategies of War*, Strategy 4: Create a Sense of Urgency and Desperation – The Death-Ground Strategy

## 25. DEZEMBER

# *Nichts bleibt*

Der menschliche Geist friert von Natur aus das unaufhörliche Verrinnen der Zeit ein, indem er uns statische Bilder von Menschen, unserer Kultur und unserer eigenen Identität vermittelt. Aber wenn wir wirklich empfänglich für die Evolution wären, dann würden wir erkennen, dass sie lediglich flüchtige Schatten in einer Welt des unaufhörlichen Wandels sind. In jeder einzelnen Minute eines jeden Tages altern wir; jede Begegnung mit anderen verändert und prägt unsere Gedanken; wir sind ein endloses Projekt in Bearbeitung, niemals genau gleich.

Wie Heraklit einmal sagte: »Man kann nicht zweimal in denselben Fluss steigen, denn andere Wasser strömen nach.« Es wird nie derselbe Fluss sein, und Sie sind auch nie dieselbe Person. Die Evolution erfordert diesen unablässigen Wandel und periodische Zyklen der Massenvernichtung, um Raum für neue Formen und Experimente zu schaffen. Wir Menschen hingegen, die wir uns unserer Sterblichkeit bewusst sind, schrecken davor zurück; wir möchten uns an die Vergangenheit klammern und mental den Wandel stoppen. Wir möchten uns an unsere Beschwerden und sogar an unseren Schmerz klammern, ebenso wie an unsere Freuden – und das nur, um eine Illusion der inneren Dauer und Stabilität zu erzeugen.

Stattdessen müssen wir lernen, loszulassen, rückhaltlos alle Trennungen anzunehmen, die uns das Leben auferlegt. Eben die Unbeständigkeit unserer Erlebnisse und aller lebendigen Dinge um uns verleiht ihnen Schärfe und Bedeutung. Trösten Sie sich damit, dass nichts von Dauer ist – weder die Depression noch die Enttäuschungen, die wir momentan verspüren. Die Erhabenheit der Welt um uns wird durch das Wissen noch gesteigert, wie kurz unsere Zeit ist, sie zu bezeugen.

**Gesetz des Tages: Lassen Sie die Vergangenheit los und fühlen Sie sich von dem Strom des Lebens und von der ganzen Macht und Energie getragen, die er uns vermittelt.**

*Law of the Sublime*, 2: Awaken to the Strangeness of Being Alive – The Biological Sublime

## 26. DEZEMBER

### *Eine Reise in das globale Gehirn*

Sie werden zu dem, was Sie denken – Ihre täglichen Gedanken zu Ihrer Realität. Sie erschaffen selbst die fruchtbare oder öde Landschaft Ihres Gehirns. Wenn Sie Ihre Gedanken auf die immer gleichen Obsessionen beschränken oder auf das winzige Reich Ihres Smartphones, dann ist das die Welt, die Sie für sich erschaffen. Was für eine Verschwendung dieses großartigen Instruments, das Sie geerbt haben! Wenn Sie jedoch versuchen, sich in die entgegengesetzte Richtung zu bewegen, werden Sie die entgegengesetzte Dynamik beobachten: eine kontinuierliche Erweiterung, geistige Pforten, die sich in jede Richtung öffnen, kreative Verknüpfungen und neue Ideen, die Ihr Gehirn durchströmen. Sie werden nie wieder aufhören wollen, Neues zu erkunden, weil Ihre Erkundung zu einer ununterbrochenen Quelle des Vergnügens für die ruhelose Energie des menschlichen Gehirns wird. Diese Entscheidung treffen Sie selbst.

Es ist interessant, sich vor Augen zu führen, dass wir Menschen unbewusst in der Form des Internets eine Parallele zu diesem unendlichen inneren Raum geschaffen haben, eine Art globales Gehirn. Es enthält so gut wie die gesamte dokumentierte Geschichte, die Ideen und Erfahrungen von Milliarden Menschen auf allen Gebieten und Unternehmungen. Ein Großteil des Inhalts ist Unfug, aber ein Teil davon enthält neue Möglichkeiten in der Gestalt von Verknüpfungen zwischen verschiedenen Ideen und Gebieten.

**Gesetz des Tages: Statt dieses bemerkenswerte Werkzeug als Mittel zu nutzen, um Aufmerksamkeit zu erlangen oder der eigenen Wut Luft zu machen und Ihre Überlegenheit zu demonstrieren, betrachten Sie das Internet lieber in einem anderen Licht: als Einladung zu einer faszinierenden Reise in ein globales Gehirn und zu den Überraschungen, die man erleben kann, indem man ungehindert in diesem riesigen Raum surft und überraschende Verknüpfungen herstellt.**

*Law of the Sublime,* 1: Expand the Mind to Its Furthest Reaches – The Cosmic Sublime

## 27. DEZEMBER

# *Amor Fati*

Meine Formel für die Grösse am Menschen ist *amor fati*: dass man Nichts anders haben will, vorwärts nicht, rückwärts nicht, in alle Ewigkeit nicht. Das Nothwendige nicht bloss ertragen, noch weniger verhehlen – aller Idealismus ist Verlogenheit vor dem Nothwendigen –, sondern es *lieben*.

FRIEDRICH NIETZSCHE

Mit *amor fati* (Liebe zum Schicksal) ist Folgendes gemeint: Es gibt vieles im Leben, das wir nicht kontrollieren können, und der Tod ist das ultimative Beispiel dafür. Wir werden Krankheiten und körperlichen Schmerz erleben. Wir werden uns von anderen Menschen trennen. Wir werden aufgrund unserer eigenen Fehler und der Böswilligkeit unserer Mitmenschen scheitern. Unsere Aufgabe ist es, all diese Augenblicke zu akzeptieren und sie sogar mit Freuden anzunehmen – nicht wegen des Schmerzes, sondern wegen der Gelegenheiten, daraus zu lernen und gestärkt daraus hervorzugehen. Dadurch bestätigen wir das Leben selbst und akzeptieren all seine Möglichkeiten. Und im Zentrum von alledem steht unsere bedingungslose Akzeptanz des Todes.

**Gesetz des Tages: Wir setzen *amor fati* in die Praxis um, indem wir Ereignisse stets als schicksalhaft ansehen – alles geschieht aus einem bestimmten Grund, und es liegt an uns, daraus zu lernen.**

*Die Gesetze der menschlichen Natur*, Gesetz 18: Denken Sie über die Sterblichkeit nach – Das Gesetz der Todesverleugnung

## 28. DEZEMBER

# *Der Himmel und die Sterne*

Die Sterne ... Nacht für Nacht kommen diese Gesandten der Schönheit hervor und erleuchten das Universum mit ihrem ermahnenden Lächeln.

RALPH WALDO EMERSON

Blicken Sie einmal an einem wolkenlosen Tag, allein mit Ihren eigenen Gedanken und ohne Ablenkungen, nach oben und lassen Sie Ihren Geist entlang des unendlichen Blaus des Himmels schweifen. Versuchen Sie, den grenzenlosen Raum zu spüren. Sehen Sie sich danach die Sonne an. Normalerweise nehmen Sie ihre Existenz als selbstverständlich hin, aber betrachten Sie sie diesmal als einen Stern wie jeden anderen Stern, ein Stern, der geboren wurde und gerade im Sterben begriffen ist. Versuchen Sie, einen Augenblick lang diese absolut verrückte Realität zu erfassen: ihr idealer Abstand zur Erde, um Leben zu ermöglichen – und zwar Leben, das eine derartige Vielfalt an Farben hinzufügt, die von eben dieser Sonne angestrahlt werden. Die Astronauten der Apollo, die auf dem Mond spazierten, kommentierten die bedrückenden, aschefarbenen Grau- und Brauntöne, die dessen leblose Landschaften dominierten.

Betrachten Sie das Phänomen der Farben selbst, in dem Wissen, wie unwahrscheinlich deren Existenz ist, als etwas Erstaunliches und Wunderbares. Machen Sie sich klar, dass Sie, wenn Sie den Mond oder die Sterne ansehen, das Gleiche wahrnehmen, das schon unsere Vorfahren so überwältigte: die Babylonier, die alten Ägypter und Griechen oder die Maya, um nur einige zu nennen. Sie konstruierten aus dem Nachthimmel ganze Mythen und Glaubenssysteme und erweckten den Kosmos so zum Leben. Versuchen Sie, Ihre kultivierte, moderne Perspektive abzulegen und den Himmel als ein belebtes Geschöpf zu sehen – betrachten Sie ihn durch heidnische Augen. Wenn Sie den Mond betrachten, denken Sie an dessen Ursprünge als Sternenstaub von der Kollision der Erde und Theias (eines ehemaligen Planeten in unserem Sonnensystem). Denken Sie über die Tatsache nach, dass Sie, wenn Sie zu den Sternen aufsehen, Licht erblicken, das Millionen, bisweilen sogar Milliarden Jahre unterwegs war, bis es uns erreicht hat.

**Gesetz des Tages: Betrachten Sie den Himmel und die Sterne, als würden Sie sie zum ersten Mal sehen.**

*Law of the Sublime*, 1: Expand the Mind to
Its Furthest Reaches – The Cosmic Sublime

## 29. DEZEMBER

# *Meditieren Sie über die Mysterien dieser Welt*

Beginnen Sie mit sich selbst. Ihr Geist und Ihr Körper sind wahrhaftig Mysterien. Sie haben keinen Zugang zur Quelle Ihrer Gefühle, und Sie können nicht in Ihr Gehirn und in die Prozesse blicken, die bestimmte Gedanken auslösen, geschweige denn beurteilen, bis zu welchem Grad Ihre Gedanken die Produkte unzähliger externer Einflüsse sind. Außerdem können Sie auch nicht in Ihre physiologischen Vorgänge hineinschauen, in die hohe Komplexität Ihres ganzen Inneren, das Sie am Leben erhält. Ihre Sinne enthüllen Ihnen nur eine Teilversion der Realität. Sie können nicht wahrnehmen, was eine Fledermaus oder ein Delfin sehen, geschweige denn hören, was eine Katze oder ein Hund hören können. Ihren Sinnen bleibt so vieles verborgen. Denken Sie einmal über das totale Mysterium nach, das Sie sind, und erweitern Sie diesen Gedanken dann nach außen.

Sie haben keine Ahnung von den Gedanken und dem Innenleben der Menschen um Sie herum. Sie alle sind weit komplexer, als Sie glauben. Sie haben keine echte Vorstellung von den Trends, die derzeit in der Kultur angesagt sind, und von der Zukunft, die sie ankündigen. Sie begreifen die inneren Abläufe und Erfahrungen anderer Lebensformen nicht, geschweige denn die Ursprünge eben jener Erde, auf der Sie gehen. Erweitern Sie unablässig Ihren Geist. Planeten in unserer Galaxie und darüber hinaus enthalten Mysterien und sogar die Möglichkeit sehr fremdartiger Lebensformen. Das Universum besteht hauptsächlich aus dunkler Materie und Energie. Sie sind von etwas umgeben, was in Wahrheit unsichtbar ist. Denken Sie über die Tatsache nach, dass die Wissenschaft immer mehr Rätsel enthüllt, je weiter sie fortschreitet. Wir reisen immer weiter, bis an die Grenzen des bekannten Universums: Was auf der anderen Seite liegen könnte, befindet sich jenseits des Bereichs, den wir erfassen können, womöglich das ultimative Mysterium.

**Gesetz des Tages: Denken Sie über alle Gefühle der Unsicherheit und selbst des Unbehagens nach und halten Sie sie fest. Inmitten dieser Unsicherheit wird Ihr schlummernder Sinn für das Wundersame allmählich aufwachen, und die Dinge werden Ihnen ebenso neuartig und erstaunlich vorkommen wie zu der Zeit, als Sie noch klein waren.**

*Law of the Sublime,* 1: Expand the Mind to Its Furthest Reaches – The Cosmic Sublime

## 30. DEZEMBER

### *Nehmen Sie die eigene Bedeutungslosigkeit an*

Stellen Sie sich als Erstes vor, Sie würden allmählich schrumpfen, zurück zu der Größe eines kleinen Kindes. Spüren Sie einen Moment lang die Empfindung Ihrer Kleinheit in Relation zu Ihren Eltern, zu der Schule, auf die Sie gingen, und zur materiellen Welt um Sie herum. Kehren Sie zu dem Gefühl der Ehrfurcht und Aufregung angesichts dessen, was Ihnen so gewaltig schien, zurück. Schrumpfen Sie anschließend weiter bis in Ihr Kleinkindalter und malen Sie sich wieder das Gefühl des Entsetzens aus, das Sie einst vor jeder Form von Dunkelheit oder Schatten empfanden. Führen Sie das noch weiter: Stellen Sie sich die Rückkehr in den Mutterleib vor, zu Ihren kleinsten Ursprüngen als Lebewesen, bis hin zur befruchteten Eizelle, zu Molekülen, weiter Atomen, zu einem Partikel, bis Ihre Existenz sich buchstäblich in der Atmosphäre auflöst – eine Art umgekehrter Sterbensprozess. Spüren Sie einen Moment lang so stark die Empfindung der eigenen Kleinheit, dass nichts mehr Sie von allem im Universum trennt.

Wenn Sie einmal im Inneren diese Auflösung im Nichts gespürt haben, denken Sie daran: Das ist Ihre Realität als Individuum in Relation zum unendlichen Raum und zur unendlichen Zeit.

**Gesetz des Tages: Eben die Tatsache, dass Sie sich der Bedeutungslosigkeit und Kleinheit bewusst sind, macht sie paradoxerweise stark und wichtig. Zu dieser Auffassung der Realität ist kein anderes Tier fähig. Und dieses Bewusstsein kann der erste Schritt sein, um jenes Gefühl der Ehrfurcht und Verbundenheit wiederherzustellen, das von einem geeigneten Maßstab herrührt.**

*Law of the Sublime*, 1: Expand the Mind
to Its Furthest Reaches – The Cosmic Sublime

## 31. DEZEMBER

# *Die ultimative Freiheit*

Auf den Tod sinnen, heißt auf Freiheit sinnen. Wer sterben gelernt hat, versteht das dienen nicht mehr. …Es gibt nichts Schmerzliches im Leben für den, der recht verstanden hat, dass der Verlust des Lebens kein Übel ist.

MICHEL DE MONTAIGNE

Schlussendlich sollten Sie diese Lebensphilosophie folgendermaßen betrachten: Seit Anbeginn des menschlichen Bewusstseins hat uns das Wissen, dass wir sterben werden, Angst gemacht. Dieser Schrecken hat unsere Überzeugungen, unsere Religionen, unsere Institutionen und einen Großteil unseres Verhaltens auf eine Weise geprägt, die wir nicht sehen oder verstehen können. Wir wurden Sklaven unserer Ängste und Ausflüchte.

Wenn wir diesen Ansatz umkehren und uns stärker unserer Sterblichkeit bewusst werden, erleben wir einen Vorgeschmack wahrer Freiheit. Wir haben nicht mehr das Bedürfnis, das einzuschränken, was wir denken und tun, um das Leben vorhersehbar zu machen. Wir können mutiger werden, ohne Angst vor den Konsequenzen zu haben. Wir können uns von allen Illusionen und Abhängigkeiten befreien, mit deren Hilfe wir unsere Angst betäuben. Wir können uns uneingeschränkt unserer Arbeit, unseren Beziehungen und all unseren Handlungen widmen.

**Gesetz des Tages: Sobald wir diese Freiheit einmal erlebt haben, werden wir weiter auf Erkundungsreise gehen wollen und unsere Möglichkeiten so weit ausschöpfen, wie uns Zeit dafür beschieden ist.**

*Die Gesetze der menschlichen Natur*, Gesetz 18: Denken Sie über die Sterblichkeit nach – Das Gesetz der Todesverleugnung

# Der Autor

Robert Greene studierte an der University of California at Berkeley und an der University of Wisconsin at Madison Klassische Philologie und Vergleichende Literaturwissenschaft. Nach dem Studium arbeitete er in New York als Redakteur und Journalist für mehrere Magazine, unter anderen für den *Esquire*, und in Hollywood als Drehbuchautor. *Power – Die 48 Gesetze der Macht* war sowohl in den USA als auch international ein Bestseller. Es wurde in 24 Sprachen übersetzt.